2026

개정세법완벽반영

CPA · CTA시험대비

세법 계산문제300⁺

양소영 저

최소 공부량으로 최고 점수를 노린다.

PREFACE

책소개

일러두기
현재 시점 입법예고된 법률을 반영하였습니다. 입법예고된 내용과 다르게 확정되는 경우에는 즉시 추록으로 공지하겠습니다.

※ 1차 시험 대비 세법 교재

세법 1차 문제집		세법 이론서
세법 말문제OX	세법 계산문제300⁺	세법 요약서

세법 계산문제300⁺는 시간이 부족한 수험생을 위해 1차 시험대비 가장 적합한 문제들을 선별하여 만든 컴팩트한 1차용 문제집입니다.

머리말

남겨진 시간을 위하여

배움의 길은 끝이 없습니다.
그러나 언젠가는 끝을 내야하는 시간이 옵니다.
그리고 그날은 생각보다 성큼 다가와 무방비 상태인 우리를 놀라게 합니다.
그렇기에 우리는 조금이라도 남겨진 시간을 헛되이 보내서는 안됩니다.

CONTENTS

3편 소득세법

4편 부록

제1편
부가가치세법

공급시기

중요도 ★★★☆☆
난이도 ★★★☆☆

Memo

01 다음은 컴퓨터 판매 및 유지보수용역을 제공하는 일반과세자인 개인 甲이 2026년 1월부터 6월까지 거래한 내역이다. 2026년 제1기 부가가치세 과세표준은 얼마인가? (단, 모든 금액은 부가가치세를 제외한 공급가액이며, 세금계산서는 세법에서 정하는 원칙에 따라 발행되었다.) (2008. CPA)

(1) 1월 10일 A에게 대형컴퓨터를 ₩20,000,000에 판매하고 1월 10일부터 20개월간 매달 10일에 ₩1,000,000씩 받기로 하였다.

(2) 1월 10일부터 20개월간 A와 컴퓨터 유지보수계약을 맺고, 1월 10일부터 20개월간 매달 10일에 ₩200,000씩 받기로 하였다.

(3) 2월 20일에 B에게 중형컴퓨터를 ₩10,000,000에 판매하고 2월 20일부터 10개월간 매달 20일에 ₩1,000,000씩 받기로 하였다.

(4) 2월 20일부터 10개월간 B와 컴퓨터 유지보수계약을 맺고, 2월 20일부터 10개월간 매달 20일에 ₩200,000씩 받기로 하였다.

① ₩13,200,000
② ₩18,200,000
③ ₩22,000,000
④ ₩32,200,000
⑤ ₩36,000,000

Key point!

공급시기
① 장기할부
② 계속적공급
→ 받기로 한 때

① 장기할부판매	₩6,000,000	₩1,000,000 × 6월
② 용역의 계속적공급	1,200,000	₩200,000 × 6월
③ 단기할부판매	10,000,000	
④ 용역의 계속적공급	1,000,000	₩200,000 × 5월
과세표준	₩18,200,000	

*1. 장기할부판매 & 계속적공급 공급시기 : 대가의 각 부분을 받기로 한 때

　2. 단기할부판매 공급시기 : 재화를 인도하는 때

정답 ②

02 다음 자료를 바탕으로 (주)A의 2026년 제1기 부가가치세 예정신고시 신고하여야 할 과세표준은 얼마인가? (단, 외화의 환산은 적법하게 이루어진 것으로 가정한다.)

(2013. 세무사)

> (1) 다음의 대금지급조건으로 중국에 있는 (주)B에게 내국생산품을 직수출하였으며, 그 공급가액은 ₩1,000,000이다.
>   · 선적일 : 2026. 3. 5
>   · 계약금(수령일 : 2026. 3. 4) : ₩100,000
>   · 중도금(수령일 : 2026. 6. 4) : ₩500,000
>   · 잔금(수령일 : 2026. 9. 4) : ₩400,000
> (2) (주)C에게 내국생산품을 내국신용장에 의해 공급하였으며, 그 공급가액은 ₩700,000 이다.
>   · (주)A의 인도일은 2026. 3. 20이며, (주)C의 수출선적일은 2026. 4. 10이다.

① ₩0
② ₩100,000
③ ₩600,000
④ ₩1,000,000
⑤ ₩1,700,000

---

① 직수출	₩1,000,000
② 내국신용장에 의한 공급	700,000
과세표준	₩1,700,000

*1. 직수출 공급시기 : 수출재화의 선적일(3월 5일)
  2. 내국신용장에 의한 공급의 공급시기 : 인도일(3월 20일)

03 다음 자료를 이용하여 과세사업자 ㈜A의 2026년 제1기 예정신고기간(2026.1.1~3.31)의 부가가치세 과세표준을 계산한 것으로 옳은 것은? (단, 아래에 제시된 금액들은 부가가치세를 포함하지 아니한 것이다.) (2016. CPA 수정)

> (1) 1월 10일 : 상품을 ₩12,000,000에 판매하였는데, 그 대금은 1월 말일부터 매월 말일에 ₩1,000,000씩 12회 받기로 하였다.
>
> (2) 2월 10일 : 제품을 ₩10,000,000에 주문생산판매하기로 하였는데 그 대금은 ① 계약시 10%, ② 30% 완성시 40%, ③ 70% 완성시 30%, ④ 인도시 20%를 받기로 하였다. 3월 말일 현재 생산의 완성도는 30%이다.
>
> (3) 2월 20일 : 사업용 부동산을 ₩10,000,000(건물가액 ₩7,000,000, 토지가액 ₩3,000,000)에 양도하기로 계약하였다. 대금은 2월 20일에 ₩1,000,000, 4월 20일에 ₩4,000,000, 6월 20일에 ₩5,000,000을 받기로 하였으며, 부동산은 6월 20일에 양도하기로 했다.
>
> (4) 3월 10일 : 상품을 ₩1,000,000에 판매하기로 계약하고 계약금 ₩200,000을 수령하였으며, 수령한 대가에 대하여 세금계산서를 발급하였다. 상품은 4월 10일에 인도되었다.

① ₩14,900,000
② ₩17,200,000
③ ₩15,900,000
④ ₩16,000,000
⑤ ₩18,200,000

Key point!

① 단기할부
→ 인도일
② 완성도기준지급조건부
→ 받기로 한 때
③ 선발급특례
→ T/I 발급한 때

① 단기할부판매[*1]	₩12,000,000	
② 완성도기준지급조건부	5,000,000	₩10,000,000 × (10% + 40%)
③ 토지·건물일괄공급	– [*2]	
④ 선발급특례	200,000	
과세표준	₩17,200,000	

*1. 인도일의 다음날부터 최종 할부금 지급기일까지의 기간(1월 11일 ~ 12월 31일)이 1년 이상이 아니므로 단기할부판매에 해당한다.

2. 계약금을 받기로 한 날의 다음날부터 재화를 인도하는 날 또는 이용가능하게 하는 날까지의 기간이 6개월 이상이 아니므로 중간지급조건부 공급에 해당하지 않는다. 그러므로 공급시기는 양도일(6월 20일)이 되어 예정신고시 과세표준에 포함되는 금액은 없다. ⅱ) 양도일이 8월 20일로 중간지급조건부공급이였다면 토지의 공급은 면세이므로 예정신고기간에 받기로 한 부분의 70%(건물부분)인 ₩700,000이 공급가액에 포함되어야 한다.

다음은 제조업을 영위하는 일반과세자인 (주)A의 2026년 제2기 과세기간(2026. 7.1 ~12.31)에 대한 자료이다. (주)A의 2026년 제2기 과세기간의 부가가치세 과세표준은 얼마인가? (단, 다음 자료의 금액에는 부가가치세가 포함되지 않음)

(2017. 세무사)

공급시기
중요도 ★★★☆☆
난이도 ★★★☆☆

Memo

(1) 7월 20일 : 기계를 ₩15,000,000에 판매하고 7월 20일부터 15개월 간 매달 20일에 ₩1,000,000씩 받기로 하였다.

(2) 7월 25일 : 기계유지보수 계약을 맺고 7월 25일부터 10개월 간 매달 25일에 ₩200,000씩 받기로 하였다.

(3) 9월 25일 : 상속세 ₩20,000,000을 사업용 건물로 물납하였다.

(4) 10월 14일 : 당사가 생산한 제품(매입세액공제분)을 거래처에 판매장려물품(제조원가 : ₩800,000, 시가 : ₩1,000,000)으로 기증하였다.

(5) 11월 11일 : 사업용으로 사용하던 화물자동차를 ₩500,000에 매각하였다.

(6) 12월 5일 : 공급에 대한 대가의 지급이 지체되어 거래처로부터 연체이자 ₩800,000을 수령하였다.

① ₩7,700,000 ② ₩8,500,000 ③ ₩8,700,000
④ ₩9,500,000 ⑤ ₩28,700,000

① 기계판매(장기할부판매)	₩6,000,000	₩1,000,000 × 6月	
② 기계유지보수용역(계속적공급)	1,200,000	₩200,000 × 6月	
③ 조세물납	–	재화의 공급으로 보지 않음	
④ 판매장려물품(사업상증여)	1,000,000		
⑤ 화물자동차	500,000		
⑥ 연체이자	–	과세표준에 포함하지 아니함	
과세표준	₩8,700,000		

Key point!
계속적공급
→ 받기로 한 때

정답 ③

05 과세사업을 영위하는 일반과세자 (주)A(제조업)의 공급에 대한 다음 자료에서 2026년 제2기 과세기간(2026.7.1.~12.31.) 공급가액의 합계는 얼마인가? (단, 주어진 자료 이외에는 고려하지 않음)
(2018. 세무사)

(1) 2027.1.31.에 인도 예정인 재화(공급가액 ₩1,000,000)에 대한 대가를 2026. 12.30.에 모두 받고, 그 받은 대가에 대한 세금계산서를 즉시 발급하였다.

(2) 2026.9.1.에 할부판매 조건으로 재화를 인도하고, 공급가액 ₩1,000,000은 10월 말부터 2개월마다 4번에 걸쳐 받기로 하였다.

(3) 2026.5.1.에 인도를 완료한 재화의 공급에 대하여 그 대가의 지급이 지체되었음을 이유로 2026.10.31.에 연체이자 ₩1,000,000을 수취하였다.

(4) 2026.12.1.에 상품권 ₩1,000,000을 현금판매하였고, 그 후 당해 상품권은 2027.1.10.에 현물과 교환되었다.

① ₩5,000,000   ② ₩1,000,000   ③ ₩2,000,000

④ ₩3,000,000   ⑤ ₩4,000,000

Key point!

선발급특례
→ T/I 발급하는 때

정답 ③

① 선발급특례	₩1,000,000		
② 단기할부	1,000,000		
③ 연체이자	–	공급가액에 포함×	
④ 상품권판매	–	공급시기 : 실제 재화가 인도되는 때	
합계	₩2,000,000		

다음 자료를 기초로 일반과세자인 개인사업자 甲의 2026년 제1기 과세기간(2026.1. 1~6.30)의 부가가치세 과세표준을 계산하면 얼마인가? (단, 주어진 자료의 금액은 부가 가치세가 포함되지 아니한 금액이며, 주어진 자료 이외에는 고려하지 않음)

(2016. 세무사)

공급시기
중요도 ★★★☆☆
난이도 ★★★☆☆

Memo

(1) 甲은 2026.4.20. 제품을 공급하고 대금은 4월 말일부터 매월 ₩1,000,000씩 7개월 동안 받기로 하였다.

(2) 甲은 2026.5.1. 미국의 X법인과 $20,000의 제품수출계약을 체결하였다.
  • 수출계약 금액 중 $10,000은 계약체결일에 선수금으로 수령하여 동일자에 ₩12,000,000으로 환가하였다.
  • 수출신고필증상 신고수리일은 2026.5.10.이며, 선적일은 2026.5.15.이다.
  • 잔금은 2026.5.30.에 수령하여 동일자에 기준환율로 환가하였다.
  • 기준환율은 다음과 같다.

비고	2026.5.1.	2026.5.10.	2026.5.15.	2026.5.30.
기준환율 (원/$)	1,200	1,100	1,050	1,000

(3) 甲은 2025.12.1. 다음과 같이 대금회수를 하기로 하고 잔금수령일에 기계설비를 인도하는 계약을 하였다. 실제 인도 시기는 2026.6.30.이었다.

비고	대금회수 약정일	금액
계약금	2025. 12. 1.	₩10,000,000
중도금	2026. 3. 1.	₩10,000,000
잔금	2026. 7. 1.	₩10,000,000

① ₩27,000,000
② ₩39,500,000
③ ₩45,500,000
④ ₩49,000,000
⑤ ₩49,500,000

① 단기할부판매	₩7,000,000	₩1,000,000 × 7月
② 제품수출	22,500,000	₩12,000,000 + $10,000 × ₩1,050/1$
③ 기계설비	20,000,000*	₩10,000,000(중도금) + ₩10,000,000(잔금)
합 계	₩49,500,000	

* 중간지급조건부로 재화를 공급하기로 하였으나 지급기간 중에 거래상대방에게 재화를 인도하는 경우 나머지 대금의 공급시기는 해당 재화를 인도한 때로 한다.(부기통 15−28−4)

당초 계약	계약 변경
중간지급조건부○	중간지급조건부×**

** 변경된 계약에 따르면 계약금을 받기로 한 날의 다음날부터 재화를 인도하는 날 또는 재화를 이용하게 되는 날까지의 기간 이내에 중도금만을 1회 받기로 하여 계약금 외의 대가를 분할하여 받는 경우에 해당하지 않으므로 중간지급조건부에 해당하지 않는다. 다만, 당초 계약은 중간지급조건부였으므로 인도 전 받기로 한 부분의 공급시기는 당초 계약에 따라 대가의 각 부분을 받기로 한 때로 한다.

Key point!
선발급특례
→T/I 발급하는 때

정답 ⑤

07 다음은 반도체용 기계장치 및 소재 제조업을 영위하는 일반과세자인 ㈜A의 2026년 제2기 과세기간(2026.7.1.~12.31.)에 대한 자료이다. ㈜A의 2026년 제2기 과세기간의 부가가치세 과세표준금액은? (단, 다음 자료의 금액에는 부가가치세가 포함되지 않음)

(2020. 세무사)

(1) 8월 20일: 미국에 있는 거래처 B사에 ㈜A의 제품을 직수출하기 위해 선적하였다. 해당 제품의 총공급가액은 $10,000로 선적일의 기준환율은 ₩1,000/$이다. 대금지급조건은 다음과 같다.

① 계약금 $1,000 : 2026년 8월 20일 지급(기준환율 1,000/$)

② 중도금 $5,000 : 2026년 12월 20일 지급(기준환율 1,000/$)

③ 잔 금 $4,000 : 2027년 9월 30일 지급

(2) 11월 10일: ㈜A의 제품을 거래처 C사에 판매장려 목적으로 무상 제공하였다. 해당 제품의 제조원가(적법하게 매입세액공제 받았음)는 ₩1,000,000이고 시가는 ₩2,000,000이다.

(3) 12월 15일: ㈜A는 D사의 해약으로 인하여 제품의 공급없이 받은 손해배상금 ₩3,000,000을 수령하였다.

(4) 12월 20일: ㈜A는 국내에서 수출물품의 원자재(공급가액 ₩4,000,000)를 수출업자인 E사에 공급하였는데 그 구매확인서가 2027년 1월 31일에 발급되었다.

① ₩7,000,000　　　　② ₩8,000,000　　　　③ ₩11,000,000

④ ₩12,000,000　　　　⑤ ₩16,000,000

① 직수출[*1]	₩10,000,000	$10,000 × ₩1,000(2026.8.20.)	
② 판매장려물품	2,000,000	시가	
③ 손해배상금	–	과세표준에 포함×	
④ 원자재공급[*2]	4,000,000	10% 적용	
과세표준	₩16,000,000		

*1. 수출재화가 장기할부조건으로 수출된 경우에도 공급시기는 선적일이다.

2. 구매확인서가 과세기간 종료 후 25일 이내에 개설되지 않았으므로 영세율을 적용하지 않는다. 영세율 적용여부와는 무관하게 과세표준은 변동되지 않는다.

08 2026년도에 발생한 다음 자료를 이용하여 (주)A(제조 및 수출 영위)의 2026년 제1기 과세기간(2026.1.1.~6.30.)의 부가가치세 과세표준을 계산하면 얼마인가? (단, 금액은 특별한 언급이 없는 한 부가가치세가 포함되지 않은 금액이며, 영세율 적용대상 거래의 경우 적용요건을 충족하고 있고, 주어진 자료 이외에는 고려하지 않음)

(2019. 세무사)

(1) 1월 1일 국내거래처에 AA제품을 ₩20,000,000에 장기할부로 매출하고 대금회수는 매년말 ₩10,000,000씩 2년 동안 회수하기로 하였다. 회사는 현재가치로 매출 ₩17,355,400과 현재가치할인차금 ₩2,644,600을 인식하였다. 1월 1일부터 6월 30일까지의 현재가치할인차금상각액은 ₩867,770이다. 부가가치세법상 공급시기에 세금계산서는 발행된다.

(2) 2월 2일 국내거래처에 그 동안 실적에 따라 장려금 ₩300,000과 BB제품(원가 ₩1,000,000, 시가 ₩1,500,000)을 장려품으로 지급하였다.

(3) 2025년 8월 10일에 국내거래처에 대하여 발생했던 매출채권을 2026년 3월 3일에 조기에 전액 회수하면서 매출채권의 10%에 해당하는 ₩200,000에 대해 매출할인을 실시하였다.

(4) 4월 4일 미국거래처에 CC제품을 수출하고 대금 $1,000는 4월 10일에 수령하였으며 환전은 4월 12일에 하였다. 일자별 1달러 당 환율은 다음과 같다.

구분	4월 4일	4월 10일	4월 12일
기준환율	₩1,000	₩1,010	₩1,020

① ₩1,800,000 ② ₩2,000,000 ③ ₩2,300,000
④ ₩2,320,000 ⑤ ₩2,500,000

① 장기할부판매	–	공급시기 : 대가의 각 부분을 받기로 한 때
② 판매장려물품	₩1,500,000	시가
③ 매출할인*	(200,000)	
④ 수출제품	1,000,000	$1,000 × ₩1,000(2026.4.4.)
과세표준	₩2,300,000	

* 공급일과 다른 과세기간에 매출할인 및 매출환입의 사유가 발생한 경우 매출할인 및 매출환입이 발생한 과세기간의 과세표준에서 해당 금액을 차감한다.

Key point!

장기할부판매
→ 받기로 한 때

정답 ③

09 다음 자료에 의하여 제조업을 영위하는 일반과세자인 甲의 2026년 제1기 과세기간 (2026.1.1.~6.30.)의 과세표준은 얼마인가? (단, 모두 국내거래이고, 금액에는 부가가치세가 포함되지 않았으며, 아래의 자료를 제외한 세무상 처리는 모두 적정하였음) (2019. 세무사)

거래일자	거래내용	금액
4.11.	A제품을 乙에게 외상으로 공급함(대금은 2026.7.10.에 수령함)	₩10,000,000
5.20.	대가를 받지 않고 丙에게 A제품을 견본품으로 제공함	시가 100,000 원가 60,000
6.17.	A제품을 직원의 생일축하선물로 제공함	시가 250,000 원가 80,000
6.26.	일주일 안으로 서면이나 구두로 매입동의 여부를 알려주기로 하고 시제품을 丁에게 인도함(2026.7.1. 상대방이 구두로 매입의사를 밝힘)	700,000
6.27.	A제품을 戊에게 공급하기로 계약을 체결하였으나 戊가 일방적으로 이를 해제함에 따라 위약금으로 받은 금액	200,000

① ₩10,000,000 ② ₩10,080,000 ③ ₩10,150,000
④ ₩10,350,000 ⑤ ₩10,990,000

① 외상판매	₩10,000,000	공급시기 : 인도일
② 견본품 무상제공	–	과세거래×
③ 개인적공급	150,000	10만원 초과분(₩250,000 – ₩100,000)이 과세됨
④ 시용판매	–	2026년 제2기에 과세됨
⑤ 위약금	–	
과세표준	₩10,150,000	

과세표준(기본)
중요도 ★★★☆☆
난이도 ★★★☆☆

Memo

10 ㈜A의 부가가치세 관련 자료이다. 2026년 제1기 예정신고 시 부가가치세 과세표준으로 옳은 것은? (단, ㈜A는 주사업장 총괄 납부 사업자나 사업자 단위 과세 사업자가 아니며, 제시된 금액은 부가가치세를 포함하지 않은 금액이다.) (2022. CPA)

(1) 2026년 1월 5일에 상품을 거래처에 인도하였다. 판매대금 중 ₩10,000,000은 인도일에 수령하였고, 나머지는 2월 5일부터 매월 5일에 ₩5,000,000씩 8회에 걸쳐 분할하여 수령하기로 약정하였다. 판매대금 ₩50,000,000에는 할부이자 상당액인 ₩500,000이 포함되어 있다.

(2) 2026년 2월 8일에 상품(취득가액 ₩10,000,000)을 판매하기 위하여 직매장으로 반출(반출가액 ₩12,000,000)하였다.

(3) 2026년 4월 8일에 거래처에 인도할 예정인 상품의 판매대금 ₩3,000,000에 대한 세금계산서를 2026년 3월 27일에 발급하고, 2026년 4월 1일에 당해 판매대금 전액을 회수하였다.

① ₩20,000,000   ② ₩39,500,000   ③ ₩62,500,000

④ ₩63,000,000   ⑤ ₩65,000,000

---

① 단기할부	₩50,000,000	할부이자는 과세표준에 포함함	
② 판매목적 반출	12,000,000	반출가액(취득가액에 일정액을 더하여 공급한 금액)	
③ 선발급특례(7일 이내 대가수령)	3,000,000	공급시기 : T/I 발급일(2026. 3. 27.)	
과세표준	₩65,000,000		

정답 ⑤

11 다음은 친환경페인트를 제조·판매하는 주사업장총괄납부사업자인 (주)불티나의 2026.1.1~3.31의 거래내역이다. (주)불티나의 2026년도 제1기 예정신고기간(1.1 ~3.31)의 부가가치세 과세표준으로 옳은 것은?　(2012, CPA)

과세표준(기본)
중요도 ★★★☆☆
난이도 ★★★☆☆

Memo

> (1) 총매출액은 ₩30,000,000이며, 이에는 아래 (2)~(5)의 내용이 포함되어 있지 않다.
> (2) 대표이사의 친척인 A에게 사업과 무관하게 제품 100개(시가 @₩5,000, 원가 @ ₩4,000)를 무상으로 증정하였다.
> (3) D거래처에 그동안의 거래실적에 따라 80개(시가 @₩5,000, 원가 @₩4,000)의 제품을 장려금으로 지급하였다.
> (4) 업무와 관련하여 사용하던 비품(장부가액 ₩500,000)을 ₩750,000에 매각하였다.
> (5) 제품 500개(시가 @₩5,000, 원가 @₩4,000)를 판매를 위해 직매장에 반출하였으며, 세금계산서는 발급하지 않았다.
> (6) 모든 거래금액에는 부가가치세가 포함되어 있지 않으며, 해당 과세기간 이전에 구입한 과세대상 재화에 대한 매입세액은 전액 공제하였다.

① ₩31,250,000　　　　② ₩31,550,000

③ ₩31,650,000　　　　④ ₩33,550,000

⑤ ₩33,650,000

① 총매출액	₩30,000,000		
② 제품 무상증정	500,000	100개 × ₩5,000(시가)	
③ 판매장려물품(제품으로 지급한 판매장려금)	400,000	80개 × ₩5,000(시가)	
④ 비품매각	750,000	실질공급	
⑤ 판매목적타사업장 반출	–	총괄납부사업자 → 공급의제×	
합 계	₩31,650,000		

Key point!
총괄납부사업자
→ 직매장 반출
→ 공급의제×

정답 ③

12 전자제품 제조업을 영위하는 일반과세자 甲에 대한 2026년 제1기 과세기간의 거래내용은 다음과 같다. 2026년 제1기분 부가가치세 과세표준은 얼마인가? (단, 모든 금액은 부가가치세를 포함하지 않은 금액이고, 甲은 주사업장 총괄납부 사업자 또는 사업자단위과세 사업자에 해당하지 않음) (2014. 세무사)

> (1) 특수관계인인 乙에게 스스로 제조하는 과세대상 전자제품을 무상으로 제공하였다. 그 제품의 시가는 ₩5,000,000이고 제조원가는 ₩3,500,000이다.
> (2) 전자제품을 ₩12,000,000에 판매하고 그 판매대금을 2026. 2. 1부터 24개월간 나누어 받되 매월 10일에 ₩500,000씩 받기로 하였다.
> (3) 거래처에 무상으로 제조원가 ₩1,000,000 상당의 견본품을 제공하였다.
> (4) 제조한 전자제품 시가 ₩2,000,000 상당액을 직매장으로 반출하고 세금계산서는 발급하지 않았다.

① ₩2,500,000
② ₩4,500,000
③ ₩7,500,000
④ ₩9,500,000
⑤ ₩10,500,000

	금액	비고
① 특수관계자에게 무상으로 제공한 제품	₩5,000,000	시가
② 장기할부판매	2,500,000	₩500,000 × 5月
③ 무상으로 제공한 견본품	–	재화의 공급이 아님
④ 판매목적 타사업장반출	2,000,000*	
합 계	₩9,500,000	

* 원칙적으로 취득가액을 과세표준으로 하나, 문제에서 취득가액 자료가 주어지지 않았으므로 시가를 과세표준으로 한다.

13 다음은 기계장비 제조업을 영위하고 있는 일반과세자인 (주)A의 2026년 제2기 과세기간 최종 3월(2026.10.1~12.31)의 거래와 관련된 자료이다. 2026년 제2기 부가가치세 확정신고시 신고하여야 할 부가가치세 과세표준을 계산한 것으로 옳은 것은? (단, 제시된 자료의 금액에는 부가가치세가 포함되지 아니하였으며, 세금계산서는 부가가치세법이 정하는 원칙에 따라 발급되었음)

(2013. CPA 수정)

(1) (주)A의 2026년 제2기 과세기간 최종 3월의 매출액은 ₩232,000,000이다. 이 금액에는 매출할인액(약정기일 전에 대금결제로 인해 할인된 금액) ₩5,000,000이 차감되고 매출에누리와 환입액 ₩7,000,000이 차감되지 아니하였으며, 교통·에너지·환경세, 교육세 및 농어촌특별세 ₩5,000,000은 포함되지 아니하였다.

(2) (주)A는 2026년 제2기 예정신고기간(2026. 7. 1~9. 30)의 매출액 ₩20,000,000이 예정신고시 누락되어 이를 2026년 제2기 확정신고시 포함하여 신고하고자 한다.

(3) 다음의 거래는 위 (1)의 매출액에 포함되지 아니하였다.

　가. (주)A는 10월 4일 지방자치단체에 제품(원가 ₩15,000,000, 시가 ₩20,000,000)을 ₩17,000,000에 공급하였다.

　나. (주)A는 11월 26일 국가에 제품(원가 ₩15,000,000, 시가 ₩20,000,000)을 무상으로 기부하였다.

　다. (주)A는 12월 31일 (주)B에 제품(시가 ₩20,000,000)을 공급하고 ₩15,000,000을 현금으로 결제받고 ₩5,000,000은 자기적립 마일리지로 결제받았다.

　라. (주)A는 대주주인 갑(특수관계인)에게 사업용인 공장건물을 2026년 10월 1일부터 3년간 임대하였으며 그 대가로 2026년 제2기 과세기간 최종 3월의 임대료(3개월분) ₩3,000,000(시가 ₩5,000,000)을 받았다.

　마. (주)A는 12월 3일 중국 소재 C회사((주)A와는 특수관계인이 아님)와 신용장(L/C)방식에 의한 제품수출계약을 체결하고 12월 9일에 제품을 선적하였으며, 동 제품의 수출계약금액은 $15,000이다. 이 수출계약금액 중에 $8,000를 12월 5일에 선수금으로 수령하여 ₩9,600,000으로 환가하였으며, 나머지 $7,000은 12월 23일에 수령하여 원화로 환가하였다.

※ 기준환율 : 12월 3일(₩1,150/$), 12월 9일(₩1,250/$), 12월 23일(₩1,300/$)

① ₩273,700,000　　　　　② ₩285,350,000

③ ₩285,750,000　　　　　④ ₩305,350,000

⑤ ₩310,350,000

① 매출액	₩230,000,000	₩232,000,000 − ₩7,000,000 + ₩5,000,000
② 예정신고누락분	20,000,000	
③ 지방자치단체	17,000,000	비특수관계인 & 저가공급 → 받은 대가
④ 국가에 무상공급	−	면세
⑤ 제품공급	15,000,000	자기적립 마일리지 결제액은 포함하지 않음
⑥ 대주주 임대료	5,000,000	특수관계인 & 저가공급 → 시가
⑦ 외화수령액	18,350,000	₩9,600,000 + $7,000 × ₩1,250(2026.12.9.)
합 계	₩305,350,000	

14 다음 자료를 이용하여 컴퓨터부품 제조업을 영위하는 일반과세자인 ㈜K가 2026년 제1기 예정신고를 할 때 부가가치세 과세표준을 계산한 것으로 옳은 것은? (단, ㈜K는 주사업장총괄납부 및 사업자 단위 과세제도를 적용받는 사업자가 아니고 제시된 자료의 금액에는 부가가치세가 포함되지 아니하였다.) (2018. CPA)

(1) 2026년 1월 4일 : ㈜B에게 제품을 인도하고 판매대금 ₩2,000,000은 ㈜K의 상품권(2025년 12월 25일에 판매한 것임)으로 받았다.

(2) 2026년 1월 25일 : 업무에 사용하던 승용차(매입시 매입세액 불공제)를 임원에게 무상으로 이전하였다(2025년 2월 15일 취득시 취득가액 ₩20,000,000, 이전 당시 장부가액 ₩8,000,000).

(3) 2026년 2월 5일 : 미국의 거래처인 ㈜C와 2026년 1월 20일에 제품수출 계약을 체결하였고, 2026년 2월 5일에 선적하였다. 수출대금 50,000달러 중 계약금으로 수령한 30,000달러를 2026년 1월 25일에 환가하였고, 잔금 20,000달러는 2026년 4월 10일에 회수하였다.

일 자	구 분	기준환율
2026년 1월 20일	수출계약체결일	₩900/달러
2026년 1월 25일	환가일	₩950/달러
2026년 2월 5일	선적일	₩1,000/달러
2026년 3월 31일	예정신고기간 종료일	₩1,100/달러
2026년 4월 10일	잔금회수일	₩1,050/달러

(4) 2026년 2월 15일 : ㈜D에게 제품을 ₩17,000,000에 판매하고 인도하였으며, 대금은 2026년 5월 15일에 받기로 하였다.

(5) 2026년 3월 3일 : 제품을 판매할 목적으로 직매장으로 반출하였다(취득가액은 ₩5,000,000, 취득가액에 일정액을 가산하는 내부규정에 의한 반출가액은 ₩6,000,000, 반출시 시가는 ₩7,000,000).

(6) 2026년 3월 20일 : 지방자치단체에 무상으로 제품을 협찬하였다(원가 ₩2,000,000, 시가 ₩2,500,000).

① ₩73,500,000　　　② ₩74,500,000　　　③ ₩75,000,000

④ ₩83,500,000　　　⑤ ₩86,000,000

① 제품 판매	₩2,000,000		
② 비영업용승용차	–	매입세액불공제 → 공급의제✕	
③ 제품수출	48,500,000	$30,000 × ₩950*(1.25.) + $20,000 × ₩1,000(2.5.)	
④ 제품 외상판매	17,000,000		
⑤ 판매목적반출	6,000,000	반출가액	
⑥ 지방자치단체 무상공급	–	면세	
합 계	₩73,500,000		

* 공급시기 도래 전 원화로 환가한 경우 그 환가한 금액은 대고객외국환매입률을 적용해야 하나, 문제자료에 기준환율만 제시되었으므로 기준환율로 환가(환전)한 것으로 가정하여 문제를 풀이하였다.

공급시기 전 환가한 경우 환가환율	그 외의 경우 환산환율
환가일의 대고객외국환매입률	공급시기의 기준환율 또는 재정환율

15 2026년 1분기(2026.1.1~3.31) 손익계산서에서 발췌한 다음 자료를 이용하여 과세사업만을 운영하는 ㈜C의 2026년 제1기 예정신고기간(2026.1.1~3.31)의 부가가치세 과세표준을 계산한 것으로 옳은 것은? (단, 제시된 금액은 부가가치세를 포함하지 아니한 것이며, 상품, 기계 및 비품에 대해서는 매입세액공제를 받았다.)

(1) 상품 매출은 ₩100,000,000이며, 이 금액은 매출에누리 ₩1,000,000, 매출할인 ₩2,000,000, 매출환입 ₩3,000,000이 차감된 금액이다.

(2) 매출시 일정비율로 적립한 자기적립 마일리지로 결제되어 대금 유입이 없는 상품판매 ₩4,000,000이 위 상품매출액에 포함되어 있다.

(3) 용역 매출은 ₩5,000,000이며, 이 금액에는 임원에게 제공한 운송용역 ₩500,000 (시가 ₩1,000,000)이 포함되어 있고, 주주에게 무상으로 제공한 시가 ₩2,000,000의 운송용역은 포함되어 있지 않다.

(4) 사용하던 기계의 처분으로 인한 유형자산처분손실 ₩500,000이 계상되어 있다. 동 기계(2025년 3월 3일에 ₩5,000,000에 취득)는 장부가액 ₩4,000,000인 상태에서 ₩3,500,000에 처분하였다.

(5) 사용하던 비품을 임원의 향우회에 기부하고 장부가액 ₩1,600,000을 기부금으로 처리하였다. 동 비품은 2025년 8월 8일에 ₩2,000,000에 구입하였다.

① ₩116,500,000

② ₩110,500,000

③ ₩114,600,000

④ ₩114,500,000

⑤ ₩106,500,000

중요도 ★★★★☆
난이도 ★★★☆☆

Memo

① 상품매출	₩100,000,000	
② 자기적립 마일리지 결제액	(4,000,000)	
③ 용역매출[*1]	5,500,000	₩5,000,000 + (₩1,000,000 − ₩500,000)
④ 기계처분	3,500,000	
⑤ 비품(사업상증여)[*2]	1,500,000	₩2,000,000 × (1 − 25%×1기)
합 계	₩106,500,000	

*1. 임원(특수관계인)에게 제공한 운송용역의 공급가액은 시가(₩1,000,000)이나 용역매출에 저가공급가(₩500,000)가 포함되어 있으므로 시가와 저가공급가와의 차액을 가산한다. 주주에게 제공한 운송용역은 용역의 무상공급으로 과세되지 않는다.

2. 임원의 향우회(비지정기부금단체)는 일정한 공익단체에 해당하지 않으므로 향우회에 무상증정한 비품은 부가가치세가 과세된다.

Key point!

①용역의 무상공급
→ 과세×
②재화의 무상공급
→ 과세○
③감가상각자산 공급
의제 → 간주시가

정답 ⑤

16 공기정화기 임대 및 판매 사업을 영위하는 ㈜M의 2026년 제1기 예정신고기간 자료이다. 2026년 제1기 예정신고시 부가가치세 과세표준은 얼마인가? 제시된 자료의 금액에는 부가가치세가 포함되지 아니하였다.

(2019. CPA 수정)

---

(1) 2026년 1월 5일 : 시가 ₩51,000,000의 재화를 공급하고, 대금은 매출할인 ₩2,000,000을 차감 후, 연체이자 ₩1,000,000을 포함한 현금 ₩50,000,000을 받았다. 1개월 뒤 판매실적에 따라 시가 ₩2,000,000의 판매용 상품을 판매장려 금품으로 지급하였다.

(2) 2026년 2월 16일 : 특수관계인이 아닌 자에게 사무실 일부를 6개월간 임대해 주고 현금 ₩6,000,000을 받았다. 이 임대용역의 시가는 ₩9,000,000이다.

(3) 2026년 2월 25일 : 시가 ₩10,000,000의 재화를 공급하고 현금 ₩6,000,000, 과거에 ㈜M이 적립해 준 마일리지 ₩1,000,000 및 Y통신사 마일리지 ₩3,000,000을 받았다. 회사는 이 거래에 대하여 Y통신사로부터 현금 ₩2,000,000을 1개월 후에 보전 받았으며, 회사와 Y통신사는 특수관계인이 아니다.

(4) 2026년 3월 23일 : 특수관계인에게 공기정화기 임대용역을 12개월간 무상으로 공급하였다. 이 용역의 시가는 ₩12,000,000이다.

(5) 2026년 3월 25일 : 시가 ₩40,000,000인 회사 사무실 건물 및 시가 ₩30,000,000인 부수토지를 양도하고, 그 대가로 시가 ₩73,000,000의 공기정화기를 받았다.

---

① ₩99,000,000 ② ₩101,000,000 ③ ₩102,000,000
④ ₩103,000,000 ⑤ ₩133,000,000

---

① 재화공급	₩49,000,000	₩50,000,000 − ₩1,000,000(연체이자)
② 판매장려금품	2,000,000	
③ 임대용역*	2,000,000	₩6,000,000 × 2개월/6개월
④ 재화공급	8,000,000	₩6,000,000(현금결제액) + ₩2,000,000(보전금액)
⑤ 용역의 무상공급	–	과세거래×
⑥ 사무실 건물	40,000,000	공급한 재화의 시가, 토지는 면세
과세표준	₩101,000,000	

* 특수관계인이 아니므로 저가공급가 공급가액이며, 2 이상의 과세기간에 걸쳐 부동산 임대용역을 공급하고 그 대가를 선불로 받았으므로 월할 안분계산한다.

17 보세구역 내에서 제조업을 영위하고 있는 일반과세자인 甲은 외국에서 수입한 원재료로 생산한 제품을 보세구역 밖에서 사업을 하고 있는 乙에게 ₩80,000,000(공급가액)에 공급하였다. 수입한 원재료의 관세의 과세가격은 ₩40,000,000이고, 관세 ₩10,000,000, 개별소비세 ₩8,000,000, 교육세 ₩1,000,000, 농어촌특별세 ₩1,000,000이 과세된다고 가정할 때 세관장이 징수할 부가가치세와 甲이 거래징수할 부가가치세는 각각 얼마인가?

(2015. 세무사)

	세관장이 징수할 부가가치세	甲이 거래징수할 부가가치세
①	₩5,000,000	₩3,000,000
②	4,000,000	8,000,000
③	6,000,000	2,000,000
④	6,000,000	8,000,000
⑤	4,000,000	4,000,000

과세표준(기본)
중요도 ★★☆☆☆
난이도 ★★☆☆☆

Memo

구 분	과세표준	세 율	부가가치세
세관장	₩60,000,000*1	10%	₩6,000,000
甲	20,000,000*2	10%	2,000,000

*1. 세관장 과세표준 : ₩40,000,000 + ₩10,000,000 + ₩8,000,000 + ₩1,000,000 + ₩1,000,000
  = ₩60,000,000

2. 甲의 과세표준 : ₩80,000,000 − ₩60,000,000 = ₩20,000,000

Key point!

• 재화의 수입
① 과세표준
② 부가가치세

정답 ③

18 다음은 부가가치세 과세사업을 영위하는 (주)A에 관한 자료이다. 2026년 제1기 예정신고기간(2026.1.1.~3.31.)의 부가가치세 과세표준에 포함될 금액은? (단, 다음 자료의 금액에는 부가가치세가 포함되어 있지 않으며, 주어진 자료 이외에는 고려하지 않음)

(2022. 세무사)

(1) 공급단위를 구획할 수 없는 용역을 계속적으로 공급하고 2026.1.5.에 계약금으로 ₩2,000,000, 2026.2.20.에 중도금으로 ₩4,000,000, 2026.4.30.에 잔금으로 ₩3,000,000을 받기로 하고, 세금계산서는 대금을 받기로 한 날 발행하기로 하였다.

(2) 특허권을 2026.4.2.부터 2년간 대여하기로 하고, 2026.3.30.에 대가의 일부로 받은 ₩1,000,000에 대하여 전자세금계산서를 발행하였다.

(3) 2026.2.20.에 세금계산서를 발행하는 시기(2026.2.20.)와 대금의 지급시기(2026.4.5.)를 명시한 약정서를 작성하고 이에 따라 용역의 공급가액을 ₩5,000,000으로 하는 전자세금계산서를 발행하였다(용역제공을 완료한 때는 2026.7.10.임).

(4) 2026.3.25.에 특수관계인에게 산업상의 지식에 관한 정보를 무상으로 제공하였으며, 그 시가는 ₩3,000,000이다.

① ₩4,000,000   ② ₩6,000,000

③ ₩7,000,000   ④ ₩9,000,000

⑤ ₩12,000,000

① 용역의 계속적 공급	₩6,000,000	₩2,000,000(계약금) + ₩4,000,000(중도금)
② 특허권(선발급 특례○[*1])	1,000,000	공급시기 : 세금계산서 발급하는 때(2026.3.30.)
③ 용역(선발급 특례×[*2])	–	공급시기 : 용역제공을 완료한 때(2026.7.10.)
④ 산업상 지식(용역)	–	용역의 무상공급 → 과세거래×
과세표준	₩7,000,000	

*1. 원칙적인 공급시기 전에 대가의 일부를 받고 세금계산서를 선발급하였으므로 선발급특례가 적용된다.

2. 7일이 지난 후 대가를 지급받는 경우로서 다음의 ① 또는 ②에 해당하지 않으므로 선발급특례가 적용되지 않는다.

① 거래 당사자 간의 계약서·약정서 등에 대금 청구시기(세금계산서 발급일을 말한다)와 지급시기를 따로 적고, 대금 청구시기와 지급시기 사이의 기간이 30일 이내인 경우

② 재화 또는 용역의 공급시기가 세금계산서 발급일이 속하는 과세기간 내(공급받는 자가 조기환급을 받은 경우에는 재화 또는 용역의 공급시기가 세금계산서 발급일부터 30일 이내)에 도래하는 경우

정답 ③

19 ㈜A(자동차판매업)의 개별소비세 과세대상 승용자동차 관련 내역이다. ㈜A의 2026년 제2기 부가가치세 과세표준에 포함할 공급가액으로 옳은 것은? 단, 이전 과세기간의 부가가치세 신고·납부는 적법하게 이루어졌으며, 제시된 거래금액은 부가가치세를 포함하지 않은 금액이다.

(2025. CPA)

(1) 2025년 2월 5일에 국내 사업자로부터 승용자동차X를 판매 목적으로 2대(대당 ₩20,000,000) 구입하였다. 2026년 10월 15일에 승용자동차X 중 1대는 시가 ₩25,000,000에 판매하였고, 같은 날에 나머지 1대는 출장 등 업무 목적으로 전용하였다.

(2) 2025년 9월 5일에 국내 사업자로부터 승용자동차Y를 출장 등 업무에 사용할 목적으로 2대(대당 ₩30,000,000) 구입하였다. 2026년 12월 15일에 승용자동차Y 중 1대는 시가 ₩20,000,000에 판매하였고, 같은 날에 나머지 1대는 판매촉진 목적으로 거래처에 증여하였다.

① ₩50,000,000　　② ₩65,000,000　　③ ₩70,000,000

④ ₩85,000,000　　⑤ ₩90,000,000

공급의제
중요도 ★★★★☆
난이도 ★★★★☆

Memo

① 승용자동차X 유상판매	₩25,000,000		
② 승용자동차X 비영업용 전용	25,000,000[*1]	시가	
③ 승용자동차Y 유상판매	20,000,000		
④ 승용자동차Y 증여	–[*2]	매입세액불공제 → 공급의제×	
합계	₩70,000,000		

*1. 판매용 승용차는 재고자산(비상각자산)이므로 시가를 공급가액으로 한다.

 2. 승용자동차Y는 비영업용승용차이므로 공급으로 의제되지 않는다.

Key point!

• 비영업용 전용
① 비상각자산 : 시가
② 상각자산 : 간주시가

정답 ③

20 다음은 과세사업자인 (주)A의 2026년 제1기 과세기간의 공급과 관련된 자료이다. 동 과세기간의 부가가치세 과세표준을 계산한 것으로 옳은 것은? (단, (주)A는 총괄납부 적용사업자 또는 사업자단위과세사업자가 아니고, 주어진 자료의 금액은 부가가치세가 포함되지 아니한 금액이다) (2010. CPA)

(1) 1월 3일에 특수관계인인 (주)갑에게 기계장치 수리용역을 무상으로 공급했는데 동 용역의 시가는 ₩5,000,000이다.
(2) 3월 8일에 재고자산을 (주)을에게 ₩16,000,000에 판매하고 판매대금은 2026년 7월 16일에 회수하였다.
(3) 4월 3일에 (주)병에게 비영업용 소형승용차를 ₩12,000,000에 판매하고 판매대금은 2026년 5월 1일, 2026년 11월 1일 및 2027년 5월 1일에 각각 ₩4,000,000씩 회수하기로 약정하였다.
(4) 5월 12일에 특수관계인인 (주)정에게 자금을 6개월간 대여한 대가로 ₩6,000,000의 이자를 지급받았다. 시가로 계산한 동 기간의 이자는 ₩10,000,000이다.
(5) 기계장치 생산에 사용하던 건물을 6월 28일부터 면세사업인 과일판매업(과일판매업을 제외한 (주)A의 모든 사업은 과세사업임)만을 위해 사용하게 되었다. 동 건물과 관련된 자료는 다음과 같다.

취득일자	취득가액	보유기간 중의 감가상각누계액	2026. 6. 28 현재의 시가
2025. 4. 1	₩30,000,000*	₩15,000,000	₩35,000,000

* 해당 건물과 관련한 취득세 ₩1,200,000을 제외한 금액이다.

① ₩31,000,000
② ₩47,000,000
③ ₩52,000,000
④ ₩55,000,000
⑤ ₩57,000,000

① 기계장치수리	–	용역의 무상공급 → 과세×
② 외상판매	₩16,000,000	인도한 재화의 총가액
③ 장기할부판매	4,000,000	받기로 한 대가의 각 부분
④ 이자	–	면세
⑤ 면세사업전용	27,000,000	₩30,000,000* ×(1 − 5% × 2기)
합 계	₩47,000,000	

* 간주시가 계산시 취득가액은 매입세액공제를 받은 가액을 말하므로, 취득세는 제외한다.

21 과세사업만을 영위하던 (주)서울은 2026년 10월 1일부터 과세사업과 면세사업을 병행하기로 하고 과세사업에 사용하던 재화를 면세사업에도 사용하였다. 다음 자료를 이용하여 (주)서울의 2026년 제2기 부가가치세 확정신고시 면세전용과 관련된 부가가치세 과세표준을 구하면 얼마인가? (2007. 세무사)

면세일부전용

중요도 ★★★☆☆
난이도 ★★★★☆

Memo

(1) 2026년 10월 1일 현재 보유하고 있는 자산과 관련된 자료는 다음과 같다.

종류	취득일	취득원가	시가	재무상태표상 감가상각누계액
기계장치	2025. 5. 16	₩40,000,000	₩20,000,000	₩12,000,000
건물*	2023. 10. 5	80,000,000	120,000,000	24,000,000

* 건물의 취득원가와 관련해서는 위 금액 이외에 현재가치할인차금 ₩20,000,000과 취득세 등 ₩3,200,000이 별도로 기록되어있다.

(2) (주)서울은 법인세 계산시 감가상각비를 손금으로 인정받았다.

(3) (주)서울의 공급가액 관련 자료는 다음과 같다.

과세기간	과세사업 공급가액	면세사업 공급가액	합계
2026년 제1기	4억원	–	4억원
2026년 제2기	6억원	4억원	10억원

① ₩18,480,000

② ₩26,400,000

③ ₩30,800,000

④ ₩32,000,000

⑤ ₩35,600,000

---

① 기계장치　　₩4,000,000　₩40,000,000 × (1 − 25% × 3) × 40%[*2]
② 건물　　　　28,000,000　₩100,000,000[*1] × (1 − 5% × 6) × 40%[*2]
　합계　　　　₩32,000,000

*1. 취득가액에 현재가치할인차금은 포함하지만 취득세와 연지급수입이자 등은 포함하지 않는다.
　2. 당기 면세사업 공급가액비율

[응용]

> if) 2026년 제2기 부가가치세 확정신고시 부가가치세 과세표준을 구하면 얼마인가?
>
> 　₩32,000,000(면세전용) + ₩600,000,000(과세사업 공급가액) = ₩632,000,000

Key point!

• 취득가액
① 현재가치할인차금 포함○
② 취득세 · 연지급수입이자 등 포함 ×

정답 ④

22 일반과세자인 개인사업자 갑의 2026년 제2기 확정신고에 관한 자료이다. 면세전용과 관련한 부가가치세 과세표준으로 옳은 것은? (2024. CPA)

(1) 과일음료를 제조 · 판매하던 갑은 2026년 10월 1일부터 과일판매를 병행하면서 기존에 사용하던 재화를 과일판매에도 공통으로 사용하게 되었다.

(2) 2026년 10월 1일 현재 보유하고 있는 자산 관련 자료

구분	취득일	취득가액	시가	장부가액
토지	2024.10.5.	₩50,000,000	₩57,000,000	₩50,000,000
건물	2024.10.5.	40,000,000	44,000,000	38,000,000
기계장치	2025.12.9.	10,000,000	7,000,000	5,600,000

① 상기 취득가액은 매입세액을 포함하지 않은 가액이다.
② 자산 취득시 매입세액 공제를 받았으며, 감가상각비를 사업소득금액 계산시 필요경비로 인정받았다.

(3) 갑의 공급가액 내역

과세기간	과세사업	면세사업	합계
2026년 제1기	₩200,000,000	−	₩200,000,000
2026년 제2기	₩180,000,000	₩60,000,000	₩240,000,000

① ₩9,250,000
② ₩10,900,000
③ ₩12,750,000
④ ₩25,250,000
⑤ ₩27,000,000

---

① 건물　　　₩8,000,000　₩40,000,000 × (1 − 5% × 4) × 25%[*]
② 기계장치　 1,250,000　₩10,000,000 × (1 − 25% × 2) × 25%[*]
　 합 계　　₩9,250,000

[*] 당기 면세사업 공급가액비율 : $\dfrac{₩60,000,000}{₩180,000,000 + ₩60,000,000} = 25\%$

23 일반과세자로 제조업을 영위하는 개인사업자 갑은 2026년 10월 30일 폐업하였다. 폐업 시 사업장의 잔존 재화가 다음과 같을 때 2026년 제2기 동 재화에 대한 부가가치세 과세표준으로 옳은 것은? (단, 제시된 금액은 부가가치세를 포함하지 아니한 금액이다.) (2020. CPA)

폐업시 잔존재화
중요도 ★★★☆☆
난이도 ★★★☆☆

Memo

(1) 잔존 재화 내역

구 분	취득일	취득원가	시 가
제품	2026년 9월 1일	₩10,000,000	₩9,000,000
건물	2024년 12월 1일	85,000,000	88,000,000
소형승용차	2026년 1월 1일	30,000,000	25,000,000

(2) 추가자료

- 제품은 취득 시 매입세액공제를 받았으며, 폐업일 현재 일부가 파손되어 시가가 취득원가에 미달한다.
- 건물은 취득 시 매입세액공제를 받았으며, 다음과 같이 회계처리하였다.

  (차) 건　　　　　물 　85,000,000 　(대) 장기미지급금 　100,000,000
  　　현재가치할인차금 　15,000,000

- 소형승용차의 취득원가는 매입가액을 의미하며 취득 시 매입세액공제는 받지 못하였다.

① ₩77,000,000 　　② ₩78,000,000 　　③ ₩89,000,000
④ ₩90,000,000 　　⑤ ₩112,400,000

구 분	계산내역	과세표준
제품	시 가*1	₩9,000,000
건물	₩100,000,000*2 × (1 − 5% × 4)	80,000,000
비영업용소형승용차	매입세액불공제분	–
합 계		₩89,000,000

*1. 시가가 취득원가에 미달하더라도 비상각자산의 경우 시가를 과세표준으로 한다.

2. 취득원가는 매입세액공제를 받은 가액으로 하므로 현재가치할인차금을 포함한다.

Key point!

취득가액
→ 취득세 · 연지급 수입이자 제외, 현재가치할인차금 포함

정답 ③

24 다음 자료를 이용하여 자동차 부품 제조업을 영위하고 있는 일반과세자인 ㈜K의 제2기 예정신고기간(2026.7.1~9.30)에 대한 부가가치세 과세표준을 계산한 것으로 옳은 것은? (단, ㈜K는 주사업장총괄납부 및 사업자 단위 과세제도를 적용받는 사업자가 아니다. 관련 매입세액은 모두 공제받았으며, 제시된 자료의 금액에는 부가가치세가 포함되지 아니하였다.) (2017. CPA)

(1) ㈜K의 2026년 제2기 예정신고기간(2026.7.1~9.30)의 공급가액은 ₩470,000,000이다. 이 금액에는 매출에누리와 환입액 ₩20,000,000이 차감되지 아니하였다.

(2) 다음 거래는 (1)의 공급가액에는 포함되어 있지 아니하다.

① 재고자산 중 일부가 진부화 되어 하치장에 반출하였다(시가 : ₩3,000,000, 원가 : ₩1,700,000).

② 대표이사가 업무용으로 사용하고 있는 승용차(개별소비세 과세대상)의 수리를 위해 재고자산을 사용하였다(시가 : ₩5,000,000, 원가 : ₩2,000,000).

③ 회사가 보유하고 있던 자기주식 200주(주당 취득원가 ₩1,000)를 주당 ₩1,200에 양도하였다.

④ 2026.8.6 하청업체와의 협업을 위하여 하청업체에 기계장치를 무상으로 이전하였다(취득일 : 2025.9.5., 매입가액 : ₩12,000,000, 이전 당시 장부가액 : ₩4,000,000).

⑤ 주된 거래처에 신제품을 무상 제공하였다(시가 : ₩7,000,000, 원가 : ₩4,000,000).

(3) 상기 제시된 매출 및 기타거래 이외에 부가가치세 과세표준에 영향을 미치는 다른 거래는 없었다.

① ₩461,000,000   ② ₩462,000,000   ③ ₩463,000,000

④ ₩468,000,000   ⑤ ₩471,000,000

① 공급가액	₩470,000,000	
② 매출에누리와 환입액	(20,000,000)	
③ 하치장 반출	–	판매목적 반출× → 공급의제×
④ 비영업용 소형승용차 전용	5,000,000	시가
⑤ 자기주식 양도	–	유가증권은 재화× → 공급×
⑥ 기계장치(사업상증여)	6,000,000	₩12,000,000 × (1−25%×2기)
⑦ 제품(사업상증여)	7,000,000	시가
과세표준	₩468,000,000	

25 2026년 제1기(2026.1.1.~2026.6.30.) 부가가치세 관련 자료이다. ㈜A와 ㈜B의 부가가치세 과세표준에 포함될 재화의 공급가액을 모두 합한 것으로 옳은 것은? (단, 제시된 금액은 부가가치세를 포함하지 않은 금액이다.) (2021. CPA)

공통사용재화 등
중요도 ★★★ ☆ ☆
난이도 ★★★★ ☆

Memo

(1) ㈜A는 과세사업과 면세사업에 공통으로 사용하던 차량과 비품을 다음과 같이 매각하였다.

① 매각내역

구 분	취득일	취득가액	매각일	공급가액
차 량	2025.3.1.	₩40,000,000	2026.4.1.	₩20,000,000
비 품	2025.8.1.	1,000,000	2026.5.1.	400,000

② 과세사업과 면세사업의 공급가액비율

구 분	2025년 제1기	2025년 제2기	2026년 제1기
과세사업	53%	50%	60%
면세사업	47%	50%	40%

(2) 과세사업자인 ㈜B는 2026년 4월 10일에 토지와 건물을 ₩500,000,000에 다음과 같이 함께 양도하고 그 대금을 모두 수령하였다. 토지와 건물에 대한 감정가액은 없다.

구 분	실지거래가액	공급계약일 현재	
		장부가액	기준시가
토 지	₩300,000,000	₩200,000,000	₩160,000,000
건 물	200,000,000	200,000,000	240,000,000

* 다른 법령에서 토지와 건물의 양도가액을 정하는 경우 등 법소정의 사유가 있는 경우에 해당하지 아니한다.

① ₩210,200,000   ② ₩210,400,000   ③ ₩260,000,000

④ ₩310,200,000   ⑤ ₩310,400,000

---

(1) ㈜A의 공급가액 : ① + ② = ₩10,400,000

  ① 차량 : ₩20,000,000 × 50%* = ₩10,000,000

    * 직전 과세기간의 과세공급가액 비율

  ② 비품 : ₩400,000

    * 50만원 미만이므로 안분생략하고 해당 재화의 가액 전액을 공급가액으로 한다.

(2) ㈜B의 공급가액 : ₩500,000,000 × 60%*1 = ₩300,000,000

  *1. 기준시가비율 : $\dfrac{₩240,000,000}{₩160,000,000 + ₩240,000,000}$ = 60%

  2. 실지거래가액으로 구분한 토지와 건물 또는 구축물 등의 가액이 법정기준에 따라 안분계산한 금액과 30% 이상 차이가 있는 경우 법정기준에 따라 안분계산한다. 이 경우 토지, 건물 등 중에서 하나라도 30% 이상 차이가 나면 30% 이상 차이가 있는 경우로 본다.

구 분	실지거래가액(A)	법정기준(B)	차이(C)	$\dfrac{C}{B}$
토지	₩300,000,000	₩200,000,000	₩100,000,000	50%
건물	200,000,000	300,000,000	100,000,000	33%

(3) 합계액 : ₩310,400,000

정답 ⑤

26 부동산임대사업자 ㈜B는 다음의 임대용 부동산을 양도하였다. 부동산 양도에 따른 부가가치세 과세표준을 계산한 것으로 옳은 것은? (단, 아래에 제시된 금액들은 부가가치세를 포함하지 아니한 것이다.)
(2016. CPA)

(1) 건물의 1층은 상가, 2층은 사무실, 3층은 주택이며, 각 층의 면적은 각각 40㎡이다. 부수토지의 면적은 400㎡이며, 도시지역에 있다.

(2) 건물과 부수토지는 2026년 6월 6일에 ₩200,000,000을 받고 양도하였다. 양도가액 중 건물가액과 토지가액의 구분은 불분명하다.

(3) 양도한 부동산의 가액

구 분	취득가액	장부가액	기준시가	감정평가액*
건물	₩60,000,000	₩40,000,000	₩64,000,000	₩54,000,000
부수토지	40,000,000	40,000,000	96,000,000	126,000,000
계	₩100,000,000	₩80,000,000	₩160,000,000	₩180,000,000

* 감정평가는 2025년 9월 9일에 감정평가업자에 의해 시행되었다.

① ₩40,000,000
② ₩60,000,000
③ ₩80,000,000
④ ₩53,333,333
⑤ ₩156,666,666

① 토지	–	면세
② 건물 중 주택분	–	[*1] 면세
③ 건물 중 상가분	₩40,000,000[*2]	
합 계	₩40,000,000	

*1. 주택임대업은 면세사업이므로 임대용 주택의 공급은 면세사업관련 부수재화의 공급으로서 국민주택여부를 불문하고 면세된다. cf) 주택매매업 및 주택건설업은 원칙적으로 과세사업이나, 국민주택 및 해당 주택의 건설용역은 면세된다.

2. $₩200,000,000 \times \dfrac{₩54,000,000}{₩180,000,000} \times \dfrac{80㎡}{120㎡} = ₩40,000,000$

3. 실지거래가액 구분이 불분명하고 2025년 9월 9일 감정평가업자의 감정평가가액이 있으므로 감정평가가액의 비율로 안분계산한다.
 · 감정평가가액 : 공급시기(중간지급조건부 또는 장기할부판매의 경우는 최초 공급시기)가 속하는 과세기간의 직전 과세기간개시일(2025년 7월 1일)부터 공급시기가 속하는 과세기간의 종료일(2026년 6월 30일)까지 감정평가업자가 평가한 감정평가가액

27 양계 후 생닭으로 판매하는 축산회사 ㈜H의 2026년 3월 3일 회사 사옥 및 부수토지 양도 관련 자료이다. 2026년 제1기 예정신고시 부동산 양도에 따른 부가가치세 과세표준은 얼마인가? 제시된 자료의 금액에는 부가가치세가 포함되지 아니하였다.

(2019. CPA)

(1) 건물의 구입시부터 1층(100m²)은 K은행 점포 임대에 사용하고 있으며, 2층부터 5층(총 400m²)은 ㈜H가 사무실로 사용하고 있다. 부수토지의 면적은 300m²이다.

(2) 건물과 부수토지를 ₩100,000,000에 양도하였다. 양도가액 중 건물가액과 토지가액의 구분은 불분명하다.

(3) 양도한 부동산의 가액

구 분	취득가액	기준시가	감정평가액
건물	₩30,000,000	₩35,000,000	₩40,000,000
부수토지	20,000,000	35,000,000	60,000,000
계	50,000,000	70,000,000	100,000,000

(4) 건물 취득시 발생한 매입세액 중 공제가능액은 사용면적비율에 따라 계산되었으며, 감정평가는 2026년 2월 2일에 감정평가업자에 의해 시행되었다.

(5) 회사 공급가액의 비율

구 분	2025년 제2기	2026년 제1기
생닭판매	60%	70%
부동산 임대수익	40%	30%

① ₩8,000,000 ② ₩10,000,000 ③ ₩16,000,000
④ ₩40,000,000 ⑤ ₩0

Key point!
• 생닭 판매 → 면세사업
• 부동산 임대 → 과세사업

① 토지   –   면세
② 건물 중 사무실 사용분   –   면세
③ 건물 중 은행 점포 임대 사용분   ₩8,000,000*
   합 계   ₩8,000,000

* $\text{₩}100{,}000{,}000 \times \dfrac{\text{₩}40{,}000{,}000}{\text{₩}100{,}000{,}000}$ (감정평가액 비율) $\times \dfrac{100\text{m}^2}{500\text{m}^2} = \text{₩}8{,}000{,}000$

정답 ①

28 다음은 (주)대한의 2026년 제2기 부가가치세 예정신고기간에 발생한 거래이다. 부가가치세 과세표준을 계산하면 얼마인가? *(2003. 세무사)*

> (1) 매출액 ₩401,000,000(이 중 수출액이 ₩50,000,000이며, ₩1,000,000의 매출할인이 차감된 금액임)
>
> (2) 거래처에 제품(부가가치세 과세대상)으로 증정한 장려물품(원가 ₩2,000,000, 시가 ₩3,000,000)
>
> (3) 매출채권 회수지연에 따라 수령한 연체이자 ₩500,000
>
> (4) 특수관계인에게 대가를 받지 않고 제공한 제품 수리용역(시가 ₩4,000,000)
>
> (5) 상가건물과 부수토지 매각액 ₩480,000,000(부가가치세를 포함한 금액으로서 전액 일시에 수령하였음)
> - 부수토지의 감정평가가액 : ₩100,000,000
> - 상가건물의 감정평가가액 : ₩200,000,000

① ₩704,000,000   ② ₩884,000,000

③ ₩724,000,000   ④ ₩708,000,000

⑤ ₩888,000,000

Key point!

• 토지·건물 등 일괄공급
(VAT 포함 + 1차 안분)
→ 분자 : 과세
→ 분모 : 과세 × 1.1

① 매출액	₩401,000,000	
② 사업상 증여	3,000,000	시가
③ 연체이자	–	과세표준에 포함×
④ 무상수리용역	–	용역의 무상공급 → 과세×
⑤ 상가건물 매각	300,000,000*	
합 계	₩704,000,000	

$$* \quad ₩480,000,000 \times \frac{₩200,000,000}{₩100,000,000 + ₩200,000,000 \times 1.1} = ₩300,000,000$$

정답 ①

29 다음 자료에 의하여 (주)A의 2026년 제1기 부가가치세 확정신고시 차가감 납부할 세액(지방소비세 포함)을 계산하면 얼마인가? *(2015. 세무사)*

(1) 2026. 4. 6. 현재 보유하고 있는 토지와 건물을 ₩346,500,000(부가가치세 포함)을 받고 함께 처분하였다. 토지와 건물의 실지거래가액의 구분은 불분명하며, 장부가액과 소득세법 제99조에 따른 기준시가는 다음과 같다.

구분	장부가액	기준시가
건물	₩200,000,000	₩150,000,000
토지	₩275,000,000	₩220,000,000

(2) 2026. 4. 10. 건축물이 있는 토지를 취득하여 토지만 사용하기 위하여 건축물을 철거하였다. 철거한 건축물의 취득과 관련된 매입세액은 ₩1,000,000이고, 철거비용에 관련된 매입세액은 ₩300,000이다.

(3) 2024년 제2기 부가가치세 확정신고 시 매입세액에서 차감한 대손세액은 ₩200,000이었다. 동 대손세액과 관련하여 2026. 2. 1. 대손금액 전부를 변제하였으며, 2026년 제1기 확정신고 시 변제사실을 증명하는 서류를 첨부하여 대손세액변제신고서를 제출하였다.

(4) 위 자료 외에 부가가치세법 및 다른 법률에서 정하는 공제세액 등은 고려하지 않는다.

① ₩12,000,000
② ₩12,200,000
③ ₩12,300,000
④ ₩13,300,000
⑤ ₩13,500,000

(1) 매출세액 : $₩346,500,000 \times \dfrac{₩150,000,000}{₩220,000,000 + ₩150,000,000 \times 1.1} \times 10\% = ₩13,500,000$

(2) 매입세액 : ₩200,000(변제대손세액)[*1]

*1. 변제대손세액은 예정신고시 적용하지 않고 확정신고시에만 적용한다.

2. 철거한 건축물의 취득과 관련된 매입세액과 철거비용에 관련된 매입세액은 토지 관련 매입세액으로 불공제된다.

(3) 납부세액(= 차가감납부세액) : ₩13,500,000 - ₩200,000 = ₩13,300,000

[응용]

if) 건물이 공통사용재화이며, 직전과세기간의 과세공급가액비율(또는 사용면적비율)이 60%인 경우 매출세액을 계산하면?

$₩346,500,000 \times \dfrac{₩150,000,000 \times 60\%}{₩220,000,000 + ₩150,000,000 \times 40\% + ₩150,000,000 \times 60\% \times 1.1} \times 10\%$

$= ₩8,228,232$

30 (주)한라는 토지와 기계장치, 건물을 1억원(부가가치세 제외)에 양도하였는데, 토지와 기계장치, 건물의 실지거래가액은 불분명하다. 매각대금은 인도시점에서 전액수령하였고, 각 자산의 관련 자료는 다음과 같으며, 각 자산의 감정평가가액은 알려져 있지 않다.

(2004. 세무사)

구 분	토 지	기계장치	건 물	합 계
기 준 시 가	₩4,000,000	–	₩36,000,000	₩40,000,000
장 부 가 액	6,000,000	₩20,000,000	24,000,000	50,000,000
취 득 가 액	6,000,000	30,000,000	24,000,000	60,000,000

(주)한라의 자산양도와 관련된 부가가치세 과세표준은 얼마인가?

① ₩88,000,000 ② ₩90,000,000

③ ₩94,000,000 ④ ₩95,000,000

⑤ ₩100,000,000

(1) 장부가액에 의한 1차 안분

① 기계장치(기준시가가 없는 자산) : $₩100,000,000 \times \dfrac{₩20,000,000}{₩50,000,000} = ₩40,000,000$

② 토지·건물(기준시가가 있는 자산) : ₩100,000,000 − ₩40,000,000 = ₩60,000,000

(2) 기준시가에 의한 2차 안분

① 토 지 : $₩60,000,000 \times \dfrac{₩4,000,000}{₩40,000,000} = ₩6,000,000$

② 건 물 : $₩60,000,000 \times \dfrac{₩36,000,000}{₩40,000,000} = ₩54,000,000$

(3) 과세표준 : ₩40,000,000(기계장치) + ₩54,000,000(건물) = ₩94,000,000

31 부동산임대업을 운영하는 일반과세자인 거주자 甲의 2026년 제2기 과세기간(7월~12월)에 대한 부가가치세 과세표준은? (2024. 세무사 수정)

(1) K빌딩 임대현황(소재지: 서울특별시 강남구, 임대건물 건설비 상당액: ₩183,000,000)

구분	임차인 (업종)	임대차기간	과세 기간중 임대 일수	임대료 수령일	보증금	월세 (부가가치세 별도)
1층	(주)A (소매업)	2026.5.1.~ 2027.4.30.	184일	매월 말일	₩91,250,000	₩5,000,000
2층	거주자乙 (의료업)	2026.1.15.~ 2027.1.14.	184일	매월 14일	45,625,000	3,000,000
3층	거주자丙 (창고업)	2025.8.16.~ 2026.8.15.	45일	매월 15일	36,500,000	1,000,000

(2) 월세는 매월 후불로 지급받는 방식임

(3) 제2기 과세기간 종료일 현재 기획재정부령으로 정하는 정기예금이자율은 연 3.5%임

(4) 간주임대료 계산 시 적수계산은 위 자료의 임대일수로 적용하며, 원단위 미만은 절사하며 위 자료 외에 다른 사항은 고려하지 않음

① ₩33,741,250   ② ₩33,746,021   ③ ₩50,000,000
④ ₩52,572,500   ⑤ ₩52,553,226

구분	임대료(단위 : 백만원)	간주임대료(단위 : 백만원)	합계
A	₩5 × 6개월 = ₩30	₩91.25 × 3.5% × 184/365 = ₩1.61	₩31,610,000
乙	₩3 × 6개월 = ₩18	₩45.625 × 3.5% × 184/365 = ₩0.805	18,805,000
丙	₩1 × 2개월 = ₩2	₩36.5 × 3.5% × 45/365 = ₩0.1575	2,157,500
합계			₩52,572,500

32 일반과세사업자 甲은 다음의 주택과 사무용빌딩(각각 별개의 건물임)을 임대하고 있다. 甲의 2026.1.1부터 2026.6.30까지의 부가가치세 과세표준은 얼마인가? (단, 주어진 자료의 금액은 부가가치세가 포함되지 아니한 금액이라고 가정한다.)

(2013. 세무사)

(1) 주택
   • 용도 : 임차회사의 임원이 숙소로 사용하고 있음
   • 임대차기간 : 2025. 7. 1부터 2027. 6. 30까지
   • 임대보증금 : 1억원, 월임대료 : 200만원
(2) 사무용빌딩
   • 용도 : 임차회사의 사무실로 사용(2026. 1. 1부터 2026. 3. 31까지는 임차인이 없어서 비워 두었음)
   • 임대차기간 : 2026. 4. 1부터 2027. 3. 31까지
   • 임대보증금 : 2억원, 월임대료 : 300만원
   • 임대보증금의 수령 : 2026. 3. 31
   • 사무용빌딩의 토지취득비 : 3억원, 건물건축비 : 1억원

※ 임대보증금에 적용하는 정기예금이자율은 4%로 하고, 1년은 365일로 가정한다. 또한, 이 기간 중 부가가치세 매입세액은 없으며, 계산시 1천원 미만은 절사할 것

① ₩9,997,000
② ₩10,994,000
③ ₩11,980,000
④ ₩22,994,000
⑤ ₩23,991,000

① 임대료　　　₩9,000,000 ₩3,000,000 × 3개월

② 간주임대료　　1,994,000 ₩200,000,000 × 91일 × $\frac{1}{365}$ × 4% (₩1,000 미만은 절사)

　合 計　　　　₩10,994,000

*1. 주택의 임대용역은 면세이므로 주택에 대한 과세표준은 계산하지 않는다.

2. 부가가치세법상 간주임대료 계산시에는 건설비적수와 금융수익을 차감하지 않는다.

33 부동산임대업을 영위하는 ㈜A의 자료이다. 2026년 제1기 확정신고시 부가가치세 과세표준으로 옳은 것은? (단, 제시된 금액은 부가가치세를 포함하지 않은 금액이다.)

(2022. CPA)

(1) ㈜A의 임대건물(단층임)은 도시지역 안에 위치하고 있으며, 갑과 을에게 모두 2026년 4월 1일부터 3년간 다음과 같이 임대하고 있다.

구 분	월임대료*	임대보증금	용도	면 적	
				건 물	부수토지
갑	₩1,000,000	₩21,900,000	주 택	30㎡	750㎡
을	₩2,000,000	₩43,800,000	상 가	30㎡	

* 월임대료는 매월말 수령하기로 약정함

(2) 2026년 제1기 과세기간 종료일 현재 계약기간 1년의 정기예금이자율은 1.5%로 하고, 1년은 365일로 가정한다.

(3) 2026년 제1기 과세기간 종료일 현재 건물의 기준시가는 ₩100,000,000, 토지의 기준시가는 ₩400,000,000이다.

① ₩4,437,936　　② ₩4,622,850　　③ ₩5,362,506

④ ₩6,533,628　　⑤ ₩7,643,112

• 1명의 임차인에게 겸용주택을 임대한 경우가 아니며, 갑에게는 주택을 임대하고 을에게는 상가를 임대한 경우이므로 임차인별로 다음과 같이 계산한다.

1. 갑(주택)

(1) 토지의 과세와 면세 구분

주택토지	면세	과세
375㎡[*1]	150㎡[*2]	225㎡

*1. 주택부수토지 : $750㎡ \times \dfrac{30㎡}{60㎡} = 375㎡$

2. 주택부수토지한도 : Min[375㎡, Max(30㎡ × 5, 30㎡)] = 150㎡

3. 주택에 부수되는 토지의 면적은 총토지면적에 주택 부분의 면적이 총건물면적에서 차지하는 비율을 곱하여 계산한다.

(2) 총임대료 : ① + ② = ₩3,081,900

① 임대료 : ₩1,000,000 × 3月 = ₩3,000,000

② 간주임대료 : $₩21,900,000 \times 91일 \times \dfrac{1}{365} \times 1.5\% = ₩81,900$

(3) 과세표준 : $₩3,081,900 \times \dfrac{₩400,000,000}{₩500,000,000} \times \dfrac{225㎡}{375㎡} = ₩1,479,312$

2. 을(상가) : ① + ② = ₩6,163,800

① 임대료 : ₩2,000,000 × 3月 = ₩6,000,000

② 간주임대료 : $₩43,800,000 \times 91일 \times \dfrac{1}{365} \times 1.5\% = ₩163,800$

3. 합계액 : ₩1,479,312(갑) + ₩6,163,800(을) = ₩7,643,112

34 부동산 임대업을 영위하는 ㈜갑은 겸용주택A(도시지역 내 소재)를 을에게 일괄 임대하고 있으며, 그 내역은 다음과 같다. ㈜갑의 2026년 제2기 예정신고기간의 겸용주택A에 대한 부가가치세 과세표준으로 옳은 것은? (단, 제시된 금액은 부가가치세를 포함하지 아니한 금액이다.) (2020. CPA)

(1) 건물(단층) 및 토지 면적

구 분	건 물	토 지
주택	200㎡	2,500㎡
상가	200㎡	

(2) 임대기간 : 2026년 9월 1일 ~ 2028년 8월 31일
(3) 임대조건 : 월임대료 ₩3,000,000(매월 말 지급), 임대보증금 없음
(4) 2026년 9월 30일 현재 감정가액 및 기준시가

구 분	감정가액	기준시가
토지	₩480,000,000	₩200,000,000
건물	320,000,000	200,000,000

① ₩1,320,000 ② ₩1,350,000 ③ ₩1,500,000
④ ₩1,650,000 ⑤ ₩1,680,000

(1) 과세와 면세 구분

구 분	면세	과세
건물	200㎡	200㎡
토지	1,000㎡*	1,500㎡

* 주택부수토지 : $Min[2,500㎡ \times \dfrac{200㎡}{400㎡}, \ Max(200㎡ \times 5, \ 200㎡)] = 1,000㎡$

(2) 총임대료 : ₩3,000,000 × 1月(9월) = ₩3,000,000

(3) 과세표준 : ① + ② = ₩1,650,000

① 건물분 : $₩3,000,000 \times \dfrac{₩200,000,000}{₩400,000,000} \times \dfrac{200㎡}{400㎡} = ₩750,000$

② 토지분 : $₩3,000,000 \times \dfrac{₩200,000,000}{₩400,000,000} \times \dfrac{1,500㎡}{2,500㎡} = ₩900,000$

* 겸용주택임대의 경우에는 감정가액이 있더라도 기준시가비율로 건물분과 토지분 임대료를 안분한다.
  → 토지·건물 일괄공급과의 차이점

35 건물 1채를 소유하고 부동산임대업을 영위하는 일반과세자인 개인사업자 갑이 2026년 제1기 확정신고를 할 때 부가가치세 과세표준을 계산한 것으로 옳은 것은? (단, 아래에 제시된 금액들은 부가가치세를 포함하지 아니한 금액이며, 원 단위 미만은 절사한다.)

(1) 갑은 보유건물을 2026년 4월 1일부터 2027년 3월 31일까지 을에게 임대하는 계약을 체결하였고, 임대건물은 단층이며 도시지역 내에 있다.

   가. 상가의 임대면적은 40㎡이고, 주택의 임대면적은 50㎡이며, 건물의 부수토지는 750㎡이다.

   나. 보증금은 ₩91,250,000, 월임대료는 ₩1,500,000, 월관리비는 ₩300,000이며 월임대료 및 월관리비(공공요금 등의 징수대행이 아님)는 매월말에 수령하기로 약정되어 있다.

   다. 2026년 제1기 확정신고기간 종료일 현재 계약기간 1년의 정기예금이자율은 1.8%로 하고, 1년은 365일로 가정한다.

(2) 2026년 제1기 확정신고기간 종료일 현재 건물의 기준시가는 ₩100,000,000이며 토지의 기준시가는 ₩400,000,000이다.

① ₩1,571,040   ② ₩1,859,040   ③ ₩2,478,720

④ ₩3,098,400   ⑤ ₩3,614,800

겸용주택임대
중요도 ★★★☆☆
난이도 ★★★☆☆

---

(1) 과세, 면세 면적구분

구 분	면세	과세
건물	90㎡*	0㎡
토지	450㎡*	300㎡

* Min[750㎡, Max(90㎡ × 5, 90㎡)] = 450㎡

(2) 총임대료 : ① + ② + ③ = ₩5,809,500

  ① 월 임대료 : ₩1,500,000 × 3月 = ₩4,500,000

  ② 간주임대료 : ₩91,250,000 × 91일 × $\dfrac{1}{365}$ × 1.8% = ₩409,500

  ③ 관리비 : ₩300,000 × 3月 = ₩900,000

(3) 토지분 임대료 중 공급가액

  ₩5,809,500 × $\dfrac{₩400,000,000}{₩500,000,000}$ × $\dfrac{300㎡}{750㎡}$ = ₩1,859,040

Key point!

① 면적비율계산
② 임대료 등 계산
③ 기준시가비율 안분
④ 면적비율 안분

정답 ②

36 도시지역내 소재하는 겸용주택(단층)을 임대하고 있는 ㈜A의 2026년 제1기 예정신고기간(2026.1.1.~2026.3.31.)에 관한 자료이다. ㈜A의 2026년 제1기 예정신고기간 과세표준으로 옳은 것은? 단, 특별한 언급이 없는 한 제시된 금액은 부가가치세가 포함되지 아니한 금액이다.

(2024. CPA)

(1) 임대계약내용
  ① 임대기간: 2025년 9월 1일~2027년 8월 31일
  ② 임대보증금: ₩500,000,000
  ③ 임대료*: 월 ₩5,000,000(상가와 주택 구분 불분명함)
  ④ 청소관리비*: 월 ₩300,000(상가에 대해서만 관리함)
  * 임대료와 청소관리비는 매월 초 선불로 받기로 하였으나 2026년 3월분은 3월 말까지 미수령 상태임

(2) 임대현황

구분		건물	토지
면적	상가	60㎡	300㎡
	주택	30㎡	
장부가액(2026.3.31.)		6억원	3억원
기준시가(2026.3.31.)		8억원	2억원

(3) 임대보증금은 은행에 예치 중이며 2026년 제1기 예정신고기간에 ₩1,000,000의 이자수익이 발생하였다. 예정신고기간 종료일 현재 계약기간 1년의 정기예금이자율은 2.92%이다.

① ₩9,600,000   ② ₩11,490,000   ③ ₩12,400,000
④ ₩13,000,000   ⑤ ₩13,300,000

(1) 과세와 면세 구분

구 분	면세	과세
건물	30㎡	60㎡
토지	100㎡*	200㎡

* 주택부수토지 : $Min[300㎡ \times \dfrac{30㎡}{90㎡}, \ Max(30㎡ \times 5, \ 30㎡)] = 100㎡$

(2) 임대료 등 : ① + ② = ₩18,600,000
  ① 임대료 : ₩5,000,000 × 3개월 = ₩15,000,000
  ② 간주임대료 : ₩500,000,000 × 90일 × 2.92% × 1/365 = ₩3,600,000

(3) 과세표준 : ① + ② + ③ = ₩13,300,000

  ① 건물분 : $₩18,600,000 \times \dfrac{8억원}{10억원} \times \dfrac{60㎡}{90㎡} = ₩9,920,000$

  ② 토지분 : $₩18,600,000 \times \dfrac{2억원}{10억원} \times \dfrac{200㎡}{300㎡} = ₩2,480,000$

  ③ 청소관리비* : ₩300,000 × 3개월 = ₩900,000
    * 상가에 대해서만 관리하였으므로 청소관리비는 안분계산을 하지 않는다.

※ 별해 : $₩18,600,000 \times \dfrac{60㎡}{90㎡} + ₩900,000(청소관리비) = ₩13,300,000$

* 주택 부수토지가 면세 면적한도 내인 경우에는 토지 및 건물의 과세면적비율이 동일하므로, 임대료 등의 합계액에 건물의 과세면적비율을 곱하여 계산해도 결과는 같다.

37 부가가치세 과세사업을 영위하는 ㈜A에 관한 다음 자료에 따라 2026년 제1기 확정 신고기간(2026.4.1.~6.30.)의 매입처별 세금계산서합계표상 부가가치세 매입세액에 가감할 금액은? (단, 법령상 신고 등의 절차는 적법하게 이행되었으며, 주어진 자료 이외에는 고려하지 않음) (2022. 세무사)

대손세액공제
중요도 ★★★☆☆
난이도 ★★★☆☆

Memo

(1) 2024.1.1.에 공급한 재화에 대한 매출채권 ₩17,600,000(부가가치세 포함)이 2026.4.5.에 부가가치세법에 따른 대손으로 확정되었다.

(2) 2025.3.1.에 부가가치세법에 따른 대손으로 확정된 매출채권 ₩27,500,000(부가가치세 포함)을 2026.5.10.에 회수하였다.

(3) 2025년 제1기 부가가치세 확정신고시 매입세액에서 차감한 대손세액은 ₩1,980,000이었고, 2026.6.15.에 해당 대손 금액 전부를 변제하였다.

① ₩520,000 차감 ② ₩1,080,000 차감 ③ ₩1,800,000 가산

④ ₩1,980,000 가산 ⑤ ₩3,580,000 가산

구 분	대손세액	조정
(1) 대손세액공제	₩1,600,000[*1]	매출세액에서 뺀다.
(2) 대손세액가산	2,500,000[*2]	매출세액에 더한다.
(3) 변제대손세액	1,980,000	매입세액에 더한다.

$*1. \ ₩17,600,000 \times \dfrac{10}{110} = ₩1,600,000$

$2. \ ₩27,500,000 \times \dfrac{10}{110} = ₩2,500,000$

정답 ④

매입세액공제

중요도 ★★★☆☆

난이도 ★★★☆☆

Memo

38 일반과세자 ㈜A의 2026년 제2기 예정신고기간(2026.7.1.~2026.9.30.) 세금계산서 및 신용카드매출전표 수취내역이다. 2026년 제2기 예정신고기간의 매입세액공제액으로 옳은 것은? (2023. CPA)

(1) 세금계산서 수취내역

일자	내 역	공급가액	부가가치세
7.10.	원재료 구입	₩110,000,000*	₩11,000,000
7.11.	출자임원(소액주주 아님) 사택유지비	12,000,000	1,200,000
7.12.	거래처 접대용 물품 구입	10,000,000	1,000,000
7.15.	생산직 직원들의 작업복 구입	20,000,000	2,000,000
8.10.	건물 구입**	500,000,000	50,000,000
8.10.	건물 철거비용**	30,000,000	3,000,000

* 실제 공급가액은 ₩100,000,000이나 착오로 ₩110,000,000으로 기재됨

** 토지와 건물을 일괄 구입 후 토지만 사용하기 위해 건물을 철거함

(2) 신용카드매출전표(부가가치세 구분표시) 수취내역

일자	내 역	공급대가
9.10.	고아원 기부용 장난감 구입	₩8,800,000
9.11.	직원 추석선물(과세재화) 구입*	2,200,000

* 2026년 신규로 사업을 시작한 간이과세자로부터 구입함

① ₩12,000,000   ② ₩12,200,000   ③ ₩63,000,000

④ ₩63,200,000   ⑤ ₩65,200,000

Key point!

업무무관 & 기업업무
추진비
→ 매입세액불공제

① 원재료 구입 매입세액	₩10,000,000*1	
② 출자임원사택관련 매입세액	–	업무무관 매입세액으로 불공제대상임
③ 접대용 물품 구입 매입세액	–	기업업무추진비관련 매입세액으로 불공제대상임
④ 작업복 구입 매입세액	2,000,000	
⑤ 건물 구입 및 철거비용 매입세액	–	토지관련 매입세액으로 불공제대상임
⑥ 고아원관련 매입세액	–	업무무관 매입세액으로 불공제대상임
⑦ 직원 추석선물 구입 매입세액	–	세금계산서 수취×*2 → 불공제
매입세액	₩12,000,000	

*1. 세금계산서의 필요적 기재사항의 착오기재의 경우, 그 밖의 기재사항을 통해 거래사실이 확인되는 경우에는 매입세액공제가 가능하다. 다만, 공급가액이 사실과 다르게 적힌 경우에는 실제 공급가액과 사실과 다르게 적힌 금액의 차액에 해당하는 세액(₩1,000,000)은 불공제한다.

2. 신규사업자인 간이과세자는 세금계산서를 발급할 수 없으므로 해당 매입세액은 공제되지 아니한다.

※ 참고

간이과세자 중 다음 중 어느 하나에 해당하는 자는 세금계산서를 발급할 수 없다.

① 직전 연도의 공급대가의 합계액(직전 과세기간에 신규로 사업을 시작한 개인사업자의 경우 공급대가의 합계액을 12개월로 환산한 금액)이 4,800만원 미만인 자

② 간이과세적용신고를 한 신규사업자로서 최초의 과세기간 중에 있는 자

정답 ①

39 제조업을 영위하는 일반과세자 ㈜A의 2026년 제2기 매입거래 내역이다. 2026년 제2기 매입세액공제액으로 옳은 것은? (2025. CPA 수정)

(1) 본사 사옥으로 사용할 예정인 토지의 형질변경에 관한 용역을 제공받고 공급가액 ₩10,000,000의 세금계산서를 발급받았다.

(2) 기계장치를 장기할부로 매입하면서 공급가액 ₩20,000,000의 세금계산서를 발급받았다. 단, 이 중 ₩5,000,000은 약정에 의한 할부금 지급일이 도래하지 않았다.

(3) 종업원 회식비를 지급하고 공급가액 ₩500,000의 세금계산서를 발급받았다.(단, 세금계산서의 필요적 기재사항의 일부가 착오로 기재되었으나, 해당 세금계산서의 그 밖의 임의적 기재사항으로 보아 거래사실을 확인할 수 있다.)

(4) 유류비를 지급하고 일반과세자로부터 공급대가 ₩880,000의 신용카드매출전표(부가가치세 구분 표시)를 수령하였다. 단, 이 중 ₩220,000은 개별소비세가 과세되는 승용자동차에 대한 유류비이고, 나머지는 제품 운반용 트럭에 대한 유류비이다.

(5) 거래처에 증정할 물품을 구입하고 일반과세자로부터 공급대가 ₩1,650,000의 신용카드매출전표(부가가치세 구분 표시)를 수령하였다.

(6) 종업원에게 나눠줄 창립기념일 선물(1인당 ₩100,000 상당액임)을 구입하고 일반과세자로부터 공급대가 ₩3,300,000의 현금영수증(부가가치세 구분 표시)을 수령하였다.

① ₩1,810,000   ② ₩2,360,000   ③ ₩2,410,000

④ ₩2,380,000   ⑤ ₩3,430,000

---

① 토지 관련 매입세액	–	불공제대상임
② 기계장치(장기할부 매입)	₩2,000,000[*1]	₩20,000,000 × 10%
③ 종업원 회식비	50,000[*2]	₩500,000 × 10%
④ 운반용트럭 유류비	60,000[*3]	$(₩880,000 - ₩220,000) \times \frac{10}{110}$
⑤ 거래처 증정 물품(기업업무추진비 관련)	–	불공제대상임
⑥ 창립기념일 선물	300,000	$₩3,300,000 \times \frac{10}{110}$
매입세액공제액	₩2,410,000	

*1. 장기할부판매의 원칙적인 공급시기는 대가의 각 부분을 받기로 한 때이나 공급시기 전에 세금계산서를 발급한 경우 대가수령여부와 무관하게 선발급특례에 따라 세금계산서 발급일을 공급시기로 본다. 이에 따라 공급받는 자는 공급시기에 매입세액공제를 받는다.

 2. 세금계산서의 필요적 기재사항의 착오기재의 경우, 그 밖의 기재사항을 통해 거래사실이 확인되는 경우에는 매입세액공제가 가능하다.

 3. 개별소비세 과세되는 승용자동차(비영업용 자동차)에 대한 유류비는 매입세액을 공제하지 않는다.

40 어묵을 제조하는 일반과세자인 개인사업자 갑의 2026년 제1기 과세기간(2026.1.1.~ 2026.6.30.)에 관한 거래내역이다. 2026년 제1기 확정신고시 공제가능한 매입세액으로 옳은 것은? 단, 특별한 언급이 없는 한 제시된 금액은 부가가치세가 포함되지 아니한 금액이며, 적격증명서류를 발급 및 수취하였다. (2024. CPA)

(1) 미가공된 냉동명태를 ₩130,000,000에 매입하여 어묵 제조에 전부 사용하였다.

(2) 어묵 배달에 사용하기 위하여 업무용승용차(개별소비세 과세대상) ₩30,000,000에 매입하였다.

(3) 2026년 1월 7일 어묵포장 용기를 ₩700,000에 구입하였으나 당해 거래의 세금계산서를 2026년 6월 5일 발급받았다.

(4) 생산직 직원들의 작업복으로 사용할 목적으로 의류를 일반과세자로부터 ₩330,000(공급대가)에 구입하고 부가가치세가 별도로 구분되는 신용카드매출전표를 수령하였다.

(5) 거래처에 판매촉진 목적으로 물품을 ₩500,000에 구입하여 제공하였다.

(6) 공장건물의 임대인에게 4월부터 6월까지의 임차료 총액 ₩4,000,000을 지급하였다.

(7) 의제매입세액 공제율은 4/104이며, 공제한도는 고려하지 않는다.

① ₩3,430,000 ② ₩3,500,000 ③ ₩5,430,000

④ ₩5,480,000 ⑤ ₩5,500,000

① 의제매입세액	₩5,000,000[*1]	
② 업무용승용차(비영업용승용차)	–	불공제대상임
③ 어묵포장 용기	70,000[*2]	지연수취
④ 작업복	30,000	
⑤ 거래처 증정 물품(기업업무추진비 관련)	–	불공제대상임
⑥ 임차료	400,000	
매입세액공제액	₩5,500,000	

*1. $₩130,000,000 \times \dfrac{4}{104} = ₩5,000,000$

2. 재화 또는 용역의 공급시기(2026.1.7.) 이후에 발급받은 세금계산서로서 해당 공급시기가 속하는 과세기간에 대한 확정신고기한(2026.7.25.)까지 발급받은 경우에 해당하므로 해당 매입세액을 공제하되, 지연수취가산세(공급가액의 0.5%)가 적용된다.

정답 ⑤

41 일반과세자로 제조업을 영위하는 ㈜갑의 2026년 제2기 매입거래이다. ㈜갑의 2026년 제2기 매입세액공제액으로 옳은 것은? (2020. CPA)

> (1) 공급가액 ₩9,000,000의 원재료를 구입하고 착오로 공급가액 ₩10,000,000의 세금계산서를 수령하였으나 기타의 기재사항으로 보아 그 거래사실과 금액이 동일 과세기간에 확인되었다.
> (2) 업무용소형승용차의 대여료를 지급하고 공급가액 ₩2,000,000의 세금계산서를 수령하였다.
> (3) 종업원 식대를 지급하고 간이과세자(직전연도 공급대가 합계액이 4,800만원 미만인 사업자에 해당함)로부터 공급대가 ₩1,320,000의 신용카드매출전표를 수령하였다.
> (4) 직원 사택의 수리비를 지급하고 공급가액 ₩4,000,000의 세금계산서를 수령하였다.
> (5) 관세의 과세가격이 ₩10,000,000인 원재료를 수입하였는데, 이에 대한 관세는 ₩800,000이며 세관장이 발행한 수입세금계산서를 수령하였다. 관세와 부가가치세를 제외한 세금은 없다.

① ₩2,100,000
② ₩2,280,000
③ ₩2,300,000
④ ₩2,380,000
⑤ ₩2,500,000

---

① 원재료	₩900,000	
② 업무용소형승용차 대여료	–	불공제대상임
③ 종업원식대	–	세금계산서 수취 ×[*] → 불공제
④ 직원사택 수리비	400,000	
⑤ 원재료 수입	1,080,000	(₩10,000,000 + ₩800,000) × 10%
매입세액공제액	₩2,380,000	

[*] 직전연도 공급대가 합계액이 4,800만원 미만인 간이과세자(세금계산서 발급×)로부터 공급받았으므로 공제되지 아니한다.

정답 ④

42 다음은 과세유흥장소가 아닌 음식점업을 경영하는 (주)A(사업개시일 : 2026.4.10)의 2026년 제1기 과세기간의 매입내역이다. 이를 근거로 제1기 부가가치세 확정신고시 공제받을 수 있는 의제매입세액공제액은 얼마인가? (단, 의제매입세액공제 한도는 고려하지 아니하고 의제매입세액을 공제받기 위한 모든 요건은 충족되었다고 가정함. 또한, 주어진 자료 이외에는 고려하지 아니하고, 원 단위 미만은 절사함) (2016. CPA)

(1) 쌀과 활어를 각각 ₩15,000,000과 ₩28,000,000에 구입하였다.

(2) 미국에서 가공하지 않은 바닷가재를 직수입하였으며 그 가액은 ₩12,000,000으로 관세가 ₩2,000,000 포함되어 있다.

(3) 사업자인 영덕수산으로부터 가공하지 않은 대게를 인터넷으로 직접구입하고 그 대금으로 ₩21,000,000을 신용카드로 결제하였다.

(4) 위 매입액 중 6월말 기준 재고액 ₩37,100,000을 제외하고는 모두 음식재료로 사용되었다.

① ₩2,088,679   ② ₩3,000,000

③ ₩4,188,679   ④ ₩4,301,886

⑤ ₩4,313,207

$$(₩15,000,000 + ₩28,000,000 + ₩10,000,000^{*1} + ₩21,000,000) \times \frac{6}{106} = ₩4,188,679$$

*1. ₩12,000,000 − ₩2,000,000 = ₩10,000,000 → 의제매입세액공제대상인 수입분 면세농산물 등 매입가액은 관세의 과세가격으로 한다. 즉, 관세를 포함하지 않는다.

2. 의제매입세액공제는 매입시점에 공제하므로 아직 사용하지 않은 재고자산도 의제매입세액공제대상이다. 과세사업자로서 겸영사업자가 아니므로 재고자산에 대한 안분계산은 필요하지 않다.

43 중소기업이 아닌 (주)갑식품은 김치만두제조업을 영위하기 위하여 2026년 1월 20일에 관할세무서에 사업자등록을 신청하여 1월 29일에 사업자등록증을 발급받았다. 다음의 자료를 이용하여 (주)갑식품의 2026년 제1기 과세기간의 의제매입세액을 포함한 매입세액공제액을 계산하면 얼마인가? (단, 거래금액은 모두 부가가치세가 포함되지 않은 것이며, 소정의 세금계산서는 모두 수령하였다. 또한, 의제매입세액공제액은 모두 한도내의 금액이라고 가정한다.)

(2000. CPA)

구입일자	내역	거래금액
2026. 1. 5	자동생산설비 구입	₩50,000,000
2026. 1. 19	배추, 고추, 어패류 구입	61,200,000
2026. 2. 1	설탕 및 조미료 구입	1,000,000

① ₩100,000   ② ₩1,300,000

③ ₩5,250,000   ④ ₩6,300,000

⑤ ₩10,250,000

의제매입세액

중요도 ★★★☆☆
난이도 ★★★☆☆

Memo

---

① 매입세액   ₩5,100,000   (₩50,000,000* + ₩1,000,000) × 10%

② 의제매입세액   1,200,000   ₩61,200,000 × $\dfrac{2}{102}$

합 계   ₩6,300,000

* 공급시기가 속하는 과세기간이 끝난 후 20일 이내에 등록 신청한 경우 그 과세기간내 매입세액은 공제받을 수 있다.

Key point!

설탕 및 조미료
→ 면세농산물×

정답 ④

44 돈가스제조업(과세사업)을 영위하는 ㈜A(중소기업)의 2026년 제1기 예정신고기간 (2026.1.1.~2026.3.31.)의 부가가치세 관련 자료이다. 2026년 제1기 예정신고시 의제매입세액 공제액으로 옳은 것은? (단, 제시된 금액은 부가가치세를 포함하지 않은 금액이며, 모든 거래에 대한 세금계산서 및 계산서는 적법하게 발급받았다.)

(2021. CPA)

(1) 매입내역

구 분	취득가액	비 고
돼지고기	₩26,000,000	–
밀가루	22,100,000	수입산으로 관세의 과세가격은 ₩20,800,000, 관세는 ₩1,300,000임.
소 금	10,920,000	운송사업자에게 지급한 매입운임 ₩520,000이 포함된 금액임.
치 즈	5,200,000	–
김 치	3,900,000	–

(2) 매입한 돼지고기 중 30%는 다른 사업자에게 그대로 판매하였으며, 60%는 돈가스제조에 사용하였고, 10%는 예정신고기간 종료일 현재 재고로 남아 있다.

(3) 매입한 밀가루, 소금 및 치즈는 모두 돈가스제조에 사용하였으며, 김치는 모두 종업원에게 사내식당 반찬으로 제공하였다.

(4) 중소기업의 의제매입세액 공제율은 4/104이며, 의제매입세액 공제한도는 고려하지 않는다.

① ₩1,800,000 ② ₩1,900,000 ③ ₩1,950,000
④ ₩2,000,000 ⑤ ₩2,100,000

$$(\text{₩}18,200,000^{*1} + \text{₩}20,800,000^{*2} + \text{₩}10,400,000^{*3}) \times \frac{4}{104} = \text{₩}1,900,000$$

*1. ₩26,000,000 × (60% + 10%) = ₩18,200,000 → 의제매입세액공제는 매입시점에 공제하므로 아직 사용하지 않은 재고자산도 의제매입세액공제대상이다. 과세사업자로서 겸영사업자가 아니므로 재고자산에 대한 안분계산은 필요하지 않다.

2. 의제매입세액공제대상인 수입분 면세농산물 등 매입가액은 관세의 과세가격으로 한다. 즉, 관세를 포함하지 않는다.

3. ₩10,920,000 − ₩520,000(매입운임) = ₩10,400,000

4. 치즈는 가공된 식료품으로 면세되지 않는다. → 의제매입세액공제대상이 아니라 세금계산서를 수취하는 경우 일반적인 매입세액공제 대상이다.

5. 김치는 과세사업에 사용한 것이 아니므로 의제매입세액공제를 적용하지 않는다.

정답 ②

45 부가가치세를 면제받아 공급받은 농산물을 직접 수출하거나 그 농산물을 원재료로 하여 제조·가공한 부가가치세 과세 재화를 국내에 판매하고 있는 (주)A의 부가가치세 관련 자료이다. 2026년 제1기 과세기간 최종 3개월(2026.4.1.~6.30.)에 대한 부가가치세 신고시 차가감 납부(환급)할 세액(지방소비세 포함)은? (2025. 세무사)

의제매입세액

중요도 ★★★☆☆
난이도 ★★★★★

Memo

(1) 2026년 제1기의 공급가액

기간	면세 농산물의 수출금액*	과세 재화의 국내 판매금액
2026.1.1.~3.31.	₩180,000,000	₩320,000,000
2026.4.1.~6.30.	200,000,000	300,000,000

* 2026년 초 (주)A는 면세 농산물의 수출에 대해 면세의 포기를 적법하게 신청하였음

(2) 2026.4.1.~6.30. 세금계산서 수취분 매입가액(부가가치세 별도)
  ① 면세 농산물 수출 사업 사용분: ₩50,000,000
  ② 과세 재화의 국내 판매 사업 사용분: ₩50,000,000

(3) 2026년 제1기의 면세 농산물 매입 및 사용 등의 내역

구분	2026.1.1.~3.31.	2026.4.1.~6.30.
면세 농산물 매입가액	₩190,000,000	₩190,000,000
수출분 금액	84,682,000	97,998,000
과세재화의 원재료 사용 금액	87,318,000	90,002,000
기간 말일 면세 농산물 재고액*	18,000,000	20,000,000

* 수출사업과 과세사업에 대한 실지귀속을 확인할 수 없음

(4) 세금계산서는 적법하게 교부받았으며, 의제매입세액 공제요건을 충족하고 의제매입세액공제율은 2/102 이며, 수시부과세액은 없고, 전자신고세액공제는 고려하지 않으며, 2026년 제1기 예정신고는 적법하게 이행되었으며, 세부담의 최소화를 가정한다.

① ₩13,218,000   ② ₩16,218,000   ③ ₩18,218,000

④ ₩20,218,000   ⑤ ₩23,218,000

1. 매출세액 : ₩300,000,000 × 10% + ₩200,000,000 × 0% = ₩30,000,000
2. 매입세액 : (1) + (2) = ₩11,782,000

   (1) 일반매입세액 : (₩50,000,000 + ₩50,000,000) × 10% = ₩10,000,000

   (2) 의제매입세액 : Min[①, ②] - ③ = ₩1,782,000

   ① $(₩87,318,000 + ₩90,002,000 + ₩20,000,000 × \dfrac{6.2억원}{10억원}) × \dfrac{2}{102} = ₩3,720,000$

   ② $₩620,000,000 × 50\% × \dfrac{2}{102} = ₩6,078,431$

   ③ 예정신고시 공제액 : $(₩87,318,000 + ₩18,000,000 × 64\%^{*}) × \dfrac{2}{102} = ₩1,938,000$

   * 예정신고기간 과세 재화 국내 공급가액비율 : $\dfrac{3.2억원}{5억원} = 64\%$

구 분	2026.1.1.~3.31	2026.4.1.~6.30	합 계
과세 재화의 국내 판매금액	₩320,000,000	₩300,000,000	₩620,000,000
면세 농산물의 수출금액	180,000,000	200,000,000	380,000,000
합 계	₩500,000,000	₩500,000,000	₩1,000,000,000

   * 면세포기로 영세율이 적용되는 미가공수산물의 수출분은 의제매입세액공제를 적용받을 수 없다.

3. 차가감 납부세액 : ₩30,000,000 - ₩11,782,000 = ₩18,218,000

정답 ③

46 다음 자료에 의하여 수산물(고등어)도매업과 통조림 제조업을 겸영하고 있는 ㈜대한(조세특례제한법상 중소기업이 아님)의 2026년 제1기 과세기간의 의제매입세액공제액은? (단, 제시된 금액은 부가가치세를 포함하지 않는 금액이며, 의제매입세액공제를 받기 위한 요건은 충족하였고 원 단위 미만은 절사함) (2020. 세무사)

(1) 2025년 제2기와 2026년 제1기 과세기간의 공급가액(국내매출)은 다음과 같다.

구 분	2025년 제2기	2026년 제1기
수산물 도매업	₩20,000,000	₩75,000,000
통조림 제조업	180,000,000	300,000,000

(2) 2026년 제1기분 수산물 매입명세
① 국내수산물 매입액: ₩80,000,000(매입부대비용 ₩6,000,000을 포함함)
② 국외수산물 수입액: ₩30,000,000(관세의 과세가격은 ₩28,000,000이며 관세는 ₩2,000,000으로 함)

(3) 2026년 제1기분 수산물 사용명세(2026년 1월 1일 현재 수산물 기초재고는 없음)

수산물 판매분	3,000kg
통조림 제조 사용분	9,000kg
기말재고	3,000kg
합계	15,000kg

① ₩1,520,000　　② ₩1,560,000　　③ ₩1,568,627

④ ₩1,600,000　　⑤ ₩1,657,154

• 의제매입세액 : Min[①, ②] = ₩1,520,000

① $(₩102,000,000^{*1} \times \frac{9,000kg}{15,000kg} + ₩102,000,000^{*1} \times \frac{3,000kg}{15,000kg} \times \frac{₩300,000,000}{₩375,000,000}) \times \frac{2}{102}$

= ₩1,520,000

*1. (₩80,000,000 − ₩6,000,000) + ₩28,000,000 = ₩102,000,000

2. 면세농산물 등의 매입가액에는 운임 등의 부대비용을 제외하며, 수입분 면세농산물 등 매입가액은 관세의 과세가격으로 한다. 즉, 관세를 포함하지 않는다.

② $₩300,000,000 \times 50\% \times \frac{2}{102} = ₩2,941,176$

47 다음의 자료에 따라 과세사업인 음식점업(과세유흥장소에 해당하지 아니함)을 운영하는 (주)A의 2026년 제1기 부가가치세 확정신고시(2026.4.1~6.30)의 공제가능한 의제매입세액을 계산한 것으로 옳은 것은? (단, 주어진 자료의 금액은 부가가치세가 포함되지 아니한 금액이며, 예정신고는 적법하게 이루어진 것으로 가정한다.)

(2010. CPA 수정)

의제매입세액
중요도 ★★★☆☆
난이도 ★★★☆☆

Memo

(1) 4월 10일에 외국산 미가공농산물을 ₩53,000,000에 매입하여 식품 제조용 원료로 전부 사용하였다.

(2) 예정신고시 면세농산물 매입액은 ₩15,900,000이다.

(3) 공급가액

구 분	2026년 1월~2026년 3월	2026년 4월~2026년 6월
음식점 매출액	1억원	2억원
기계장치매각대금	–	5천만원

① ₩900,000   ② ₩3,962,264

③ ₩3,900,000   ④ ₩3,000,000

⑤ ₩4,500,000

- 의제매입세액 : Min[a, b] − ₩900,000* = ₩3,000,000

  * 예정신고시 의제매입세액 공제액 : ₩15,900,000 × $\frac{6}{106}$ = ₩900,000

  a. (₩53,000,000 + ₩15,900,000) × $\frac{6}{106}$ = ₩3,900,000

  b. 3억원* × 50% × $\frac{6}{106}$ = ₩8,490,566

  * 해당 과세기간의 면세농산물 등 관련 과세표준 : 1억원 + 2억원 = 3억원 → 기계장치 매각대금은 신고서상 과세표준에 포함되나 면세농산물 등 관련 과세표준에 해당하지는 않는다.

Key point!
예정신고
→ 한도적용×
확정신고
→ 한도적용○

정답 ④

48 일반과세자로 음식점업을 운영하는 거주자 갑의 2026년 제1기 부가가치세 관련 자료이다. 2026년 제1기 부가가치세 확정신고를 하는 경우 차가감납부세액(지방소비세 차감 전)으로 옳은 것은? (2023. CPA)

(1) 2026년 제1기 공급 및 대손 자료

① 2026년 제1기 공급가액은 ₩600,000,000이며, 이 중 신용카드매출전표 발행금액은 ₩440,000,000(부가가치세 포함)임

② 거래처에 대여한 ₩3,300,000이 회생계획인가결정에 따라 2026년 2월 1일 회수불능으로 판명됨

③ 2025년 제1기에 대손세액공제를 받은 외상매출금 중 ₩4,400,000(부가가치세 포함)이 2026년 6월 20일 회수됨

(2) 2026년 제1기 매입 자료

① 과세재화: ₩200,000,000(공급가액)

② 국산 면세농산물: ₩54,000,000

(3) 기타 자료

① 2026년 제1기 예정고지세액: ₩10,000,000

② 음식점업의 의제매입세액 공제율은 8/108이며, 공제대상액은 한도 내 금액임

③ 2025년 제1기 공급가액은 ₩500,000,000이고, 2025년 제2기 공급가액은 ₩700,000,000임

④ 세금계산서 및 계산서는 적법하게 수취·발급하였으며, 전자신고방법에 의하여 부가가치세를 확정신고함

① ₩20,370,000 ② ₩20,670,000 ③ ₩22,270,000

④ ₩26,090,000 ⑤ ₩26,390,000

---

(1) 매출세액 : ₩600,000,000 × 10% + ₩4,400,000 × $\frac{10}{110}$ = ₩60,400,000

* 거래처에 대한 대여금 채권은 재화·용역 공급 관련 채권이 아니므로(즉, 부가가치세가 없으므로) 대손세액공제대상이 아니다.

(2) 매입세액 : ① + ② = ₩24,000,000

① 일반매입세액 : ₩200,000,000 × 10% = ₩20,000,000

② 의제매입세액 : ₩54,000,000 × $\frac{8}{108}$ = ₩4,000,000

(3) 납부세액 : ₩60,400,000 − ₩24,000,000 = ₩36,400,000

(4) 세액공제 : ₩10,000(전자신고세액공제)

* 직전연도의 공급가액의 합계액이 10억원을 초과하는 개인사업자이므로 신용카드매출전표 발행세액공제를 적용하지 않는다. 전자세금계산서를 발급여부에 대한 자료가 없으나, 전자세금계산서를 발급하고 전송하였더라도 직전연도의 공급가액의 합계액이 3억원 미만인 개인사업자에 해당하지 않으므로 전자세금계산서 발급 전송에 대한 세액공제를 적용하지 않는다.

(5) 차가감납부세액 : ₩36,400,000 − ₩10,000 − ₩10,000,000(예정고지세액) = ₩26,390,000

49 과세사업인 음식점업과 면세사업인 정육점업을 같은 사업장에서 겸영하고 있는 (주)A의 2026년 제1기 과세기간 최종 3개월(4월~6월)의 매입세액으로 공제할 수 있는 금액은?

(2024. 세무사)

(1) 매입세금계산서 수취 내역(기간: 2026년 4월~6월)

매입 내역	매입가액 (부가가치세 별도)	사용처
상품 포장지 구입	₩7,000,000	음식점업만 사용
냉장고 구입	₩8,000,000	정육점업만 사용
임차료	₩10,000,000	음식점업과 정육점업에 공통 사용하며 실지귀속을 구분할 수 없음
전기료	₩2,000,000	
배송료	₩1,000,000 [=₩10,000(회당)×100회]	음식점업: 70회 정육점업: 30회
합 계	₩28,000,000	

(2) (주)A의 공급가액은 다음과 같으며 2026년 제1기 예정신고기간(1월~3월)에 공통매입세액인 ₩1,000,000(공급가액 ₩10,000,000) 중 불공제된 매입세액은 ₩600,000이다.

기간	음식점업(과세)	정육점업(면세)	합계
2026년 1월~3월	4억원	6억원	10억원
2026년 4월~6월	2억원	8억원	10억원

(3) 세금계산서는 적법하게 교부받았으며, 위 자료 외에 다른 사항은 고려하지 않는다.

① ₩810,000
② ₩1,010,000
③ ₩1,030,000
④ ₩1,370,000
⑤ ₩2,200,000

---

① 상품 포장지	₩700,000	과세사업 관련 매입세액공제	
② 냉장고 구입	–	면세사업 관련 매입세액불공제	
③ 임차료 및 전기료	360,000	₩1,200,000 × 6억원/20억원	
④ 배송료	70,000	₩100,000 × 70%	
⑤ 예정신고분 정산	(100,000)	₩1,000,000 × (6억원/20억원 − 4억원/10억원)	
합 계	₩1,030,000		

50 다음은 2026.10.1.에 신규로 사업을 개시하여 과세사업과 면세사업을 겸영하는 (주)A 의 2026년 제2기 확정신고기간(2026.10.1.~12.31.)의 거래내역이다. (주)A의 2026년 제2기 확정신고시 납부하여야 할 부가가치세액(지방소비세 포함)은? (단, (주)A는 사업 개시일에 사업자등록을 신청하였으며, 모든 거래에는 세금계산서 또는 계산서를 적법 하게 수취하였거나 발급함)   (2023. 세무사)

(1) 공급가액

과세사업분	면세사업분	공통사용재화(기계C)	계
₩200,000,000	₩100,000,000	₩12,000,000	₩312,000,000

(2) 매입세액

구분	매입세액	비고
과세사업	₩6,000,000	기업업무추진비 관련 매입세액 ₩500,000 포함
면세사업	4,000,000	
공통사용재화	7,500,000	기계B ₩4,500,000 기계C ₩3,000,000(2026년 제2기 과세기간 중 처분)
계	₩17,500,000	

① ₩9,700,000   ② ₩9,800,000   ③ ₩10,200,000

④ ₩10,300,000   ⑤ ₩10,700,000

Key point!
신규사업자가 공통사용
재화를 동일과세기간에
취득 & 공급
→ 안분생략
① 전액 과세표준
② 전액 매입세액공제

(1) 매출세액 : ① + ② = ₩21,200,000
   ① 과세공급가액 : ₩200,000,000 × 10% = ₩20,000,000
   ② 공통사용재화(기계C) : ₩12,000,000* × 10% = ₩1,200,000
      * 신규사업자이므로 안분생략하고 공급가액 전액을 과세표준으로 한다.

(2) 매입세액 : ① + ② + ③ = ₩11,500,000
   ① 과세사업 : ₩6,000,000 − ₩500,000(기업업무추진비 관련 매입세액) = ₩5,500,000
   ② 공통매입세액(기계B) : ₩4,500,000 × $\frac{2억원}{2억원 + 1억원}$* = ₩3,000,000
      * 해당 과세기간의 과세사업 공급가액비율을 적용하며, 비율산정시 공통사용재화의 매각가액은 제외한다.
   ③ 공통매입세액(기계C) : ₩3,000,000
      * 신규사업자로서 당기에 취득한 공통사용재화를 당기에 처분하였으므로 안분생략하고 전액 매입세액 으로 공제한다.

(3) 납부세액 : ₩21,200,000 − ₩11,500,000 = ₩9,700,000

51 일반과세자인 을은 2026년 2월 2일 면세사업과 과세사업에 공통으로 사용하던 중고 트럭을 ₩5,000,000(부가가치세 제외)에 처분하고, 새 트럭을 ₩10,000,000(부가가치세 제외)에 구입하였다. 다음의 매출액 자료를 이용하여 2026년 1기 부가가치세 예정신고시 중고트럭 처분에 따른 부가가치세 매출세액과 새 트럭 구입에 따른 부가가치세 매입세액 중 공제대상 매입세액을 계산하면? (2003. CPA)

공통사용재화
중요도 ★★★☆☆
난이도 ★★★☆☆

Memo

기　　간	과세사업부분 매출액	면세사업부문 매출액
2025년 1월~ 6월	₩60,000,000	₩40,000,000
2025년 7월~12월	40,000,000	60,000,000
2026년 1월~ 3월	30,000,000	70,000,000

	매출세액	공제대상 매입세액
①	₩200,000	₩300,000
②	150,000	400,000
③	150,000	300,000
④	200,000	400,000
⑤	500,000	400,000

(1) 매출세액 : $₩5,000,000 \times \dfrac{₩40,000,000}{₩100,000,000} \times 10\% = ₩200,000$

(2) 공제대상 매입세액 : $₩10,000,000 \times 10\% \times \dfrac{₩30,000,000}{₩100,000,000} = ₩300,000$

Key point!

공통사용재화 공급
→ 직전비율
공통매입세액 안분
→ 당기비율

정답 ①

52 과세재화와 면세재화를 모두 판매하는 소매업자 ㈜D의 2026년 제1기 예정신고기간 (2026.1.1~3.31)의 부가가치세 납부세액(또는 환급세액)을 계산한 것으로 옳은 것은? (단, 제시된 금액은 부가가치세를 포함하지 아니한 것이며, 모든 과세 매입거래에 대해서는 세금계산서를 발급받았다.) (2016. CPA)

(1) 1월 10일에 과세사업과 면세사업에 공통으로 사용하기 위한 건물과 부수토지를 ₩100,000,000(건물가액 ₩60,000,000, 토지가액 ₩40,000,000)에 구입하였다.

(2) 1월 20일에 과세사업과 면세사업에 공통으로 사용중인 배달용 트럭(2019년 1월 5일 구입가액 ₩8,000,000)을 ₩3,000,000에 매각하고, 같은 용도의 새 트럭을 ₩10,000,000에 구입하였다.

(3) 예정신고기간의 상품 매입액과 매출액은 다음과 같다.

구분	매입액	매출액
과세상품	₩40,000,000	₩60,000,000
면세상품	₩40,000,000	₩40,000,000

(4) 2025년 제2기의 과세공급가액과 면세공급가액은 각각 ₩49,500,000, ₩40,500,000 이다.

① 환급세액 ₩1,980,000 　　② 환급세액 ₩1,985,000

③ 환급세액 ₩2,020,000 　　④ 환급세액 ₩2,035,000

⑤ 환급세액 ₩4,035,000

Key point!

공통사용재화
→ 직전비율
공통매입세액
→ 당기비율

정답 ④

(1) 매출세액 : ① + ② = ₩6,165,000

　① 과세상품 매출액 : ₩60,000,000 × 10% = ₩6,000,000

　② 공통사용재화 공급 : ₩3,000,000 × $\dfrac{₩49,500,000}{₩90,000,000}$ × 10% = ₩165,000

(2) 매입세액 : ① + ② = ₩8,200,000

　① 과세상품 매입액 : ₩40,000,000 × 10% = ₩4,000,000

　② 공통매입세액(건물 · 트럭) : (₩60,000,000 + ₩10,000,000) × $\dfrac{₩60,000,000}{₩100,000,000}$ × 10%

　　= ₩4,200,000

(3) 납부세액 : (1) − (2) = △₩2,035,000

53 (주)서울은 자기 소유의 사업용 건물에서 잡지사를 운영하면서 잡지사 사용부분을 제외한 나머지 건물부분은 임대하고 있다. 다음 자료에 의하여 2026년 제1기 과세기간의 납부세액을 계산하시오. (2008. 세무사)

(1) 사업의 종류별·과세기간별 공급가액

구 분	합계액	잡지판매	광 고	부동산임대
2025. 2기	₩850,000,000	₩500,000,000	₩300,000,000	₩50,000,000
2026. 1기	1,550,000,000	800,000,000	700,000,000	50,000,000

(2) 2026. 4. 15 잡지사에서 잡지운반용으로 사용하던 화물자동차를 ₩3,000,000(부가가치세 별도)에 매각하였다.

(3) 2026. 5. 10 잡지인쇄에 사용하기 위하여 윤전기를 ₩120,000,000(부가가치세 별도)에 취득하였다.

(4) 2026. 1. 1부터 6. 30까지 신문용지(종이)를 ₩360,000,000(부가가치세 별도)에 구입하여 잡지출판에 사용하였거나 사용할 예정이다.

(5) 2026. 1. 1부터 6. 30까지 잡지출판과 부동산임대에 함께 사용한 전기요금이 ₩15,500,000(부가가치세 별도)이다.

(6) 윤전기·신문용지 및 전기요금 등에 대한 세금계산서는 적법하게 발급받았고, (주)서울의 잡지는 신문 등의 자유와 기능보장에 관한 법률에 따른 정기간행물이며, 동 잡지에는 광고가 포함되어 있다.

① ₩51,136,694
② ₩51,962,500
③ ₩51,990,000
④ ₩52,150,000
⑤ ₩52,390,500

---

(1) 매출세액 : ① + ② = ₩75,112,500

 ① 과세공급가액 : (₩700,000,000 + ₩50,000,000) × 10% = ₩75,000,000

 ② 공통사용재화의 매각 : $3,000,000 × 10\% × \dfrac{3억원}{5억원 + 3억원}$* = ₩112,500

  * 직전과세기간의 과세공급가액 비율 → 잡지에 광고가 실리므로 잡지운반용 트럭은 과세·면세 공통사용재화에 해당한다.
   ① 광고(기업체로부터 받는 광고료) : 과세
   ② 잡지판매(소비자로부터 받는 구독료) : 면세

(2) 매입세액 : ① + ② + ③ = ₩23,150,000

 ① 윤전기 : $₩12,000,000 × \dfrac{7억원}{8억원 + 7억원}$*1 = ₩5,600,000

 ② 종이 : $₩36,000,000 × \dfrac{7억원}{8억원 + 7억원}$*1 = ₩16,800,000

 ③ 전기요금 : $₩1,550,000 × \dfrac{7억원 + 0.5억원}{8억원 + 7억원 + 0.5억원}$*2 = ₩750,000

 *1. 윤전기와 종이는 잡지인쇄 및 잡지출판에 사용되므로 해당 과세기간의 잡지판매와 광고(잡지에 포함됨) 공급가액 합계액 중 광고 공급가액이 차지하는 비율을 적용한다.
  2. 전기요금은 잡지출판 및 부동산임대에 함께 사용하였으므로 부동산임대공급가액을 포함한 해당 과세기간의 공급가액비율을 적용한다.

(3) 납부세액 : ₩75,112,500 − ₩23,150,000 = ₩51,962,500

54 의료보건 용역을 제공하는 개인사업자 갑은 2026.10.2. 사업을 개시하였다. 다음은 갑의 2026년 제2기 부가가치세 확정신고와 관련된 사항이다. 갑이 2026년 제2기 확정신고할 때 납부하여야 할 부가가치세(지방소비세를 포함한 금액임)로 옳은 것은? (단, 가산세와 세액공제는 고려하지 않으며 아래에 제시된 금액들은 부가가치세를 포함하지 아니한 것이다.) (2017. CPA)

(1) 2026.10.2~2026.12.31까지의 공급가액은 다음과 같다.

구 분	금 액
미용 관련 시술*	₩192,000,000
질병치료 관련 시술	8,000,000

* 미용 관련 시술은 부가가치세 과세대상 거래에 해당된다.

(2) 2026.10.3 병원운영을 위해 상가건물을 ₩100,000,000에 구입하였다.

(3) 2026.10.8 미용시술에 사용할 의료용기계를 ₩25,000,000에 구입하였고, 같은 날 병원운영을 위해 침대 등 비품을 ₩5,000,000에 구입하였다.

(4) 2026.10.10 질병치료 목적에 사용하기 위한 의약품을 ₩2,000,000에 구입하였다.

(5) 업무목적으로 사용할 승용차(개별소비세 과세대상)를 ₩30,000,000에 구입하였다.

(6) 모든 매입거래는 전자세금계산서를 수취하였으며, 병원운영목적으로 구입한 재화는 미용 및 질병치료에 공통으로 사용된다.

① ₩3,200,000 ② ₩3,740,000 ③ ₩6,200,000
④ ₩6,620,000 ⑤ ₩6,800,000

Key point!

• 미용시술 → 과세사업
• 질병치료 → 면세사업

(1) 매출세액 : ₩192,000,000 × 10% = ₩19,200,000

(2) 매입세액 : ① + ② = ₩12,580,000
  ① 과세사업관련 매입세액 : ₩2,500,000(의료용 기계)
  ② 공통매입세액 : [₩10,000,000(상가건물) + ₩500,000(침대 등 비품)[*1]] × 96%[*2] = ₩10,080,000
    *1. 침대 등 비품은 병원운영목적으로 구입한 것이므로 미용 및 질병치료에 공통으로 사용하는 재화에 해당한다.

    2. 과세공급가액 비율 : $\dfrac{₩192,000,000}{₩200,000,000}$ = 96%

    3. 해당 과세기간의 총공급가액 중 면세공급가액이 5% 미만이나, 해당 과세기간의 공통매입세액의 합계액이 500만원 이상이므로 안분계산한다.

정답 ④

(3) 납부세액 : ₩19,200,000 − ₩12,580,000 = ₩6,620,000

55 부가가치세 과세사업과 면세사업을 겸영하는 (주)A에 관한 자료이다. 2026년 제1기 과세기간 최종 3개월(2026.4.1.~6.30.)에 징수할 부가가치세 대리납부세액은? (단, 자료에 제시된 금액은 부가가치세가 포함되지 않은 금액임)　(2025. 세무사)

대리납부세액
중요도 ★★★☆☆
난이도 ★★★★☆

Memo

(1) (주)A의 공급가액

기간	과세사업	면세사업	합 계
2025.7.1.~12.31.	₩80,000,000	₩120,000,000	₩200,000,000
2026.1.1.~3.31.	43,000,000	57,000,000	100,000,000
2026.4.1.~6.30.	45,000,000	55,000,000	100,000,000

(2) 2026.4.25. 국내사업장이 없는 외국법인으로부터 국내에서 부가가치세가 과세되며 매입세액이 공제되는 권리를 공급받고, 그 대가 20,000달러 중 10,000달러는 보유중인 외화로 지급하였으며 10,000달러는 원화로 매입하여 지급하였다. 공급받은 권리는 과세사업과 면세사업에 공통으로 사용되어 그 실지귀속을 구분할 수 없다.

(3) 1달러당 원화의 환율은 다음과 같은 것으로 가정한다.

일자	대고객 외국환매도율	대고객 외국환매입율	기준환율
2026.4.25.	₩1,430	₩1,400	₩1,420
2026.6.30.	1,450	1,410	1,440

① ₩1,579,200　　② ₩1,588,600　　③ ₩1,590,400

④ ₩1,596,000　　⑤ ₩1,612,800

$$₩28,500,000^* \times \frac{₩57,000,000 + ₩55,000,000}{₩100,000,000 + ₩100,000,000} \times 10\% = ₩1,596,000$$

* $10,000(보유 중인 외화) × ₩1,420 + $10,000(원화로 매입한 외화) × ₩1,430 = ₩28,500,000

[참고] 대가를 외화로 지급하는 경우에는 다음의 구분에 따른 금액을 그 대가로 한다.
① 원화로 외화를 매입하여 지급하는 경우: 지급일 현재의 대고객외국환매도율에 따라 계산한 금액
② 보유 중인 외화로 지급하는 경우: 지급일 현재의 기준환율 또는 재정환율에 따라 계산한 금액

Key point!
• 보유외화
　→ 기준환율
• 외화매입
　→ 외국환매도율

정답 ④

56 과세사업과 면세사업을 겸영하는 거주자 갑은 건물을 신축(공사기간: 2026.4.1.~2026.11.30.)하여 과세사업과 면세사업에 공통으로 사용할 예정이다. 2026년 제2기 과세기간 신축건물의 매입세액공제액으로 옳은 것은? (2023. CPA)

(1) 건물 신축 관련 공통매입세액은 2026년 제1기 ₩10,000,000이고, 2026년 제2기 ₩20,000,000이다.

(2) 사업별 공급가액 및 사용면적 비율은 다음과 같다.

구 분	공급가액		사용면적	
	과세	면세	과세	면세
2026년 제1기(예정비율)	40%	60%	50%	50%
2026년 제2기(실제비율)	45%	55%	53%	47%

(3) 2026년 제1기의 공통매입세액 안분은 정확하게 이루어졌다.

① ₩8,500,000 ② ₩9,500,000 ③ ₩10,900,000
④ ₩13,500,000 ⑤ ₩15,900,000

(1) 2026년 제1기 매입세액공제액 : ₩10,000,000 × 50%(과세사업 예정사용면적비율) = ₩5,000,000

(2) 2026년 제2기 매입세액공제액 : (₩10,000,000 + ₩20,000,000) × 53%(과세사업 실제사용면적비율) − ₩5,000,000 = ₩10,900,000

* 대체비율과 확정비율의 차이가 5% 미만이어도 확정비율로 정산하며, 대체비율과 확정비율의 차이를 정산할 때에는 기간경과를 고려하지 않는다.

57 통조림판매(과세)와 과일판매(면세)를 겸영하고 있는 (주)A에 관한 자료이다. 2026년 제1기(2026.1.1.~6.30.)의 납부 및 환급세액 재계산에 따라 납부세액에 가산할 세액은?

(2025. 세무사)

(1) (주)A는 2023.11.1. (주)B가 과세사업에 사용하던 건물과 토지를 ₩762,600,000 (부가가치세 포함)에 일괄 매입하였다. 건물과 토지의 실지거래가액은 구분되지 않으며, 2023.12.1. 현재 감정평가가액은 건물 ₩432,000,000, 토지 ₩244,800,000이었다. (주)B는 건물과 토지의 일괄공급에 대한 부가가치세 과세표준을 적법하게 산정하여 부가가치세액을 (주)A로부터 징수하고, 세금계산서를 발급하였다. (주)A는 건물과 토지를 과세사업과 면세사업에 공통사용하며, 통조림판매부문과 과일판매부문의 건물사용면적은 구분되지 않는다.

(2) (주)A의 각 과세기간의 수입금액은 다음과 같다.

과세기간	과일공급가액	통조림공급가액 (부가가치세 제외)	합계
2023년 제2기	₩50,000,000	₩50,000,000	₩100,000,000
2024년 제1기	54,000,000	46,000,000	100,000,000
2024년 제2기	45,000,000	55,000,000	100,000,000
2025년 제1기	49,000,000	51,000,000	100,000,000
2025년 제2기	44,000,000	56,000,000	100,000,000
2026년 제1기	51,000,000	49,000,000	100,000,000

① ₩1,102,000   ② ₩1,115,000   ③ ₩2,059,020

④ ₩2,402,190   ⑤ ₩3,202,920

납부환급세액 재계산
중요도 ★★★☆☆
난이도 ★★★☆☆

Memo

---

1. 건물분 매입세액 : $₩762,600,000 \times \dfrac{₩432,000,000}{₩244,800,000 + ₩432,000,000 \times 1.1} \times 10\% = ₩45,756,000$

2. 면세공급가액비율

2023년 제2기	2024년 제1기	2024년 제2기	2025년 제1기	2025년 제2기	2026년 제1기
50%	54%	45%	49%	44%	51%

3. 2026년 제1기 납부세액의 재계산 : $₩45,756,000 \times (1 - 5\% \times 5기) \times (51\% - 45\%) = ₩2,059,020(가산)$

 * 2024년 제1기, 2025년 제1기 및 2025년 제2기에는 면세비율이 5% 이상 증감하지 않았으므로 납부세액을 재계산하지 않는다.

Key point!

5% 이상 증가시 재계산
① 면세비율증가
→ 납부세액에 가산
② 면세비율감소
→ 납부세액에서 차감

정답 ③

58 과세재화와 면세재화를 모두 판매하는 일반과세자인 소매업자 ㈜D의 2026년 4월 1일부터 6월 30일에 대한 제1기 확정신고시 납부세액 및 환급세액 재계산 규정을 고려한 부가가치세 납부세액을 계산한 것으로 옳은 것은? (단, 제시된 금액은 부가가치세를 포함하지 아니한 것이며, 2026년 제1기 확정신고 이전의 모든 신고·납부는 적법하게 이루어졌다.)

(2018. CPA)

(1) 2025년 7월 10일에 과세사업과 면세사업에 공통으로 사용하기 위한 비품(A)를 ₩30,000,000에 구입하였고 실지귀속을 알 수 없다.

(2) 2026년 5월 20일에 과세사업과 면세사업에 공통으로 사용하기 위한 비품(B)를 ₩10,000,000에 구입하였고 실지귀속을 알 수 없다.

(3) 공급가액의 내역

구 분	과 세	면 세
2025년 7월 ~ 9월	₩30,000,000	₩70,000,000
2025년 10월 ~12월	45,000,000	55,000,000
2026년 1월 ~ 3월	30,000,000	50,000,000
2026년 4월 ~ 6월	60,000,000	40,000,000

(4) 매입세액의 내역

구 분	과 세	면 세	공 통
2025년 7월 ~ 9월	₩3,000,000	₩4,000,000	₩3,000,000*
2025년 10월 ~12월	1,500,000	2,000,000	–
2026년 1월 ~ 3월	1,800,000	1,200,000	–
2026년 4월 ~ 6월	4,000,000	3,000,000	1,000,000**

* 비품(A)에 대한 공통매입세액임

** 비품(B)에 대한 공통매입세액임

① ₩1,625,000 ② ₩1,493,750 ③ ₩1,218,750

④ ₩1,108,750 ⑤ ₩1,050,000

---

(1) 매출세액 : ₩60,000,000 × 10% = ₩6,000,000

(2) 매입세액 : ① + ② = ₩4,500,000

　① 일반매입세액 : ₩4,000,000

　② 공통매입세액(비품B) : $₩1,000,000 \times \dfrac{₩90,000,000}{₩180,000,000} = ₩500,000$

(3) 납부·환급세액재계산(비품A) : $₩3,000,000 \times (1 - 25\% \times 1) \times 12.5\%^{*1} = ₩281,250$(납부세액에서 차감)

　*1. 면세공급가액비율

2025년 제2기	2026년 제1기
62.5%	50%

　2. 납부·환급세액재계산 금액은 신고서상 매입세액에서 가산 또는 차감하나 계산편의상 별도로 계산하였다.

(4) 납부세액 : ₩6,000,000 − ₩4,500,000 − ₩281,250 = ₩1,218,750

59 과세사업과 면세사업을 겸영하는 제조업자 ㈜갑의 2026년 자료이다. 공통매입세액 정산과 납부·환급세액 재계산 규정을 고려한 ㈜갑의 2026년 제2기 확정신고시 부가가치세 납부세액으로 옳은 것은? (단, 제시된 금액은 부가가치세를 포함하지 아니한 금액이며, 2026년 제2기 예정신고까지의 부가가치세 신고·납부는 정확하게 이루어졌다.)

(2020. CPA)

(1) 공급가액의 내역

기 간	과 세	면 세
1월 ~ 3월	₩50,000,000	₩50,000,000
4월 ~ 6월	30,000,000	70,000,000
7월 ~ 9월	49,000,000	51,000,000
10월 ~ 12월	51,000,000	49,000,000

(2) 매입세액의 내역

기 간	과 세	면 세	공 통
1월 ~ 3월	₩2,500,000	₩3,000,000	₩2,000,000*
4월 ~ 6월	2,200,000	3,300,000	—
7월 ~ 9월	2,500,000	3,500,000	1,000,000**
10월 ~ 12월	3,500,000	2,500,000	—

* 2026년 2월 1일에 과세사업과 면세사업에 공통으로 사용하기 위하여 기계장치를 ₩20,000,000에 구입하였으며 실지귀속은 알 수 없다.
** 2026년 9월 1일에 과세사업과 면세사업에 공통으로 사용하기 위하여 운반용 트럭을 ₩10,000,000에 구입하였으며 실지귀속은 알 수 없다.

① ₩1,430,000   ② ₩1,435,000   ③ ₩1,440,000
④ ₩1,442,500   ⑤ ₩1,450,000

---

(1) 매출세액 : ₩51,000,000 × 10% = ₩5,100,000

(2) 매입세액 : ① + ② = ₩3,510,000
  ① 일반매입세액 : ₩3,500,000
  ② 공통매입세액(트럭) : ₩1,000,000 × (50% − 49%)[*1] = ₩10,000

   *1. 과세공급가액비율

2026년 제2기 예정신고기간(3개월)	2026년 제2기 과세기간(6개월)
49%	50%

   2. 예정신고기간(3개월)의 공급가액비율과 과세기간(6개월)의 공급가액비율의 차이가 5% 미만이어도 정산한다.

(3) 납부·환급세액재계산(기계장치) : ₩2,000,000 × (1 − 25% × 1) × 10%[*1] = ₩150,000(납부세액에서 차감)

  *1. 면세공급가액비율

2026년 제1기	2026년 제2기
60%	50%

   2. 납부·환급세액재계산 금액은 신고서상 매입세액에서 가산 또는 차감하나 계산편의상 별도로 계산하였다.

(4) 납부세액 : ₩5,100,000 − ₩3,510,000 − ₩150,000 = ₩1,440,000

60 과세사업과 면세사업을 겸영하는 ㈜A의 자료이다. 2026년 제1기 부가가치세 확정신고시 매입세액공제액으로 옳은 것은? (단, 모든 거래에 대한 세금계산서 및 계산서는 적법하게 발급받았다.)

(2021. CPA)

(1) 2026년 4월 1일부터 6월 30일까지의 매입세액

구 분	과세사업분	면세사업분	공통매입분
원재료	₩50,000,000	₩30,000,000	–
비 품	10,000,000	5,000,000	₩2,000,000*
기계장치	–	–	10,000,000**

* 2026년 4월 20일 과세사업과 면세사업에 공통으로 사용하기 위하여 비품을 구입하였으며, 실지 귀속을 구분할 수 없다. 비품을 사업에 사용하던 중 2026년 6월 30일 ₩16,500,000(부가가치세 포함)에 매각하였다.

** 2026년 5월 20일 과세사업과 면세사업에 공통으로 사용하기 위하여 기계장치를 구입하였으며, 실지 귀속을 구분할 수 없다.

(2) 면세사업에만 사용하던 차량(트럭)을 2026년 4월 15일부터 과세사업과 면세사업에 함께 사용하기 시작하였다. 동 차량은 2024년 12월 10일에 ₩44,000,000(부가가치세 포함)에 구입하였다.

(3) 과세사업과 면세사업의 공급가액비율

구 분	2025년 제2기	2026년 제1기
과세사업	70%	80%
면세사업	30%	20%

① ₩67,200,000   ② ₩67,400,000   ③ ₩70,100,000

④ ₩70,200,000   ⑤ ₩70,400,000

---

① 과세사업분(원재료)	₩50,000,000		
② 과세사업분(비품)	10,000,000		
③ 공통매입세액(비품)	1,400,000	₩2,000,000 × 70%(직전 과세공급가액 비율)	
④ 공통매입세액(기계장치)	8,000,000	₩10,000,000 × 80%(당기 과세공급가액 비율)	
⑤ 트럭(과세전환매입세액)	800,000	₩4,000,000 × (1 − 25% × 3) × 80%(당기 과세공급가액 비율)	
매입세액공제액	₩70,200,000		

61 과세사업과 면세사업을 겸영하고 있는 내국법인인 (주)A에 관한 자료이다. 2026년 제2기 부가가치세의 예정신고 및 확정신고시 매입세액으로 공제할 수 있는 금액은 각각 얼마인가?

(2010. 세무사)

과세전환 매입세액	
중요도	★★★☆☆
난이도	★★★☆☆

Memo

(1) (주)A는 다음의 재화를 취득하여 면세사업에만 이용하였다. 매입시에는 공급자로부터 적법한 세금계산서를 수취하였다.

구 분	취득일	취득가액(부가가치세 포함)
기계장치	2025. 11. 1	₩22,000,000
공장건물	2024. 6. 5	88,000,000
원재료	2025. 10. 10	33,000,000

(2) (주)A의 수입금액 및 공급가액 내역은 다음과 같다.

① 2026년 제1기

기 간	면세사업 수입금액	과세사업 공급가액	합계
1. 1~3. 31	4억원	6억원	10억원
4. 1~6. 30	3억원	7억원	10억원
합계	7억원	13억원	20억원

② 2026년 제2기

기 간	면세사업 수입금액	과세사업 공급가액	합계
7. 1~ 9. 30	5억원	5억원	10억원
10. 1~12. 31	4억원	6억원	10억원
합계	9억원	11억원	20억원

(3) (주)A는 면세사업에만 사용하던 위 재화를 2026. 7. 1부터 면세사업과 과세사업에 공통으로 사용하게 되었다.

	예정신고	확정신고
①	₩0	₩3,850,000
②	3,500,000	350,000
③	0	4,550,000
④	4,200,000	350,000
⑤	0	0

Key point!

Only 감가상각자산
Only 확정신고시

(1) 예정신고 : ₩0

* 과세전환 매입세액은 확정신고시에만 공제한다.

(2) 확정신고 : ① + ② = ₩3,850,000

① 기계장치 : $₩2,000,000 \times (1 - 25\% \times 2기) \times \dfrac{11억원}{20억원}$ [*1] $= ₩550,000$

② 공장건물 : $₩8,000,000 \times (1 - 5\% \times 5기) \times \dfrac{11억원}{20억원}$ [*1] $= ₩3,300,000$

*1. 해당 과세기간의 과세공급가액 비율
2. 감가상각자산만 과세전환 매입세액을 공제한다.

정답 ①

62 과세사업과 면세사업을 함께 영위하는 일반과세자 甲은 2025.12.26 감가상각자산인 기계장치를 ₩200,000,000(부가가치세를 포함하지 아니함)에 취득하여 면세사업에만 사용하였다. 甲이 2026.4.20부터 그 기계장치를 과세사업에 공통으로 사용한 경우, 2026년 제1기 과세기간에 기계장치 관련 매입세액으로 공제할 수 있는 금액은 얼마인가? (단, 기계장치의 취득시 매입세액공제 요건은 충족하였지만, 매입세액공제를 받지 못했으며, 주어진 자료 이외의 다른 사항은 고려하지 않음)

(2014. 세무사)

(1) 2026년 제1기에 과세사업의 공급가액은 없음

(2) 2026년 제1기 총매입가액은 ₩2,000,000,000이고 과세사업에 관련된 매입가액은 ₩500,000,000임

(3) 2026년 제1기 총예정공급가액은 ₩5,000,000,000이고, 과세사업에 관련된 예정공급가액은 ₩1,000,000,000임

(4) 2026년 제1기 총예정사용면적은 1,000㎡이고 그 중 과세사업에 관련된 예정사용면적은 400㎡임

① ₩2,500,000   ② ₩3,000,000

③ ₩3,750,000   ④ ₩4,750,000

⑤ ₩7,600,000

Key point!

공급가액을
알수 없는 경우
① 매입가액비율
② 예정공급가액비율
③ 예정사용면적비율
건물은 ③ → ① → ②

$$₩20,000,000 \times (1 - 25\% \times 1기) \times \frac{5억원}{20억원} = ₩3,750,000$$

* 공급가액비율을 알 수 없는 경우에는 다음의 비율을 순서대로 적용한다.
  ① 매입가액비율
  ② 예정공급가액비율
  ③ 예정사용면적비율

[응용]

it) 2026년 제1기 과세기간에 매입세액으로 공제할 수 있는 총금액은 얼마인가?

₩3,750,000(기계장치) + ₩50,000,000(과세사업 매입세액) = ₩53,750,000

정답 ③

63 음식점업(과세유흥장소 아님)을 운영하는 거주자 甲(일반과세자)의 부가가치세 관련 자료이다. 2026년 제1기 과세기간(1월~6월)에 대한 부가가치세 신고시 차가감 납부(환급)할 세액(지방소비세 포함)은? (2024. 세무사)

차가감납부세액

중요도 ★★★☆☆
난이도 ★★★★☆

Memo

(1) 공급내역: 1월~6월분 공급대가 합계액은 ₩133,760,000이며 이에 대한 구성은 다음과 같다.

　① 신용카드매출전표 발급분 공급대가: ₩132,000,000

　② 현금영수증 발급분 공급대가: ₩1,650,000

　③ 영수증 발급분 공급대가: ₩110,000

(2) 구입내역: 1월~6월분 매입가액(부가가치세 별도) 합계액은 ₩89,248,476이며 이에 대한 구성은 다음과 같다.

　① 세금계산서 수취분 식재료 매입가액: ₩30,000,000

　② 계산서 수취분 식재료 매입가액: ₩58,860,000

　③ 계산서 수취분 음식폐기물 배출 수수료: ₩388,476

(3) 2025년 1월~12월의 공급가액 합계액은 3억원이며, 2026년 제1기 과세기간의 예정고지세액은 ₩0이다.

(4) 세금계산서 및 계산서는 적법하게 교부받았으며 의제매입세액 공제요건을 충족하고, 세부담의 최소화를 가정한다.

(5) 위 거래는 모두 국내거래이며, 위 자료 외에 다른 사항은 고려하지 않는다.

① ₩2,530,474　　② ₩2,562,550　　③ ₩2,584,000

④ ₩3,033,774　　⑤ ₩3,062,550

---

(1) 매출세액 : ₩133,760,000 × $\frac{10}{110}$ = ₩12,160,000

(2) 매입세액 : ① + ② = ₩7,860,000

　① 일반매입세액 : ₩30,000,000 × 10% = ₩3,000,000

　② 의제매입세액 : Min[a, b] = ₩4,860,000

　　a. ₩58,860,000 × $\frac{9}{109}$ = ₩4,860,000

　　b. ₩133,760,000 × $\frac{100}{110}$ × 70% × $\frac{9}{109}$ = ₩7,028,256

　　　* 면세 농산물 등을 원재료로 하여 제조·가공한 재화 또는 창출한 용역의 공급에 대하여 부가가치세가 과세되는 경우 의제매입세액공제를 적용하므로 음식폐기물 배출 수수료는 의제매입세액공제대상에 해당하지 않는다.

(3) 신용카드매출전표 등 발행세액공제 : Min[a, b] = ₩1,737,450

　a. (₩132,000,000 + ₩1,650,000) × 1.3% = ₩1,737,450

　b. ₩10,000,000(연 한도)

　　* 직전연도의 공급가액의 합계액이 10억원을 초과하지 않는 개인사업자이므로 신용카드매출전표 등 발행세액공제를 적용한다. 전자세금계산서 발급분은 없는 문제이나, 전자세금계산서를 발급하고 전송하였더라도 직전연도의 공급가액의 합계액이 3억원 미만인 개인사업자에 해당하지 않으므로 전자세금계산서 발급 전송에 대한 세액공제를 적용하지 않는다.

(4) 차가감납부세액 : ₩12,160,000 − ₩7,860,000 − ₩1,737,450 = ₩2,562,550

정답 ②

64 일반과세자로 음식점을 운영하는 개인사업자 갑(직전연도 공급가액 합계액이 3억원 미만임)의 2026년 제2기 부가가치세 관련 자료이다. 갑의 2026년 제2기 확정신고시 납부세액과 차가감납부세액(지방소비세 차감 전)으로 옳은 것은? (2020. CPA 수정)

(1) 공급가액 : ₩450,000,000
  - 공급가액 중 ₩350,000,000에 대하여는 신용카드매출전표 ₩385,000,000(부가가치세 포함)을 발행하였으며, 나머지 공급가액에 대해서는 전자세금계산서(4,000건)를 발급하고 전자세금계산서 발급명세를 전송기한까지 전송함

(2) 세금계산서 수령 매입세액 : ₩10,000,000(기업업무추진비 관련 매입세액 ₩500,000 포함)

(3) 거래처의 부도로 대손처리한 받을어음 내역*

대손금액 (부가가치세 포함)	부도발생일	공급일
₩2,200,000	2026년 6월 1일	2025년 1월 1일

* 대손세액공제신고서와 대손사실을 증명하는 서류를 제출함

(4) 의제매입세액 : ₩2,000,000(한도 내 금액)

(5) 2026년 제1기 신용카드매출전표 발행세액공제액: ₩4,500,000

(6) 2026년 제1기 전자세금계산서 발급 전송에 대한 세액공제액: ₩300,000

(7) 중간예납고지액과 가산세는 없으며, 전자신고 방식에 의하여 확정신고함

	납부세액	차가감납부세액 (지방소비세 차감 전)
①	₩33,200,000	₩27,790,000
②	₩33,200,000	₩27,800,000
③	₩33,300,000	₩27,790,000
④	₩33,300,000	₩27,585,000
⑤	₩33,300,000	₩28,740,000

---

(1) 매출세액 : ₩450,000,000 × 10% − ₩2,200,000 × $\frac{10}{110}$ = ₩44,800,000

  * 대손세액공제는 부도발생일(2026. 6. 1)로부터 6개월이 지난 날이 속하는 과세기간(2026년 제2기)에 대한 확정신고시 공제받을 수 있다.

(2) 매입세액 : ① + ② = ₩11,500,000
  ① 일반매입세액 : ₩10,000,000 − ₩500,000 = ₩9,500,000
  ② 의제매입세액 : ₩2,000,000

(3) 납부세액 : ₩44,800,000 − ₩11,500,000 = ₩33,300,000

(4) 세액공제 : ① + ② + ③ = ₩5,715,000
  ① 전자신고세액공제 : ₩10,000
  ② 전자세금계산서 발급 전송에 대한 세액공제 : Min[a, b] = ₩700,000
    a. ₩200 × 4,000건 = ₩800,000
    b. ₩1,000,000(연 한도) − ₩300,000(제1기 전자세금계산서 발급 전송에 대한 세액공제) = ₩700,000
  ③ 신용카드매출전표 발행세액공제 : Min[a, b] = ₩5,005,000
    a. ₩385,000,000 × 1.3% = ₩5,005,000
    b. ₩10,000,000(연 한도) − ₩4,500,000(1기 신용카드매출전표 발행세액공제액) = ₩5,500,000

(5) 차가감납부세액 : ₩33,300,000 − ₩5,715,000 = ₩27,585,000

정답 ④

65 과세사업자인 개인사업자 갑(전자세금계산서 의무발급사업자에 해당하지 않음)은 2026년 제1기 부가가치세 예정신고를 2026년 4월 23일에 하면서 국내매출로 인한 매출세액 ₩2,000,000과 매입세액 ₩1,000,000을 누락한 후 2026년 제1기 부가가치세 확정신고를 2026년 7월 22일에 하면서 누락한 매출세액과 매입세액을 모두 포함시켰다. 이때 부과되는 가산세 총액은 얼마인가? (단, 부정행위에 의한 누락은 아니며, 개인사업자 갑은 전자세금계산서 외의 세금계산서를 적법하게 발급하거나 발급받았다.)

(2005. CPA)

① ₩104,360

② ₩86,400

③ ₩163,200

④ ₩226,400

⑤ ₩73,200

가산세

중요도 ★★★☆☆
난이도 ★★★★☆

Memo

① 매출처별세금계산서합계표	₩60,000	₩20,000,000 × 0.3%(지연제출)[*1]
② 과소신고가산세	25,000	(₩2,000,000 − ₩1,000,000) × 10% × (1 − 75%[*2])
③ 납부지연가산세	19,360	$₩1,000,000 × \dfrac{2.2}{10,000} × 88일(4. 26~7. 22)$
합 계	₩104,360	

*1. 사업자가 부가가치세 예정신고시 누락된 과세표준과 매출세액을 당해 예정신고기간이 속하는 과세기간의 확정신고시 포함하여 신고하는 경우에는 매출처별세금계산서합계표 지연제출가산세가 부과된다.(부가, 부가46015-2809, 1997.12.13)

2. 감면율에 대해서는 아래와 같이 견해가 나뉜다.

[견해1] 종전 행정해석에 따른 견해(2003년 행정해석상 법정신고기한은 확정신고기한을 의미함)
확정신고기한으로부터 1개월 이내 수정신고하였으므로 90%의 감면율을 적용한다.

[견해2] 현행 국세기본법 규정에 따른 견해(2012년부터 법개정으로 법정신고기한에 예정신고기한이 포함됨)
예정신고기한으로부터 1개월 초과 3개월 이내에 수정신고하였으므로 75%의 감면율을 적용한다.

현행 국세기본법 규정 : 법정신고기한까지 신고(예정신고 및 중간신고를 포함)를 한 경우로서 과소신고한 경우 과소신고가산세가 적용되며, 법정신고기한이 지난 후 1개월 초과 3개월 이내에 수정신고한 경우 75%의 감면율을 적용한다.

추후 법규정과는 달리 납세자에게 유리하게 90%를 감면한다는 유권해석이 나오고 유권해석에 따른 법문구의 변경(입법보완)이 되면 90% 감면율을 적용해야 할 것이나, 현행 법규정에 비추어 봤을 때에는 [견해2]가 타당하다고 해석된다.

Key point!

매출처별세금계산서
합계표 지연제출
→ 공급가액 × 0.3%

정답 ①

66 다음 자료를 이용하여 2026년 4월 1일에 과세사업을 개시한 일반과세자인 갑의 2026년 제1기 확정신고시 부가가치세 납부세액과 가산세의 합계액(지방소비세 포함)을 계산한 것으로 옳은 것은? (2014, CPA)

(1) 매출 및 매입의 내역은 다음과 같으며, 제시된 금액들은 부가가치세를 포함하지 아니한 것이다.

구분	4. 1 ~ 5. 9	5. 10 ~ 5. 29	5. 30 ~ 6. 30	합 계
매출	₩42,000,000	₩30,000,000	₩43,000,000	₩115,000,000
매입	20,000,000	15,000,000	30,000,000	65,000,000

(2) 사업자등록신청일은 2026년 5월 30일이다.

(3) 매출액에 대해서는 영수증 또는 세금계산서를 적법하게 발급하였다.

(4) 매입액은 전액 사업과 관련된 것으로 적법하게 세금계산서를 수취하였으며, 매입세액공제를 받기 위한 절차를 적법하게 이행하였다.

① ₩5,000,000　　　　　　② ₩5,360,000

③ ₩5,720,000　　　　　　④ ₩7,720,000

⑤ ₩8,150,000

(1) 납부세액 : ① - ② = ₩5,000,000

　① 매출세액 : ₩115,000,000 × 10% = ₩11,500,000

　② 매입세액 : ₩65,000,000 × 10% = ₩6,500,000

　　*공급시기가 속하는 과세기간이 끝난 후 20일 이내에 사업자등록신청을 한 경우 공급시기가 속하는 과세기간의 기산일까지 역산한 기간 이내의 매입세액은 공제한다

(2) 가산세 : (₩42,000,000 + ₩30,000,000) × 1% = ₩720,000

　*미등록가산세는 신청기한(2026.4.21) 경과 후 1개월 이내에 신청하는 경우 50% 감면하나 1개월이 지났으므로 감면하지 아니한다.

(3) 납부세액과 가산세 합계 : ₩5,000,000 + ₩720,000 = ₩5,720,000

정답 ③

차가감납부세액
중요도 ★★★☆☆
난이도 ★★★☆☆

Memo

67 다음은 소매업을 영위하는 간이과세자 甲의 2026년 부가가치세 확정신고를 위한 자료이다. 차감납부할세액은 얼마인가? (2007. CPA)

> (1) 공급대가 : ₩50,000,000(영수증결제분 ₩45,000,000, 전자화폐결제분 ₩5,000,000으로 구성되어 있음)
> (2) 매입처별계산서합계표에 의해 확인되는 면세농산물의 매입가액 : ₩3,244,500
> (3) 매입처별세금계산서합계표에 의해 확인되는 매입세액 : ₩2,000,000
> (4) 소매업의 업종별 부가가치율은 15%임
> (5) 세금계산서 등의 증빙은 적법하게 수령하였으며, 서면으로 신고하였음

① ₩70,500
② ₩95,500
③ ₩130,500
④ ₩155,500
⑤ ₩575,000

---

(1) 납부세액 : ₩50,000,000 × 15% × 10% = ₩750,000

(2) 공제세액 : ① + ② = ₩175,000
   ① 매입세금계산서 등 수취세액공제 : ₩2,000,000 × 5.5% = ₩110,000
   ② 신용카드매출전표 등 발행세액공제 : ₩5,000,000[*1] × 1.3% = ₩65,000(한도 : 연 1,000만원)
     *1. 신용카드매출전표 등을 발급하거나 전자적 결제수단(전자화폐)에 의하여 대금을 결제받는 경우에는 신용카드매출전표 등 발행세액공제를 적용한다.
     2. 간이과세자는 의제매입세액공제를 적용하지 않는다.

(3) 차감납부할세액 : ₩750,000 − ₩175,000 = ₩575,000

정답 ⑤

68 맞춤양복 제조업을 경영하는 간이과세자 갑의 2026년 과세기간 부가가치세 관련 자료이다. 부가가치세 차가감납부세액(지방소비세 포함)은 얼마인가? (2019. CPA)

차가감납부세액
중요도 ★★★☆☆
난이도 ★★★☆☆

Memo

(1) 양복 매출액

내 역	공급대가	합 계
신용카드매출전표 발행분	₩12,000,000	
현금영수증 발행분	10,000,000	₩60,000,000
금전등록기 계산서 발행분	38,000,000	

(2) 일반과세자로부터 원자재 매입액

내 역	공급가액	매입세액
세금계산서 수취분	₩20,000,000	₩2,000,000
신용카드매출전표 수취분	10,000,000	1,000,000

(3) 양복 제조에 사용하던 재봉틀을 ₩1,000,000(부가가치세 포함)에 매각하고 금전 등록기 계산서를 발급하였으며, 새 재봉틀을 ₩2,200,000(부가가치세 포함)에 구입하고 세금계산서를 수취하였다.

(4) 2026년 예정부과기간의 납부세액은 없으며, 모든 매입거래에 대하여 매입처별 세금계산서합계표 또는 신용카드매출전표등 수령명세서를 제출하였다.

(5) 제조업의 업종별 부가가치율은 20%이다.

① ₩274,000 ② ₩758,000 ③ ₩314,000
④ ₩424,000 ⑤ ₩0

신용카드매출전표 등 발행세액공제

(1) 납부세액 : (₩60,000,000 + ₩1,000,000) × 20% × 10% = ₩1,220,000

(2) 공제세액 : ① + ② = ₩462,000

　① 과세사업 : (₩2,000,000 + ₩1,000,000 + ₩2,200,000 × $\frac{10}{110}$) × 5.5% = ₩176,000

　② 신용카드매출전표 등 발행세액공제 : (₩12,000,000 + ₩10,000,000) × 1.3% = ₩286,000(한도 : 연 1,000만원)

　* 제조업 중 양복점업은 신용카드매출전표 등 발행세액공제 적용대상 업종이다.

(3) 차가감납부세액 : (1) − (2) = ₩758,000

정답 ②

69 간이과세자인 甲은 화장품을 도매로 구입하여 소비자에게 직접 판매하는 소매업을 영위하고 있다. 다음 자료에 의하여 2026년 부가가치세 신고시 차가감 납부할 세액 (지방소비세 포함)을 계산하면 얼마인가? (2015. 세무사)

(1) 화장품 공급대가 : ₩50,000,000

① 화장품 공급대가에는 대가를 받지 않고 견본품으로 제공한 금액 ₩2,200,000 이 포함되어 있다.

② 화장품 공급대가에는 매장 직원(1인)의 생일선물로 제공한 판매용 화장품[공급가액 ₩3,100,000(부가가치세가 포함되어 있지 않은 금액임), 원가 ₩2,500,000]은 포함되어 있지 않다.

(2) 신용카드매출전표 발행금액은 소비자에게 판매한 금액의 30%이다.

(3) 화장품 구입대금은 모두 세금계산서 수취분이며 세금계산서상 매입세액은 ₩2,000,000이다.

(4) 2026년 예정부과기간의 납부세액은 없다.

(5) 소매업의 업종별 부가가치율은 10%로 가정하며, 전자세금계산서 발급 전송에 대한 세액공제는 고려하지 않는다.

① ₩158,160
② ₩169,580
③ ₩181,280
④ ₩182,450
⑤ ₩214,580

(1) 납부세액 : ₩51,100,000[*] × 10% × 10% = ₩511,000

  * ₩50,000,000 − ₩2,200,000(견본품) + (₩3,100,000 − ₩100,000[**]) × 1.1 = ₩51,100,000

  ** 생일 관련 재화이므로 10만원 초과액에 대해서 재화의 공급으로 보며, 간이과세자의 과세표준은 공급대가(VAT포함)의 합계액이므로 1.1을 곱하여 부가가치세 포함금액으로 변경한다.

(2) 세액공제 : ① + ② = ₩296,420

  ① 세금계산서수취세액공제 : ₩2,000,000 × 5.5% = ₩110,000

  ② 신용카드매출전표 등 발행세액공제 : ₩14,340,000[*] × 1.3% = ₩186,420(한도 : 연 1,000만원)

    * (₩51,100,000 − ₩3,300,000[**]) × 30% = ₩14,340,000

    ** 직원 생일 관련 재화는 소비자에게 판매한 금액이 아니므로 제외한다.

(3) 차가감납부세액 : ₩511,000 − ₩296,420 = ₩214,580

70 음식점업(과세유흥장소 아님)을 영위하는 개인사업자 갑의 부가가치세 관련 자료이다. ㉠ 간이과세자로 보는 경우 2026년 차가감납부세액과 ㉡ 일반과세자로 보는 경우 2026년 제2기 납부(환급)세액으로 옳은 것은? (단, 세액은 지방소비세를 포함한 것으로 한다.) (2022, CPA)

일반 vs 간이
중요도 ★★★☆☆
난이도 ★★★★★

Memo

(1) 2026년 7월 1일부터 2026년 12월 31일까지의 공급대가는 ₩63,800,000(영수증 발급금액 ₩8,800,000, 신용카드매출전표 발급분 ₩55,000,000으로 구성되어 있음)이다.

(2) 매입 내역

구 분	내 역	금 액*
계산서수취분	면세농산물 구입	₩5,450,000
세금계산서수취분	기타 조리용품 구입	11,000,000
	식당 인테리어 공사	41,800,000

* 부가가치세가 포함된 금액임

(3) 음식점업의 업종별 부가가치율은 15%이고, 의제매입세액 공제율은 9/109이며, 의제매입세액 공제한도는 고려하지 않는다.

(4) 2026년 예정부과기간의 고지세액은 없었다.

	㉠ 간이과세자 차가감납부세액	㉡ 일반과세자 납부(환급)세액
①	₩0	₩550,000
②	0	1,000,000
③	70,000	(−)550,000
④	(−)475,000	1,000,000
⑤	(−)925,000	(−)165,000

---

(1) 간이과세자의 차가감납부세액 : ₩957,000 − Min[₩979,000, ₩957,000*] = ₩0

  * 공제세액 합계는 납부세액(재고납부세액 포함) 합계를 한도로 하여 공제한다.

  ① 납부세액 : ₩63,800,000 × 15% × 10% = ₩957,000

  ② 공제세액 : a + b = ₩979,000

    a. 매입세금계산서 등 수취세액공제 : (₩11,000,000 + ₩41,800,000) × 0.5% = ₩264,000

    b. 신용카드매출전표 등 발행세액공제 : ₩55,000,000 × 1.3% = ₩715,000(한도 : 연 1,000만원)

    * 간이과세자는 의제매입세액공제를 적용하지 않는다.

(2) 일반과세자의 납부세액 : ① − ② = ₩550,000

  ① 매출세액 : $₩63,800,000 × \dfrac{10}{110} = ₩5,800,000$

  ② 매입세액 : a + b = ₩5,250,000

    a. 일반 : $(₩11,000,000 + ₩41,800,000) × \dfrac{10}{110} = ₩4,800,000$

    b. 의제매입세액 : $₩5,450,000 × \dfrac{9}{109} = ₩450,000$

* 신용카드매출전표 등 발행세액공제는 일반과세자의 차가감납부세액 계산시 차감하는 것으로 납부세액 계산시에는 차감하지 않는다.

Key point!

① 간이과세자
• 공급대가
• 매입세액 × 5.5%
 (= 공급대가 × 0.5%)
• 의제매입세액공제×

② 일반과세자
• 공급가액
• 매입세액 × 100%
• 의제매입세액공제○

정답 ①

71 음식점업(과세유흥장소 아님)을 운영하는 간이과세자 甲의 부가가치세 관련 자료이다. 2026년 과세기간(2026.1.1.~12.31.)에 대한 부가가치세 신고시 차가감 납부(환급) 세액(지방소비세 포함)은? (2025. 세무사)

---

(1) 공급내역: 2026.1.1.~12.31.의 공급대가 합계액은 ₩99,500,000이며 이에 대한 구성은 다음과 같다.

  ① 신용카드매출전표 발급분 공급대가: ₩55,000,000

  ② 현금영수증 발급분 공급대가: ₩25,000,000

  ③ 영수증 발급분 공급대가: ₩18,500,000

  ④ 자기적립마일리지 결제분 공급대가: ₩1,000,000

(2) 구입내역: 2026.1.1.~12.31.의 매입가액 합계액은 ₩47,700,000이며 이에 대한 구성은 다음과 같다.

  ① 세금계산서 수취분 식재료 매입가액(부가가치세 포함): ₩16,500,000

  ② 계산서 수취분 식재료 매입가액: ₩29,000,000

  ③ 세금계산서 미수취분 식재료 매입가액(부가가치세 포함): ₩2,200,000(세금계산서를 발급하여야 하는 사업자로부터 매입한 것임)

(3) 수취한 세금계산서 및 계산서는 적법하게 교부받은 것이며, 세부담의 최소화를 가정한다.

(4) 2025.1.1.~12.31.의 공급대가 합계액은 ₩75,000,000이며, 2026년 예정부과기간의 고지납부세액과 수시부과세액은 없으며, 전자신고세액공제는 고려하지 않는다.

(5) 음식점업의 업종별 부가가치율은 15%이며, 위 자료 외에 다른 사항은 고려하지 않는다.

---

① ₩355,000   ② ₩366,000   ③ ₩377,000

④ ₩381,000   ⑤ ₩392,000

---

1. 납부세액 : (₩99,500,000 − ₩1,000,000*) × 15% × 10% = ₩1,477,500
   * 자기적립마일리지 결제분 공급대가는 과세표준에 포함하지 않는다.
2. 공제세액 : ① + ② = ₩1,122,500
   ① 매입세금계산서 등 수취세액공제 : ₩16,500,000 × 0.5% = ₩82,500
   ② 신용카드매출전표 등 발행세액공제 : (₩55,000,000 + ₩25,000,000) × 1.3% = ₩1,040,000
     (한도 : 연 1,000만원)
      * 간이과세자는 의제매입세액공제를 적용하지 않는다.
3. 가산세(세금계산서 미수취 가산세)* : ₩2,200,000 × 0.5% = ₩11,000
     * 간이과세자가 세금계산서를 발급하여야 하는 사업자로부터 재화 또는 용역을 공급받고 세금계산서를 발급받지 아니한 경우(영수증을 발급하여야 하는 기간에 세금계산서를 발급받지 아니한 경우는 제외)에는 공급대가의 0.5%를 가산세로 적용한다.
4. 차가납부할세액: ₩1,477,500 − ₩1,122,500 + ₩11,000 = ₩366,000

72 문구 소매업과 의류 제조업을 겸영하고 있는 간이과세자인 甲의 2026년 과세기간 (2026.1.1.~12.31.)의 거래내역이다. 신고서를 서면으로 제출할 경우 차가감납부세액 (지방소비세 포함)은 얼마인가? (2019. 세무사)

> (1) 공급 내역(모두 영수증을 발급함)
>   ① 소매업분 : 공급대가 ₩20,000,000
>   ② 제조업분 : 공급대가 ₩30,000,000
>   ③ 비품 : 공급대가 ₩10,000,000(업종별 실지귀속을 구분할 수 없음)
> (2) 매입 내역
>   ① 소매업분 : 공급가액 ₩15,000,000, 매입세액 ₩1,500,000
>   ② 제조업분 : 공급가액 ₩5,000,000, 매입세액 ₩500,000
>   ③ 업종별 실지 귀속을 구분할 수 없는 매입분 : 공급가액 ₩3,000,000, 매입세액 ₩300,000
> (3) 업종별 부가가치율은 소매업의 경우 10%, 제조업의 경우 20%로 가정한다.
> (4) 세금계산서는 적법하게 수취하였으며, 모두 국내거래에 해당한다.

① ₩548,000   ② ₩620,000   ③ ₩662,000

④ ₩833,500   ⑤ ₩705,000

2 이상의 업종
중요도 ★★★☆☆
난이도 ★★★☆☆

Memo

---

(1) 납부세액 : ① + ② + ③ = ₩960,000

  ① 소매업 : ₩20,000,000 × 10% × 10% = ₩200,000

  ② 제조업 : ₩30,000,000 × 20% × 10% = ₩600,000

  ③ 공통사용재화 : ₩10,000,000 × 16%* × 10% = ₩160,000

    * 가중평균업종별부가가치율 : $10\% \times \dfrac{₩20,000,000}{₩50,000,000} + 20\% \times \dfrac{₩30,000,000}{₩50,000,000} = 16\%$

(2) 공제세액 : (① + ② + ③) × 5.5%[*1] = ₩126,500

  ① 소매업 : ₩1,500,000

  ② 제조업 : ₩500,000

  ③ 공통매입세액 : ₩300,000[*2]

  *1. 매입세액의 5.5%와 공급대가의 0.5%는 동일한 값이므로 둘 중 계산이 편한 방식으로 계산하면 된다.

  2. 소매업과 제조업 모두 과세사업이므로 공통매입세액은 안분하지 않고 매입세액의 5.5%를 공제한다.

(3) 차가감납부세액 : ₩960,000 − ₩126,500 = ₩833,500

Key point!
가중평균업종별VA율

정답 ④

73 다음은 과세사업과 면세사업을 겸영하는 간이과세자인 갑의 2026년 과세기간의 부가가치세 관련 자료이다. 2026년 과세기간의 부가가치세 차가감납부세액(지방소비세 포함)을 계산한 것으로 옳은 것은? (2014. CPA)

(1) 공급내역

구 분	공급가액	부가가치세	합 계
과세사업	₩60,000,000	₩6,000,000	₩66,000,000
면세사업	44,000,000	–	44,000,000

(2) 매입세금계산서에 적힌 매입세액은 다음과 같으며, 갑은 매입처별 세금계산서합계표를 적법하게 제출하였다.

구 분	매입세액	비 고
과세사업	₩1,200,000	매입세액불공제 대상 없음
면세사업	2,000,000	–
공통매입세액	800,000	사업용자산 구입관련 매입세액임

(3) 2026년 예정부과기간의 납부세액은 없다.

(4) 과세사업 업종의 부가가치율은 20%로 가정하며, 자료에 제시된 것 외의 공제세액은 고려하지 않는다.

① ₩0
② ₩1,227,600
③ ₩1,344,000
④ ₩1,347,231
⑤ ₩1,358,000

(1) 납부세액 : ₩66,000,000 × 20% × 10% = ₩1,320,000

(2) 공제세액 : ① + ② = ₩92,400

　① 과세사업 : ₩1,200,000 × 5.5% = ₩66,000

　② 공통매입세액 : ₩800,000 × $\dfrac{₩66,000,000}{₩110,000,000}$ × 5.5% = ₩26,400

(3) 차가감납부세액 : (1) − (2) = ₩1,227,600

74 일반과세자인 이수원이 2026년 1월 1일에 간이과세자로 전환되었다고 가정하고, 다음 자료에 의하여 이수원의 재고납부세액을 계산하면 얼마인가? (2004. 세무사)

(1) 2026년 1월 1일 현재 재고품 및 감가상각자산의 명세

구 분	취득일	세금계산서상 취득가액	2026년 1월 1일 현재 시가
건 물	2021. 1. 7	₩100,000,000	₩150,000,000
화물자동차	2024. 1. 12	15,000,000	10,000,000
상품 A	2025. 6. 2	20,000,000	22,000,000
상품 B	2025. 9. 5	5,000,000	5,000,000

* 위의 재고품 및 감가상각자산은 모두 매입세액을 공제받은 것이다.

(2) 해당 업종의 연도별 부가가치율은 2022년부터 2024년까지 20%, 2025년 이후 30%로 가정한다.

① ₩6,540,000
② ₩9,740,000
③ ₩8,370,000
④ ₩6,775,000
⑤ ₩7,087,500

---

① 건물 ₩4,725,000 $₩100,000,000 \times \dfrac{10}{100} \times (1 - 5\% \times 10) \times (1 - 5.5\%^{*1})$

② 화물자동차 – $₩15,000,000 \times \dfrac{10}{100} \times (1 - 25\% \times 4) \times (1 - 5.5\%^{*1})$

③ 상품 A 1,890,000 $₩20,000,000 \times \dfrac{10}{100} \times (1 - 5.5\%^{*1})$

④ 상품 B 472,500 $₩5,000,000 \times \dfrac{10}{100} \times (1 - 5.5\%^{*1})$

합 계 ₩7,087,500

*1. 재고납부세액은 경과조치가 없으므로 취득일자와 무관하게 5.5%를 적용한다. cf) 재고매입세액은 2021. 7. 1. 전에 재화를 공급받은 분에 대해서는 경과조치에 따라 현행규정에도 불구하고 종전규정에 따라 계산한다.

2. 재고납부세액은 매입세액(취득가액 × 10%)을 정산하는 개념이므로 문제에 제시된 자산의 시가는 문제풀이와 관련 없는 자료이다.

75 거주자 갑은 2026년 7월 1일 간이과세자에서 일반과세자로 전환되었다. 2026년 제2기 과세기간 재고매입세액으로 옳은 것은? (2023. CPA)

(1) 2026년 7월 1일 현재 보유자산 현황

구 분	취득일	취득가액(공급대가)	시 가
상품	2026. 6. 1.	₩1,100,000	₩2,000,000
기계장치	2026. 1. 1.	확인안됨	₩55,000,000
화물자동차	2025. 9. 1.	₩22,000,000	₩11,000,000
건물	2021. 3. 1.	₩110,000,000	₩88,000,000

(2) 업종별 부가가치율은 2021년부터 2024년까지 20%, 2025년 이후 30%로 가정한다.

① ₩3,294,500 ② ₩6,709,500 ③ ₩7,039,500
④ ₩8,057,000 ⑤ ₩16,894,500

① 상품   ₩94,500 $₩1,100,000 \times \dfrac{10}{110} \times (1 - 5.5\%)$

② 기계장치 $-^{*1}$

③ 화물자동차 $-$ $₩22,000,000 \times \dfrac{10}{110} \times (1 - 50\% \times 2^{*2}) \times (1 - 5.5\%)$

④ 건물   3,200,000 $₩110,000,000 \times \dfrac{10}{110} \times (1 - 10\% \times 6^{*2}) \times (1 - 20\%^{*3})$

합 계   ₩3,294,500

*1. 장부 또는 세금계산서에 의하여 확인되는 금액을 취득가액(부가가치세 포함)으로 하며, 장부 또는 세금계산서가 없거나 기장이 누락된 경우에는 재고매입세액을 계산하지 아니한다.

2. 2026. 7. 1.부터 간이과세자에서 일반과세자로 전환되었으므로 2026. 1. 1.부터 2026. 6. 30.까지도 하나의 과세기간으로 계산해야한다.

3. 2021. 7. 1. 전에 재화를 공급받은 분에 대해서는 경과조치에 따라 현행규정에도 불구하고 종전규정에 따라 재고매입세액을 계산한다. cf) 재고납부세액은 경과조치가 없다.

4. 재고매입세액은 매입세액을 정산하는 개념이므로 문제에 제시된 자산의 시가는 문제풀이와 관련없는 자료이다.

제2편
법인세법

76 다음 자료에 의하여 영리내국법인인 (주)A(사업연도 : 1.1~12.31)의 각사업연도소득금액을 계산하면 얼마인가? (단, 조세부담을 최소화하는 방향으로 세무조정하고, 손금산입요건이 필요한 경우에는 해당 요건을 모두 충족하였다고 가정한다)

(2009. 세무사 수정)

- 손익계산서상의 법인세비용차감전손익은 ₩100,000,000이다.
- 해당 사업연도에 상법에 따른 소멸시효가 완성된 매출채권 ₩5,000,000을 대손처리 하지 아니하고 재무상태표에 자산으로 계상하였다.
- 조세특례제한법에 따른 준비금 ₩10,000,000을 결산상 비용으로 계상하지 아니하였다.
- 당기 초 (주)B의 발행주식(지분율 10%)을 ₩30,000,000에 취득하였는데 당기 중 (주)B가 파산하였다. 이에 대하여 회사는 결산상 비용으로 계상하지 아니하였다.
- 재무상태표에 ₩20,000,000으로 표시되어 있는 상품은 부패로 인하여 해당 사업연도 말 처분가능한 시가가 ₩2,000,000이며, 결산상 비용으로 계상하지 아니하였다.
- 일시상각충당금의 손금산입한도액은 ₩6,000,000이나 결산상 비용으로 계상하지 아니하였다.
- 퇴직급여충당금의 손금산입한도액은 ₩4,000,000이나 결산상 비용으로 계상하지 아니하였다.
- 2026년 4월 3일에 취득한 업무용승용차(취득가액 : ₩20,000,000)의 감가상각비를 결산상 비용으로 계상하지 아니하였다.

① ₩72,000,000 ② ₩76,000,000
③ ₩78,000,000 ④ ₩87,000,000
⑤ ₩93,000,000

법인세비용차감전손익	₩100,000,000	
소멸시효 완성된 채권에 대한 대손금	(5,000,000)	
조세특례제한법에 따른 준비금	(10,000,000)	
유가증권의 평가손실	–	결산조정사항
재고자산의 평가손실	–	결산조정사항
일시상각충당금	(6,000,000)	
퇴직급여충당금	–	결산조정사항
업무용승용차 감가상각비	(3,000,000)*	
각사업연도소득금액	₩76,000,000	

* 업무용승용차 감가상각비(정액법, 내용연수 5년) : $₩20,000,000 \times 0.2 \times \dfrac{9}{12} = ₩3,000,000$

77 다음은 내국법인 (주)A의 제26기 사업연도(2026.1.1~12.31) 자료이다. 세무조정시 대표자에 대한 상여와 기타사외유출로 소득처분할 금액은 각각 얼마인가?

(2017. 세무사 수정)

(1) 현금매출누락 ₩100,000,000(면세상품매출로 부가가치세는 고려하지 않음)

(2) 채권자가 불분명한 사채이자 ₩15,000,000(원천징수세액 ₩4,125,000 포함)

(3) 지출증명서류 미수취 기업업무추진비 ₩4,000,000(귀속자 불분명)

(4) 업무와 관련하여 발생한 교통사고 벌과금 ₩1,000,000

(5) 사외유출된 금액의 귀속이 불분명하여 대표자에 대한 상여로 처분을 한 경우, (주)A가 그 처분에 따른 소득세를 대납하고 이를 손비로 계상한 금액 ₩2,500,000

	대표자에 대한 상여	기타사외유출
①	₩110,875,000	₩11,625,000
②	114,875,000	7,625,000
③	115,000,000	7,500,000
④	117,375,000	5,125,000
⑤	119,000,000	3,500,000

---

1. 세무조정

〈익금산입〉 현금매출누락 ₩100,000,000* (상여)

　* 현금매출이 있었으나 회계처리를 누락한 경우 현금이 유입되었다가 다시 유출된 것으로 보므로 익금산입하고 대표자 상여로 소득처분한다. cf) 외상매출금에 대하여 회계처리를 누락한 경우 세법상 매출채권(자산)이 있으므로 익금산입하고 유보로 소득처분한다.

〈손금불산입〉 채권자가 불분명한 사채이자 ₩10,875,000 (상여)

〈손금불산입〉 채권자가 불분명한 사채이자 중 원천징수세액 ₩4,125,000 (기타사외유출)

〈손금불산입〉 증명서류 미수취 기업업무추진비 ₩4,000,000 (상여)

〈손금불산입〉 업무와 관련하여 발생한 교통사고 벌과금 ₩1,000,000 (기타사외유출)

〈손금불산입〉 소득세 대납액 ₩2,500,000 (기타사외유출)

2. 대표자 상여 및 기타사외유출로 처분된 금액

　(1) 대표자에 대한 상여 : ₩114,875,000

　(2) 기타사외유출 : ₩7,625,000

[응용]

if) 과세상품의 현금매출 ₩100,000,000(부가가치세 제외)이 누락한 경우 세무조정은?

차 변		대 변	
사외유출	110,000,000	매출액	100,000,000
		부가가치세 예수금	10,000,000
〈익금산입〉 현금매출누락 ₩110,000,000 (상여), 〈손금산입〉 VAT예수금 ₩10,000,000 (△유보)			

78 제조업을 주업으로 하는 내국법인 (주)A(중소기업 아님, 상시근로자 50인)가 다음 자료를 근거로 제26기 사업연도(2026.1.1.~12.31.)의 세무조정을 적정히 하는 경우, 사내유보와 사외유출로 소득처분해야 할 금액의 합계는 각각 얼마인가? (단, 전기 이전의 모든 세무조정은 적정하였으며, 주어진 자료 이외에는 고려하지 않음)

(2018. 세무사)

(1) 제26기의 자본금과 적립금 조정명세서(을)상의 기초잔액 및 관련 자료

과목	기초잔액	제26기 중 발생한 사항
토지	△₩8,400,000	토지의 절반을 현금 ₩60,000,000에 처분하고, 유형자산처분이익 ₩10,000,000을 결산서에 계상하였다.
건물	5,000,000	(주)A의 업무에 직접 사용하지 않으며, (주)A의 대주주인 거주자 甲이 사용하고 있다. (주)A는 당해 건물의 외부도장 비용 ₩2,000,000을 현금지출하고, 이를 수선비로 결산서에 반영하였다.
기계장치	–	제26기 초에 장기할부조건으로 취득하였고, 취득대금 ₩3,000,000은 3년에 걸쳐 매년 말 균등상환하며, 취득대금의 현재가치 ₩2,500,000을 반영하여 다음과 같이 회계처리하였다. (차) 기계장치 2,500,000 　　　현재가치할인차금 500,000 　　　　　　　(대) 장기미지급금 3,000,000

(2) 제25기 1.1.에 취득하여 업무에 사용하던 업무용승용차 1대(법인세법상 업무용승용차로서의 요건은 모두 충족함)를 제26기 12.31.에 처분하고, 이에 따른 처분손실 ₩11,500,000을 결산서에 반영하였다.

	사내유보	사외유출		사내유보	사외유출
①	₩3,500,000	₩7,240,000	②	₩4,200,000	₩5,500,000
③	5,000,000	4,200,000	④	7,700,000	2,000,000
⑤	9,200,000	2,000,000			

---

1. 세무조정
   〈익금산입〉 토지의 기초유보의 추인(50%) ₩4,200,000 (유보)
   〈손금불산입〉 업무무관자산의 수선비 ₩2,000,000 (배당[*1])

   *1. 공실건물인 경우 기타사외유출로 소득처분하나, 대주주가 사용하고 있으므로 대주주를 귀속자로 볼 수 있다.

   2. 자산을 장기할부조건 등으로 취득하는 경우 발생한 채무를 기업회계기준에서 정하는 바에 따라 현재가치로 평가하여 현재가치할인차금으로 계상한 경우 이를 수용하므로 기계장치에 대한 세무조정은 없다.
   〈손금불산입〉 업무용승용차처분손실 800만원 초과분 ₩3,500,000 (기타사외유출)

2. 사내유보 및 사외유출로 처분된 금액
   (1) 사내유보 : ₩4,200,000
   (2) 사외유출 : ₩2,000,000 + ₩3,500,000 = ₩5,500,000

79 다음은 제조업을 영위하는 영리내국법인 ㈜A의 제26기 사업연도(2026.1.1.~12. 31)의 세무조정관련 사항이며, 제시된 자료 이외의 추가사항은 없다. 전기의 세무조정은 적정하게 이루어졌으며 법인세부담 최소화를 가정할 경우, 소득금액조정합계표와 자본금과 적립금 조정명세서(을)에 영향을 미치는 금액을 각각 순액으로 표시한 것으로 옳은 것은? (2017. CPA 수정)

(1) 무상으로 받은 자산의 가액을 장부상 자산수증이익으로 처리한 금액 : ₩4,500,000 (수증자산의 시가 ₩5,500,000)

(2) 부가가치세 매출세액을 장부상 수익 처리한 금액 : ₩500,000

(3) 잉여금처분 결의일이 속하는 당기 귀속 배당수입금액으로 당기말까지 해당 금액을 수령하지 못하여 장부상 회계처리하지 않은 금액 : ₩2,000,000(수입배당금 익금불산입 적용조건을 만족하며 익금불산입률은 30%임)

(4) 기부금 한도초과액 : ₩1,000,000

(5) 전기에 업무용 토지에 대한 재산세를 납부하면서 자본적지출로 처리한 금액 중 당기에 환급되어 장부상 잡수익으로 처리한 금액 : ₩300,000

(6) 보통주 유상증자를 실시하고 발행주식의 액면가액 ₩100,000,000을 초과하는 금액인 ₩12,000,000까지 포함하여 주주로부터 현금으로 수령한 ₩112,000,000을 모두 회계상 자본금으로 계상하였다.

(7) 기업회계기준에 따른 유형자산 재평가이익 ₩2,000,000을 기타포괄손익으로 회계처리 하였다.

	소득금액조정합계표	자본금과 적립금 조정명세서(을)
①	(-)₩2,100,000	(-)₩500,000
②	(-)1,800,000	800,000
③	1,900,000	500,000
④	(-)1,100,000	2,800,000
⑤	800,000	500,000

익금산입 및 손금불산입			손금산입 및 익금불산입		
과목	금액	소득처분	과목	금액	소득처분
자산수증이익	₩1,000,000	유보	부가가치세 예수금	₩500,000	△유보
미수배당금	2,000,000	유보	수입배당금 익금불산입	600,000*1	기타
기타포괄손익	2,000,000	기타	유형자산(재평가이익)	2,000,000	△유보
합계	₩5,000,000		합계	₩3,100,000	

*1. ₩2,000,000 (미수배당금) × 30%(익금불산입률) = ₩600,000

2. 소득금액조정합계표에는 기부금에 대한 한도시부인계산과 관련된 세무조정사항은 포함되지 않는다.

3. 재산세의 경우 자본적지출에 해당하지 않으므로 전기에 손금산입(△유보)의 세무조정을 한다. 당기 재산세 환입액은 당초 손금이었으므로 익금으로 인정되며, 장부상 수익으로 계상하였으므로 별도의 세무조정은 없다.

(1) 소득금액조정합계표에 영향을 미치는 금액 : ₩5,000,000 - ₩3,100,000 = ₩1,900,000

(2) 자본금과 적립금조정명세서(을)에 영향을 미치는 금액 : ₩1,000,000 + ₩2,000,000 - ₩500,000 - ₩2,000,000 = ₩500,000

정답 ③

80 제조업을 영위하는 영리내국법인 ㈜A의 제26기(2026.1.1.~2026.12.31.) 세무조정 관련 사항이다. 법인세 과세표준 및 세액조정계산서에 기재될 차가감소득금액으로 옳은 것은? 단, 전기까지의 세무조정은 적정하게 이루어졌다. (2025. CPA)

> (1) 손익계산서상 당기순이익: ₩100,000,000
>
> (2) 비용으로 처리된 사업용 공장건물에 대한 재산세: ₩7,000,000
>
> (3) 특례기부금 한도초과액: ₩15,000,000
>
> (4) 비용으로 처리된 법인세: ₩8,000,000
>
> (5) 수익으로 처리된 국세 과오납금의 환급금 이자: ₩2,000,000
>
> (6) 자본잉여금으로 처리된 자기주식처분이익: ₩9,000,000
>
> (7) 수익으로 처리된 정기예금 미수이자*: ₩4,000,000
>
> * 만기 2027년 3월 31일에 원금과 이자를 일시에 수령하는 조건임
>
> (8) 비용으로 처리된 대표이사 종친회 기부금: ₩5,000,000

① ₩111,000,000 ② ₩116,000,000 ③ ₩121,000,000
④ ₩126,000,000 ⑤ ₩131,000,000

(1) 소득금액조정합계표

익금산입 및 손금불산입			손금산입 및 익금불산입		
과목	금액	소득처분	과목	금액	소득처분
법인세	₩8,000,000	기타사외유출	국세환급금 이자	₩2,000,000	기타
자기주식처분이익	9,000,000	기타	미수이자	4,000,000	△유보
종친회 기부금	5,000,000	상여 등			
합계	₩22,000,000		합계	₩6,000,000	

*1. 비용처리한 사업용 공장건물에 대한 재산세는 손금으로 인정되므로 세무조정은 없다.
 2. 소득금액조정합계표에는 기부금에 대한 한도시부인계산과 관련된 세무조정사항은 포함되지 않는다.
 3. 자기주식처분시 자기주식과 관련하여 이론상 〈익금산입〉 자본계정 (기타), 〈익금불산입〉 자산계정 (△유보) 세무조정(양쪽조정)이 필요하나 세무조정의 순액 계산시 영향이 없으므로 생략하였다. 참고로 해당 세무조정은 실무 관행상 통상적으로 생략하는 세무조정이다.
 4. 대표이사 종친회 기부금은 대표이사가 지출해야 하는 비용을 회사가 대신 지출한 경우 대표자에 대한 상여로 소득처분하며, 대표이사와는 관계없이 종친회에 귀속되는 경우 기타사외유출로 소득처분될 수 있다.

(2) 차가감소득금액

	당기순이익	₩100,000,000
소득금액 조정합계표	익금산입 및 손금불산입	22,000,000
	손금산입 및 익금불산입	(6,000,000)
	차가감소득금액	₩116,000,000

81 제조업을 영위하는 영리내국법인 ㈜A의 제26기(2026.1.1.~2026.12.31.) 자료이다. ㈜A의 제26기 각 사업연도 소득금액으로 옳은 것은? 단, 세부담 최소화를 가정한다.

(2023. CPA)

> (1) ㈜A는 금융회사와 채무를 출자로 전환하는 내용이 포함된 경영정상화계획의 이행을 위한 협약을 체결한 법인이다.
>
> (2) 당기 포괄손익계산서상 법인세차감전순이익은 ₩210,000이다.
>
> (3) 매출액 ₩300,000과 매출원가 ₩220,000이 당기 포괄손익계산서상 누락되어 있다.
>
> (4) 당기 포괄손익계산서상 판매비와 관리비 중 손익귀속시기가 도래하지 않은 선급비용 해당액 ₩25,000이 포함되어 있다.
>
> (5) ㈜A는 B은행에 대한 차입금 ₩200,000을 출자전환하면서 주식 10주(액면가 ₩5,000, 시가 ₩3,000)를 교부하고, 다음과 같이 회계처리하였다.
>
> | (차) 차입금 | 200,000 | (대) 자본금 | 50,000 |
> |---|---|---|---|
> | | | 채무면제이익 | 150,000 |
> | | | (영업외수익) | |
>
> (6) ㈜A는 자기주식처분에 대해서 다음과 같이 회계처리하였다.
>
> | (차) 현금 | 30,000 | (대) 자기주식 | 20,000 |
> |---|---|---|---|
> | | | 자기주식처분이익 | 10,000 |
> | | | (자본잉여금) | |
>
> (7) 이월공제가능 기간 이내의 이월결손금은 ₩300,000이다.

① ₩140,000   ② ₩150,000   ③ ₩175,000

④ ₩290,000   ⑤ ₩325,000

각 사업연도 소득금액
중요도 ★★★☆☆
난이도 ★★★☆☆

Memo

법인세차감전순이익	₩210,000	
매출액	300,000	익입(유보 또는 상여)
매출원가	(220,000)	손입(△유보)
손익귀속시기가 도래하지 않은 비용(선급비용)	25,000	손불(유보)
출자전환시 채무면제이익[*1]	(150,000)	익불(기타)
자기주식처분이익[*2]	10,000	익입(기타)
각사업연도소득금액	₩175,000	

*1. 출자전환시 채무면제이익 : ₩200,000(발행가액) − ₩50,000(액면가액) = ₩150,000 → 시가가 액면가액에 미달하므로 액면가액을 초과하여 발행된 금액이 채무면제이익이며, 이월결손금(발생연도제한 없음) 보전에 충당할 수 있다. 또한, 법소정의 요건을 충족한 법인(금융회사와 채무를 출자로 전환하는 내용이 포함된 경영정상화계획의 이행을 위한 협약을 체결한 법인)이므로 이월결손금 보전에 충당한 후 남은 잔액이 있더라도 해당 사업연도의 익금에 산입하지 아니하고 그 이후의 각 사업연도에 발생한 결손금의 보전에 충당할 수 있다.

2. 자기주식처분시 자기주식과 관련하여 이론상 〈익금산입〉 자본계정 (기타), 〈익금불산입〉 자산계정 (△유보) 세무조정(양쪽조정)이 필요하나 세무조정의 순액 계산시 영향이 없으므로 생략하였다. 참고로 해당 세무조정은 실무 관행상 통상적으로 생략하는 세무조정이다.

3. 출자전환시 채무면제이익에 충당하고 남은 이월결손금(₩300,000 − ₩150,000 = ₩150,000)은 이월공제가능 기간 이내의 것이므로 과세표준 계산시 각사업연도 소득금액에서 공제한다.

82 다음의 자료를 이용하여 영리내국법인 ㈜A의 제26기 사업연도(2026.1.1.~2026.12.31.) 자본금과 적립금조정명세서(을)에 기재될 기말잔액의 합계 금액을 계산한 것으로 옳은 것은? (단, 전기까지 회계처리 및 세무조정은 정확하게 이루어졌다.)

(2020. CPA)

내 용	금 액
(1) 자본금과 적립금조정명세서(을) 기초잔액 합계(당기 중 추인된 항목은 없음)	₩500,000
(2) 손익계산서상 당기순이익	1,300,000
(3) 비용으로 처리된 대주주가 부담해야 할 유류비	200,000
(4) 비용으로 처리된 사업용 공장건물에 대한 재산세	200,000
(5) 비용으로 처리된 공정가치측정 금융자산 평가손실	200,000
(6) 비용으로 처리된 기업업무추진비 중 건당 3만원 초과 법정증명서류 미수취분	200,000
(7) 사업연도 종료일 현재 회계처리가 누락된 외상매출금	200,000
(8) 자본잉여금으로 처리된 자기주식처분이익	200,000
(9) 기타포괄손익으로 처리된 공정가치측정 금융자산 평가이익	200,000

① ₩500,000   ② ₩700,000   ③ ₩900,000
④ ₩1,100,000   ⑤ ₩1,300,000

---

(1) 세무조정

내 용	금 액	세무조정
① 비용으로 처리된 대주주가 부담해야 할 유류비	₩200,000	손不(배당)
② 비용으로 처리된 사업용 공장건물에 대한 재산세	200,000	–
③ 비용으로 처리된 공정가치측정 금융자산 평가손실	200,000	손不(유보)
④ 비용으로 처리된 기업업무추진비 중 건당 3만원 초과 법정증명서류 미수취분	200,000	손不(기타사외유출)
⑤ 사업연도 종료일 현재 회계처리가 누락된 외상매출금	200,000	익入(유보)
⑥ 자본잉여금으로 처리된 자기주식처분이익	200,000	익入(기타)
⑦ 기타포괄손익으로 처리된 공정가치측정 금융자산 평가이익	200,000	익入(기타), 익不(△유보)

* 외상매출금에 대하여 회계처리를 누락한 경우 세법상 매출채권(자산)이 있으므로 익금산입하고 유보로 소득처분한다. cf) 현금매출이 있었으나 회계처리를 누락한 경우 현금이 유입되었다가 다시 유출된 것으로 보므로 익금산입하고 대표자 상여로 소득처분한다.

(2) 자본금과 적립금조정명세서(을) 기말잔액

	기초유보	₩500,000	
+	가산조정(유보)	400,000	₩200,000 + ₩200,000
–	차감조정(△유보)	(200,000)	
=	기말유보	₩700,000	

83 영리내국법인 (주)A가 제26기(2026.1.1~12.31)에 발생한 다음의 각 사항들에 대하여 법인세법상 적법한 세무조정을 하였을 경우, 다음에 제시된 제26기의 '자본금과 적립금 조정명세서(을)'의 (ㄱ)에 들어갈 금액으로 옳은 것은? (단, 전기 이전의 세무조정은 모두 적법하게 이루어졌으며, 주어진 자료 이외에는 고려하지 않음)

기말유보잔액
중요도 ★★★☆☆
난이도 ★★★☆☆

Memo

(1) 당기에 사업용 토지를 취득하였으며 취득세 ₩4,000,000과 취득세에 대한 가산세 ₩1,000,000을 포함하여 재무상태표상 장부가액은 ₩55,000,000이다.

(2) 기초 재무상태표상 매출채권 ₩3,000,000 중에서 ₩1,000,000은 당기에 회수불가능하다고 판단하여 당기 말에 대손충당금과 상계처리하고 재무상태표에서 제거하였다. 상기의 기초 매출채권 ₩3,000,000은 회수 노력을 다 하였으나, 전기(제25기)에 법정 소멸시효가 완성되었다.

(3) (주)A는 전기말에 발생한 재고자산과 관련한 다음 사항에 대하여 당기에 회계상 아무런 수정분개를 하지 않았다.

전기(제25기)에 기말 상품에 대하여 평가방법 변경신고를 하지 않고 후입선출법으로 평가하여 회계처리하였으며, 당초 신고된 평가방법은 총평균법이다. 또한, 각 평가방법에 따른 전기말 상품 평가금액은 다음과 같다.

후입선출법	₩600,000
총평균법	₩800,000
선입선출법	₩1,000,000

사업연도	2026.1.1. ~ 12.31.	자본금과 적립금조정명세서(을)		(단위 : 원)
① 과목 또는 사항	② 기초잔액	당기중증감		⑤ 기말잔액
		③ 감소	④ 증가	
토지				
매출채권				
상품				
합계				(ㄱ)

① △₩1,000,000　　② △₩2,000,000　　③ △₩3,000,000

④ ₩1,000,000　　⑤ ₩4,000,000

과목	기초잔액	감소	증가	기말잔액
토지	–	–	△₩1,000,000[*1]	△₩1,000,000
매출채권	△₩3,000,000	△₩1,000,000[*2]	–	△2,000,000
상품	400,000[*3]	400,000	–	–
계	△₩2,600,000	△₩600,000	△₩1,000,000	△₩3,000,000

*1. 가산세는 자산의 취득가액이 될 수 없다. 참고로 세무조정은 다음과 같다.
　→ 손입 토지 ₩1,000,000 (△유보), 손불 가산세 ₩1,000,000 (기타사외유출)

2. 전기에 소멸시효가 완성되었으므로 전기 손금이다. 당기에 대손충당금과 상계처리(비용계상)한 경우 손금불산입(유보)한다.

3. 전기 유보 잔액 : Max[₩800,000, ₩1,000,000] – ₩600,000 = ₩400,000 → 재고자산은 총액법으로 세무조정하므로 전기 유보 잔액을 당기에 전액 추인해야 한다.

84 다음 자료는 (주)동양의 제26기(2026.1.1~12.31) 자본금과 적립금조정명세서(을)상의 기초 유보잔액과 제26기 세무조정사항이다. 이 자료에 근거하여 유보사항의 제26기 말 잔액을 계산하면 얼마인가?

(2006, CPA)

(1) 기초 유보잔액

① 감가상각비 한도초과액		₩40,000,000
② 대손금 부인액		20,000,000
③ 대손충당금 한도초과액		30,000,000
계		₩90,000,000

(2) 제26기 세무조정사항

① 손익계산서상의 당기순이익		₩100,000,000
② 익금산입 및 손금불산입		
법인세비용	₩20,000,000	
감가상각비 한도초과액	30,000,000	
대손충당금 한도초과액	40,000,000	180,000,000
채권자불분명사채이자	80,000,000	
벌 금	10,000,000	
③ 손금산입 및 익금불산입		
전기 대손금 부인액	₩10,000,000	
전기 대손충당금 한도초과액	30,000,000	
전기 감가상각비 한도초과액	20,000,000	60,000,000
④ 각사업연도소득금액		₩220,000,000

① ₩70,000,000 ② ₩80,000,000
③ ₩90,000,000 ④ ₩100,000,000
⑤ ₩110,000,000

기초유보	₩90,000,000	
+ 익금산입 및 손금불산입		
① 감가상각비 한도초과액	30,000,000	
② 대손충당금 한도초과액	40,000,000	
− 손금산입 및 익금불산입		
① 전기 대손금 부인액	(10,000,000)	
② 전기 대손충당금 한도초과액	(30,000,000)	
③ 전기 감가상각비 한도초과액	(20,000,000)	
기말유보	₩100,000,000	

* 법인세비용, 채권자불분명사채이자, 벌금은 사외유출로 소득처분된다.

정답 ④

85 (주)할수있다(중소기업이 아님)는 다음과 같은 할부판매거래를 하였고, 회사는 실제 대금회수액을 매출로 계상해오고 있다. 모든 할부판매는 인도일이 속하는 달부터 매달 말일에 ₩10,000,000씩 회수하도록 계약되며, 매출원가는 매출의 80%이다. 제26기(2026.1.1~12.31)에 매출과 매출원가에 대하여 올바르게 세무조정한다면 필요한 가산조정과 차감조정의 순차이는 얼마인가? (단, 이전연도의 세무조정을 정확하게 하였음)

(2005. CPA)

구 분	제품인도일	총판매대금	할부기간	2025년 대금회수액	2026년 대금회수액
거래 1	2025. 7. 1	₩100,000,000	10개월	₩50,000,000	₩50,000,000
거래 2	2025. 7. 1	200,000,000	20개월	70,000,000	110,000,000
거래 3	2026. 7. 1	300,000,000	30개월	0	70,000,000
			계	₩120,000,000	₩230,000,000

① 가산조정 ₩2,000,000   ② 가산조정 ₩10,000,000

③ 차감조정 ₩2,000,000   ④ 차감조정 ₩10,000,000

⑤ 차감조정 ₩8,000,000

(1) 세무조정

구 분		B	T	D	
거래 1 (단기)	수익	₩50,000,000	₩0[*1]	〈익금불산입〉	₩50,000,000 (△유보)
	비용	40,000,000	0[*1]	〈손금불산입〉	40,000,000 (유보)
거래 2 (장기)	수익	₩110,000,000	₩120,000,000[*2]	〈익금산입〉	₩10,000,000 (유보)
	비용	88,000,000	96,000,000[*3]	〈손금산입〉	8,000,000 (△유보)
거래 3 (장기)	수익	₩70,000,000	₩60,000,000[*4]	〈익금불산입〉	₩10,000,000 (△유보)
	비용	56,000,000	48,000,000[*5]	〈손금불산입〉	8,000,000 (유보)

*1. 단기할부판매이므로 인도일(2025.7.1.)이 속한 직전사업연도 익금 및 손금에 해당한다.

2. ₩10,000,000 × 12개월(2026년 1월말~12월말) = ₩120,000,000

3. ₩120,000,000 × 80% = ₩96,000,000

4. ₩10,000,000 × 6개월(2026년 7월말~12월말) = ₩60,000,000

5. ₩60,000,000 × 80% = ₩48,000,000

(2) 가산조정과 차감조정의 순차이(단위 : 백만원)

△₩50 + ₩40 + ₩10 − ₩8 − ₩10 + ₩8 = △₩10

※ 별해 : (△₩50 + ₩10 + △₩10) × (1 − 80%) = △₩10

86 건설업을 영위하는 (주)A(중소기업 아님)의 제26기(2026.1.1.~12.31.) 도급공사와 관련된 자료이다. 도급공사 관련 세무조정으로 인한 (주)A의 제26기 각 사업연도 소득금액의 증가 금액은? (단, 세부담의 최소화로 세무조정하며, 결산서상 공사원가는 증명서류에 의해 정확히 반영됨)

(2025. 세무사)

(1) 공사별 도급금액 및 총공사예정원가

구 분	甲공사	乙공사
공사기간	2025.5.1.~2027.5.3.	2026.2.3.~2027.9.9.
도급금액	₩75,000,000	₩84,000,000
총공사예정원가	52,000,000	57,800,000
제26기 결산서상 공사수익	41,000,000	60,000,000
제26기 결산서상 공사원가	28,600,000	43,350,000

(2) 제25기(2025.1.1.~12.31.) 甲공사에 대한 세무조정은 적법하게 이루어져 익금산입 ₩250,000(유보)이 발생하였다. 한편, 甲공사에 대해 제27기 투입될 예정공사원가는 ₩5,200,000이며, 제25기 공사를 개시하면서 추정한 총공사예정원가는 변함이 없다.

(3) 乙공사에 대해 제27기 투입될 예정공사원가는 ₩14,450,000이다.

① ₩3,000,000
② ₩3,250,000
③ ₩3,500,000
④ ₩3,750,000
⑤ ₩4,000,000

---

(1) 세무조정

구 분		甲공사(장기)	乙공사(장기)
B	공사수익	₩41,000,000	₩60,000,000
T	공사수익	₩41,250,000[1]	₩63,000,000[2]
D	공사수익	익금산입 ₩250,000 (유보)	익금산입 ₩3,000,000 (유보)

[1]. $₩75,000,000 \times (① - ②) = ₩41,250,000$

① 누적공사진행률 : $\dfrac{₩52,000,000 - ₩5,200,000}{₩52,000,000} = 90\%$

② 전기공사진행률 : $\dfrac{₩52,000,000 - ₩5,200,000 - ₩28,600,000}{₩52,000,000} = 35\%$

※ 별해 : $₩75,000,000 \times \dfrac{₩28,600,000}{₩52,000,000} = ₩41,250,000$

2. $₩84,000,000 \times \dfrac{₩43,350,000}{₩57,800,000} = ₩63,000,000$

3. 중소기업이 아니므로 진행기준을 적용해야한다.

(2) 각사업연도소득금액 : $₩250,000 + ₩3,000,000 = ₩3,250,000$

87 다음은 (주)서홍건설(중소기업임)의 제26기 사업연도(2026.1.1~12.31)의 도급공사와 관련된 자료이다. (주)서홍건설의 제26기 결산상 법인세비용차감전손익이 ₩7,000,000 이라고 가정하고 아래의 자료 이외의 세무조정사항이 없다고 가정할 경우 각사업연도 소득금액은 얼마인가? (단, (주)서홍건설은 도급공사가 완성될 때 관련 수익과 비용을 결산서에 인식하며, 세부담 최소화를 가정한다.) (2004. CPA)

구 분	갑공사	을공사	병공사
공사기간	2026. 3. 1~ 2029. 7. 31	2026. 11. 1~ 2027. 8. 31	2026. 8. 1~ 2028. 1. 31
도급금액	₩10,000,000	₩4,000,000	₩5,000,000
총공사예정원가	8,000,000	3,500,000	4,000,000
당기공사원가	2,000,000	350,000	1,200,000

① ₩6,800,000
② ₩6,850,000
③ ₩7,000,000
④ ₩7,800,000
⑤ ₩7,850,000

(1) 세무조정

구 분		갑공사(장기)	병공사(장기)
B	공사수익	–	–
	공사원가	–	–
T	공사수익	₩2,500,000	₩1,500,000
	공사원가	₩2,000,000	₩1,200,000
D	공사수익	익금산입 ₩2,500,000[1] (유보)	익금산입 ₩1,500,000[2] (유보)
	공사원가	손금산입 ₩2,000,000 (△유보)	손금산입 ₩1,200,000 (△유보)

[1]. $₩10,000,000 \times \dfrac{₩2,000,000}{₩8,000,000} = ₩2,500,000$

2. $₩5,000,000 \times \dfrac{₩1,200,000}{₩4,000,000} = ₩1,500,000$

3. 중소기업 & 단기건설공사는 세부담최소화 가정하에서 인도기준을 적용하므로 장부상 인도기준을 적용한 을공사(단기건설공사)에 대해서는 세무조정을 하지 않는다.

(2) 각사업연도소득금액

$₩7,000,000 + ₩2,500,000 - ₩2,000,000 + ₩1,500,000 - ₩1,200,000 = ₩7,800,000$

88 다음은 제조업을 주업으로 하는 내국법인 (주)A(중소기업 아님)의 제26기 사업연도 (2026.1.1.~12.31.) 세무조정을 위한 자료이다. 제26기에 필요한 세무조정을 적정하게 하였을 경우, 이 같은 세무조정이 제26기 각 사업연도의 소득금액에 미친 순영향으로 옳은 것은? (단, 법인세법에서 정하는 익금과 손금의 요건을 모두 충족하고, 손금에 대한 법정한도금액은 초과하지 않으며, 주어진 자료 이외에는 고려하지 않음)

(2018. 세무사 수정)

(주)A의 제26기 결산서에 반영된 사항	비 고
배당금수익 ₩5,000,000((주)B의 잉여금처분에 의한 금전배당)	• (주)B의 잉여금처분결의일 : 2025.12.31. • (주)A의 배당금수령일 : 2026.1.31.
배당금수익 ₩1,000,000(해산한 법인 (주)C의 잔여재산 분배로 인한 의제배당)	• (주)C의 해산등기일 : 2026.12.31. • (주)C의 잔여재산가액확정일 : 2027.1.31.
선급비용 ₩1,000,000(지출 후 이연 처리한 기업업무추진비)	• 기업업무추진비 지출일 : 2026.12.31. • 결산상 손비예상일 : 2027.1.31.
영업외비용 ₩1,000,000(어음을 발행하여 지출한 기부금)	• 어음발행일 : 2026.12.31. • 어음결제일 : 2027.1.31.
영업외수익 ₩1,000,000(유형자산 양도로 인한 처분이익)	• 매수자의 사용수익일 : 2026.12.31. • 대금청산일 : 2027.1.31.

① (−)₩7,000,000
② (−)₩6,000,000
③ ₩0
④ (+)₩6,000,000
⑤ (+)₩7,000,000

Key point!
배당금수익의 수입시기

1. 2026년 세무조정

〈익금불산입〉 배당금수익 ₩5,000,000(△유보)
* 잉여금처분에 의한 금전배당의 귀속시기는 잉여금처분결의일이므로 2025년 귀속 익금이다.
〈익금불산입〉 배당금수익 ₩1,000,000 (△유보)
* 해산시 의제배당의 귀속시기는 잔여재산가액확정일이므로 2027년 귀속 익금이다.
〈손금산입〉 선급비용 ₩1,000,000 (△유보)
* 해당 금액을 기업업무추진비 계상액에 가산하여 기업업무추진비 한도시부인을 해야하나, 문제에 제시된 단서에서 손금에 대한 법정한도금액은 초과하지 않는다고 하였으므로 기업업무추진비 한도초과액에 대한 세무조정은 없다.
〈손금불산입〉 미지급기부금 ₩1,000,000 (유보)
* 재고자산 이외의 자산의 양도로 인한 처분이익의 귀속시기는 대금청산일, 사용수익일, 인도일 중 빠른 날이므로 2026년 귀속 익금이며, 수익으로 계상하였으므로 별도의 세무조정은 없다.

2. 각사업연도의 소득금액에 미친 순영향
△₩5,000,000 + △₩1,000,000 + △₩1,000,000 + ₩1,000,000 = △₩6,000,000

정답 ②

전기오류수정

중요도 ★★★☆☆
난이도 ★★★☆☆

Memo

89 (주)B는 제25기(1.1~12.31) 초에 2년 동안 사무실을 임차하면서 임차료 ₩20,000,000을 지급하고 전액 비용으로 장부상 회계처리하였고, 이에 대해 적정하게 세무조정하였다. 한편, 회사는 제26기 말에 다음과 같이 수정회계처리를 하였다.(1년은 365일로 가정한다.)

(차) 임 차 료 10,000,000   (대) 전기오류수정이익 10,000,000

다음 중 (주)B가 제26기에 전기오류수정이익을 '수익'으로 회계처리한 경우와 '이익잉여금의 증가'로 회계처리한 경우의 세무조정으로 올바르게 묶인 것은?

(2007. CPA)

	수익으로 회계처리한 경우	이익잉여금의 증가로 회계처리한 경우
①	세무조정 없음	세무조정 없음
②	〈익금불산입〉 10,000,000 (△유보)	〈익금산입〉 10,000,000 (기타) 〈익금불산입〉 10,000,000 (△유보)
③	〈익금산입〉 10,000,000 (유보)	〈익금불산입〉 10,000,000 (기타) 〈익금산입〉 10,000,000 (유보)
④	〈익금불산입〉 10,000,000 (△유보)	〈익금불산입〉 10,000,000 (기타) 〈익금산입〉 10,000,000 (유보)
⑤	〈익금산입〉 10,000,000 (유보)	〈익금산입〉 10,000,000 (기타) 〈익금불산입〉 10,000,000 (△유보)

Key point!

이익잉여금증가
→ 익入 (기타)

(1) 세법상 회계처리

(차) 임 차 료   10,000,000   (대) 선 급 비 용   10,000,000

* 장기임차료(지급기간 1년 초과)의 수입시기 : 발생주의(강제)

(2) 세무조정

구 분	수익으로 회계처리한 경우	이익잉여금의 증가로 회계처리한 경우
1단계	-	〈익금산입〉 ₩10,000,000 (기타)
2단계	〈익금불산입〉 ₩10,000,000 (△유보)	〈익금불산입〉 ₩10,000,000 (△유보)

* 세무조정과정
  ① 제25기 세무조정

구분	차변		대변	
B	임차료(비용)	20,000,000	현금	20,000,000
T	임차료(비용) 선급임차료	10,000,000 10,000,000	현금	20,000,000
D	〈손금불산입〉 선급임차료 ₩10,000,000 (유보)			

  ② 제26기 세무조정(장부상 수익계상시)

구분	차변		대변	
B	임차료(비용)	10,000,000	전기오류수정이익(수익)	10,000,000
T	임차료(비용)	10,000,000	선급임차료	10,000,000
D	〈손금산입(= 익금불산입)〉 선급임차료 ₩10,000,000 (△유보)			

* 장부상 같은 금액을 비용과 수익으로 각각 계상하였으므로 순액으로 회계처리를 하지 않은 것과 효과가 동일하다. 세무상 ₩10,000,000의 비용이 있어야 하므로 손금산입(△유보)의 세무조정을 해야 한다. 만약 장부상 전기오류수정이익을 이익잉여금 증가로 회계처리한 경우에는 이익잉여금 증가를 수익으로 바꾸는 익금산입(기타) 세무조정을 추가하면 된다.

정답 ②

90 (주)HY는 제26기(2026.1.1~12.31)에 특수관계인인 홍길동씨로부터 다음과 같은 자산을 양도받았다.

		법인세법상 시가	매 매 가
토　　지 A	(100평)	₩250,000,000	₩230,000,000
유가증권 B	(2,000주)	570,000,000	510,000,000

(주)HY는 제27기 중에 토지 A(100평)를 ₩300,000,000에 처분하였고, 유가증권 B 중 500주를 ₩162,500,000에 처분하였다. (주)HY가 양수 당시 토지 A와 유가증권 B에 대하여 매매가로 장부에 계상하였고 유가증권 B의 기말평가는 원가법에 의하여 행해졌으며 이후 처분의 거래도 회사가 정상적으로 회계처리하였다고 가정한다면 이에 대한 제26기와 제27기에 행해야 할 세무조정은?

(2005. CPA)

	제26기		제27기	
①	익금산입	₩80,000,000 (유보)	손금산입	₩35,000,000 (△유보)
②	익금산입	80,000,000 (유보)	손금산입	80,000,000 (△유보)
③	익금산입	60,000,000 (유보)	손금산입	15,000,000 (△유보)
④	익금산입	60,000,000 (유보)	손금산입	60,000,000 (△유보)
⑤	익금산입	20,000,000 (유보)	손금산입	20,000,000 (△유보)

구 분		T. 취득원가
저가매입	특수관계인 개인으로부터 유가증권을 저가매입한 경우	시가
	그 외	저가매입가

(1) 제26기 세무조정
　〈익금산입〉 유가증권 B ₩60,000,000 (유보)

(2) 제27기 세무조정
　〈손금산입〉 유가증권 B ₩15,000,000[*] (△유보)

　* ₩60,000,000 × $\dfrac{500주}{2,000주}$ = ₩15,000,000

정답 ③

91 다음 자료는 제조업을 영위하는 영리내국법인 (주)A가 제26기(2026.1.1~12.31)에 취득하여 당해 사업연도 말 현재 보유하고 있는 토지의 내역이다. 이들에 대하여 필요한 세무조정을 완료한 후 이를 반영한 법인세법상 각 토지가액을 모두 합계한 금액으로 옳은 것은? (단, 법인세 부담의 최소화를 가정하고 주어진 자료 이외의 다른 사항은 고려하지 않음) (2013. CPA)

구 분	제26기 말 재무상태표상 장부가액	장부가액에 대한 세부내역
토지 A	₩54,000,000	취득시 지불한 현금 ₩50,000,000(시가)과 취득세 ₩3,000,000, 취득세에 대한 가산세 ₩1,000,000을 장부가액으로 계상하였다.
토지 B	25,000,000	시가 ₩20,000,000인 토지를 정당한 사유 없이 현금 ₩25,000,000을 지불하고 특수관계인이 아닌 자로부터 취득하였다.
토지 C	30,000,000	취득일로부터 4년간 매년 말 ₩10,000,000씩 총 ₩40,000,000을 지불하는 장기할부조건으로 취득하였다. 이때 발생한 채무의 현재가치는 ₩30,000,000이며, 회계상 ₩10,000,000의 현재가치할인차금을 계상하였다.
토지 D	5,000,000	취득 당시 시가인 ₩5,000,000에 취득하였으나 천재지변으로 인해 멸실되어 고유목적에 정상적인 사용이 불가능하며, 당해 사업연도 종료일 현재 시가는 ₩1,000,000이다.

① ₩108,000,000
② ₩109,000,000
③ ₩113,000,000
④ ₩119,000,000
⑤ ₩123,000,000

토지A	₩53,000,000	가산세는 손금불산입항목으로 자산의 취득가액이 될 수 없다.
토지B	25,000,000	정상가액(시가의 130%)이내이므로 인정된다.
토지C	30,000,000	현재가치할인차금을 계상한 경우 인정한다.
토지D	5,000,000	평가손실을 장부상 계상하지 않았으므로 인정되지 않는다.(결산조정사항)
합 계	₩113,000,000	

92 다음은 제조업을 영위하는 영리내국법인 ㈜K가 제26기 사업연도(2026.1.1~12.31)말 현재 보유하고 있는 주식과 관련한 자료이다. 이들에 대하여 필요한 세무조정을 완료한 후, 이를 반영한 개별 주식의 법인세법상 주식가액을 계산한 것으로 옳은 것은? (단, 법인세부담 최소화를 가정하고, 주어진 자료 이외의 다른 사항은 고려하지 않는다.)

(2017. CPA)

구 분	제26기말 재무상태표상 장부가액	장부가액에 대한 세부내역
㈜A의 주식	₩25,000,000	2026.5.4. 시가 ₩10,000,000인 주식을 정당한 사유 없이 특수관계인 외의 자로부터 ₩15,000,000에 매입하였고, 2026.12.31.의 시가인 ₩25,000,000으로 평가하였다.
㈜B의 주식	5,000,000	2026.2.5. 시가 ₩5,000,000에 주식을 매입하고, 장부에 매입가액으로 계상하였다. 2026.10.25. ㈜B가 이익준비금의 일부를 자본전입함에 따라 무상주 200주(1주당 액면가액 ₩5,000, 발행가액 ₩6,000)를 수령한 후 기업회계기준에 따라 회계처리하였다.
㈜C의 주식	1,250,000	2026.5.4. 시가 ₩1,250,000에 주식을 매입하고, 장부에 매입가액으로 계상하였다. 2026.7.5. ㈜C가 파산하였으며, 사업연도종료일 현재 ㈜C 주식의 시가는 ₩500이나 이에 대해서는 회계처리하지 않았다.

	㈜A의 주식	㈜B의 주식	㈜C의 주식
①	₩10,000,000	₩6,000,000	₩500
②	10,000,000	6,200,000	1,000
③	13,000,000	6,000,000	1,000
④	13,000,000	6,200,000	1,250,000
⑤	13,000,000	6,000,000	1,250,000

---

1. ㈜A의 주식 : ₩13,000,000* (정상가액)
   * ₩10,000,000(시가) × 130% = ₩13,000,000

2. ㈜B의 주식 : ₩6,000,000*
   * ₩5,000,000 + 200주 × ₩5,000(액면가액)** = ₩6,000,000
   ** 이익준비금(법정적립금)을 재원으로 하였으므로 아래 ②에 해당하며, 액면가액으로 평가한다.
      ① 주식배당(임의적립금 또는 미처분이익잉여금을 재원으로 한 경우) : 발행가액
      ② 무상증자(법정적립금 또는 자본잉여금을 재원으로 한 경우) : 액면가액

3. ㈜C의 주식 : ₩1,250,000
   * 파산의 사유로 주식의 시가가 하락한 경우 장부에 시가의 금액(시가가 ₩1,000 이하인 경우 ₩1,000)으로 평가손실을 계상한 경우에는 세법에서도 인정한다.(결산조정사항) 그러나 평가손실을 장부에 계상하지 않았으므로 세법상 취득가액은 취득당시의 시가인 ₩1,250,000이다.

정답 ⑤

93 (주)서울의 제26기 사업연도(2026.1.1~12.31)의 재고자산에 대한 내역이다. (주)서울의 제26기 사업연도 종료일 현재 재고자산의 세무상 평가액은 얼마인가?

(1999. CPA)

구분	장부상 평가액	총평균법	후입선출법	선입선출법
제 품	₩2,500,000	₩2,500,000	₩1,800,000	₩2,000,000
상 품	1,300,000	1,300,000	1,000,000	1,500,000
원 재 료	750,000	750,000	600,000	720,000
저 장 품	650,000	700,000	550,000	780,000

(1) 제26기 9월 25일에 제품의 평가방법을 총평균법에서 후입선출법으로 변경신고 하였으나, 회계감사시 정당한 회계변경으로 인정되지 아니하여 총평균법으로 평가하였다.

(2) (주)서울이 신고한 상품과 원재료의 평가방법은 각각 총평균법과 후입선출법이다.

(3) 저장품은 신고한 평가방법인 총평균법으로 평가하였으나, 계산실수로 인하여 ₩50,000을 과소계상하였다.

① ₩4,400,000　　　　　　　　② ₩4,520,000

③ ₩4,720,000　　　　　　　　④ ₩5,200,000

⑤ ₩5,250,000

제품	₩2,000,000	임의변경* Max[₩1,800,000(후입선출법), ₩2,000,000(선입선출법)]
상품	1,300,000	
원재료	720,000	임의변경 Max[₩600,000(후입선출법), ₩720,000(선입선출법)]
저장품	700,000	계산착오 → 임의변경×
합계	₩4,720,000	

* 회계감사 및 회계기준과는 무관하게 세법상 변경신고기한(2026. 9. 30) 내에 변경신고하여 후입선출법으로 평가하여야 하나 장부상 총평균법으로 평가하였으므로 임의변경에 해당한다.

94 도소매업과 제조업을 겸영하는 내국법인 (주)A(한국채택국제회계기준을 적용하지 않음)의 제26기(2026.1.1.~12.31.) 재고자산 관련 자료이다. 법인세법령상 제26기 말 현재 재고자산평가액은? (단, 기장 또는 계산상의 착오는 없다고 가정함) (2025. 세무사)

재고자산
중요도 ★★★☆☆
난이도 ★★★☆☆

Memo

(1) (주)A의 제26기 말 현재 장부상 평가액과 선입선출법, 총평균법 및 후입선출법에 따른 평가액은 다음과 같다.

구분	장부상 평가액	선입선출법	총평균법	후입선출법
상품	₩55,000,000	₩58,000,000	₩57,000,000	₩55,000,000
제품	89,000,000	90,000,000	89,000,000	85,000,000
재공품	23,000,000	27,000,000	23,000,000	21,000,000
원재료	16,000,000	16,000,000	15,500,000	17,000,000

(2) (주)A는 제25기 10월 11일에 상품의 평가방법을 선입선출법에서 후입선출법으로 변경 신고하였다.

(3) (주)A는 제26기 9월 13일에 제품의 평가방법을 총평균법에서 후입선출법으로 변경 신고하였다.

(4) (주)A가 신고한 재공품과 원재료의 평가방법은 모두 후입선출법이다.

① ₩186,000,000 ② ₩188,000,000 ③ ₩189,000,000
④ ₩190,000,000 ⑤ ₩192,000,000

상품	₩55,000,000	후입선출법 → 세법상 변경신고기한(2026. 9. 30) 내 변경신고함
제품[*1]	90,000,000	임의변경 → Max[₩85,000,000(후입선출법), ₩90,000,000(선입선출법)]
재공품[*2]	27,000,000	임의변경 → Max[₩21,000,000(후입선출법), ₩27,000,000(선입선출법)]
원재료[*2]	17,000,000	임의변경 → Max[₩17,000,000(후입선출법), ₩16,000,000(선입선출법)]
합 계	₩189,000,000	

*1. 제품은 세법상 변경신고기한(2026. 9. 30) 내에 변경신고하여 후입선출법으로 평가하여야 하나 장부상 총평균법으로 평가하였으므로 임의변경에 해당한다.

2. 재공품과 원재료는 변경신고 없이 평가방법을 변경하였으므로 임의변경에 해당한다.

정답 ③

95 주권상장 내국법인 (주)A의 제26기(2026.1.1~12.31)의 자료이다. 각 거래에 대해 제26기의 세무조정에서 발생한 유보 합계와 △유보 합계는 각각 얼마인가? [단, (주)A는 각 거래에 대해 한국채택국제회계기준(K-IFRS)에 따라 회계처리함]

(2014. 세무사 수정)

(1) (주)A는 2026년 초 ₩28,000,000에 취득하여 기타포괄손익 공정가치 측정금융자산으로 분류한 (주)B의 주식을 제26기 말의 공정가치인 ₩20,000,000으로 평가하고 다음과 같이 회계처리하였다.

(차) 금융자산평가손실　　　8,000,000　(대) 금융자산　　　8,000,000

(2) (주)A는 2026. 10. 1 ₩7,000,000에 취득하여 상각후원가 측정 금융자산으로 분류한 (주)C의 회사채(액면 ₩10,000,000)를 제26기 말에 다음과 같이 회계처리하였다.

(차) 금융자산　　　2,000,000　(대) 이자수익　　　2,000,000

(3) (주)A는 2026년 초 (주)D의 의결권 있는 주식 30%를 ₩60,000,000에 취득하였다. 주식 취득일 현재 (주)D의 재무상태표상 순자산가액은 ₩200,000,000이고 순자산가액은 공정가치와 일치하였다. (주)A는 2026. 3. 5 (주)D로부터 현금배당 ₩3,000,000을 받았으며, 2026년 말 (주)D가 당기순이익을 보고함에 따라 다음과 같이 회계처리하였다.

〈2026. 3. 5〉

(차) 현　　　금　　　3,000,000　(대) 관계기업투자주식　　　3,000,000

〈2026. 12. 31〉

(차) 관계기업투자주식　　　5,000,000　(대) 지분법이익　　　5,000,000

① 유보 합계 : ₩3,000,000　　△유보 합계 : ₩2,000,000
② 유보 합계 : ₩8,000,000　　△유보 합계 : ₩2,000,000
③ 유보 합계 : ₩8,000,000　　△유보 합계 : ₩5,000,000
④ 유보 합계 : ₩11,000,000　△유보 합계 : ₩5,000,000
⑤ 유보 합계 : ₩11,000,000　△유보 합계 : ₩7,000,000

(1) 세무조정

구 분	세무조정		
B 주식	〈손금산입〉 기타포괄손익	₩8,000,000	(기타)
	〈손금불산입〉 금융자산	₩8,000,000	(유보)
C 채권	〈익금불산입〉 금융자산	₩2,000,000	(△유보)
D 주식	〈익금산입〉 투자주식	₩3,000,000*	(유보)
	〈익금불산입〉 투자주식	₩5,000,000	(△유보)

* 배당기준일이 제시되지 않았으나, 주식 취득시점(2026년 초)부터 현금배당 수령일(2026. 3. 5.)까지의 기간이 3개월 이상이 아니므로 수입배당금 익금불산입은 적용되지 않는 경우라고 보면 된다. 또한, 수입배당금 익금불산입 세무조정시 소득처분은 기타이므로 해당 문제풀이와는 관련이 없다.

(2) 유보(△유보) 합계
① 유보 합계 : ₩11,000,000
② △유보 합계 : ₩7,000,000

96 제조업을 영위하는 영리내국법인 ㈜A의 제26기(2026.1.1.~2026.12.31.) 자료이다. 외화자산 및 외화부채 관련 세무조정이 제26기 각 사업연도 소득금액에 미치는 순영향으로 옳은 것은? (단, 전기의 세무조정은 정확하게 이루어졌다.) (2022. CPA)

(1) ㈜A는 화폐성 외화자산 및 외화부채에 대하여 사업연도 종료일 현재의 매매기준율로 평가하는 방법을 관할 세무서장에게 신고하였으나, 제25기와 제26기에 외화환산손익을 결산서에 계상하지 않았다.

(2) ㈜A는 2025년 7월 1일에 외국은행으로부터 $10,000를 차입하였으며, 2026년 6월 30일에 전액 상환하였다. 상환 시 ㈜A는 다음과 같이 회계처리하였다.

(차) 외화차입금   12,500,000 (대) 현   금   12,000,000
                                             외 환 차 익   500,000

(3) ㈜A는 2026년 9월 1일에 제품을 수출하고 그 대금 $20,000를 수령하였다. 동 수출대금은 당기말 현재 외화예금 계좌에 보유 중이다.

(4) 일자별로 적용할 매매기준율은 다음과 같다.

2025.7.1.	2025.12.31.	2026.6.30.	2026.9.1.	2026.12.31.
₩1,250/$	₩1,300/$	₩1,200/$	₩1,280/$	₩1,320/$

① (−)₩300,000   ② (+)₩300,000   ③ (+)₩500,000
④ (+)₩800,000   ⑤ (+)₩1,300,000

(1) 제25기 세무조정
  ① B/S상 차입금 기말평가액 : $10,000 × ₩1,250 = ₩12,500,000
  ② 세무상 차입금 기말평가액 : $10,000 × ₩1,300 = ₩13,000,000
  ③ 차입금 기말평가액 차이 : ₩500,000 → 손금산입(△유보)
(2) 제26기 세무조정(총액법, B/S계정 접근법)
  1) 기초유보추인 : ₩500,000 → 익금산입(유보)

Book		Tax	
외화차입금 12,500,000	현금 12,000,000	외화차입금 13,000,000	현금 12,000,000
	외환차익 500,000		외환차익 1,000,000

  2) 기말유보발생
    ① B/S상 예금 기말평가액 : $20,000 × ₩1,280 = ₩25,600,000
    ② 세무상 예금 기말평가액 : $20,000 × ₩1,320 = ₩26,400,000
    ③ 예금 기말평가액 차이 : ₩800,000 → 익금산입(유보)
  3) 각 사업연도 소득금액에 미치는 순영향 : ₩500,000 + ₩800,000 = ₩1,300,000

정답 ⑤

간주임대료
중요도 ★★★☆☆
난이도 ★★★☆☆

Memo

97 다음 자료에 의하여 부동산임대업을 주업으로 하는 ㈜서울의 제26기 사업연도 (2026.1.1~12.31) 상가임대에 대한 간주임대료를 계산하시오. (단, ㈜서울은 영리내국법인이며 차입금과다법인에 해당하며, 1년은 365일로 가정한다.) (1995. CPA 수정)

(1) 임대기간 : 2026년 7월 1일부터 3년간

(2) 임대료 : 월 ₩2,000,000

(3) 임대보증금 : ₩200,000,000

(4) 건설비상당액 : ₩300,000,000(10월 1일의 자본적 지출 ₩46,000,000 포함)

(5) 임대보증금 운용수익 : 수입이자 ₩500,000, 유가증권처분손실 ₩150,000

(6) 정기예금이자율 : 연 10%

　*　건설비상당액에는 토지의 취득가액 ₩150,000,000이 포함되어 있으며, 임대보증금 운용수익의 수입이자 중 ₩120,000은 해당 사업연도에 발생되었으나 이자를 수취하지는 못한 것이다.

① ₩3,030,000　　　　　　　　② ₩3,180,000

③ ₩3,200,000　　　　　　　　④ ₩7,200,000

⑤ ₩7,280,000

Key point!
임대개시후 자본적지출
→ 지출일부터~
(임대개시일✕)

① 임대보증금의 적수
₩200,000,000 × 184일(7. 1~12. 31) = ₩36,800,000,000

② 건설비상당액의 적수
(₩300,000,000 − ₩150,000,000 − ₩46,000,000) × 184일(7. 1~12. 31) + ₩46,000,000 × 92일 (10. 1~12. 31) = ₩23,368,000,000

③ 금융수익 : ₩500,000*(수입이자)
　*　금융수익에는 해당 사업연도에 발생한 미수이자를 포함하며, 유가증권처분손실은 '0'으로 본다.

④ 간주임대료 : $((①-②) \times \dfrac{1}{365} \times 10\% - ③ = ₩3,180,000)$

정답 ②

98 부동산 임대업을 주업으로 하며, 법인세법상 차입금 과다법인에 해당하는 내국법인 (주)A의 제26기 사업연도(2026.1.1~12.31) 임대사업에 관한 자료는 다음과 같다. (주)A가 장부를 기장하여 정상적으로 신고하는 경우와 추계결정하는 경우의 간주임 대료를 계산하면 각각 얼마인가?

(2011. 세무사)

(1) 임대면적 : 주택부분 150㎡, 상가부분 600㎡

(2) 임대보증금 : 주택부분 ₩60,000,000, 상가부분 ₩600,000,000

(3) 주택 임대사업부문의 수입금액 : 이자수입 ₩2,400,000

(4) 상가 임대사업부문의 수입금액 : 이자수입 ₩3,800,000, 배당금수입 ₩6,400,000, 유가증권처분손실 ₩2,000,000

(5) 2025년 8월 해당 부동산을 ₩500,000,000(토지가액 ₩300,000,000 포함)에 취득 하였다.

(6) 임대기간은 2026. 1. 1부터 3년간이고, 정기예금이자율은 연 5%로 가정한다.

	장부를 기장하는 경우	추계결정하는 경우
①	₩9,800,000	₩33,000,000
②	11,800,000	20,400,000
③	11,800,000	33,000,000
④	13,800,000	30,000,000
⑤	14,800,000	30,000,000

---

(1) 추계외의 간주임대(주택 임대보증금 제외)

$$\left(₩600,000,000 - ₩200,000,000 \times \frac{600㎡}{750㎡} \right) \times 5\% - (₩3,800,000 + ₩6,400,000) = ₩11,800,000$$

* 건설비에는 토지가액은 제외하며, 유가증권처분손실은 '0'으로 본다.

(2) 추계결정하는 경우(주택 임대보증금 포함)

₩660,000,000 × 5% = ₩33,000,000

Key point!

① 추계
→ 주택포함
② 추계외
→ 주택제외

정답 ③

99 차입금적수가 자기자본적수의 2배를 초과하고 부동산임대업을 주업으로 하는 영리내국법인 ㈜A의 제26기(2026.1.1.~2026.12.31.) 부동산 임대에 관한 자료이다. 장부에 따라 소득금액을 계산하는 경우 제26기 임대보증금의 간주익금으로 세무조정해야 할 금액으로 옳은 것은? (2024. CPA)

(1) 임대료 및 임대보증금의 내용

구분	월임대료	임대보증금	계약기간
사무실*	₩1,000,000	₩50,000,000	2026.1.1.~2027.12.31.
주택**	500,000	200,000,000	2026.1.1.~2027.12.31.

   * 건물 중 사무실 임대면적은 사무실 전체면적의 20%임

   ** 건물 중 주택 임대면적은 주택 전체면적의 50%이고, 주택부수토지는
      건물이 정착된 면적의 5배 이내임

(2) 상기 임대용 부동산은 2025년 10월 1일 도시지역 내에서 취득하였고, 임대용 부동산의 건설과 관련하여 지출된 금액의 누계액은 다음과 같으며 취득일 이후 추가적인 지출은 발생하지 않았다.

토지	건물		합계
	사무실	주택	
₩300,000,000	₩100,000,000	₩300,000,000	₩700,000,000

(3) 제26기 중 사무실 임대보증금의 이자수익 ₩100,000과 주택 임대보증금의 이자수익 ₩200,000이 손익계산서에 반영되어 있다.

(4) 정기예금이자율은 5%로 가정한다.

① ₩1,100,000 ② ₩1,400,000 ③ ₩3,700,000
④ ₩3,800,000 ⑤ ₩4,000,000

(₩50,000,000 − ₩100,000,000 × 20%[*]) × 5% − ₩100,000 = ₩1,400,000

*1. 건설비에는 토지가액은 제외하며, 임대면적이 사무실 전체면적의 20%이므로 사무실 건물 건설비의 20%를 보증금에서 차감한다.

2. 장부를 기장한 경우 주택 임대보증금에 대해서는 간주임대료를 계산하지 않는다.

100 (주)A(사업연도 : 1.1~12.31)는 2025년 9월 1일에 (주)B의 주식을 취득하였다. 다음은 (주)A가 (주)B로부터 받은 무상주(1주당 액면가액 ₩5,000)에 관한 자료이다.

의제배당
중요도 ★★★☆☆
난이도 ★★★★☆

Memo

(1) (주)B(사업연도 : 1. 1~12. 31)는 2026년 4월 1일 주식발행초과금 ₩100,000,000과 재평가적립금 ₩100,000,000(1% 재평가세율이 적용된 토지의 재평가차액 ₩50,000,000 포함) 및 이익잉여금 ₩50,000,000을 재원으로 무상주를 교부하였다. (주)B의 무상주 교부 이전의 주식보유 현황과 무상주 교부 내역은 다음과 같다.

구 분	무상주 교부 이전		교부된 무상주
	보유주식 수	지분율	
(주)A	40,000주	40%	25,000주
기타주주	40,000주	40%	25,000주
자기주식	20,000주	20%	–
합 계	100,000주	100%	50,000주

(2) (주)A(지주회사 아님)와 (주)B는 모두 제조업을 영위하는 주권상장법인이고, 2026년도에 발생한 차입금이자는 없다. 또한 세부담 최소화를 가정한다.

위의 자료를 이용하는 경우 (주)A가 (주)B로부터 받은 무상주와 관련한 의제배당금액(수입배당금액의 익금불산입액을 차감한 후의 금액)은 얼마인가? (2009. 세무사)

① ₩10,500,000 ② ₩11,000,000 ③ ₩12,500,000

④ ₩15,000,000 ⑤ ₩45,500,000

---

(1) 의제배당 재원분석

구 분	의제배당재원○	의제배당재원×
주식발행초과금	–	₩100,000,000
토지분 재평가적립금	₩50,000,000	–
토지분외 재평가적립금	–	50,000,000
이익잉여금	50,000,000	–
합 계	₩100,000,000	₩150,000,000

(2) 의제배당금액 : ① + ② = ₩65,000,000

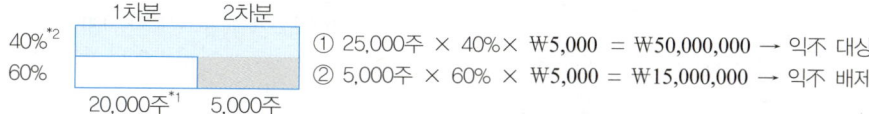

① 25,000주 × 40% × ₩5,000 = ₩50,000,000 → 익주 대상
② 5,000주 × 60% × ₩5,000 = ₩15,000,000 → 익주 배제

*1. 50,000주 × 40% = 20,000주

2. $\dfrac{₩100,000,000}{₩250,000,000}$ = 40%

(3) 수입배당금 익금불산입 : ₩50,000,000 × 100%* = ₩50,000,000

* 자기주식을 제외한 유효지분율이 50%(= 40%÷80%) 이므로 100% 익금불산입률을 적용한다. → 수입배당금 익금불산입 규정 적용 시, 출자비율을 산정함에 있어 피출자법인이 보유한 자기주식은 제외하고 계산함(사전-2023-법규법인-0747, 2023.11.23.).

(4) 수입배당금 익금불산입 후의 의제배당금액 : ₩65,000,000 − ₩50,000,000 = ₩15,000,000

Key point!

수입배당금
익금불산입

정답 ④

101 제조업을 영위하는 내국법인 (주)C는 제26기 과세기간(2026.1.1~12.31) 중 주식발행초과금 ₩150,000,000을 재원으로 하여 무상증자를 시행하였다. 무상증자 직전의 (주)C의 발행주식총수는 300,000주(1주당 액면가액은 ₩500)이며 주주구성 및 보유주식현황은 다음 표와 같을 때 상황1과 상황2에서 (주)B의 의제배당금액을 계산하면 각각 얼마인가?

(2017. 세무사)

무상증자 직전의 주주구성 및 보유주식현황	
주주구성	보유주식수
(주)A	180,000주
(주)B	60,000주
(주)C	60,000주
합계	300,000주

〈상황1〉 무상증자시 자기주식에 배정할 무상주 60,000주에 대하여 (주)C를 제외한 기타주주의 지분비율에 따라 배정하여 무상증자후 총발행주식수가 600,000주가 되었다고 가정

〈상황2〉 무상증자시 자기주식에 배정할 무상주 60,000주에 대하여 (주)C를 제외한 기타주주에게 배정하지 않아 무상증자후 총발행주식수가 540,000주가 되었다고 가정

	상황1	상황2
①	₩6,500,000	₩4,500,000
②	6,500,000	5,500,000
③	7,500,000	5,500,000
④	7,500,000	6,000,000
⑤	8,000,000	6,000,000

---

(1) 상황1

1차분 2차분
100% | 60,000주 | 15,000주 | 15,000주[*1] × ₩500(액면가액) = ₩7,500,000

*1. $60,000주 \times \dfrac{60,000주}{180,000주 + 60,000주} = 15,000주$

2. 피투자회사가 자기주식을 보유한 상태에서 의제배당에 해당하지 않는 잉여금(주식발행초과금)을 자본전입함에 따라 투자회사의 지분비율이 증가하는 경우 증가된 지분율에 해당하는 주식가액은 배당으로 의제된다.

(2) 상황2

$(300,000주 \times 20\% - 240,000주^* \times 20\%) \times ₩500 = ₩6,000,000$

* 300,000주 − 60,000주 = 240,000주

※ 별해 : ₩7,500,000(상황1) × (1 − 20%[*]) = ₩6,000,000
* 자기주식 지분율

102 다음은 제조업을 영위하는 영리내국법인 (주)A의 제26기 사업연도(2026.1.1.~12.31) 거래내용이다. 한국채택국제회계기준을 적용하고 있는 (주)A가 제26기에 세무조정할 금액의 순액은 얼마인가? (단, 법인세법상 수입배당금액의 익금불산입 규정은 고려하지 않으며, 주어진 자료 이외의 다른 사항은 고려하지 않음)

(2013. 세무사 수정)

(1) (주)A는 지분비율이 20%인 관계기업 (주)B로부터 주식발행초과금 ₩10,000,000 (채무의 출자전환으로 법인세법상 시가를 초과하여 발행된 금액 ₩5,000,000 포함)의 자본전입으로 무상주를 수령하였다.

(2) (주)A는 법인세법상 특수관계인인 (주)C로부터 시가 ₩5,000,000인 (주)D사 주식을 ₩4,000,000에 구입하였다.

(3) (주)A는 제26기에 특수관계인이 아닌 개인 甲으로부터 ₩500,000에 취득한 자기주식(취득당시 시가 ₩1,500,000)을 ₩2,500,000(처분당시 시가)에 처분하였다.

① ₩2,000,000　　　　② ₩3,000,000

③ ₩4,000,000　　　　④ ₩5,000,000

⑤ ₩6,000,000

---

(1) 세무조정

구 분	세무조정	비 고
(1)	〈익금산입〉 ₩1,000,000[*1] (유보)	잉여금 자본전입으로 인한 무상주 의제배당
(2)	–	특수관계인인 **법인**으로부터 유가증권 저가매입[*2]
(3)	〈익금산입〉 ₩2,000,000 (기타)	자기주식처분이익 = ₩2,500,000 – ₩500,000

*1. ₩5,000,000(채무면제이익) × 20% = ₩1,000,000
 2. 특수관계인인 법인으로부터 저가매입하였으므로 저가매입가를 취득원가로 하며, 별도의 세무조정은 필요하지 않다. cf) 특수관계에 있는 개인으로부터 유가증권을 저가매입한 경우에는 시가와 매입가액의 차액을 익금산입한다.
 3. 특수관계인이 아닌 개인으로부터 유가증권을 저가매입하였으므로 저가매입가를 취득원가로 한다. 다만, 자기주식 취득 및 처분시 자기주식과 관련하여 이론상 아래의 세무조정(양쪽조정)이 필요하나, 세무조정의 순액 계산시 영향이 없으므로 생략하였다. 참고로 해당 세무조정은 실무 관행상 통상적으로 생략하는 세무조정이다.
　　① 취득시 : 〈손금산입〉 자본계정 (기타) 〈손금불산입〉 자산계정 (유보)
　　② 처분시 : 〈익금산입〉 자본계정 (기타) 〈익금불산입〉 자산계정 (△유보)

(2) 세무조정할 금액의 순액
　　₩1,000,000 + ₩2,000,000 = ₩3,000,000

정답 ②

103 다음은 (주)동양의 주식거래와 관련된 자료이다. 이 자료를 이용하여 제26기(2026. 1.1~12.31) 세무조정을 행할 경우 옳은 것은? (2006. CPA)

(1) 일자별 거래내역

① 2024. 7. 1 : (주)한국의 주식 6,000주를 ₩100,000,000에 취득

② 2025. 3. 26 : (주)한국으로부터 무상주(이익준비금을 자본에 전입한 것임) 5,000주를 교부 받음

③ 2026. 7. 1 : (주)동양의 이사로 재직하고 있는 개인주주(지분비율 10%)인 갑에게 ₩100,000,000을 받고 11,000주 모두 양도

(2) (주)한국의 주식 1주당 액면가액은 ₩10,000

(3) 양도일 현재 (주)한국 주식 11,000주의 시가총액은 ₩200,000,000이며, (주)동양은 위 거래를 기업회계기준에 따라 회계처리하였다.

① 손금산입 ₩50,000,000(△유보)   익금산입 ₩100,000,000(배당)
② 손금산입 ₩50,000,000(△유보)   익금산입 ₩100,000,000(상여)
③ 손금산입   –   익금산입 ₩100,000,000(상여)
④ 손금산입   –   익금산입 ₩100,000,000(배당)
⑤ 손금산입 ₩50,000,000(△유보)   익금산입   –

Key point!

① 양도시 유보추인
② 저가양도 세무조정

(1) 2025년

〈익금산입〉   무상주 의제배당   ₩50,000,000[*] (유보)

[*] 5,000주 × ₩10,000(액면가액) = ₩50,000,000

(2) 2026년

〈손금산입〉   무상주 유보추인   ₩50,000,000 (△유보)
〈익금산입〉   부당행위계산부인   ₩100,000,000 (상여[*1])

[*1]. 귀속자가 이사로 재직하고 있는 개인주주(출자임원)이므로 상여로 처분한다.

2. 주식 양도시 다음과 같이 B/S계정으로 세무조정하면 되며, 장부상 손익으로 인식한 금액이 없으나 세법상 주식처분이익(₩50,000,000)이 있으므로 세무조정의 순액은 (+)₩50,000,000이 된다.

구분	차변		대변	
B	현금	100,000,000	주식	100,000,000
T	현금	200,000,000	주식	150,000,000
			주식처분이익	50,000,000
	유출	100,000,000	현금	100,000,000
D	손입 주식 ₩50,000,000 (△유보)			
	익입 부당행위계산부인 ₩100,000,000 (상여)			

104 1주당 액면가액이 ₩5,000인 을회사(사업연도 : 1.1~12.31)의 의결권 있는 보통주식을 20% 소유하고 있는 갑회사(사업연도 : 1.1~12.31, 지주회사에 해당하지 아니함)는 2026년 중에 을회사가 주식배당과 무상증자를 통하여 액면발행한 주식의 20%를 수령하였고, 이를 기업회계기준에 따라 회계처리하였다. 을회사의 주식배당 및 무상증자의 재원이 다음과 같다고 할 때, 을회사로부터 수령한 주식과 관련하여 갑회사가 2026년도 각사업연도소득금액 계산시에 익금으로 산입해야 하는 금액의 순액은 얼마인가? (1999. CPA 수정)

(1) 을회사의 주식배당 및 무상증자 재원

⟨주식배당⟩
① 미처분이익잉여금 ₩3,200,000

⟨무상증자⟩
② 주식발행초과금 6,000,000
　　(이 중 ₩2,000,000은 채무를 출자전환하는 과정에서 발생한 채무조정이익이다)
③ 감자차익 6,000,000
　　(이 중 ₩4,400,000은 2025년 7월 10일에 발생한 자기주식소각이익이다)
④ 자기주식처분이익 2,000,000
⑤ 토지에 대한 재평가적립금(재평가세 1% 과세되었음) 5,000,000
⑥ 건물에 대한 재평가적립금(재평가세 3% 과세되었음) 1,500,000
⑦ 상법상의 이익준비금 3,000,000
　　　　계 ₩26,700,000

(2) 갑회사와 을회사는 모두 제조업을 영위하는 내국법인(주권비상장법인)이며, 갑회사는 을회사의 주식을 2024년에 취득하여 중도매각없이 보유하고 있다.

(3) 상기 주식배당 이외에 갑회사가 수령한 배당금은 없으며 갑회사는 차입금을 보유하고 있지 않다. 또한 세부담 최소화를 가정한다.

① ₩4,240,000　　② ₩5,340,000　　③ ₩3,920,000
④ ₩3,136,000　　⑤ ₩784,000

---

(1) 의제배당 재원분석

구 분	의제배당재원○	의제배당재원×
미처분이익잉여금	₩3,200,000	–
주식발행초과금	2,000,000	₩4,000,000
감자차익	4,400,000	1,600,000
자기주식처분이익	2,000,000	–
토지분 재평가적립금	5,000,000	–
건물분 재평가적립금	–	1,500,000
이익준비금	3,000,000	–
합 계	₩19,600,000	₩7,100,000

(2) 의제배당금액 : ₩19,600,000 × 20% = ₩3,920,000

(3) 수입배당금 익금불산입 : ₩3,920,000 × 80%[*] = ₩3,136,000
　　[*] 지분율이 20% 이상이므로 익금불산입률은 80%를 적용한다.

(4) 익금 순액 : ₩3,920,000 – ₩3,136,000 = ₩784,000

정답 ⑤

105 다음 자료에 의하여 보통주의 소각으로 인한 (주)A의 의제배당은 얼마인가? (단, (주)A와 (주)B는 비상장 영리내국법인이며, 주식 취득과 소각은 적법하였고, 수입배당금의 익금불산입은 고려하지 않음)

(2014. 세무사)

(1) (주)A는 제26기(2026. 1. 1 ~ 12. 31) 초 현재 (주)B의 보통주 300주(1주당 액면금액 ₩2,000)를 보유하고 있으며, 보통주 관련 거래는 다음과 같다.

　ㄱ. 2023. 2. 1 (주)B의 보통주 200주를 1주당 ₩3,000(시가)에 취득함

　ㄴ. 2024. 3. 2 (주)B가 주식발행액면초과액(시가와 액면금액의 차액)의 자본전입에 따라 보통주 100주를 무상 취득함

　ㄷ. 2024. 5. 1 (주)B가 자기주식처분이익의 자본전입에 따라 보통주 200주를 무상 취득함

　ㄹ. 2024. 7. 15 보통주 200주를 유상처분함

(2) (주)B는 2026. 1. 30 보통주를 1주당 ₩3,500에 소각하였으며, 이로 인해 (주)A가 보유한 (주)B의 보통주 200주가 소각되었다.

① ₩250,000　　　　　　② ₩350,000

③ ₩450,000　　　　　　④ ₩550,000

⑤ ₩650,000

---

(1) (주)B 주식의 변동내역

일자	내역	처분전	처분주식	처분후	감자
2023. 2. 1	유상취득(@₩3,000)	200주	80주	120주	② 70주
2024. 3. 2	무상증자(단기소각주식*)	100주	40주	60주	① 60주
2024. 5. 1	무상증자(@₩2,000)	200주	80주	120주	② 70주
계		500주	200주	300주	200주

* 의제배당으로 과세되지 않은 무상주가 2년 이내에 감자되었으므로 단기소각주식에 해당한다. 따라서 단기소각주식이 먼저 소각된 것으로 보며 그 취득가액은 '0'으로 하여 의제배당소득을 계산한다.

(2) 감자시 의제배당 : ① − ② = ₩350,000

　① 대가 : 200주 × ₩3,500 = ₩700,000

　② 소멸주식의 취득가액 : (60주 × ₩0) + (140주 × ₩2,500*) = ₩350,000

$$* \ \frac{₩600,000 + ₩400,000}{200주 + 200주} = ₩2,500$$

106 제조업을 영위하는 영리내국법인 ㈜A의 제26기(2026.1.1.~2026.12.31.) 자료이다. 의제배당금액으로 옳은 것은? 단, 전기까지의 세무조정은 적정하게 이루어졌고, 수입배당금 익금불산입 규정은 고려하지 아니한다.

(2025. CPA)

(1) ㈜A는 ㈜B가 잉여금 자본전입(결의일: 2026.11.23.)으로 액면발행한 무상주 중 10%를 지분비율에 따라 수령하였으며, 무상증자의 재원은 다음과 같다.

구 분	금 액
주식발행초과금*	₩24,000,000
자기주식처분이익	14,000,000
자기주식소각이익**	10,000,000
주식의 포괄적 이전차익	5,000,000
이익준비금	15,000,000

* 이 중 ₩8,000,000은 이익잉여금으로 상환된 상환주식의 주식발행초과금임

** ㈜B의 자기주식 소각 당시 자기주식의 시가가 취득가액을 초과하지 아니하였으며, 무상주의 60%는 소각일부터 2년 이내 자본전입분이고 나머지는 2년 경과 후의 자본전입분임

(2) ㈜B가 보유한 자기주식은 없다.

(3) ㈜A는 무상주를 수령하고 회계처리를 하지 않았다.

① ₩2,900,000 ② ₩3,500,000 ③ ₩3,700,000
④ ₩4,000,000 ⑤ ₩4,300,000

의제배당
중요도 ★★★☆☆
난이도 ★★★☆☆

Memo

상환주식 주발초
→ 의제배당재원○

정답 ⑤

(1) 의제배당 재원분석

구 분	의제배당재원○	의제배당재원×
주식발행초과금*	₩8,000,000	₩16,000,000
자기주식처분이익	14,000,000	–
자기주식소각이익	6,000,000	4,000,000
주식의 포괄적 이전차익	–	5,000,000
이익준비금	15,000,000	–
합 계	₩43,000,000	₩25,000,000

* 이익잉여금으로 상환된 상환주식의 주식발행초과금은 의제배당재원에 해당한다.

(2) 의제배당금액 : ₩43,000,000 × 10% = ₩4,300,000

107 다음은 제조업을 영위하는 영리내국법인 ㈜A(지주회사 아님)의 제26기(2026.1.1.~ 12.31.) 자료이다. 수입배당금 익금불산입액으로 옳은 것은? *(2022. CPA)*

(1) ㈜A는 2026년 3월 1일에 제조업을 영위하는 비상장 영리내국법인(벤처기업 아님) ㈜B와 ㈜C로부터 배당금 ₩40,000,000을 수령하고 이를 수익으로 계상하였다.

구 분	현금배당금*	주식가액**	지분율	주식취득일
㈜B	₩35,000,000	₩350,000,000	70%	2024. 1. 1.
㈜C	₩5,000,000	₩600,000,000	45%	2025.11.30.

* 배당기준일: 2025년 12월 31일, 배당결의일: 2026년 2월 14일

** ㈜A가 보유한 주식의 법인세법상 장부가액이며, 제26기 중 주식수 및 장부가액의 변동은 없음

(2) ㈜A의 제26기 손익계산서상 이자비용은 ₩50,000,000이고, 제26기말 현재 재무상태표상 자산총액은 ₩5,000,000,000이다.

(3) ㈜B와 ㈜C는 지급배당에 대한 소득공제, 조세특례제한법상 감면규정 및 동업기업과세특례를 적용받지 않는다.

(4) 수입배당금액 익금불산입률

출자비율	익금불산입률
20% 미만	30%
20% 이상 50% 미만	80%
50% 이상	100%

① ₩4,000,000　　　② ₩28,350,000　　　③ ₩29,150,000

④ ₩31,500,000　　　⑤ ₩35,550,000

$$\left\{ ₩35,000,000 - ₩50,000,000 \times \frac{₩350,000,000}{₩5,000,000,000} \right\} \times 100\% = ₩31,500,000$$

* ㈜C 주식(배당기준일 전 3개월 이내에 취득한 주식)은 수입배당금 익금불산입 배제대상에 해당한다.

108 다음은 제조업을 영위하는 영리내국법인 (주)A(지주회사 아님)의 제26기 사업연도 (2026.1.1~12.31) 귀속 수입배당금액 관련 자료이다. 수입배당금액에 대한 익금불 산입액을 계산한 것으로 옳은 것은? (2014. CPA)

수입배당금 익금불산입
중요도 ★★★☆☆
난이도 ★★★★☆

Memo

(1) 제조업을 영위하는 비상장 내국법인으로부터 받은 수입배당금액의 내역은 다음과 같으며, 배당기준일은 모두 2025년 12월 31일이다.(단, 1년은 365일로 가정한다.)

배당지급법인	수입배당금액	보유주식 장부가액 적수	지분율	주식취득일
갑법인	₩10,000,000	365억원	40%	2024. 2. 15
을법인	6,000,000	438억원	60%	2025. 10. 5

(2) 사업연도 종료일 현재 재무상태표상의 자산총액은 10억원(적수는 3,650억원)이다.

(3) 제26기의 차입금이자는 ₩30,000,000으로서 해당 차입금의 적수는 100억원이다.

(4) (주)A는 제26기말 현재 업무무관자산을 보유하고 있으며, 그 적수는 20억원이다.

(5) 수입배당금액 익금불산입률

출자비율	익금불산입률
20% 미만	30%
20% 이상 50% 미만	80%
50% 이상	100%

① ₩1,100,000   ② ₩2,280,000

③ ₩6,080,000   ④ ₩7,600,000

⑤ ₩8,000,000

---

(1) 지급이자 손금불산입액(업무무관자산 관련 이자)

$$₩30,000,000 \times \frac{20억원}{100억원} = ₩6,000,000$$

(2) 수입배당금 익금불산입액

$$\left\{ ₩10,000,000 - ₩24,000,000 \times \frac{365억원}{3,650억원} \right\} \times 80\% = ₩6,080,000$$

*1. ₩30,000,000 - ₩6,000,000 = ₩24,000,000

2. 을법인 주식(배당기준일 전 3개월 이내에 취득한 주식)은 수입배당금 익금불산입 배제대상에 해당한다.

[응용]

if) ㈜A의 수입배당금 중 익금으로 과세되는 금액은?

₩10,000,000(갑법인 배당) + ₩6,000,000(을법인 배당) - ₩6,080,000(익금불산입액)

= ₩9,920,000

Key point!

세무조정순서
① 지급이자 손불
② 수입배당금 익불

정답 ③

109 (주)A는 지주회사가 아닌 내국법인으로서 차입금을 전혀 보유하고 있지 않다. 다음 자료를 이용하여 (주)A의 제26기 사업연도(2026.1.1~12.31)의 수입배당금액에 대한 익금불산입액을 계산하면 얼마인가? (단, 세부담 최소화를 가정한다.)

(2009. CPA)

〈(주)A의 제26기에 귀속되는 배당금 등의 명세〉

배당지급법인	(주)A의 지분율	(주)A가 받은 금액
B법인(주권상장)[1]	10%	₩12,000,000
C법인(주권비상장)[2]	45%	20,000,000
D법인(주권비상장)[3]	65%	10,000,000

[1]. B법인 주식 10,000주를 주당 ₩5,000에 유상으로 취득하여 보유하고 있던 중 B법인이 모든 주주의 소유주식의 20%를 주당 ₩6,000의 대가를 지급하고 소각함에 따라 받은 금액이다. 감자 후에도 (주)A의 지분비율은 변하지 않았다.

2. C법인이 이익준비금을 자본전입함에 따라 받은 무상주의 액면가액이며, 그 시가는 ₩25,000,000 이다. 무상주 수령 후에도 (주)A의 지분비율은 변하지 않았다.

3. D법인의 발행주식 중 (주)A는 2026. 3. 10에 50,000주를 취득하였으며, 배당과 관련된 일자는 다음과 같다. 배당기준일(2026. 4. 30), 배당결의일(2026. 6. 30), 배당금수령일(2026. 9. 30)

① ₩0   ② ₩16,000,000

③ ₩12,000,000   ④ ₩15,000,000

⑤ ₩17,600,000

- 수입배당금 익금불산입 : ₩20,000,000(C법인 배당, 액면가액) × 80% = ₩16,000,000
- [1]. B법인 수입배당금 : ₩12,000,000 − (10,000주 × 20% × ₩5,000) = ₩2,000,000 → 감자시 의제 배당이므로 수입배당금 익금불산입을 배제한다.
- 2. D법인 주식(배당기준일 전 3개월 이내에 취득한 주식)은 수입배당금 익금불산입 배제대상에 해당한다.

110 지주회사가 아닌 영리내국법인 ㈜A의 제26기 사업연도(2026.1.1.~12.31.) 수입배당금 익금불산입액을 계산한 것으로 옳은 것은? (단, 1년은 365일로 가정한다.) (2018. CPA)

수입배당금 익금불산입
중요도 ★★★☆☆
난이도 ★★★☆☆

Memo

(1) 회사는 비상장 영리내국법인 ㈜갑과 ㈜을로부터 수입배당금 ₩11,000,000을 수령하여 수익으로 계상하였다.

배당지급 법인	현금 배당금	보유주식 취득가액*	지분율	주식취득일
㈜갑	₩10,000,000**	10억원 (적수는 3,650억원)	60%	2025년 9월 5일
㈜을	₩1,000,000**	20억원 (적수는 7,300억원)	70%	2025년 6월 5일

* 법인세법상 장부가액으로 제26기 중 보유주식변동은 없음

** 배당기준일 : 2025년 12월 31일, 배당결의일 : 2026년 1월 20일

(2) ㈜갑과 ㈜을은 지급배당에 대한 소득공제와 조세특례제한법상 감면규정 및 동업기업과세특례를 적용받지 않는다.

(3) ㈜A의 2026년 12월 31일 현재 재무상태표상의 자산총액은 100억원(적수는 36,500억원)이다.

(4) 제26기 손익계산서상 이자비용의 구성내역은 다음과 같다.

구분	이자비용	이자율
회사채 이자	₩12,000,000	10%
연지급수입의 지급이자	5,000,000	1%
은행차입금 이자***	20,000,000	10%
합계	₩37,000,000	

*** 제26기말 현재 건설 중인 본사건물의 건설에 소요된 것이 분명한 특정차입금 이자

(5) 지분율 50% 이상 수입배당금 익금불산입률: 100%

① ₩8,800,000   ② ₩8,150,000   ③ ₩7,800,000
④ ₩7,700,000   ⑤ ₩7,150,000

- 수입배당금 익금불산입액 : ① + ② = ₩8,800,000

① ㈜갑 : $\left(₩10,000,000 - ₩12,000,000^* \times \dfrac{3,650억원}{36,500억원} \right) \times 100\% = ₩8,800,000$

② ㈜을 : $\left(₩1,000,000 - ₩12,000,000^* \times \dfrac{7,300억원}{36,500억원} \right) \times 100\% = \triangle ₩1,400,000 \rightarrow ₩0$

* ₩37,000,000 - ₩20,000,000(특정차입금 이자) - ₩5,000,000(연지급수입이자) = ₩12,000,000

정답 ①

111 영리내국법인 ㈜A(지주회사 아님)의 제26기(2026.1.1.~2026.12.31.) 수입배당금에 관한 자료이다. 수입배당금 익금불산입액으로 옳은 것은? (2024. CPA)

(1) ㈜A는 2026년 4월 1일 영리내국법인 ㈜B로부터 수입배당금 ₩20,000,000(배당기준일: 2025년 12월 31일, 배당결의일: 2026년 2월 20일)을 수령하여 수익으로 계상하였다.

(2) ㈜B의 발행주식총수는 100,000주이며, ㈜B의 주식에 대한 취득 및 처분내역은 다음과 같다.

거래일자	거래유형(주식수)*	거래금액
2025. 1. 1.	매입(35,000주)	7억원
2025.10. 1.	매입(10,000주)	2억원
2025.12. 1.	처분(5,000주)	1억원

* 2025년 12월 31일 현재 보유주식 총수는 40,000주임

(3) ㈜B는 지급배당에 대한 소득공제와 조세특례제한법상 감면 규정 및 동업기업과 세특례를 적용받지 않는다.

(4) ㈜A의 2026년 12월 31일 현재 재무상태표상 자산총액은 ₩2,000,000,000이다. ㈜A의 제26기 손익계산서상 이자비용은 ₩30,000,000이며, 해당 이자비용에는 현재가치할인차금 상각액 ₩10,000,000이 포함되어 있다.

(5) 수입배당금 익금불산입률은 100%(출자비율: 50% 이상), 80%(출자비율: 20% 이상 50% 미만), 30%(출자비율: 20% 미만)이다.

① ₩4,800,000 ② ₩5,600,000 ③ ₩7,200,000
④ ₩8,400,000 ⑤ ₩11,20,000

구 분	취득	처분	배당기준일 보유주식
1번주식(익금불산입대상)	35,000주 (7억원)	△5,000주	30,000주 (6억원)
2번주식(익금불산입배제)	10,000주	–	10,000주
합 계	45,000주	△5,000주	40,000주

• 수입배당금 익금불산입

$$(\text{₩}20,000,000 \times \frac{30,000주^{*1}}{40,000주} - \text{₩}20,000,000^{*2} \times \frac{6억원^{*3}}{20억원}) \times 80\%^{*4} = \text{₩}7,200,000$$

*1. 35,000주 − 5,000주 = 30,000주

배당금은 배당기준일 현재의 보유주식(40,000주)에 대하여 지급되나, 이 중 배당기준일 현재 3개월 이상 계속 보유하고 있는 주식을 보유함으로써 발생하는 수입배당금액에 대해서 익금불산입규정이 적용된다. 이 경우 보유주식 등의 수를 계산할 때 동일 종목의 주식 등의 일부를 양도한 경우에는 먼저 취득한 주식 등을 먼저 양도한 것으로 본다.

2. ₩30,000,000 − ₩10,000,000(현재가치할인차금 상각액) = ₩20,000,000

3. $7억원 \times \frac{30,000주}{35,000주} = 6억원$

4. 수입배당금액에 대한 익금불산입률은 배당기준일 현재 3개월 이상 계속 보유하고 있는 주식(30,000주, 30%)을 기준으로 계산한다.

공동경비
중요도 ★★★☆☆
난이도 ★★★☆☆

Memo

112 법인세법상 특수관계인이 아니고 출자에 의해 공동사업을 영위하지 않는 (주)갑과 (주)을은 공동으로 사업개발비 ₩100,000,000을 부담하였고, 이에 대해 회계기준에 따라 적정하게 회계처리하였다. (주)갑과 (주)을의 세무조정 및 소득처분으로 옳은 것은? (2012, CPA)

구 분	실제분담액	전기매출액	당기매출액	총자산가액	약정분담 비율
(주)갑	₩51,000,000	₩100,000,000	₩300,000,000	₩50,000,000	40%
(주)을	49,000,000	400,000,000	500,000,000	50,000,000	60%
합 계	₩100,000,000	₩500,000,000	₩800,000,000	₩100,000,000	100%

	(주)갑	(주)을
①	손금불산입 ₩1,000,000(기타사외유출)	세무조정 없음
②	손금불산입 11,000,000(기타사외유출)	세무조정 없음
③	손금불산입 13,500,000(유보)	손금산입 ₩13,500,000(△유보)
④	손금불산입 31,000,000(유보)	손금산입 31,000,000(△유보)
⑤	세무조정 없음	세무조정 없음

(1) (주)갑 : 〈손금불산입〉 ₩11,000,000[1] (기타사외유출)

　*1. ₩51,000,000 − ₩100,000,000 × 40% = ₩11,000,000

　2. 비출자공동사업이며 특수관계인이 아니므로 약정분담비율에 의한다.

(2) (주)을 : 세무조정 없음*

　* ㈜을은 법정분담기준보다 덜 부담하였으므로 현금유출이 없는 부분에 대해 손금산입하지 않는다.

정답 ②

113 영리내국법인 (주)A의 포괄손익계산서 세금과공과 계정에는 다음의 금액이 포함되어 있다. 「소득금액조정합계표」 작성 시 '익금산입 및 손금불산입'에 포함되어야 할 금액의 합계는?

(2021. 세무사)

세금과 공과금
중요도 ★★★☆☆
난이도 ★★★☆☆

Memo

> ○ 사계약상의 의무불이행으로 인하여 부담한 지체상금(구상권 행사 불가능) : ₩1,000,000
>
> ○ 업무와 관련하여 발생한 교통사고 벌과금 : ₩1,500,000
>
> ○ 전기 요금의 납부지연으로 인한 연체가산금 : ₩3,500,000
>
> ○ 국민건강보험법에 따라 징수하는 연체금 : ₩4,000,000
>
> ○ 국유지 사용료의 납부지연으로 인한 연체료 : ₩5,500,000
>
> ○ 외국의 법률에 따라 국외에서 납부한 벌금 : ₩6,000,000

① ₩7,500,000 ② ₩9,000,000

③ ₩11,500,000 ④ ₩13,000,000

⑤ ₩15,500,000

지체상금	–	손금
교통사고 벌과금	₩1,500,000	손不(기타사외유출)
전기 요금 연체가산금	–	손금
국민건강보험법에 따라 징수하는 연체금	4,000,000	손不(기타사외유출)
국유지 사용료의 납부지연으로 인한 연체료	–	손금
국외에서 납부한 벌금	6,000,000	손不(기타사외유출)
합 계	₩11,500,000	

정답 ③

114 甲은 A법인의 공장신축(준공예정일 2027.4.30)을 위해 고용된 임원이다. 2026년 인건비에는 甲의 상여금 ₩30,000,000이 포함되어 있는데 이 중 ₩7,000,000은 세법상 한도를 초과하는 금액이다. A법인이 甲의 상여금을 전액 비용으로 처리한 경우와 건설중인자산으로 처리한 경우 甲의 상여금과 관련하여 세무조정해야 할 내용은? (2001. CPA)

	비용으로 처리한 경우		건설중인자산으로 처리한 경우	
①	익금산입·손금불산입	₩7,000,000 (상여)	익금산입·손금불산입	₩7,000,000 (상여)
②	익금산입·손금불산입	7,000,000 (상여)	손금산입·익금불산입	7,000,000 (△유보)
③	익금산입·손금불산입	7,000,000 (상여)	익금산입·손금불산입	7,000,000 (상여)
	익금산입·손금불산입	23,000,000 (유보)	손금산입·익금불산입	7,000,000 (△유보)
④	익금산입·손금불산입	30,000,000 (유보)	익금산입·손금불산입	7,000,000 (유보)
⑤	익금산입·손금불산입	7,000,000 (상여)	세무조정 없음	
	익금산입·손금불산입	23,000,000 (유보)		

구 분	비용으로 처리한 경우			건설중인자산으로 처리한 경우		
B	비용 30,000,000	현금	30,000,000	건설중인자산 30,000,000	현금	30,000,000
T	건설중인자산 23,000,000	현금	30,000,000	건설중인자산 23,000,000	현금	30,000,000
	사외유출 7,000,000			사외유출 7,000,000		
D	〈손금불산입〉 23,000,000 (유보)			〈손금산입〉 7,000,000 (△유보)		
	〈손금불산입〉 7,000,000 (상여)			〈손금불산입〉 7,000,000 (상여)		

115 A씨는 (주)인천의 당기말 현재 건설중인 사옥건축 현장에서 2023년 3월 10일부터 근무하던 임원인데 2026년 12월 31일 퇴직하였다. 2026년도에 (주)인천이 A씨에게 지급한 급여액은 ₩45,000,000이고 상여금은 ₩18,000,000이며, 퇴직시 지급한 퇴직금은 ₩21,000,000이다. (주)인천은 임원에 대한 급여지급규정 및 퇴직금지급규정이 없으며, 퇴직급여충당금을 설정하지 아니하였다. A씨에게 지급된 급여액, 상여금 및 퇴직금은 모두 손익계산서상 비용으로 회계처리하였다. (주)인천이 행할 제26기(2026.1.1~12.31) 세무조정은?

(2004. 세무사)

① 손금불산입   ₩61,875,000(유보)
② 손금불산입   ₩18,000,000(상여),   손금불산입   ₩66,000,000(유보)
③ 손금불산입   ₩84,000,000(유보)
④ 손금불산입   ₩22,125,000(상여),   손금불산입   ₩61,875,000(유보)
⑤ 손금불산입   ₩18,000,000(상여)

---

(1) 인건비 중 손금불산입액 : ① + ② = ₩22,125,000 → 손不(상여)
　① 임원상여금 한도초과액 : ₩18,000,000
　② 임원퇴직금 한도초과액 : ₩21,000,000 − ₩16,875,000* = ₩4,125,000

　　　*1. 한도액 : $₩45,000,000 \times \dfrac{1}{10} \times 3\dfrac{9}{12} = ₩16,875,000$

　　　2. 임원퇴직금 한도계산시 총급여액에는 손금불산입된 인건비를 포함하지 않으며, 근속기간 계산시 1월 미만의 기간은 절사한다.

(2) 인건비 중 건설중인자산 : ① + ② = ₩61,875,000 → 손不(유보)
　① 급여액 : ₩45,000,000
　② 퇴직금 : ₩21,000,000 − ₩4,125,000 = ₩16,875,000

※ 별해 : ₩45,000,000 + ₩18,000,000 + ₩21,000,000 − ₩22,125,000 = ₩61,875,000

Key point!

비용계상 인건비
① 미래손금
→ 손不(유보)
② 손금불산입인건비
→ 손不(상여)

정답 ④

116 제조업을 영위하는 영리내국법인 (주)A(중소기업 아님)의 제26기 사업연도(2026. 1.1.~9.30.) 법인세 세무조정 결과, 포괄손익계산서에 계상된 기업업무추진비 ₩59,000,000(문화기업업무추진비 및 전통시장기업업무추진비는 없음) 중에서 ₩5,400,000이 법인세법상 한도금액을 초과하여 손금에 산입하지 않았다. (주)A의 제26기 사업연도 수입금액이 200억원인 경우, 이 중에서 특수관계인과의 거래에서 발생한 수입금액은? (단, 제26기에 특수관계인과의 거래에서 발생한 수입금액은 100억원 미만이며, 모든 기업업무추진비는 신용카드를 사용하여 업무상 적법하게 지출하였음)

(2021. 세무사)

① 30억원 ② 40억원
③ 50억원 ④ 60억원
⑤ 70억원

---

(1) 기업업무추진비 해당액 : ₩59,000,000
(2) 기업업무추진비 한도액 : ₩59,000,000 − ₩5,400,000(한도초과액) = ₩53,600,000

$$₩12,000,000 \times \frac{9}{12} + 100억원 \times \frac{3}{1,000} + (100억원 - x) \times \frac{2}{1,000} + x \times \frac{2}{1,000} \times 10\% = ₩53,600,000$$

$$→ 0.9x \times \frac{2}{1,000} = ₩5,400,000$$

$$→ x = 30억원$$

117 다음은 제조업 및 임대업을 겸업하는 ㈜서울(중소기업이 아님)의 제1기 기업업무추진비관련 자료이다. 기업업무추진비 중 손금불산입되는 금액은 얼마인가? (단, ㈜서울의 상시근로자 수는 200명이라고 가정한다.) *(2000. 세무사 수정)*

(1) 법인설립등기일 : 2026년 4월 6일

(2) 정관에 의한 사업연도 : 매년 1월 1일부터 12월 31일

(3) 매출관련 자료

　① 손익계산서상 제품 국내매출액 : 81억원(특수관계인에 대한 매출액 제외)

　　* 기타수익에는 임대료수익 2억원, 이자수익 2억원이 계상되어 있고, 기타비용에는 매출할인 3억원이 계상되어 있다.

　② 손익계산서상 특수관계인에 대한 매출액 : 20억원

(4) 기업업무추진비관련 자료

　① 손익계산서에 계상된 기업업무추진비계정의 내역은 다음과 같다.

구 분	건당 3만원 이하분	건당 3만원 초과분	계
신 용 카 드 수 취 분	₩14,000,000	₩29,000,000	₩43,000,000
영 수 증 수 취 분	8,000,000	5,000,000	13,000,000
기타의 기업업무추진비	–	4,600,000	4,600,000
계	₩22,000,000	₩38,600,000	₩60,600,000

　② 기업업무추진비 중 ₩200,000은 발생주의에 의하여 회사가 계상은 하였으나 아직 지급되지 않았다.

　③ 기타의 기업업무추진비는 당기 중 거래처에 자사제품(원가 ₩4,000,000, 시가 ₩6,000,000)을 제공하고 제품원가와 부가가치세 매출세액 ₩600,000의 합계액으로 계상한 것이다.

① ₩24,000,000
② ₩34,800,000
③ ₩26,800,000
④ ₩29,000,000
⑤ ₩27,800,000

(1) 기업업무추진비 해당액

손익계산서상 기업업무추진비*	₩60,600,000
영수증수취분(건당 3만원 초과분)	(5,000,000) 손不(기타사외유출)
현물기업업무추진비 시가와 원가의 차액 가산	2,000,000
계	₩57,600,000

* 기업업무추진비의 귀속시기는 발생주의이므로 당기에 발생했으나 아직 지급되지 않은 미지급기업업무추진비도 한도시부인 대상 기업업무추진비에 포함한다. → 이미 손익계산서에 계상되어 있으므로 별도의 세무조정은 없다.

(2) 한 도 액

$$\text{₩12,000,000} \times \frac{9}{12} + 80억원^* \times \frac{3}{1,000} + 20억원 \times \frac{3}{1,000} \times 10\% = \text{₩33,600,000}$$

* 일반 수입금액 : 81억원 − 3억원(매출할인) + 2억원(임대료수익) = 80억원

① 임대료수익 : 제조업 및 임대업을 겸업하고 있으므로 임대료수익은 기업회계기준상 매출액에 해당하나 매출액이 아닌 기타수익으로 계상했으므로 매출액에 가산하여 수입금액 한도를 계산한다.

② 이자수익 : 금융업 영위 법인이 아니므로 이자수익은 기업회계기준상의 매출액이 아니며, 매출액이 아닌 기타수익으로 계상하였으므로 별도의 조정은 없다.

(3) 한도초과액 : ₩24,000,000 → 손不(기타사외유출)

(4) 손금불산입액 : ₩5,000,000 + ₩24,000,000 = ₩29,000,000

[응용]

> if) ㈜서울이 부동산임대업을 주업으로 하는 법인으로서 지배주주 등의 지분율이 50%를 초과하고 상시 근로자 수가 5인 미만인 경우 기업업무추진비한도액을 구하면?
>
> ₩33,600,000 × 50% = ₩16,800,000

118 다음은 제조업을 영위하는 영리내국법인(중소기업임) (주)A의 제26기 사업연도 (2026.1.1~6.30) 자료로서 기업업무추진비는 전액 적격증빙을 수취하였으며, 문화기업업무추진비 및 전통시장기업업무추진비로 지출한 금액은 없다. 제26기의 기업업무추진비에 대한 세무조정으로 옳은 것은? (단, 소득처분은 생략하며, 주어진 자료 이외의 다른 사항은 고려하지 않음)   (2013. 세무사)

(1) 기업업무추진비의 내역
  · 손익계산서상 판매비와관리비로 계상된 금액 : ₩10,000,000
  · 제26기말 현재 재무상태표상 건설중인 공장에 계상된 금액 : ₩14,000,000
  · 제26기말 현재 재무상태표상 토지에 계상된 금액 : ₩50,000,000
(2) 기업회계기준에 따른 제26기 매출액은 100억원이며, 특수관계인과의 거래분은 없다.

① 손 금 산 입 : 건설중인 공장   ₩7,000,000
   손금불산입 : 기업업무추진비한도초과액   17,000,000
② 손 금 산 입 : 토지   ₩7,000,000
   손금불산입 : 기업업무추진비한도초과액   17,000,000
③ 손 금 산 입 : 건설중인 공장   ₩14,000,000
                토지   3,000,000
   손금불산입 : 기업업무추진비한도초과액   17,000,000
④ 손 금 산 입 : 건설중인 공장   ₩14,000,000
                토지   2,000,000
   손금불산입 : 기업업무추진비한도초과액   26,000,000
⑤ 손 금 산 입 : 토지   ₩16,000,000
   손금불산입 : 기업업무추진비한도초과액   26,000,000

구 분	B	T	D	비 고
① 비용	₩10,000,000	–	₩10,000,000	–
② 건설중인 공장	14,000,000	–	14,000,000	손入(△유보)
③ 토지	50,000,000	₩48,000,000	2,000,000	손入(△유보)
합 계	₩74,000,000	₩48,000,000[*]	₩26,000,000	손不(기타사외유출)

* 기업업무추진비 한도 : ① + ② = ₩48,000,000

  ① 기초금액 : ₩36,000,000 $\times \dfrac{6}{12}$ = ₩18,000,000

  ② 수입금액 기준 : 100억원 $\times \dfrac{3}{1,000}$ = ₩30,000,000

119 제조업을 영위하는 영리내국법인(중소기업 아님)인 ㈜A의 제26기(2026.1.1~12. 31) 기업업무추진비 한도초과액을 계산한 것으로 옳은 것은? (2016. CPA)

(1) 기업회계기준에 따라 계산한 매출액은 600억원이며, 이 중 200억원은 법인세법상 특수관계인과의 거래에서 발생한 수입금액이다.

(2) 제26기에 지출한 기업업무추진비는 총 ₩120,000,000으로, ₩80,000,000은 손익계산서상 매출원가에, 나머지 ₩40,000,000은 재무상태표상 재고자산에 포함되어 있다.

(3) 건당 3만원을 초과하는 기업업무추진비는 모두 신용카드(적격증명서류 수취분)로 결제되었으며, 문화기업업무추진비 및 전통시장기업업무추진비 해당액은 없다.

(4) 수입금액에 관한 적용률은 다음과 같다.

수입금액	적용률
100억원 이하	1만분의 30
100억원 초과 500억원 이하	3천만원 + 100억원을 초과하는 금액의 1만분의 20
500억원 초과	1억1천만원 + 500억원을 초과하는 금액의 1만분의 3

① ₩5,000,000　　　　　② ₩16,700,000

③ ₩24,700,000　　　　　④ ₩25,000,000

⑤ ₩15,700,000

---

(1) 기업업무추진비 해당액 : ₩120,000,000*

　* ₩80,000,000(매출원가) + ₩40,000,000(재고자산) = ₩120,000,000
　제조업을 영위하고 있으므로 매출원가와 재고자산으로 계상된 기업업무추진비는 제조원가명세서상 기업업무추진비로서 결산서상 기업업무추진비 해당액이며, 자산 계상 기업업무추진비(건설중인자산 또는 유형자산 및 무형자산 계상 기업업무추진비)에는 해당하지 아니한다.

(2) 기업업무추진비 한도 : ① + ② = ₩104,300,000
　① 기본한도 : ₩12,000,000 × 12/12 = ₩12,000,000
　② 수입금액한도 : a + b = ₩92,300,000

　　a. 일반수입금액한도 : $100억원 \times \dfrac{3}{1,000} + 300억원 \times \dfrac{2}{1,000} = ₩90,000,000$

　　b. 특정수입금액한도 : $(100억원 \times \dfrac{2}{1,000} + 100억원 \times \dfrac{3}{10,000}) \times 10\% = ₩2,300,000$

(3) 기업업무추진비 한도초과액 : (1) − (2) = ₩15,700,000 → 손부(기타사외유출)

120 제조업을 영위하는 영리내국법인(중소기업) ㈜A의 제26기(2026.1.1~12.31) 기업업무추진비관련 자료는 다음과 같다. 전기까지 세무조정은 적정하게 이루어졌다고 가정할 경우 기업업무추진비와 관련된 세무조정 과정에서 기타사외유출로 처분되는 합계액으로 옳은 것은? (단, 별도의 언급이 없는 한 모든 기업업무추진비는 건당 사용금액 ₩30,000을 초과하고 적격증명서류를 수취하였으며, 경조사비와 문화기업업무추진비 및 전통시장기업업무추진비는 없는 것으로 한다.) (2017. CPA)

(1) 장부상 매출액은 ₩35,000,000,000으로 이 중 특수관계인 매출분은 ₩12,000,000,000 이다. 매출액과 관련된 내용은 다음과 같다.

　가. 일반매출에 대한 매출할인 ₩100,000,000 및 매출에누리 ₩40,000,000을 영업외비용으로 회계처리하였다.

　나. 전기에 수탁자가 판매한 위탁매출액 ₩500,000,000(일반매출분)에 대하여 전기에 회계처리하지 않고 당기에 판매대금을 회수하면서 전액 손익계산서상 매출로 회계처리 하였다.

　다. 일반매출과 관련하여 영업외수익에 계상된 부산물 매각대금은 ₩140,000,000이다.

(2) 손익계산서상 기업업무추진비계정으로 비용처리한 금액은 ₩110,000,000으로 다음의 금액이 포함되어 있다.

　가. 업무와 관련하여 사용되었으나 증빙누락분 : ₩2,000,000

　나. 대표이사 자녀 결혼식 하객 식사비 : ₩15,000,000

　다. 업무와 관련하여 사용된 개인명의신용카드사용액 : ₩4,000,000

(3) 당해연도에 접대가 이루어졌으나 결제하지 못하고 장부에 계상하지 않은 금액 ₩5,000,000이 있다.

(4) 수입금액에 관한 적용률은 다음과 같다.

수입금액	적용률
100억원 초과 500억원 이하	3천만원+100억원을 초과하는 금액의 1만분의 20

① ₩600,000　　　　② ₩1,000,000　　　　③ ₩2,800,000

④ ₩4,000,000　　　　⑤ ₩4,600,000

---

(1) 기업업무추진비 해당액

손익계산서상 기업업무추진비	₩110,000,000	
증빙누락분	(2,000,000)	손不(상여)
대표이사 자녀 결혼식 하객 식사비*	(15,000,000)	손不(상여)
개인명의신용카드사용액	(4,000,000)	손不(기타사외유출)
장부미계상 미지급기업업무추진비	5,000,000	손入(△유보)
합 계	₩94,000,000	

　* 대표이사 자녀 결혼식 하객 식사비는 개인적인 비용이므로 손금불산입하고 귀속자에 따라 소득처분한다.

(2) 기업업무추진비 한도액

$$₩36,000,000 \times \frac{12}{12} + 100억원 \times \frac{3}{1,000} + 125억원 \times \frac{2}{1,000} + 120억원 \times \frac{2}{1,000} \times 10\%$$

$$= ₩93,400,000$$

　* 일반매출 : 350억원 − 120억원(특수관계자 매출액) − 1.4억원(매출할인·매출에누리) − 5억원(전기매출액) + 1.4억원(부산물 매각대금) = 225억원

(3) 한도초과액 : ₩94,000,000 − ₩93,400,000 = ₩600,000 → 손不(기타사외유출)

(4) 기타사외유출로 처분되는 금액 : ₩4,000,000 + ₩600,000 = ₩4,600,000

121 제조업을 영위하는 영리내국법인 ㈜A(중소기업)의 제26기(2026.1.1.~2026.12.31.) 자료이다. 기업업무추진비 한도초과액으로 옳은 것은? 단, 기업업무추진비 해당액은 적격증명서류를 수취하였다. (2025. CPA)

(1) 장부상 매출액은 ₩18,000,000,000(중단사업부문 매출액 ₩3,000,000,000 포함됨)으로 이 중 특수관계인에 대한 매출액은 ₩2,000,000,000이다.

(2) 손익계산서상 판매비와관리비 중 기업업무추진비로 비용처리한 금액은 ₩120,000,000으로 다음의 금액이 포함되어 있다.

① 임직원 단합대회를 위하여 지출한 행사비: ₩10,000,000

② 관광진흥법시행령에 따른 관광공연장 입장권 구입비: ₩6,000,000

③ 전통시장에서 신용카드로 결제한 접대 목적 과일 구입비: ₩9,000,000

(3) 수입금액에 관한 적용률은 다음과 같다.

수입금액	적용률
100억원 초과 500억원 이하	3천만원+100억원을 초과하는 금액의 1만분의 20

(4) ㈜A는 기업업무추진비 한도액 50% 축소 대상 법인이 아니다.

① ₩16,600,000 ② ₩17,760,000 ③ ₩22,600,000

④ ₩23,760,000 ⑤ ₩24,360,000

---

(1) 기업업무추진비 해당액

손익계산서상 기업업무추진비	₩120,000,000
임직원 단합대회 행사비(복리후생비)	(10,000,000)
합 계	₩110,000,000

(2) 기업업무추진비 손금한도 : ① + ② + ③ + ④ = ₩93,400,000

① 기초금액 : $₩36,000,000 \times \dfrac{12}{12} = ₩36,000,000$

② 수입금액기준 : $100억원 \times \dfrac{3}{1,000} + 60억원 \times \dfrac{2}{1,000} + 20억원 \times \dfrac{2}{1,000} \times 10\%$

   $= ₩42,400,000$

③ 문화기업업무추진비에 대한 추가한도 : Min[₩6,000,000, (① + ②) × 20%] = ₩6,000,000

④ 전통시장기업업무추진비에 대한 추가한도 : Min[₩9,000,000, (① + ②) × 20%(개정)]

   $= ₩9,000,000$

(3) 한도초과액 : ₩16,600,000 → 손不(기타사외유출)

122 다음은 제조업을 영위하는 중소기업이 아닌 내국법인 (주)A의 제26기 사업연도 (2026.1.1~12.31) 기업업무추진비와 관련된 자료이다. 손금불산입되는 기업업무추진비의 총액은 얼마인가? (단, 아래의 자료에서 특별히 언급한 것 이외에는 모든 지출은 (주)A 명의의 신용카드로 사용하였고, 기업업무추진비로 계상된 금액은 업무관련성이 있으며 경조금은 없는 것으로 가정함) (2017. 세무사)

(1) 기업회계기준상 매출액 : ₩9,000,000,000(특수관계인 매출액 ₩3,000,000,000 포함)

(2) 당기 포괄손익계산서상 기업업무추진비 계정 금액은 ₩60,000,000으로 상세 내역은 다음과 같다.

구분	건당 3만원 이하	건당 3만원 초과
현금 사용금액(영수증 수취)	₩6,000,000	₩10,000,000
(주)A 명의의 신용카드 사용금액	4,000,000	40,000,000
계	10,000,000	50,000,000

(3) 당기 복리시설비 계정에는 법인형태로 설립된 (주)A의 노동조합에 지출한 복리시설비 ₩5,000,000이 포함되어 있다.

(4) 당기 광고선전비 계정에는 (주)A의 우량 거래처 50곳에 개당 시가 ₩100,000(부가가치세 포함)의 광고선전물품을 구입하여 제공한 금액 ₩5,000,000이 포함되어 있다.

① ₩35,100,000
② ₩29,100,000
③ ₩40,400,000
④ ₩39,100,000
⑤ ₩41,400,000

---

(1) 직부인 기업업무추진비

〈손금불산입〉   영수증수취분(건당 3만원 초과분)   ₩10,000,000   (기타사외유출)

(2) 기업업무추진비 한도초과액

① 기업업무추진비 해당액

손익계산서상 기업업무추진비	₩60,000,000
영수증수취분(건당 3만원 초과분)	(10,000,000)
복리시설비 계상 기업업무추진비	5,000,000
광고선전비 계상 기업업무추진비	5,000,000 거래처별 연간 5만원 초과 → 소액×
합 계	₩60,000,000

② 한 도 액 : ₩12,000,000 + ₩6,000,000,000 × 3/1,000 + ₩3,000,000,000 × 3/1,000 × 10%
= ₩30,900,000

③ 한도초과액 : ₩60,000,000 − ₩30,900,000 = ₩29,100,000

〈손금불산입〉   기업업무추진비 한도초과액   ₩29,100,000   (기타사외유출)

(3) 손금불산입액 : ₩10,000,000 + ₩29,100,000 = ₩39,100,000

Key point!
기업업무추진비
손금불산입액

정답 ④

123 다음은 제조업을 영위하는 영리내국법인 (주)A(중소기업이 아님)의 제26기 사업연도(2026.1.1~12.31)의 기업업무추진비 세무조정을 위한 자료이다. 법인세법상 손금불산입으로 세무조정 해야 할 기업업무추진비 중에서 기타사외유출로 소득처분 되어야 할 금액으로 옳은 것은? (단, 주어진 자료 이외의 다른 사항은 고려하지 않음)

(2013. CPA)

(1) (주)A의 제26기 수입금액은 300억원이며, 이 가운데 50억원은 법인세법상 특수관계인과의 거래에서 발생하였다. 또한 특수관계인이 아닌 자와의 거래에서 발생한 수입금액에는 다음의 금액이 포함되어 있다.

가. 제26기 사업연도 중에 중단된 사업부문의 매출액 : 10억원

나. 제품인도일(2026년 10월 1일)로부터 7개월 동안 매월 말 3억원씩 균등분할하여 회수하는 조건으로 할부판매한 제품매출액 : 9억원 (단, (주)A는 동 할부판매에 대하여 인도일 이후 실제 회수한 금액 9억원을 제26기의 매출액으로 회계처리하였으며, 명목금액과 현재가치의 차이는 중요하지 않음)

(2) (주)A의 포괄손익계산서상 기업업무추진비는 ₩90,000,000이며, 이 중 ₩5,000,000은 지출증빙서류가 구비되어 있지 않다. 또한 기업업무추진비 지출액 중에 문화기업업무추진비 및 전통시장기업업무추진비는 없다.

(3) 기업업무추진비한도액 계산시 수입금액에 대한 적용률은 다음과 같다.

수입금액	적용률
100억원 이하	30/10,000
100억원 초과 500억원 이하	3천만원 + 100억원을 초과하는 금액의 20/10,000
500억원 초과	1억1천만원 + 500억원을 초과하는 금액의 3/10,000

① ₩5,800,000
② ₩9,600,000
③ ₩7,500,000
④ ₩9,800,000
⑤ ₩11,300,000

(1) 기업업무추진비 해당액

I/S 상 기업업무추진비 ₩90,000,000
증빙없는 기업업무추진비 (5,000,000) 손不(상여)
기업업무추진비 해당액 ₩85,000,000

(2) 한도 : ① + ② = ₩75,400,000

① 기초한도 : ₩12,000,000

② 수입금액 한도 : $100억원 × \frac{3}{1,000} + 162억원 × \frac{2}{1,000} + 50억원 × \frac{2}{1,000} × 10\% = ₩63,400,000$

*1. 일반수입금액 : 300억원 − 50억원 + (21억원 − 9억원) = 262억원

2. 수입금액 한도는 기업회계기준상의 매출액(중단사업매출 포함)을 기준으로 계산한다. 기업회계기준상 할부판매(장・단기 불문)의 수익은 인도기준에 따라 인식한다.

(3) 한도초과액 : ₩9,600,000 → 손不(기타사외유출)

124 다음은 (주)B(제조업, 중소기업임)의 제26기 사업연도(2026.1.1~12.31)의 기업업무추진비관련 자료이다. 기업업무추진비 한도초과로 인한 세무조정 및 소득처분으로 옳은 것은?

(2011. CPA 수정)

(1) 손익계산서상 매출액 ₩15,000,000,000의 내역은 다음과 같다.

    가. 매출액 중 특수관계인 매출액 : ₩5,000,000,000

    나. 전기에 특수관계 없는 제3자에게 판매되었으나 당기매출액에 포함된 금액 : ₩1,000,000,000

    다. 기타 기업회계기준에 따라 처리한 정상적 매출 : ₩9,000,000,000

(2) 손익계산서상 기업업무추진비 ₩85,000,000의 내역은 다음과 같다.

    가. 주주가 부담해야 할 성질의 기업업무추진비를 회사가 지출한 금액 : ₩2,000,000

    나. 문화기업업무추진비 : ₩5,000,000

    다. 전통시장기업업무추진비 : ₩14,000,000

    라. 기타 기업업무추진비 금액 : ₩64,000,000

(3) 기업업무추진비는 모두 적격증빙을 구비하였고, 전기의 세무조정은 정상적으로 이루어졌으며 상기 자료 이외의 추가적인 세무조정은 없다

(4) 수입금액에 대한 적용률은 다음과 같다.

수입금액	적용률
100억원 이하	3/1,000
100억원 초과 500억원 이하	2/1,000
500억원 초과	0.3/1,000

① 손금불산입 ₩1,480,000 (기타사외유출)
② 손금불산입   1,908,000 (기타사외유출)
③ 손금불산입   1,080,000 (기타사외유출)
④ 손금불산입   1,808,000 (상여)
⑤ 손금불산입   1,718,000 (상여)

---

(1) 기업업무추진비 해당액 : ₩85,000,000 − ₩2,000,000(주주의 기업업무추진비) = ₩83,000,000

(2) 기업업무추진비 손금한도 : ① + ② + ③ + ④ = ₩81,920,000

  ① 기초금액 : $₩36,000,000 \times \frac{12}{12} = ₩36,000,000$

  ② 수입금액기준

$$\left(90억원 \times \frac{3}{1,000}\right) + \left(10억원 \times \frac{3}{1,000} + 40억원 \times \frac{2}{1,000}\right) \times 10\% = ₩28,100,000$$

    * 일반수입금액 : 90억원(전기매출 불포함)

  ③ 문화기업업무추진비에 대한 추가한도 : Min[₩5,000,000, (① + ②) × 20%] = ₩5,000,000

  ④ 전통시장기업업무추진비에 대한 추가한도 : Min[₩14,000,000, (① + ②) × 20%(개정)] = ₩12,820,000

(3) 한도초과액 : ₩1,080,000 → 손不(기타사외유출)

기업업무추진비
중요도 ★★★★☆
난이도 ★★★★☆

Memo

Key point!
문화기업업무추진비 및 전통시장기업업무추진비 추가한도

정답 ③

125 다음은 제조업을 영위하는 영리내국법인(중소기업)인 (주)A의 제26기(2026.1.1.
~12.31) 기업업무추진비 관련 자료이다. (주)A의 기업업무추진비 관련 세무조정
으로 인한 손금불산입 금액을 계산한 것으로 옳은 것은? (2015. CPA)

(1) 손익계산서상 매출액은 ₩860,000,000이며, 다음의 금액이 포함되어 있다.
  ① 매출할인 ₩20,000,000 및 매출환입 ₩10,000,000
  ② 2026. 12. 20에 대금을 선수령(제품인도 : 2027. 1. 10)하고 전자세금계산
    서를 발행한 공급가액 ₩30,000,000
(2) 기계장치 매각대금 ₩140,000,000이 영업외수익으로 계상되어 있다.
(3) 손익계산서상 기업업무추진비는 ₩50,000,000이며 다음의 금액이 포함되어 있다.
  단, 전통시장기업업무추진비는 없다.
  ① 거래처에 제공한 법정문화공연 입장권 ₩10,000,000
  ② 거래처에 제공한 제품 ₩10,000,000*
    * 제품의 시가는 ₩11,000,000이며, 부가가치세의 효과는 고려하지 않는다.

① ₩4,920,000
② ₩5,080,000
③ ₩5,920,000
④ ₩8,160,000
⑤ ₩8,512,000

(1) 기업업무추진비 해당액

손익계산서상 기업업무추진비	₩50,000,000
현물기업업무추진비 원가와 시가의 차액	1,000,000
합 계	₩51,000,000

(2) 기업업무추진비 한도액 : ① + ② + ③ = ₩46,080,000
  ① 기초금액 : ₩36,000,000
  ② 수입금액 기준 : (₩800,000,000* × 3/1,000) = ₩2,400,000
    * 기업회계기준상의 매출액

손익계산서상 매출액	₩860,000,000	
매출할인	(20,000,000)	
매출환입	(10,000,000)	
선발급 세금계산서**	(30,000,000)	
기계장치 매각대금	–	기업회계기준상의 매출액×
합 계	₩800,000,000	

    ** 기업회계기준상 선발급 세금계산서를 인정하지 않으므로 해당 금액을 매출액에서 차감한다. 참고
      로 법인세법상으로도 선수금에 해당하므로 해당 금액을 익금불산입(△유보)해야 한다.
  ③ 문화기업업무추진비 한도 : Min[₩10,000,000, (① + ②) × 20%] = ₩7,680,000

(3) 한도초과액 : ₩4,920,000 → 손不(기타사외유출)

126 다음은 제조업을 영위하는 영리내국법인인 (주)A의 제26기(2026.1.1~12.31) 기업업무추진비 세무조정에 관한 자료이다. 법인세법상 손금불산입되는 기업업무추진비는 얼마인가?

(2015. 세무사)

기업업무추진비
중요도 ★★★☆☆
난이도 ★★★☆☆

Memo

(1) 결산서상 기업업무추진비에 대한 내역은 다음과 같다.

구 분	건당 3만원 이하	건당 3만원 초과	합 계
신용카드매출전표 수취	–	₩70,000,000	₩70,000,000
영수증 수취	₩600,000	1,500,000	2,100,000
현물기업업무추진비	–	3,400,000	3,400,000
합 계	₩600,000	₩74,900,000	₩75,500,000

(2) 현물기업업무추진비는 거래처와의 관계를 두텁게 하기 위해 당사의 제품(원가 ₩3,000,000, 시가 ₩4,000,000)을 제공한 것으로 회사는 다음과 같이 회계처리하였다.

(차) 기업업무추진비 3,400,000 (대) 제 품 3,000,000
　　　　　　　　　　　　　　　　부가가치세예수금 400,000

(3) 기업업무추진비와 관련하여 매입세액불공제된 금액 ₩4,000,000을 세금과공과로 비용처리하였다.

(4) (주)A는 중소기업에 해당하고 기업회계기준에 따라 계산한 제26기 매출액은 100억원으로 특수관계인과의 거래는 없다.

① ₩2,500,000
② ₩13,000,000
③ ₩14,500,000
④ ₩11,000,000
⑤ ₩12,500,000

---

(1) 기업업무추진비 한도초과액
　① 기업업무추진비 해당액

손익계산서상 기업업무추진비	₩75,500,000	
영수증 수취분(건당 3만원 초과분)	(1,500,000)	손不(기타사외유출)
현물기업업무추진비 원가와 시가의 차액	1,000,000	
기업업무추진비관련 매입세액	4,000,000	
합 계	₩79,000,000	

　② 기업업무추진비 한도액 : ₩36,000,000 + 100억원 × 3/1,000 = ₩66,000,000
　③ 한도초과액 : ₩13,000,000 → 손不(기타사외유출)

(2) 손금불산입액 : ₩1,500,000 + ₩13,000,000 = ₩14,500,000

Key point!

기업업무추진비
손금불산입액

정답 ③

127 제조업을 영위하는 영리내국법인 ㈜A(중소기업)의 제26기(2026.1.1.~12.31.) 자료이다. 기업업무추진비 한도초과액으로 옳은 것은? (단, 기업업무추진비 해당액은 적격증명서류를 수취하였다.)

(2022. CPA 수정)

(1) 장부상 매출액은 ₩15,000,000,000으로 이 중 특수관계인에 대한 매출액은 ₩3,000,000,000이다.

(2) 손익계산서상 판매비와관리비 중 기업업무추진비로 비용처리한 금액은 ₩81,000,000으로 다음의 금액이 포함되어 있다. 단, 전통시장기업업무추진비는 없다.
  ① 전기에 접대가 이루어졌으나 당기 지급시점에 비용처리한 금액: ₩5,000,000
  ② 국민체육진흥법에 따른 체육활동의 관람을 위한 입장권 구입비: ₩20,000,000
  ③ 직원이 조직한 단체(법인)에 복리시설비를 지출한 금액: ₩4,000,000

(3) 거래처에 접대 목적으로 증정한 제품(원가 ₩8,000,000, 시가 ₩10,000,000)에 대해 다음과 같이 회계처리하였다.

  (차) 매출원가   9,000,000   (대) 제   품   8,000,000
                                     부가가치세예수금   1,000,000

(4) 수입금액에 관한 적용률

수입금액	적용률
100억원 이하	수입금액×0.3%
100억원 초과 500억원 이하	3,000만원+(수입금액−100억원)×0.2%

① ₩2,280,000   ② ₩6,280,000   ③ ₩16,400,000

④ ₩21,400,000   ⑤ ₩84,720,000

---

(1) 기업업무추진비 해당액

I/S 상 기업업무추진비	₩81,000,000	
전기기업업무추진비	(5,000,000)	손부(유보)
현물기업업무추진비	11,000,000	Max[₩8,000,000, ₩10,000,000] + ₩1,000,000
기업업무추진비 해당액	₩87,000,000	

*1. 직원이 조직한 조합 또는 단체에 지출한 복리시설비는 해당 조합이나 단체가 법인인 경우에는 기업업무추진비로 보며, 기업업무추진비로 계상되어 있으므로 별도의 조정은 없다.

  2. 현물기업업무추진비는 Max[시가, 원가]로 평가하고 부가가치세 매출세액을 더한 금액으로 한다. 장부상 매출원가로 회계처리하여 기업업무추진비로 계상한 금액이 없으므로 현물기업업무추진비 금액 전액을 기업업무추진비 해당액에 가산하며, 손익계정간의 분류차이이므로 직접적인 세무조정은 없다.

차변		대변	
기업업무추진비	11,000,000	제품	8,000,000
		부가가치세예수금	1,000,000
		제품처분이익	2,000,000

(2) 기업업무추진비 손금한도 : ① + ② + ③ = ₩84,720,000

  ① 기초금액 : ₩36,000,000 × $\frac{12}{12}$ = ₩36,000,000

  ② 수입금액기준

  $$100억원 × \frac{3}{1,000} + 20억원 × \frac{2}{1,000} + \left(30억원 × \frac{2}{1,000}\right) × 10\% = ₩34,600,000$$

  ③ 문화기업업무추진비에 대한 추가한도 : Min[₩20,000,000*, (① + ②) × 20%] = ₩14,120,000
    * 체육활동의 관람을 위한 입장권 구입비는 문화기업업무추진비에 해당한다.

(3) 한도초과액 : ₩2,280,000 → 손부(기타사외유출)

128 제조업을 영위하는 영리내국법인 ㈜A(중소기업)의 제26기 사업연도(2026.1.1.~12.31.) 기업업무추진비 관련 자료이다. 기업업무추진비 한도초과액을 계산하면 얼마인가? 기업업무추진비 해당액은 적격증명서류를 수취하였고, 전기까지 세무조정은 적정하게 이루어졌다.

(2019. CPA)

(1) 장부상 매출액은 ₩15,000,000,000으로 이 중 특수관계인에 대한 매출액은 ₩8,000,000,000이며, 일반매출액은 ₩7,000,000,000이다. 매출액과 관련된 내용은 다음과 같다.
  ① 일반매출에 대한 매출할인 ₩50,000,000이 매출액에서 차감되어 있다.
  ② 일반매출에 부가가치세법상 간주공급에 해당하는 금액 ₩300,000,000이 포함되어 있다.
(2) 손익계산서상 판매비와관리비 중 기업업무추진비로 비용처리한 금액은 ₩70,000,000으로 다음의 금액이 포함되어 있다. 단, 전통시장기업업무추진비는 없다.
  ① 전기에 접대가 이루어졌으나 당기 지급시점에 비용처리한 금액 : ₩4,000,000
  ② 문화기업업무추진비 : ₩10,000,000
(3) 직원이 조직한 단체(법인)에 복리시설비를 지출하고 영업외비용으로 처리한 금액 : ₩6,000,000
(4) 수입금액에 관한 적용률

수입금액	적용률
100억원 이하	1천분의 3
100억원 초과 500억원 이하	3천만원+100억원을 초과하는 금액의 1만분의 20

① ₩4,840,000　　② ₩3,970,000　　③ ₩10,840,000
④ ₩13,470,000　　⑤ ₩17,700,000

(1) 기업업무추진비 해당액

I/S 상 기업업무추진비	₩70,000,000	
전기기업업무추진비	(4,000,000)	손不(유보)
직원단체 복리시설비	6,000,000	
기업업무추진비 해당액	₩72,000,000	

(2) 기업업무추진비 손금한도 : ① + ② + ③ = ₩68,030,000

　① 기초금액 : ₩36,000,000 × $\frac{12}{12}$ = ₩36,000,000

　② 수입금액기준

$$\left(67억원^* \times \frac{3}{1,000}\right) + \left(33억원 \times \frac{3}{1,000} + 47억원 \times \frac{2}{1,000}\right) \times 10\% = ₩22,030,000$$

　　* 70억원 – 3억원(간주공급**) = 67억원
　　** 기업회계기준상의 매출액에는 부가가치세법상 간주공급에 해당하는 금액은 포함되지 않는다.

　③ 문화기업업무추진비에 대한 추가한도 : Min[₩10,000,000, (① + ②) × 20%] = ₩10,000,000

(3) 한도초과액 : ₩3,970,000 → 손不(기타사외유출)

129 다음은 제조업을 영위하는 영리내국법인 ㈜A(중소기업)의 제26기 사업연도(2026. 1.1.~12.31.) 기부금 세무조정을 위한 자료이다. 제26기의 일반기부금 한도초과액을 계산한 것으로 옳은 것은? (2018. CPA)

(1) ㈜A의 제26기 손익계산서상 당기순이익과 법인세비용은 각각 ₩100,000,000과 ₩10,000,000이다.

(2) 제26기 손익계산서에 계상된 기부금의 내역은 다음과 같다.

　가. 국방헌금 : ₩5,000,000

　나. 사회복지사업법에 의한 비영리 사회복지법인의 고유목적사업비로 지출한 기 부금 : ₩12,000,000

(3) 2026년 4월 1일에 지방자치단체(법인세법상 특수관계인에 해당하지 않음)로부터 시가 ₩100,000,000인 토지를 정당한 사유 없이 ₩150,000,000에 고가 매입*하 고, 장부에 매입가액을 토지의 취득가액으로 계상하였다.

　* 기부금품의 모집 및 사용에 관한 법률의 적용을 받지 아니하며, 매입가액과 정상 가액의 차액은 실질적으로 증여한 것으로 인정됨

(4) 제24기 사업연도에 발생한 세무상 결손금으로서 그 후의 각 사업연도의 과세표준 을 계산할 때 공제되지 아니한 금액 ₩6,000,000이 있다.

(5) 제25기 사업연도의 특례기부금 손금산입한도액 초과금액 ₩10,000,000이 있다.

① ₩500,000　　　　② ₩1,500,000　　　　③ ₩2,500,000

④ ₩2,800,000　　　　⑤ ₩3,400,000

---

(1) 기부금의 구분

	특례기부금	일반기부금
국방헌금	₩5,000,000	–
사회복지법인	–	₩12,000,000
지방자치단체 고가매입	20,000,000*	–
합 계	₩25,000,000	₩12,000,000

　* ₩150,000,000 − ₩130,000,000(₩100,000,000 × 130%) = ₩20,000,000

(2) 차가감소득금액

당기순이익	₩100,000,000	
법인세비용	10,000,000	손주(기타사외유출)
지방자치단체 토지 고가매입	(20,000,000)	손입(△유보)
합 계	₩90,000,000	

(3) 기준소득 : ₩90,000,000 + ₩25,000,000 + ₩12,000,000 − ₩6,000,000(이월결손금) = ₩121,000,000

(4) 기부금 한도시부인

		B	T	D	T/A
① 특례	당기이전분	₩10,000,000	₩60,500,000*1	–	손입 ₩10,000,000 (기타)
	당기분	25,000,000	50,500,000*2	△₩25,500,000 세무조정 없음	
② 일반	당기분	12,000,000	8,600,000*3	3,400,000	손주 ₩3,400,000 (기타사외유출)

　*1. ₩121,000,000 × 50% = ₩60,500,000

　2. ₩60,500,000 − ₩10,000,000 = ₩50,500,000

　3. (₩121,000,000 − ₩10,000,000 − ₩25,000,000) × 10% = ₩8,600,000

정답 ⑤

130 다음은 ㈜한국(중소기업)의 제26기 사업연도(2026.1.1~12.31) 자료이다. 다음의 자료를 이용하여 (주)한국의 제26기 각사업연도소득금액을 구하면 얼마인가?

(2001. 세무사)

(1) 세무조정내역(기부금관련 세무조정 제외)

손익계산서상 당기순이익	₩12,500,000
익금산입·손금불산입	18,000,000
손금산입·익금불산입	(15,000,000)
계	₩15,500,000

(2) 손익계산서상의 기부금내역

의료법인에 기부한 기부금(현금지급)	₩3,000,000
천재로 인한 이재민 구호금품(제품)	2,000,000 (시가)
동창회 기부금	4,000,000
사회복지법인에 기부한 기부금	5,000,000 (어음지급)
계	₩14,000,000

① 위의 이재민을 위한 구호금품의 장부가액은 ₩1,000,000이며 사회복지법인에 대한 기부금은 어음(결제일 : 2027년 2월 25일)을 지급한 것이다.

② 의료법인 및 사회복지법인에 기부한 기부금은 일반기부금에 해당한다.

(3) (주)한국에는 세무상 이월결손금이 없다.

① ₩21,750,000 ② ₩24,750,000

③ ₩28,000,000 ④ ₩28,250,000

⑤ ₩35,250,000

(1) 기부금의 구분

	특례기부금	일반기부금
의료법인 기부금	–	₩3,000,000
이재민구호금품	₩1,000,000[*1]	–
동창회[*2]	–	– 손不(기타사외유출)
사회복지법인 기부금[*3]	–	– 손不(유보)
합 계	₩1,000,000	₩3,000,000

*1. 현물로 기부한 특례기부금은 장부가액으로 평가하며, 아래와 같이 세무조정을 생략한다.

구분	차변		대변	
B	기부금	2,000,000	제품	1,000,000
			제품처분이익	1,000,000
T	기부금	1,000,000	제품	1,000,000
D	손不 기부금 ₩1,000,000, 익不 제품처분이익 ₩1,000,000			

2. 동창회기부금은 비지정기부금에 해당한다.
3. 기부금의 귀속시기는 현금주의이므로 사회복지법인 기부금(일반기부금)의 귀속시기는
   2027년(어음결제일)이다.

(2) 차가감소득금액 : ₩15,500,000 + ₩5,000,000(사회복지법인 기부금) + ₩4,000,000(동창회 기부금)
   = ₩24,500,000

(3) 기준소득 : ₩24,500,000 + ₩1,000,000 + ₩3,000,000 − ₩0 = ₩28,500,000

(4) 기부금 한도시부인

	B	T	D	
① 특례	₩1,000,000	₩14,250,000[*1]	△₩13,250,000	→ 세무조정 無
② 일반	3,000,000	2,750,000[*2]	250,000	→ 손不(기타사외유출)

*1. ₩28,500,000 × 50% = ₩14,250,000

2. (₩28,500,000 − ₩1,000,000) × 10% = ₩2,750,000

(5) 각사업연도소득금액 : ₩24,500,000(차가감소득금액) + ₩250,000 = ₩24,750,000

131 다음은 내국법인 (주)A(중소기업)의 제26기 사업연도(2026.1.1~12.31) 세무조정 관련 자료이다. 제26기 각 사업연도 소득금액은 얼마인가? (2017. 세무사)

(1) 세무조정 내역*	
포괄손익계산서상 당기순이익	₩6,000,000
익금산입·손금불산입	7,000,000
손금산입·익금불산입	17,000,000
계	△₩4,000,000

* 비지정기부금을 제외한 기부금 관련 세무조정은 포함되지 않음

(2) 포괄손익계산서상 기부금 내역	
신용협동조합에 지출한 기부금	₩3,000,000
의료법인에 기부한 기부금	5,000,000
천재지변으로 인한 이재민 구호금품	2,000,000
대한적십자사에 기부한 기부금**	1,000,000
계	₩11,000,000

** 대한적십자사에 대한 기부금은 어음(결제일 : 2027.1.5.)을 발행한 것임

(3) (주)A의 세무상 이월결손금은 ₩1,500,000(제23기 발생분)이며, 당기 이전 기부금 한도초과로 손금불산입된 금액은 다음과 같다.
 ① 특례기부금 : ₩500,000(2024년 지출분)
 ② 일반기부금 : ₩800,000(2023년 지출분)

① △₩250,000　　② ₩1,000,000　　③ ₩2,625,000

④ ₩3,525,000　　⑤ ₩3,775,000

---

(1) 기부금의 구분

	특례기부금	일반기부금	
신용협동조합 기부금(비지정)	–	–	손不(기타사외유출)
의료법인 기부금	–	₩5,000,000	
이재민 구호금품	₩2,000,000	–	
대한적십자사 기부금(2027년 귀속)	–	–	손不(유보)
합 계	₩2,000,000	₩5,000,000	

(2) 기준소득
 ① 차가감소득금액 : △₩4,000,000(비지정기부금 반영후) + ₩1,000,000(대한적십자사) = △₩3,000,000
 ② 기준소득 : △₩3,000,000 + ₩7,000,000(기부금해당액) − ₩1,500,000(이월결손금) = ₩2,500,000

(3) 기부금 세무조정

			B	T	D	T/A
① 특례		당기이전분	₩500,000	₩1,250,000*1	–	손入 ₩500,000 (기타)
		당기분	2,000,000	750,000*2	1,250,000	손不 ₩1,250,000 (기타사외유출)
② 일반		당기이전분	800,000	125,000*3	–	손入 ₩125,000 (기타)
		당기분	5,000,000	0*4	5,000,000	손不 ₩5,000,000 (기타사외유출)

 *1. ₩2,500,000 × 50% = ₩1,250,000
 2. ₩1,250,000 − ₩500,000 = ₩750,000
 3. (₩2,500,000 − ₩500,000 − ₩750,000) × 10% = ₩125,000
 4. ₩125,000 − ₩125,000 = ₩0

(4) 각사업연도소득금액 : △₩3,000,000 − ₩500,000 + ₩1,250,000 − ₩125,000 + ₩5,000,000 = ₩2,625,000

정답 ③

132 다음은 제조업을 영위하는 영리내국법인 ㈜A(중소기업으로서 사회적기업에 해당함)의 제26기 사업연도(2026.1.1~12.31) 기부금 세무조정을 위한 자료이다. 제26기의 각 사업연도의 소득금액을 계산한 것으로 옳은 것은? (2017. CPA)

(1) 제26기 손익계산서상 법인세비용차감전순이익 : ₩100,000,000

(2) 손익계산서상 기부금 내역

내역	금액
고등교육법에 의한 학교의 장이 추천하는 개인에게 지출한 장학금	₩5,000,000
천재지변으로 생긴 이재민을 위한 구호물품*	6,000,000
사립학교법에 따른 사립학교에 시설비로 지출한 기부금	2,000,000

  * 자사 제품을 기부한 것으로 동 제품의 장부가액은 ₩6,000,000, 시가는 ₩20,000,000임.

(3) 제23기(2023.1.1.~12.31)에 발생한 결손금으로서 그 후의 각 사업연도의 과세표준을 계산할 때 공제되지 아니한 금액 : ₩90,000,000

(4) 제23기 특례기부금 손금산입한도액 초과금액 : ₩9,000,000

(5) 위 자료 이외의 추가적인 세무조정은 없다.

① ₩98,500,000 ② ₩109,350,000 ③ ₩100,350,000

④ ₩98,050,000 ⑤ ₩115,650,000

---

(1) 기부금의 구분

	특례기부금	일반기부금
개인에게 지출한 장학금	–	₩5,000,000
이재민 구호물품	₩6,000,000*	–
사립학교 시설비	2,000,000	–
합 계	₩8,000,000	₩5,000,000

  * 현물로 제공된 특례기부금은 장부가액으로 평가한다.

(2) 기준소득

① 기준소득금액 : ₩100,000,000(차가감소득금액) + ₩8,000,000(특례기부금) + ₩5,000,000(일반기부금) = ₩113,000,000

② 기준소득 : ₩113,000,000 − ₩90,000,000(이월결손금) = ₩23,000,000

(3) 기부금 한도시부인

		B	T	D	T/A
① 특례	당기이전분	₩9,000,000	₩11,500,000*1	–	손입 ₩9,000,000 (기타)
	당기분	8,000,000	2,500,000*2	₩5,500,000	손불 ₩5,500,000 (기타사외유출)
② 일반	당기분	5,000,000	3,450,000*3	1,550,000	손불 ₩1,550,000 (기타사외유출)

  *1. ₩23,000,000 × 50% = ₩11,500,000
   2. ₩11,500,000 − ₩9,000,000 = ₩2,500,000
   3. (₩23,000,000 − ₩9,000,000 − ₩2,500,000) × 30%(사회적기업, 개정) = ₩3,450,000

(4) 각사업연도소득금액 : ₩100,000,000 − ₩9,000,000 + ₩5,500,000 + ₩1,550,000 = ₩98,050,000

133 다음 자료에 의하여 조세특례제한법상 중소기업에 해당하는 (주)정의 제26기(2026. 1.1~12.31)의 과세표준을 계산하면 얼마인가? (2002. CPA 수정)

기부금
중요도 ★★★☆☆
난이도 ★★★☆☆

Memo

(1) (주)정의 기부금관련 자료

	제25기 한도초과액	제26기 결산서계상액
수재의연금 기탁액	–	₩558,000,000
우리사주조합기부금*	₩3,000,000	2,000,000
종교단체에 대한 기부금	80,000,000	20,000,000

* ㈜정이 피투자법인의 우리사주조합에 지출한 금액이다.

(2) (주)정의 제26기 결산관련 정보

결산서상 당기순이익	₩1,480,000,000
손익계산서에 계상된 법인세비용	420,000,000

(3) (주)정의 제25기에 발생한 세무상 이월결손금 ₩1,200,000,000이 있고, 위에서 언급한 것 외의 세무조정은 없다.

① ₩407,000,000　　　　　② ₩648,000,000

③ ₩683,000,000　　　　　④ ₩1,848,000,000

⑤ ₩1,920,000,000

---

(1) 차가감소득금액 : ₩1,480,000,000 + ₩420,000,000 = ₩1,900,000,000

(2) 기준소득 : ₩1,900,000,000 + ₩580,000,000 − ₩1,200,000,000 = ₩1,280,000,000

(3) 기부금한도시부인

		B	T	D	T/A
① 특례	당기분	₩558,000,000	₩640,000,000*1	△₩82,000,000	세무조정 無
② 우리	당기분	2,000,000	216,600,000*2	△214,600,000	세무조정 無
③ 일반	당기이전분	80,000,000	72,000,000*3	–	손입 ₩72,000,000 (기타)
	당기분	20,000,000	0*4	20,000,000	손불 ₩20,000,000 (기타사외유출)

*1. ₩1,280,000,000 × 50% = ₩640,000,000

2. (₩1,280,000,000 − ₩558,000,000) × 30% = ₩216,600,000

3. (₩1,280,000,000 − ₩558,000,000 − ₩2,000,000) × 10% = ₩72,000,000

4. ₩72,000,000 − ₩72,000,000 = ₩0

5. 우리사주조합기부금의 한도초과액은 이월되지 않는다.

(4) 각사업연도소득금액 : ₩1,900,000,000 − ₩72,000,000 + ₩20,000,000 = ₩1,848,000,000

(5) 과세표준 : ₩1,848,000,000 − ₩1,200,000,000 = ₩648,000,000

Key point!

과세표준

정답 ②

134 영리내국법인 ㈜A(중소기업이 아님)의 제26기 사업연도(2026.1.1.~12.31.) 세무조정 관련 자료이다. 기부금 관련 세무조정이 각사업연도소득금액에 미치는 영향은 얼마인가?

(2019. CPA 수정)

> (1) 손익계산서상 법인세비용차감전순이익 : ₩42,000,000
>
> (2) 기부금 관련 세무조정사항을 제외한 기타의 모든 세무조정 내역은 다음과 같다.
>
> ① 익금산입·손금불산입 : ₩12,000,000
>
> ② 손금산입·익금불산입 : ₩15,000,000
>
> (3) 손익계산서상 기부금 내역(전액 현금지급)
>
> | 내 역 | 금 액 |
> |---|---|
> | 국립대학병원 연구비 | ₩3,000,000 |
> | 동창회 기부금 | 2,000,000 |
>
> (4) 당기 중 국가로부터 정당한 사유없이 현금으로 구입한 토지 : 취득가액 ₩70,000,000, 취득시 시가 ₩50,000,000
>
> (5) 제22기(2022.1.1.~2022.12.31.)에 발생한 결손금으로서 이후 과세표준을 계산할 때 공제되지 아니한 금액 : ₩40,000,000

① (−)₩650,000 ② (−)₩500,000 ③ (+)₩600,000

④ (+)₩200,000 ⑤ (+)₩400,000

(1) 특례기부금

국립대학병원 연구비	₩3,000,000
국가로부터 토지 고가매입	5,000,000*
합 계	₩8,000,000

* ₩70,000,000 − ₩65,000,000(=₩50,000,000×130%) = ₩5,000,000

(2) 차가감소득금액

법인세비용차감전순이익	₩42,000,000	
익금산입 · 손금불산입	12,000,000	
손금산입 · 익금불산입	(15,000,000)	
비지정기부금(동창회)	2,000,000	손不(기타사외유출)
국가로부터 토지 고가매입	(5,000,000)	손入(△유보)
합 계	₩36,000,000	

(3) 기준소득

① 기준소득금액 : ₩36,000,000 + ₩8,000,000(특례기부금) = ₩44,000,000

② 기준소득 : ₩44,000,000 − ₩35,200,000*(이월결손금) = ₩8,800,000

* Min[₩40,000,000(이월결손금), ₩44,000,000(기준소득금액) × 80%] = ₩35,200,000

(4) 특례기부금한도시부인

B	T	D	
₩8,000,000	₩4,400,000*	₩3,600,000	→ 손不(기타사외유출)

* ₩8,800,000 × 50% = ₩4,400,000

(5) 기부금 관련 세무조정이 각사업연도소득금액에 미치는 영향

₩2,000,000 − ₩5,000,000 + ₩3,600,000 = ₩600,000

135 제조업을 영위하는 영리내국법인 ㈜A의 제26기(2026.1.1.~2026.12.31.) 기부금에 관한 자료이다. 제26기에 지출한 일반기부금의 한도초과액으로 옳은 것은?

(2024. CPA)

(1) 손익계산서상 당기순이익: ₩100,000,000

(2) 기부금 관련 세무조정사항을 제외한 세무조정 내역
 ① 익금산입 · 손금불산입: ₩20,000,000
 ② 손금산입 · 익금불산입: ₩10,000,000

(3) 손익계산서상 기부금은 무료로 이용할 수 있는 아동복지시설에 현금으로 지급된 ₩5,000,000이다.

(4) 제26기 중 국가로부터 정당한 사유없이 토지를 현금으로 구입하였다. 구입한 토지의 취득가액은 ₩90,000,000이고, 취득 당시 시가는 ₩60,000,000이다.

(5) 제24기에 발생한 결손금으로서 이후 과세표준을 계산할 때 공제되지 아니한 금액은 ₩100,000,000이다.

(6) 제25기에 발생한 일반기부금 한도초과액은 ₩1,000,000이다.

(7) ㈜A는 사회적기업이 아니며, 각 사업연도 소득금액의 80%까지 이월결손금 공제를 할 수 있는 법인이다.

① ₩3,700,000　　② ₩3,850,000　　③ ₩4,350,000
④ ₩4,850,000　　⑤ ₩5,000,000

기부금
중요도 ★★★☆☆
난이도 ★★★★☆

Memo

(1) 기부금의 구분

	특례기부금	일반기부금
아동복지시설	–	₩5,000,000
국가로부터 고가매입	₩12,000,000*	–
합 계	₩12,000,000	₩5,000,000

  * ₩90,000,000 − ₩78,000,000(= ₩60,000,000 × 130%) = ₩12,000,000

(2) 차가감소득금액

당기순이익	₩100,000,000
익금산입 · 손금불산입	20,000,000
손금산입 · 익금불산입	(10,000,000)
국가로부터 고가매입	(12,000,000)
합 계	₩98,000,000

(3) 기준소득

  ① 기준소득금액 : ₩98,000,000(차가감소득금액) + ₩12,000,000(특례기부금) + ₩5,000,000(일반기부금)
    = ₩115,000,000

  ② 기준소득 : ₩115,000,000 − ₩92,000,000* = ₩23,000,000
    * Min[₩100,000,000(이월결손금), ₩115,000,000(기준소득금액) × 80%] = ₩92,000,000

(4) 기부금 한도시부인

		B	T	D	T/A
① 특례	당기분	₩12,000,000	₩11,500,000*1	₩500,000	손不 ₩500,000 (기타사외유출)
② 일반	당기이전분	1,000,000	1,150,000*2	–	손入 ₩1,000,000 (기타)
	당기분	5,000,000	150,000*3	4,850,000	손不 ₩4,850,000 (기타사외유출)

*1. ₩23,000,000 × 50% = ₩11,500,000
 2. (₩23,000,000 − ₩11,500,000) × 10% = ₩1,150,000
 3. ₩1,150,000 − ₩1,000,000 = ₩150,000

136 제조업을 영위하는 영리내국법인 ㈜A(사회적 기업 아님)의 제26기(2026.1.1.~2026.12.31.) 기부금 관련 자료이다. 일반기부금의 한도초과액으로 옳은 것은?

(2021. CPA)

(1) 손익계산서상 당기순이익: ₩19,000,000

(2) 기부금 관련 세무조정사항을 제외한 세무조정 내역
   ① 익금산입·손금불산입: ₩10,000,000
   ② 손금산입·익금불산입: ₩12,000,000

(3) 손익계산서상 기부금 내역(전액 현금지급)

내 역	금 액
천재지변으로 인한 이재민 구호금품	₩3,000,000
무료로 이용가능한 아동복지시설 기부금	2,000,000

(4) 당기 중 특수관계 없는 공익법인(일반기부금 대상)에 양도한 토지(장부가액 ₩40,000,000)의 내역
   ① 양도가액: ₩50,000,000
   ② 양도당시 시가: ₩80,000,000

(5) 제23기(2023.1.1.~2023.12.31.)에 발생한 결손금으로서 이후 과세표준을 계산할 때 공제되지 아니한 금액: ₩23,000,000

(6) ㈜A는 과세표준 계산시 각 사업연도 소득금액의 80%까지 이월결손금 공제를 할 수 있는 법인이다.

① ₩200,000   ② ₩360,000   ③ ₩2,800,000

④ ₩7,720,000   ⑤ ₩7,800,000

중소기업× →
이월결손금 공제한도
기준소득금액의 80%

(1) 기부금의 구분

	특례기부금	일반기부금
이재민 구호금품	₩3,000,000	–
아동복지시설	–	₩2,000,000
공익법인 저가양도(의제기부금)	–	6,000,000*
합 계	₩3,000,000	₩8,000,000

* ₩56,000,000(= ₩80,000,000 × 70%) − ₩50,000,000 = ₩6,000,000

(2) 차가감소득금액

당기순이익	₩19,000,000
익금산입·손금불산입	10,000,000
손금산입·익금불산입	(12,000,000)
합 계	₩17,000,000

* 저가양도시에는 아래와 같이 세무조정을 생략한다.

구분	차변		대변	
B	현금	50,000,000	토지	40,000,000
			토지처분이익	10,000,000
T	현금	56,000,000	토지	40,000,000
			토지처분이익	16,000,000
	기부금	6,000,000	현금	6,000,000
D	익入 토지처분이익 ₩6,000,000, 손入 기부금 ₩6,000,000			

(3) 기준소득

① 기준소득금액 : ₩17,000,000 + ₩3,000,000(특례) + ₩8,000,000(일반) = ₩28,000,000

② 기준소득 : ₩28,000,000 − ₩22,400,000* = ₩5,600,000

　　* Min[₩23,000,000(이월결손금), ₩28,000,000 × 80%] = ₩22,400,000

(4) 기부금한도시부인

	B	T	D	
① 특례	₩3,000,000	₩2,800,000*1	₩200,000	→ 손不(기타사외유출)
② 일반	8,000,000	280,000*2	7,720,000	→ 손不(기타사외유출)

*1. ₩5,600,000 × 50% = ₩2,800,000

　2. (₩5,600,000 − ₩2,800,000) × 10% = ₩280,000

정답 ④

137 제조업을 영위하는 영리내국법인 ㈜A의 제26기(2026.1.1.~2026.12.31.) 차입금 및 업무무관자산 관련 자료이다. 법인세법상 손금불산입으로 세무조정하는 지급이 자 중에서 기타사외유출로 소득처분되는 금액으로 옳은 것은? (단, 1년은 365일로 가정한다.)
(2020. CPA)

지급이자
중요도 ★★★☆☆
난이도 ★★★☆☆

Memo

(1) 포괄손익계산서상 지급이자의 내역

구 분	이자율	이자비용	차입금적수
사채이자*	20%	₩3,000,000	₩5,475,000,000
은행차입금	10%	10,000,000	36,500,000,000

* 채권자불분명사채이자로 동 이자와 관련하여 원천징수하여 납부한 세액은 ₩1,485,000이다.

(2) 재무상태표상 전기에 특수관계인으로부터 취득하여 보유하고 있는 업무무관자산(취득가액: ₩20,000,000, 취득당시 시가: ₩12,000,000)에 대한 전기세무조정은 정확하게 이루어졌고 취득 이후 변동내역은 없다.

(3) 재무상태표상 대여금 ₩5,000,000(적수: ₩1,825,000,000)은 업무와 관련이 없는 특수관계인에 대한 것이다.

① ₩1,485,000　　　② ₩2,500,000　　　③ ₩2,960,000

④ ₩3,985,000　　　⑤ ₩5,500,000

---

(1) 채권자불분명사채이자 관련 지급이자 손금불산입액
　① 원천징수세액 : ₩1,485,000 → 손不(기타사외유출)
　② 나머지 : ₩3,000,000 − ₩1,485,000 = ₩1,515,000 → 손不(상여)

(2) 업무무관자산관련 지급이자 손금불산입액

$$₩10,000,000 \times \frac{₩20,000,000^* \times 365일 + ₩1,825,000,000}{₩36,500,000,000} = ₩2,500,000 → 손不(기타사외유출)$$

　* 업무무관자산의 취득가액에는 특수관계인으로부터 고가매입한 자산의 시가초과액을 포함한다.

(3) 기타사외유출로 소득처분되는 금액 : ₩1,485,000 + ₩2,500,000 = ₩3,985,000

Key point!

기타사외유출로
손금불산입할 금액

정답 ④

138 제조업을 영위하는 중소기업 ㈜A의 제26기(2026.1.1.~2026.12.31.) 차입금 및 대여금에 관한 자료이다. 법인세법상 손금불산입으로 세무조정하는 지급이자 중에서 기타사외유출로 소득처분되는 금액으로 옳은 것은? (2024, CPA)

(1) 당기말 현재 차입금 및 지급이자의 내역

구분	연이자율	차입금	지급이자
사채이자*	8%	₩50,000,000	₩4,000,000
운영자금대출**	5%	100,000,000	5,000,000

 * 채권자가 불분명한 사채의 이자이며, 사채이자와 관련하여 원천징수하여 납부한 세액은 ₩1,000,000임

 ** 은행차입금이고, 적수는 ₩36,500,000,000임

(2) 당기말 현재 재무상태표상 대여금의 내역

구분	금액	비고
대표이사	₩10,000,000	귀속이 불분명하여 대표자 상여로 처분한 금액에 대한 소득세를 대납한 금액임
직원 갑	5,000,000	지배주주이며, 주택구입자금 대여액임
직원 을	3,000,000	전세자금 대여액임
직원 병	4,000,000	자녀에 대한 학자금 대여액임

(3) ㈜A의 차입금과 대여금은 모두 제25기 초에 차입 및 대여하였으며, 제26기 중 차입금 및 대여금 변동은 없다.

① ₩1,250,000   ② ₩1,400,000   ③ ₩1,450,000

④ ₩1,500,000   ⑤ ₩1,600,000

(1) 채권자불분명사채이자 관련 지급이자 손금불산입액

 ① 원천징수세액 : ₩1,000,000 → 손주(기타사외유출)

 ② 나머지 : ₩4,000,000 − ₩1,000,000 = ₩3,000,000 → 손주(상여)

(2) 업무무관자산관련 지급이자 손금불산입액

$$₩5,000,000 \times \frac{₩5,000,000^{*1}}{₩100,000,000^{*1}} = ₩250,000 → 손주(기타사외유출)$$

 *1. 차입금과 대여금은 모두 제25기 초에 차입 및 대여하였으며, 제26기 중 차입금 및 대여금 변동은 없다고 하였으므로 적수계산은 생략한다.

 2. 귀속이 불분명하여 대표자상여로 처분한 금액에 대한 소득세를 법인이 대납한 금액 및 직원의 자녀에 대한 학자금 대여액은 업무무관가지급금으로 보지 않는다. 또한 ㈜A가 중소기업이므로 지배주주가 아닌 직원 을에 대한 주택자금 대여액은 업무무관가지급금으로 보지 않으나, 지배주주인 직원 갑에 대한 주택자금 대여액은 업무무관가지급금에 해당한다.

(3) 기타사외유출로 소득처분되는 금액 : ₩1,000,000 + ₩250,000 = ₩1,250,000

139 제조업을 영위하는 영리내국법인 (주)A(중소기업 아님)의 제26기 사업연도(2026. 1.1.~12.31.) 지급이자에 대한 세무조정 결과, 법인세법상 『자본금과 적립금 조정명세서(乙)』의 기말잔액에 영향을 미친 금액은? (단, 1년은 365일로 가정한다. 또한 당기의 모든 세무조정은 적절하게 이루어졌으며, 주어진 자료 이외에는 고려하지 않는다.)

(2021. 세무사)

지급이자
중요도 ★★★☆☆
난이도 ★★★★☆

Memo

(1) 제26기 포괄손익계산서상 지급이자 내역

구 분	지급이자 금액	연이자율	비 고
지급이자 A	₩3,000,000	6%	채권자와의 금전거래사실 및 거래내용이 불분명한 차입금에서 발생함
지급이자 B	?	?	사업용 유형자산 건설에만 전액 소요된 특정차입금에 대한 지급이자임
지급이자 C	₩9,600,000	12%	
지급이자 D	?	?	지급이자 D에 대한 차입금은 ₩60,000,000임
합 계	₩26,600,000		

(2) 2026.1.1.에 대표이사에게 업무와 관련 없이 ₩70,000,000을 대여하였고, 제26기말까지 상환되지 않았다. 또한 업무무관자산 등에 대한 지급이자 세무조정 결과, 포괄손익계산서상 지급이자 중에서 동 가지급금과 관련하여 손금불산입된 금액은 ₩9,300,000이다.

(3) (주)A의 제26기 말 현재 차입금 총액 ₩252,500,000은 모두 전기 이전에 차입하였으며, 제26기 중 신규로 차입하거나 상환된 차입금은 없다.

① ₩4,000,000
② ₩5,000,000
③ ₩6,000,000
④ ₩7,000,000
⑤ ₩8,000,000

구 분	지급이자 금액	비 고
지급이자 A	₩3,000,000	손不 채권자불분명사채이자 ₩3,000,000 (상여 또는 기타사외유출)
지급이자 B	x	손不 건설자금이자 x (유보)
지급이자 C	₩9,600,000	손不 업무무관가지급금 관련이자 ₩9,300,000 (기타사외유출)
지급이자 D	y	
합계	₩26,600,000	

$$(₩9,600,000 + y) \times \frac{₩70,000,000}{₩60,000,000 + ₩9,600,000 \div 12\%} = ₩9,300,000$$

→ y = ₩9,000,000

→ x = ₩5,000,000(= ₩26,600,000 − ₩3,000,000 − ₩9,600,000 − ₩9,000,000)

정답 ②

감가상각비
중요도 ★★★★☆
난이도 ★★★★☆

Memo

140 내국법인인 (주)A의 제26기 사업연도(2026.1.1~12.31) 기업업무추진비 관련 자료이다. (주)A가 제26기에 행하여야 할 세무조정으로 옳은 것은? (2010 세무사)

(1) (주)A는 해당 사업연도에 다음과 같이 기업업무추진비를 계상하였다.

판매비와관리비로 계상된 기업업무추진비	₩20,000,000
건물로 계상된 기업업무추진비	12,000,000
계	₩32,000,000

(2) 판매비와 관리비로 계상된 기업업무추진비 중에는 당사의 상품(장부가액 ₩5,000,000, 시가 ₩8,000,000)을 거래처에 증정한 것이 포함되어 있으며, 이에 대해 (주)A는 다음과 같이 회계처리한다.

(차) 기업업무추진비　5,800,000 (대) { 상　　품　　　5,000,000
부가가치세예수금　　800,000

(3) 건당 3만원을 초과하는 기업업무추진비는 모두 신용카드로 결제되었으며, 문화기업업무추진비 해당액은 없다.

(4) 제26기 사업연도의 기업업무추진비 한도액은 ₩11,000,000으로 가정한다.

(5) (주)A는 제26기 초에 처음으로 건물을 취득하였으며, 건물의 취득가액은 ₩200,000,000 (기업업무추진비 해당액 ₩12,000,000 포함)이고 제26기에 ₩20,000,000의 감가상각비를 계상하였다. 건물의 신고내용연수는 10년이며 정액법을 사용한다.

(6) 현물로 제공한 상품의 시가와 장부가액과의 차액은 기업업무추진비 시부인계산시 고려하지만, 이에 대한 세무조정은 생략한다.

	익금산입 및 손금불산입		손금산입 및 익금불산입	
① 기업업무추진비한도초과액	₩24,000,000	(기타사외유출)	건물 ₩4,000,000	(△유보)
건물감액분 감가상각비	4,000,000	(유보)		
② 기업업무추진비한도초과액	24,000,000	(기타사외유출)	건물　1,000,000	(△유보)
건물감액분 감가상각비	100,000	(유보)		
③ 기업업무추진비한도초과액	21,000,000	(기타사외유출)	건물　1,000,000	(△유보)
건물감액분 감가상각비	100,000	(유보)		
④ 기업업무추진비한도초과액	24,000,000	(기타사외유출)	건물　4,000,000	(△유보)
⑤ 기업업무추진비한도초과액	21,000,000	(기타사외유출)	건물　1,000,000	(△유보)

(1) 기업업무추진비관련 세무조정

구 분	B	T	D	비 고
① 비용	₩23,000,000*	–	₩23,000,000	–
② 건물	12,000,000	₩11,000,000	1,000,000	손입(△유보)
합 계	₩35,000,000	₩11,000,000	₩24,000,000	손불(기타사외유출)

* ₩20,000,000 + ₩3,000,000(현물기업업무추진비 평가차액) = ₩23,000,000

(2) 건물감액분 추인

〈손금불산입〉 건물감액분 감가상각비 ₩100,000* (유보)

$$ * ₩1,000,000 \times \frac{₩20,000,000}{₩200,000,000} = ₩100,000 $$

(3) 감가상각시부인계산

① 감가상각비 해당액 : ₩20,000,000 − ₩100,000 = ₩19,900,000

② 상각범위액 : (₩200,000,000 − ₩1,000,000) × 0.100 = ₩19,900,000

③ 상각부인액 : ₩0 → 세무조정 無

Key point!

① 기업업무추진비 한도초과액
→ 손불(기타사외유출)
② 자산계상 기업업무추진비
→ 손입(△유보)
③ 자산감액분상각비
→ 직부인
④ 나머지
→ 시부인

정답 ②

감가상각비
중요도 ★★★☆☆
난이도 ★★★☆☆

Memo

141 영리내국법인 ㈜갑의 제26기 사업연도(2026.1.1.~2026.12.31.) 사용수익기부자산과 관련된 자료이다. 동 자산에 대한 세무조정이 제26기 각사업연도소득금액에 미치는 순영향은 얼마인가?

(2019. CPA)

(1) ㈜갑은 건물(장부가 ₩80,000,000, 시가 ₩100,000,000)을 2026년 7월 1일 준공하여 동 일자로 지방자치단체에 기부하고 향후 10년간 무상 사용하기로 하였다. 이에 따른 회계처리는 다음과 같다.

(차) 사용수익기부자산 100,000,000　　(대) 건 물　　　　　　　80,000,000
　　　　　　　　　　　　　　　　　　　　유형자산처분이익　　20,000,000

(2) 제26기 사용수익기부자산에 대하여 ₩10,000,000의 감가상각비를 계상하였다.

(3) ㈜갑은 한국채택국제회계기준을 적용하지 않는다.

① (−)₩14,000,000　　　　② (+)₩14,000,000　　　　③ (−)₩16,000,000
④ (+)₩16,000,000　　　　⑤ (−)₩18,000,000

Key point!
① 직부인
② 시부인

(1) 사용수익기부자산 감액

〈손금산입〉　사용수익기부자산　　　　₩20,000,000　(△유보)

* 사용수익기부자산 : 금전 이외의 자산을 특례기부금 · 일반기부금단체에 기부한 후 그 자산을 사용하거나 그 자산으로부터 수익을 얻는 경우에 해당 자산의 장부가액을 말한다.

(2) 자산감액분 추인

〈손금불산입〉　자산감액분 추인(직부인)　　₩2,000,000* (유보)

$$* ₩20,000,000 \times \frac{₩10,000,000}{₩100,000,000} = ₩2,000,000$$

(3) 감가상각시부인계산
① 감가상각비 해당액 : ₩10,000,000 − ₩2,000,000 = ₩8,000,000
② 상각범위액 : (₩100,000,000 − ₩20,000,000) × 0.1(정액법, 10년) × 6/12 = ₩4,000,000
③ 상각부인액 : ₩4,000,000 → 손금불산입(유보)

(4) 각사업연도소득금액에 미치는 순영향 : △₩20,000,000 + ₩2,000,000 + ₩4,000,000 = △₩14,000,000

정답 ①

142 제조업을 영위하는 영리내국법인 ㈜A의 제26기(2026.1.1.~2026.12.31.) 공장 건물의 감가상각비 세무조정에 관한 자료이다. ㈜A가 법인세 부담을 최소화하는 방향으로 적법하게 신고하였을 경우 공장 건물의 감가상각에 관한 세무조정으로 옳은 것은?

(2024. CPA)

(1) 사업용 공장 건물을 시가인 ₩350,000,000에 취득하기 위하여 2026년 7월 1일 계약금 ₩50,000,000을 지급하였다. 소유권이전등기일(2026.9.1.)부터 동 건물의 사용을 개시하였으며, 2026년 10월 1일 잔금 ₩300,000,000을 지급하였다.

(2) 동 건물의 취득세 ₩10,000,000을 세금과공과로 비용처리하였다.

(3) 동 건물에 대한 기준내용연수는 20년이며, 당기에는 공장 건물에 대한 감가상각비를 계상하지 않았다.

(4) 감가상각 시부인 계산시 월할상각을 가정한다.

(5) 한국채택국제회계기준을 적용하지 않는다.

① 세무조정 없음
② 손금산입 ₩4,000,000 (△유보)
③ 익금산입 ₩2,000,000 (유보)
④ 익금산입 ₩4,000,000 (유보)
⑤ 익금산입 ₩5,500,000 (유보)

---

① 감가상각비 해당액 : ₩10,000,000(취득세, 즉시상각의제)

② 상각범위액 : $[₩350,000,000 + ₩10,000,000(즉시상각의제)] \times \dfrac{1}{15}^{*1} \times \dfrac{4}{12}^{*2} = ₩8,000,000$

③ 상각부인액 : ₩2,000,000 → 손不(유보)

*1. 문제에서 법인세 부담을 최소화하는 방향으로 적법하게 신고하였을 경우로 가정하였으므로 기준내용연수 20년에서 25%를 차감한 15년(신고내용연수)에 따른 상각률로 상각범위액을 계산한다.

2. 회사가 자산으로 계상하고 사업에 사용하는 경우에는 그 대금의 청산 또는 소유권의 이전 여부에 관계없이 사용개시일(2026.9.1.)부터 월할상각한다.

감가상각비
중요도 ★★★☆☆
난이도 ★★★☆☆

Memo

정답 ③

143 제조업을 영위하는 영리내국법인 ㈜A(일반기업회계기준 적용기업)의 제26기(2026. 1.1.~2026.12.31.) 감가상각 관련 자료이다. 감가상각과 관련하여 세무조정금액으로 옳은 것은? (2020. CPA)

(1) 제26기의 감가상각비 조정을 위한 자료는 다음과 같다.

(단위 : 원)

구 분	취득원가*	기말감가상각누계액*	기초상각부인누계액	당기감가상각비*
건물	₩900,000,000	₩435,000,000	₩4,000,000	₩30,000,000
기계장치	400,000,000	280,000,000	20,000,000	25,000,000

* 회계장부상 수치임

(2) 기준내용연수 및 상각률

구 분	기준내용연수	상각률	
		정액법	정률법
건물	20년	0.050	0.140
기계장치	10년	0.100	0.259

(3) ㈜A는 내용연수 및 감가상각방법을 신고하지 않았다.

(4) 당기 중 건물에 대한 자본적 지출 ₩24,000,000과 기계장치에 대한 자본적 지출 ₩10,000,000을 손익계산서상 수선비로 처리하였다.

	건　　물		기계장치	
①	손금불산입	₩19,000,000	손금불산입	₩3,850,000
②	손금산입	4,000,000	손금산입	3,850,000
③	손금산입	4,000,000	손금불산입	10,325,000
④	손금불산입	19,000,000	손금산입	10,325,000
⑤	손금산입	4,000,000	손금산입	10,325,000

(1) 건물(정액법)

① 감가상각비 해당액 : ₩30,000,000

　* 건물에 대한 자본적 지출액 ₩24,000,000은 전기말 재무상태표상의 장부가액인 ₩495,000,000[=
　₩900,000,000 − ₩405,000,000(기초감가상각누계액)]의 5%에 미달하므로 소액수선비에 해당한다.

② 상각범위액 : ₩900,000,000 × 0.05 = ₩45,000,000

③ 상각부인액(시인부족액) : △₩15,000,000

④ 세무조정 : 〈손금산입〉 전기이월 상각부인액　　₩4,000,000* (△유보)

　* Min[₩4,000,000, ₩15,000,000] = ₩4,000,000

(2) 기계장치(정률법)

① 감가상각비 해당액 : ₩25,000,000 + ₩10,000,000* = ₩35,000,000

　* 기계장치에 대한 자본적 지출액 ₩10,000,000은 전기말 재무상태표상의 장부가액인 ₩145,000,000[=
　₩400,000,000 − ₩255,000,000(기초감가상각누계액)]의 5%에 미달하지 않으므로 소액수선비에
　해당하지 않는다.

② 상각범위액 : (₩400,000,000 − ₩255,000,000* + ₩10,000,000 + ₩20,000,000) × 0.259
　　　　　　　= ₩45,325,000

　* ₩280,000,000 − ₩25,000,000 = ₩255,000,000

③ 상각부인액(시인부족액) : △₩10,325,000

④ 세무조정 : 〈손금산입〉 전기이월 상각부인액　　₩10,325,000* (△유보)

　* Min[₩20,000,000, ₩10,325,000] = ₩10,325,000

144 다음은 제조업을 영위하는 영리내국법인 ㈜A(한국채택국제회계기준을 적용하지 않으며, 중소기업 아님)의 제26기 사업연도(2026.1.1.~12.31.) 기계장치(B)의 감가상각비 관련 자료이다. 제26기말 기계장치(B)의 법인세법상 장부가액으로 옳은 것은?

(2018. CPA)

(1) 2024년 1월 1일에 기계장치(B)를 시가인 ₩300,000,000에 취득하여 사업에 사용하기 시작하였으며, 동 금액을 장부상 취득가액으로 계상하였다.

(2) 2025년 7월 1일에 자본적지출에 해당하는 수선비 ₩2,000,000을 기계장치(B)의 취득원가에 가산하였다.

(3) 2025년 12월 31일 현재 재무상태표상 기계장치(B)의 감가상각누계액은 ₩280,000,000이다.

(4) 기계장치(B)의 제26기초 상각부인액누계는 ₩5,600,000이다.

(5) 기계장치(B)와 관련하여 제26기에 ₩22,000,000을 손익계산서상 감가상각비로 계상하였다.

(6) 회사는 기계장치의 감가상각방법을 신고하지 아니하였으며, 정액법 상각률은 0.5, 정률법 상각률은 0.7로 가정한다.

(7) 회사의 세무조정은 적정하게 이루어진 것으로 가정하고, 주어진 자료 이외의 다른 사항은 고려하지 않는다.

① ₩30,280,000 ② ₩15,100,000 ③ ₩4,080,000
④ ₩2,680,000 ⑤ ₩1,000

---

(1) Book 장부가액 : ₩302,000,000 − ₩280,000,000 − ₩22,000,000 = ₩0

(2) Tax 장부가액 : ₩0 + ₩1,000(기말유보잔액, 비망가액) = ₩1,000

① 감가상각비 해당액 : ₩22,000,000

② 상각범위액 : a + b = ₩27,599,000

　　a. 일반 : (₩302,000,000 − ₩280,000,000 + ₩5,600,000) × 0.7 = ₩19,320,000

　　b. 추가상각범위액 : ₩8,280,000[*] − ₩1,000(비망가액) = ₩8,279,000

　　　* 미상각잔액 : ₩2,680,000(₩22,000,000 − ₩19,320,000) + ₩5,600,000 = ₩8,280,000
　　　　→ 취득가액(₩302,000,000)의 5% 이하(정률법 상각률 계산을 위해서 잔존가액을 취득가액의 5%로 하되, 그 금액은 해당 감가상각자산에 대한 미상각잔액이 최초로 취득가액의 5% 이하가 되는 사업연도의 상각범위액에 가산한다.)

③ 상각부인액(시인부족액) : △₩5,599,000 → 손입(△유보)

④ 기말유보잔액 : ₩5,600,000 − ₩5,599,000 = ₩1,000

145 영리내국법인 (주)A의 제26기 사업연도(2026.1.1~12.31) 손익계산서에 기계장치A의 감가상각비로 계상된 금액은 얼마인가? (단, 주어진 자료 이외에는 고려하지 않음)

(2016. 세무사)

> (1) 기계장치A의 전기말 재무상태표상 취득원가와 감가상각누계액은 각각 ₩300,000,000과 ₩50,000,000이다.
>
> (2) 제25기의 '자본금과 적립금 조정명세서(을)'의 당해 기계장치A 과목에 기록된 기말잔액은 ₩15,000,000이다.
>
> (3) 제26기에 기계장치A에 대한 자본적 지출에 해당되는 금액을 수선비로 회계처리한 금액은 ₩25,000,000이다.
>
> (4) (주)A는 당해 기계장치A에 대한 감가상각 방법을 신고하지 않았으며, 정액법 상각률은 0.125, 정률법 상각률은 0.300으로 가정한다.
>
> (5) 제26기의 기계장치A 감가상각비에 대한 세무조정 결과 ₩27,000,000의 시인부족액이 발생하였다.

① ₩9,250,000 ② ₩23,000,000

③ ₩30,500,000 ④ ₩34,250,000

⑤ ₩35,000,000

---

(1) 감가상각비 해당액 : x + ₩25,000,000(당기즉시상각의제)

 * 자본적 지출에 해당하는 수선비(₩25,000,000)는 전기말 재무상태표상의 장부가액(₩250,000,000)의 5% 이상에 해당하므로 즉시상각의제규정이 적용된다.

(2) 당기 감가상각범위액

 [(₩300,000,000 − ₩50,000,000) + ₩15,000,000(유보) + ₩25,000,000(당기즉시상각의제)] × 0.3

 = ₩87,000,000

(3) 한도초과액(미달액) : (1) − (2) = △₩27,000,000

 x + ₩25,000,000 − ₩87,000,000 = △₩27,000,000

 ∴ x = ₩35,000,000

감가상각비

중요도 ★★★☆☆
난이도 ★★★☆☆

Memo

Key point!

즉시상각의제

정답 ⑤

146 다음은 제조업을 영위하는 비상장 영리내국법인(한국채택국제회계기준을 적용하지 않음)인 ㈜A의 제25기(2025.1.1~12.31)와 제26기(2026.1.1~12.31) 감가상각비 관련 자료이다. ㈜A가 기계장치에 대해 신고한 감가상각방법이 정률법일 때 제26 기말 유보 잔액을 계산한 것으로 옳은 것은? (2016. CPA)

(1) 2025년 1월 1일에 신규 기계장치를 ₩100,000,000에 취득하여 사업에 사용하고 있다.

(2) 손익계산서상 기계장치의 수선비 중 자본적 지출에 해당하는 금액은 제25기에 ₩10,000,000, 제26기에 ₩1,000,000이다.

(3) 손익계산서상 기계장치의 감가상각비는 제25기에 ₩20,000,000, 제26기에 ₩18,000,000이다.

(4) 정률법 상각률은 0.2이며, 모든 세무조정은 적정하게 이루어진 것으로 가정한다.

① ₩6,400,000 ② ₩8,000,000

③ ₩8,400,000 ④ ₩9,200,000

⑤ ₩10,000,000

1. 제25기 세무조정
  (1) 감가상각비 해당액 : ₩20,000,000 + ₩10,000,000(즉시상각의제) = ₩30,000,000
  (2) 당기 감가상각범위액 : (₩100,000,000 + ₩10,000,000) × 0.2 × 12/12 = ₩22,000,000
  (3) 세무조정 : 〈손금불산입〉 상각부인액 ₩8,000,000 (유보)

2. 제26기 세무조정
  (1) 감가상각비 해당액 : ₩18,000,000
    * 수선비 중 자본적 지출에 해당하는 금액(₩1,000,000)은 Max[₩80,000,000 × 5%, ₩6,000,000]에 미달하므로 즉시상각의제의 특례규정이 적용되어 전액손금으로 인정된다.
  (2) 당기 감가상각범위액(직접법) : (① − ②) × 0.2 = ₩17,600,000
    ① 세무상 취득가액 : ₩100,000,000 + ₩10,000,000 = ₩110,000,000
    ② 세무상 감가상각누계액 : ₩22,000,000
      * 당기 감가상각범위액(간접법) : [(₩100,000,000 − ₩20,000,000) + ₩8,000,000] × 0.2
      = ₩17,600,000
  (3) 세무조정 : 〈손금불산입〉 상각부인액 ₩400,000 (유보)
  (4) 제26기말 유보잔액 : ₩8,000,000 + ₩400,000 = ₩8,400,000

147 비상장 영리내국법인 (주)A는 제26기(2026.1.1~12.31)중 기계장치의 일부를 양도하였다. 다음 자료에 의하여 기계장치 감가상각비에 관한 세무조정으로 옳은 것은? (단, 소득처분과 일부 양도된 부분에 관한 세무조정은 생략함)

(2014 세무사)

(1) 2026. 1. 1 현재 기계장치의 현황

ㄱ. 취득가액 ₩10,000,000 (일부 양도된 부분 ₩3,000,000이 포함됨)

ㄴ. 감가상각누계액 ₩6,000,000 (일부 양도된 부분 ₩1,800,000이 포함됨)

ㄷ. 상각부인액누계 ₩1,000,000 (일부 양도된 부분 ₩300,000이 포함됨)

(2) (주)A는 기계장치의 일부 양도된 부분을 기업회계기준에 따라 회계처리하였으며, 신고한 감가상각방법은 정률법(신고내용연수 5년, 상각률 0.451)이다.

(3) (주)A는 2026. 12. 31 현재 기계장치의 감가상각비로 ₩1,000,000을 계상하였는데 이 중에는 일부 양도된 부분에 관한 것 ₩300,000이 포함되어 있다.

① 손금산입 ₩700,000
② 손금산입 ₩878,500
③ 손금산입 ₩1,578,500
④ 손금불산입 ₩700,000
⑤ 손금불산입 ₩878,500

문제 단서에서 일부 양도된 부분에 관한 세무조정은 생략한다고 하였으므로 미양도부분에 대해서만 감가상각시부인계산을 한다.

① 회사계상 감가상각비 : ₩1,000,000 − ₩300,000 = ₩700,000

② 상각범위액 : (₩7,000,000[*1] − ₩4,200,000[*2] + ₩700,000[*3]) × 0.451 = ₩1,578,500

*1. 취득가액 : ₩10,000,000 − ₩3,000,000 = ₩7,000,000

2. 감가상각누계액 : ₩6,000,000 − ₩1,800,000 = ₩4,200,000

3. 상각부인액누계 : ₩1,000,000 − ₩300,000 = ₩700,000

③ 시인부족액 : ₩878,500 → Min[₩878,500, ₩700,000[*]] = ₩700,000 → 손입(△유보)

* 전기이월상각부인액(미양도분) : ₩1,000,000 × (1−30%[**]) = ₩700,000

** 양도비율(취득가액 비율) : $\dfrac{₩3,000,000}{₩10,000,000}$ = 30%

※ 별해(상각범위액) : [₩10,000,000 − ₩6,000,000 + ₩1,000,000) × (1 − 30%)] × 0.451 = ₩1,578,500

[응용]

if) 당기의 기계장치 양도 및 감가상각비에 관한 세무조정의 순액은?

① + ② = △₩1,000,000

① 양도부분(전기이월상각부인액 추인) : 손금산입 ₩300,000 (△유보)

② 미양도부분(감가상각시부인) : 손금산입 ₩700,000 (△유보)

148 다음은 제조업을 영위하는 영리내국법인 (주)A(한국채택국제회계기준 적용대상 아님)의 감가상각 관련 자료이다. (주)A의 제26기(2026.1.1~12.31) 감가상각과 관련하여 세무조정한 것으로 옳은 것은? *(2015. CPA 수정)*

(1) 제25기의 세무조정계산서상 감가상각비 조정내역은 다음과 같으며, 세무조정은 적정하게 이루어졌다고 가정한다.

	취득원가	기초 감가상각누계액	기초 상각부인액누계	당기 감가상각비	당기 상각범위액
건 물	₩800,000,000	₩240,000,000	–	₩60,000,000	₩40,000,000
기계장치	200,000,000	120,000,000	10,000,000	26,170,000	28,170,000

(2) 건물 : 정액법(20년), 기계장치 : 정률법(8년, 상각률 0.313)

(3) 제26기 회계상 건물 감가상각비는 ₩30,000,000이고, 기계장치 감가상각비는 ₩30,000,000이며, 적절한 회계처리가 이루어졌다.

	건 물		기계장치	
①	손금산입	₩8,000,000	손금불산입	₩14,842,000
②	손금산입	8,000,000	손금불산입	10,242,000
③	손금산입	8,000,000	손금불산입	13,838,000
④	손금산입	10,000,000	손금불산입	12,242,000
⑤	손금산입	10,000,000	손금불산입	10,647,210

(1) 건물(정액법)
① 감가상각비 해당액 : ₩30,000,000
② 상각범위액 : ₩800,000,000 × 0.05 = ₩40,000,000
③ 시인부족액 : ₩30,000,000 − ₩40,000,000 = △₩10,000,000
④ 세무조정 : 〈손금산입〉 전기이월 상각부인액 ₩10,000,000 (△유보)
* 시인부족액을 한도로 전기 상각부인액**을 추인한다.
** 전기 상각부인액 : ① − ② = ₩20,000,000
① 전기 감가상각비 : ₩60,000,000
② 전기 상각범위액 : ₩40,000,000

(2) 기계장치(정률법)
① 감가상각비 해당액 : ₩30,000,000
② 상각범위액 : (₩200,000,000 − ₩146,170,000[*1] + ₩8,000,000[*2]) × 0.313 = ₩19,352,790
*1. ₩120,000,000 + ₩26,170,000 = ₩146,170,000
2. ₩10,000,000 − ₩2,000,000 = ₩8,000,000
③ 상각부인액 : ₩10,647,210
④ 세무조정 : 〈손금불산입〉 상각부인액 ₩10,647,210 (유보)

149 다음은 제조업을 영위하는 영리내국법인 (주)A의 제26기 사업연도(2026.1.1~ 12.31) 기계장치(B) 감가상각비 관련 자료이다. 제26기의 기계장치(B) 상각범위액을 계산한 것으로 옳은 것은?

(2014. CPA)

(1) 제25기 사업연도(2025.1.1~12.31)

　가. 7월 10일에 기계장치(B)를 ₩10,000,000에 취득하여 사업에 사용하기 시작하였으며, 동 금액을 장부상 취득가액으로 계상하였다.

　나. 기계장치(B)의 취득부대비용 ₩2,000,000을 손익계산서상 비용으로 계상하였다.

　다. 장부에 계상된 기계장치(B)의 감가상각비는 ₩1,340,000이다.

(2) 제26기 사업연도(2026.1.1~12.31)

　가. 4월 20일에 기계장치(B)에 대한 자본적지출에 해당하는 수선비 ₩7,000,000을 손익계산서상 비용으로 계상하였다.

　나. 7월 10일에 기계장치(B)에 대한 자본적지출에 해당하는 수선비 ₩1,000,000을 자산취득원가에 가산하였다.

(3) 기계장치(B)의 감가상각방법은 정률법이며, 상각률은 0.390으로 가정한다.

① ₩4,887,400　　　　　② ₩5,327,400

③ ₩5,497,400　　　　　④ ₩6,887,400

⑤ ₩6,497,400

---

(1) 제25기 감가상각시부인

　① 감가상각비 해당액 : ₩1,340,000 + ₩2,000,000(즉시상각의제) = ₩3,340,000

　② 상각범위액 : {₩10,000,000 + ₩2,000,000(즉시상각의제)} × 0.390 × $\frac{6}{12}$ = ₩2,340,000

　③ 상각부인액 : ₩1,000,000 → 손不(유보)

(2) 제26기 상각범위액(직접법) : (① - ②) × 0.390 = ₩6,887,400

　① 세무상 취득가액 : ₩11,000,000 + ₩9,000,000* = ₩20,000,000

　　* 즉시상각의제누계액 : ₩2,000,000(전기분) + ₩7,000,000(당기분) = ₩9,000,000

　② 세무상 감가상각누계액 : ₩2,340,000

　　* 수선비 합계액(₩7,000,000 + ₩1,000,000)이 소액수선비에 해당하지 않으므로 비용계상한 ₩7,000,000에 대하여 즉시상각의제 규정을 적용한다.

※ 별해

　• 제26기 상각범위액(간접법) : (① + ② + ③) × 0.390 = ₩6,887,400

　　① 장부상 미상각잔액 : ₩11,000,000 - ₩1,340,000 = ₩9,660,000

　　② 상각부인액(전기말유보) : ₩1,000,000

　　③ 당기즉시상각의제액 : ₩7,000,000

150 다음은 (주)한국의 제26기 사업연도(2026.1.1~12.31)에 대한 자료이다.

> (1) (주)한국은 건물을 2025년 7월초에 착공하여 2026년 4월말에 완성하였으며 건설원가(건설자금이자를 포함하지 않은 부분)는 ₩500,000,000이다.
>
> (2) (주)한국은 2026년도 손익계산서에 감가상각비로 ₩12,000,000을 계상하였다.
>
> (3) 2026년 6월에 건물에 대한 취득부대비용 ₩10,000,000을 손익계산서상의 비용으로 처리하였다.
>
> (4) 2025년과 2026년에 발생한 이자비용 중에서 건설자금이자 해당액은 각각 ₩6,000,000과 ₩4,000,000이며, (주)한국은 이를 모두 손익계산서에 이자비용으로 처리하였다. 건설자금이자에 대한 2025년도의 세무조정은 적절하게 이루어졌다.
>
> (5) 동 건물의 내용연수는 40년이며 상각률은 다음과 같다.
> ① 정액법 : 0.025
> ② 정률법 : 0.073

(주)한국이 건물에 대한 감가상각방법을 신고하지 않은 경우 2026년도에 감가상각비와 관련된 세무조정으로 맞는 것은? (2001. 세무사)

① 상각부인액 ₩16,250,000
② 상각부인액 ₩26,000,000
③ 상각부인액 ₩12,750,000
④ 상각부인액 ₩19,000,000
⑤ 세무조정 없음

(1) 감가상각비 해당액 : ₩12,000,000 + ₩10,000,000[*] + ₩4,000,000[*] = ₩26,000,000
   [*] 비용으로 처리한 취득부대비용 및 건설자금이자는 보유시 발생하는 수선비가 아니므로 소액여부와 무관하게 즉시상각의제가 적용된다.

(2) 상각범위액 : $(₩520,000,000^{[*1]} \times 0.025^{[*2]} \times \dfrac{9^{[*3]}}{12} = ₩9,750,000$

   [*1]. 세무상 취득금액 : ₩500,000,000 + ₩10,000,000 + ₩6,000,000 + ₩4,000,000 = ₩520,000,000
   2. 건물은 항상 정액법을 적용한다.
   3. 4월~12월 : 9개월 → 1개월 미만은 1개월로 보므로 4월달(1일)도 1개월로 계산해야 한다.

(3) 상각부인액 : ₩16,250,000

151 다음은 제조업을 영위하는 영리내국법인 ㈜A(한국채택국제회계기준 적용하지 않음, 중소기업 아님)의 제25기(2025.1.1~12.31)와 제26기(2026.1.1~12.31) 건물의 감가상각과 관련된 자료이다. 제26기말 유보잔액으로 옳은 것은? *(2017. CPA)*

기말유보잔액
중요도 ★★★☆☆
난이도 ★★★☆☆

Memo

(1) 본점용 건물을 2025.4.2.에 시가인 ₩1,000,000,000에 매입하고 장부에 매입가액으로 계상하였다. 동 건물은 매입일부터 사업에 사용하였다.

(2) 제25기에 동 건물의 취득세로 ₩2,500,000을 지출하고 손익계산서상 세금과공과로 계상하였다.

(3) 제26기에 동 건물에 대한 자본적 지출액(주기적인 수선을 위한 지출 아님) ₩50,000,000을 손익계산서상 수선비로 계상하였다.

(4) 동 건물과 관련하여 제25기와 제26기에 각각 ₩100,000,000을 손익계산서상 감가상각비로 계상하였다.

(5) 건물의 감가상각방법은 신고하지 않았다(정액법 상각률은 0.1, 정률법 상각률은 0.2로 가정함).

(6) 법인세부담 최소화를 가정하고, 주어진 자료 이외의 다른 사항은 고려하지 않는다.

① ₩0
② ₩47,000,000
③ ₩70,000,000
④ ₩72,062,500
⑤ ₩72,312,500

---

1. 제25기 세무조정
   (1) 감가상각비 해당액 : ₩100,000,000 + ₩2,500,000* = ₩102,500,000
      * 취득세(취득부대비용)는 보유시 발생하는 수선비가 아니므로 소액여부와 무관하게 즉시상각의제가 적용된다.
   (2) 당기 감가상각범위액 : (₩1,000,000,000 + ₩2,500,000) × 0.1 × 9/12 = ₩75,187,500
   (3) 상각부인액 : ₩27,312,500 → 손不(유보)

2. 제26기 세무조정
   (1) 감가상각비 해당액 : ₩100,000,000 + ₩50,000,000* = ₩150,000,000
      * 전기말 재무상태표상의 장부가액(₩900,000,000)의 5%에 미달하지 않으므로 소액수선비에 해당하지 않는다.
   (2) 당기 감가상각범위액 : (₩1,000,000,000 + ₩2,500,000 + ₩50,000,000) × 0.1 = ₩105,250,000
   (3) 상각부인액 : ₩44,750,000 → 손不(유보)

3. 제26기말 유보잔액 : ₩27,312,500 + ₩44,750,000 = ₩72,062,500

정답 ④

152 (주)F보험사는 보유건물(취득가액 ₩70,000,000, 당기말 감가상각누계액 ₩60,000,000)을 기말에 보험업법에 따라 ₩15,000,000으로 평가하였다. 당기에 감가상각 시부인계산을 적정하게 한 후 건물의 상각부인액은 ₩6,000,000이다. 관련된 세무조정으로 옳은 것은? (2009. CPA)

① 손금산입 ₩5,000,000 (△유보)
② 손금산입 6,000,000 (△유보)
③ 손금산입 1,000,000 (△유보)
④ 손금불산입 5,000,000 (유보)
⑤ 손금불산입 6,000,000 (유보)

• 손금산입액(유보추인금액) : Min[①, ②] = ₩5,000,000
  ① 기말유보잔액 : ₩6,000,000
  ② 장부상 평가이익 : ₩15,000,000 − ₩10,000,000 = ₩5,000,000

153 다음은 제조업을 영위하는 영리내국법인 ㈜A(한국채택국제회계기준을 적용하지 않으며, 중소기업 아님)의 제26기 사업연도(2026.1.1.~12.31.) 업무용승용차(B)의 세무조정을 위한 자료이다. 제26기말 업무용승용차(B)와 관련된 유보잔액을 계산한 것으로 옳은 것은?

(2018. CPA)

(1) 2026년 1월 1일에 임원 전용 업무용승용차(B)*를 ₩120,000,000에 취득하여 사업에 사용하기 시작하였다.

  * 개별소비세법 제1조 제2항 제3호에 해당하는 승용자동차로 제26기 전체 기간 동안 업무전용자동차보험에 가입하고, 법인업무용 자동차번호판을 부착하였다.

(2) 제26기 손익계산서상 업무용승용차(B) 관련비용

구분	금액
감가상각비	₩20,000,000
유류비, 보험료, 자동차세, 통행료	4,000,000
합계	₩24,000,000

(3) 회사는 운행기록 등을 작성·비치하였으며, 운행기록 등에 따라 확인되는 업무용승용차(B)의 업무사용비율은 90%이다.

(4) 해당 사업연도의 상시근로자 수는 10명이다.

(5) 회사의 세무조정은 적정하게 이루어진 것으로 가정한다.

① (－)₩4,000,000 ② ₩9,600,000 ③ ₩10,000,000
④ ₩12,400,000 ⑤ ₩13,600,000

---

(1) 감가상각시부인
  ① 회사계상 감가상각비 : ₩20,000,000
  ② 상각범위액 : ₩120,000,000 × 0.2 = ₩24,000,000
  ③ 상각부인액(시인부족액) : △₩4,000,000 → 손입(△유보)

  사적사용비용 및 업무사용금액 중 감가상각비 조정

구 분	금 액 (A)	업무사용금액 (B)	사적사용금액 (A－B)	감가상각비 (B－800만원)
감가상각비*1	₩24,000,000	₩21,600,000	₩2,400,000	₩13,600,000
차량유지비	4,000,000	3,600,000	400,000	－
합 계	₩28,000,000	₩25,200,000	₩2,800,000	₩13,600,000

  *1. 감가상각비 : 감가상각시부인 후의 세법상 감가상각비(= 상각범위액)를 말한다.
  2. 업무사용비율 : 90%

  〈손금불산입〉 사적사용비용 ₩2,800,000 (상여)
  〈손금불산입〉 업무사용금액 중 800만원 초과 감가상각비 ₩13,600,000 (유보)

(3) 유보잔액 : △₩4,000,000 + ₩13,600,000 = ₩9,600,000

정답 ②

154 (주)A는 제조업을 영위하는 영리내국법인이다. (주)A의 제26기 사업연도(2026.1.1.~ 12.31.)의 임원전용 업무용승용차 관련 자료가 다음과 같을 경우 손금불산입금액은? (단, 주어진 자료 이외에는 고려하지 않음) (2022 세무사)

(1) (주)A는 업무전용 자동차보험에 가입하였고 업무용승용차 운행기록부를 작성·비치하고 있으며, 제26기 사업연도의 상시근로자 수는 10인이다. 또한 법인업무용 자동차번호판을 부착하였다.

(2) (주)A는 리스회사인 (주)B에서 제26기 초에 운용리스(리스기간 3년)로 임원전용 업무용승용차를 임차하였다.

(3) 제26기 사업연도에 발생한 업무용승용차 관련비용은 다음과 같다.

구 분	손익계산서에 계상한 비용
리스료	₩30,000,000
(상기 리스료에 포함되어 있는 항목)	
- 자동차보험료	3,000,000
- 자동차세	2,000,000
- 수선유지비	1,750,000
기타 유지비	₩3,000,000

(4) 제26기 사업연도 운행기록: 총 주행거리 20,000km, 업무용 사용거리 15,000km

① ₩8,250,000 ② ₩10,750,000 ③ ₩17,687,500
④ ₩18,750,000 ⑤ ₩24,750,000

---

1. 분석

구 분	금 액 (A)	업무사용금액 (B)	사적사용금액 (A - B)	감가상각비상당액 (B - 800만원)
감가상각비 상당액[1]	₩23,250,000	₩17,437,500	₩5,812,500	₩9,437,500
기타 관련비용[2]	9,750,000	7,312,500	2,437,500	-
합 계	₩33,000,000	₩24,750,000	₩8,250,000	₩9,437,500

[1]. 감가상각비 상당액 : ₩30,000,000 - ₩3,000,000(보험료) - ₩2,000,000(자동차세) - ₩1,750,000(수선유지비) = ₩23,250,000

2. ₩30,000,000(리스료) + ₩3,000,000(기타유지비) - ₩23,250,000(감가상각비 상당액) = ₩9,750,000

3. 업무사용비율 : $\dfrac{15,000km²}{20,000km²}$ = 75%

2. 세무조정
〈손금불산입〉 사적사용비용 ₩8,250,000 (상여)
〈손금불산입〉 업무사용금액 중 800만원 초과분 감가상각비 상당액 ₩9,437,500 (기타사외유출)

3. 손금불산입금액 : ₩8,250,000 + ₩9,437,500 = ₩17,687,500

155 제조업을 영위하는 영리내국법인 ㈜A의 제3기(2026.1.1.~2026.12.31.) 자료이다. 제3기말 기계장치의 세무상 미상각잔액으로 옳은 것은? (2022 CPA)

(1) ㈜A는 제2기부터 창업중소기업 등에 대한 세액감면을 받고 있는 기업이다.

(2) 기계장치(2025.7.1. 취득)의 감가상각비와 관련하여 결산서에 반영된 내역은 다음과 같다.

취득원가	제3기말 감가상각누계액	제3기 감가상각비
₩500,000,000	₩75,000,000	₩50,000,000

(3) 당기 중 기계장치에 대한 수선비(자본적 지출이며 주기적 수선에 해당하지 않음) ₩22,000,000을 손익계산서에 비용으로 계상하였다.

(4) ㈜A는 기계장치 취득 시 내용연수 및 감가상각방법을 신고하지 않았고, 기준내용연수(10년)에 대한 상각률은 정액법 0.100, 정률법 0.259이다.

① ₩62,729,750   ② ₩316,822,250   ③ ₩322,520,250

④ ₩401,975,000   ⑤ ₩435,250,000

- 제3기말 세무상 미상각잔액(직접법) : (1) − (2) = ₩322,520,250

  (1) 제3기말 세무상 취득가액 : ₩500,000,000

    * 건물에 대한 자본적 지출액은 전기말 재무상태표상의 장부가액의 5%에 미달하므로 소액수선비에 해당한다.

    ① 기초감가상각누계액 : ₩75,000,000(기말감가상각누계액) − ₩50,000,000(감가상각비)

      = ₩25,000,000

    ② 전기말 재무상태표상의 장부가액 : ₩500,000,000 − ₩25,000,000(기초감가상각누계액)

      = ₩475,000,000

    ③ ₩22,000,000(수선비) < ₩475,000,000 × 5% = ₩23,750,000

  (2) 제3기말 세무상 감가상각누계액 : ₩64,750,000[*1] + ₩112,729,750[*2] = ₩177,479,750

    *1. 제2기 손금인정액(상각범위액) : ₩500,000,000 × 0.259 × 6/12 = ₩64,750,000

    2. 제3기 손금인정액(상각범위액) : (₩500,000,000 − ₩64,750,000) × 0.259 = ₩112,729,750

    3. 제2기부터 세액감면을 받고 있는 기업이므로 감가상각의제가 적용되어 제2기와 제3기에 세법상의 상각범위액만큼 손금으로 인정된다.

> ※ 참고
> 세법상 미상각잔액을 구하는 방법은 다음과 같이 두가지 방법이 있으며, 감가상각의제 문제풀이시 에는 직접법으로 문제를 풀이하는 것이 보다 간편하다.
> ① 직접법 : 당기말 세무상 취득가액[*1] − 당기초 세무상 감가상각누계액[*2]
>   *1. 당기말 세무상 취득가액 : 당기말 B/S상 취득가액[*] + 즉시상각의제누계액
>   * 다만, 자산감액 등의 세무조정으로 세무상의 취득가액과 장부상 취득가액이 다른 경우에 는 취득가액 관련 유보를 가감해야 한다.
>   2. 당기초 세무상 감가상각누계액은 세무상 손금인정된 감가상각비의 누계액을 말한다.
> ② 간접법 : (당기말 B/S상 취득가액 − 당기초 B/S상 감가상각누계액) + 당기즉시상각의제액
>   ± 전기이월유보잔액

정답 ③

156 (주)백두는 각 사업연도의 소득에 대하여 법인세가 감면되는 사업을 영위하는 법인으로서 매년 법인세를 감면받아 왔다. 다음은 (주)백두가 제26기(2026.1. 1~12.31)에 보유하고 있는 기계장치와 관련된 자료이다. *(2004. 세무사)*

(1) 취 득 일 : 2024년 1월 1일

(2) 취득가액 : ₩100,000,000

(3) (주)백두는 기계장치에 대한 감가상각방법과 적용내용연수를 신고한 바 없으며, 매년 감가상각비의 장부계상액은 다음과 같다.

① 제24기(2024. 1. 1~12. 31) ₩30,000,000

② 제25기(2025. 1. 1~12. 31) ₩0

③ 제26기(2026. 1. 1~12. 31) ₩16,000,000

제25기에는 자본적 지출액 ₩8,000,000을 수선비로 처리한 바 있다.

(4) 기준내용연수 : 10년

(5) 내용연수 10년의 감가상각률

정액법 : 0.100　　　　정률법 : 0.259

(6) 제24기와 제25기의 세무조정은 적정하게 이루어졌다.

(주)백두의 제26기 감가상각비와 관련된 세무조정으로 적절한 것은?

① 세무조정 없음
② 손금불산입 ₩778,802 (유보)
③ 손금불산입 ₩214,200 (유보)
④ 손금불산입 ₩243,451 (유보)
⑤ 손금불산입 ₩500,000 (유보)

---

(1) 감가상각비 해당액 : ₩16,000,000

(2) 상각범위액(직접법) : (① − ②) × 0.259 = ₩15,756,549

① 세무상 취득가액 : ₩100,000,000 + ₩8,000,000 = ₩108,000,000

② 세무상 감가상각누계액 : ₩25,900,000[*1] + ₩21,263,900[*2] = ₩47,163,900

*1. 제24기 손금인정액(상각범위액) : ₩100,000,000 × 0.259 = ₩25,900,000

2. 제25기 손금인정액(상각범위액) : (₩100,000,000 + ₩8,000,000 − ₩25,900,000) × 0.259
= ₩21,263,900

(3) 상각부인액 : ₩243,451 → 손不(유보)

> ※ 참고
> 세법상 미상각잔액을 구하는 방법은 다음과 같이 두가지 방법이 있으며, 감가상각의제 문제풀이시에는 직접법으로 문제를 풀이하는 것이 보다 간편하다.
> ① 직접법 : 당기말 세무상 취득가액[*1] − 당기초 세무상 감가상각누계액[*2]
> 　*1. 당기말 세무상 취득가액 : 당기말 B/S상 취득가액[*] + 즉시상각의제누계액
> 　　* 다만, 자산감액 등의 세무조정으로 세무상의 취득가액과 장부상 취득가액이 다른 경우에는 취득가액 관련 유보를 가감해야 한다.
> 　2. 당기초 세무상 감가상각누계액은 세무상 손금인정된 감가상각비의 누계액을 말한다.
> ② 간접법 : (당기말 B/S상 취득가액 − 당기초 B/S상 감가상각누계액) + 당기즉시상각의제액
> 　　± 전기이월유보잔액

157 (주)서울은 제25기 사업연도부터 창업중소기업 등에 대한 세액감면이 적용되는 법인이다. 다음 자료를 기초로 아래의 기계장치에 대한 제26기 사업연도(2026. 1.1~6.30) 감가상각범위액을 계산하면 얼마인가? *(1998. CPA 수정)*

(1) 취득원가 : ₩10,000,000

(2) 취 득 일 : 2025년 4월 1일

(3) 감가상각방법 : 신고한 바 없음

(4) 신고내용연수 : 5년

(5) 상각률표

내용연수	5년	6년	7년	8년	9년	10년
정액법	0.200	0.166	0.142	0.125	0.111	0.100
정률법(잔존가액 5%)	0.451	0.394	0.349	0.313	0.284	0.259

(6) 회사계상 감가상각비

제24기 사업연도(2025.1.1~6. 30) : ₩1,000,000

제25기 사업연도(2025.7.1~12.31) : ₩0(미계상)

① ₩780,629   ② ₩1,000,000

③ ₩1,151,514   ④ ₩1,670,654

⑤ ₩1,727,271

---

(1) 환산내용연수 : 5년 × $\dfrac{12月}{6月}$ = 10년

→ 환산내용연수에 따른 상각률 : 0.259 (10년, 정률법)

(2) 제24기 감가상각비 손금인정액 : Min[①, ②] = ₩1,000,000

① 감가상각비 해당액 : ₩1,000,000

② 상각범위액 : ₩10,000,000 × 0.259 × $\dfrac{3月}{6月}$ = ₩1,295,000

* 제24기에는 감면을 적용받지 않았으므로 감가상각의제가 적용되지 않는다. 제24기에는 시인부족액이 발생하여 세무조정이 없으므로 회사계상 감가상각비만큼 손금으로 인정된다.

(3) 제25기 감가상각비 손금인정액(상각범위액) : (₩10,000,000 – ₩1,000,000) × 0.259 = ₩2,331,000

* 제25기부터 감가상각의제규정이 적용되므로 회사계상 감가상각비와 관계없이 제25기에는 상각범위액만큼 손금으로 인정된다.(감가상각의제가 적용되는 사업연도에는 상각부인액은 손금불산입하고 시인부족액은 손금산입하므로 어떤 경우든 상각범위액만큼 손금으로 인정된다.)

(4) 제26기 감가상각범위액(직접법) : (₩10,000,000 – ₩1,000,000 – ₩2,331,000) × 0.259 = ₩1,727,271

> ※ 참고
> 세법상 미상각잔액을 구하는 방법은 다음과 같이 두가지 방법이 있으며, 감가상각의제 문제풀이시에는 직접법으로 문제를 풀이하는 것이 보다 간편하다.
> ① 직접법 : 당기말 세무상 취득가액[*1] – 당기초 세무상 감가상각누계액[*2]
>   *1. 당기말 세무상 취득가액 : 당기말 B/S상 취득가액* + 즉시상각의제누계액
>   * 다만, 자산감액 등의 세무조정으로 세무상의 취득가액과 장부상 취득가액이 다른 경우에는 취득가액 관련 유보를 가감해야 한다.
>   2. 당기초 세무상 감가상각누계액은 세무상 손금인정된 감가상각비의 누계액을 말한다.
> ② 간접법 : (당기말 B/S상 취득가액 – 당기초 B/S상 감가상각누계액) + 당기즉시상각의제액
>   ± 전기이월유보잔액

158 제조업을 영위하는 영리내국법인 ㈜A의 제26기(2026.1.1.~2026.12.31.) 사업용자산 관련 자료이다. 해당 자산의 감가상각비 관련 세무조정이 ㈜A의 제26기 각 사업연도 소득금액에 미치는 영향으로 옳은 것은? 단, 전기까지의 세무조정은 적정하게 이루어졌다.

(2025. CPA)

(1) 2026년 1월 1일 현재 사업용자산 내역은 다음과 같다.

구 분	건 물	차량운반구
취득일	2025.1.1.	2025.1.1.
감가상각방법	정액법	정률법
신고내용연수	20년	5년
취득가액	₩300,000,000	₩200,000,000
감가상각누계액	37,500,000	90,200,000
상각부인액	22,500,000	–

(2) 당기 사업연도에 ㈜A는 법인세법상 적법한 절차에 따라 건물의 내용연수를 10년으로, 차량운반구의 감가상각방법을 정액법으로 변경하였다.

(3) ㈜A의 당기 감가상각 관련 회계처리는 다음과 같다.

① 건물

(차) 감가상각비 ₩37,500,000　(대) 감가상각누계액 ₩37,500,000

② 차량운반구

(차) 감가상각비 ₩27,450,000　(대) 감가상각누계액 ₩27,450,000

(4) ㈜A는 한국채택국제회계기준을 적용하지 않으며, 내용연수별 상각률은 다음과 같다.

내용연수	4년	5년	9년	10년
정액법	0.250	0.200	0.111	0.100
정률법	0.528	0.451	0.284	0.259

① (+)₩7,500,000　　② (+)₩10,000,000　　③ (+)₩10,500,000

④ (+)₩12,990,000　　⑤ (+)₩15,990,000

(1) 건물

① 감가상각비 해당액 : ₩37,500,000

② 상각범위액 : ₩300,000,000 × 0.100(정액법, 10년) = ₩30,000,000

③ 상각부인액 : ₩7,500,000 → 손不(유보)

(2) 차량운반구

① 감가상각비 해당액 : ₩27,450,000

② 상각범위액 : (₩200,000,000 − ₩90,200,000) × 0.200(정액법, 5년) = ₩21,960,000

③ 상각부인액 : ₩5,490,000 → 손不(유보)

＊ 감가상각방법 변경시 상각범위액은 미상각잔액에 변경된 감가상각방법에 의한 상각률을 적용하여 계산한다. 이 경우 내용연수는 잔존내용연수가 아닌 당초에 신고한 내용연수를 적용한다.

(3) 각 사업연도 소득금액에 미치는 영향 : ₩7,500,000 + ₩5,490,000 = (+)₩12,990,000

퇴직급여충당금

중요도 ★★★☆☆
난이도 ★★★☆☆

Memo

159 다음 자료를 이용하여 제26기 사업연도(2026.1.1~12.31)의 퇴직급여충당금에 대한 세무조정을 할 경우 맞는 것은? (2004. CPA)

(1) 퇴직급여충당금계정

퇴직급여충당금			
당기지급액	220,000,000	전기이월액	250,000,000
기 말 잔 액	200,000,000*	당기설정액	170,000,000
	420,000,000		420,000,000

* 회사는 퇴직금지급규정에 의한 퇴직급여추계액(일시퇴직기준과 보험수리기준 추계액이 동일함)의 100%를 퇴직급여충당금으로 설정하였음. 국민연금법에 의한 퇴직금전환금 계상액은 없는 것으로 가정함

(2) 손익계산서상의 인건비계정

구분	1년 이상 근무	1년 미만 근무	계
임 원	₩250,000,000	₩120,000,000	₩370,000,000
종업원	2,050,000,000	280,000,000	2,330,000,000
계	₩2,300,000,000	₩400,000,000	₩2,700,000,000

(3) 전기말 현재 자본금과적립금조정명세서(을)표상의 퇴직급여충당금 유보금액 : ₩150,000,000

(4) 회사의 퇴직급여지급규정에는 1년 이상 근속자만 퇴직급여 지급대상자로 정하고 있다.

	손 금 산 입	손금불산입
①	₩120,000,000 (△유보)	₩170,000,000 (유보)
②	150,000,000 (△유보)	120,000,000 (유보)
③	150,000,000 (△유보)	50,000,000 (유보)
④	120,000,000 (△유보)	50,000,000 (유보)
⑤	–	170,000,000 (유보)

(단위 : 백만원)

B.퇴충		T.퇴충		D.유보	
220	250	100	100	120	150
200	170	0	0*	200	170
420	420	100	100	320	320

* 퇴직급여충당금 설정한도 : Min[①, ②] = ₩0
　① 총급여액기준 : ₩2,300 × 5% = ₩115
　② 추계액기준 : ₩200 × 0% − ₩0(세무상 퇴직급여충당금 설정전 잔액) = ₩0

(1) 퇴직금지급에 대한 세무조정
　〈손금산입〉 퇴직급여충당금 ₩120,000,000 (△유보)

(2) 퇴직급여충당금 설정에 대한 세무조정
　〈손금불산입〉 퇴직급여충당금 ₩170,000,000 (유보)

정답 ①

160 제조업을 영위하는 영리내국법인 ㈜A의 제26기(2026.1.1.~2026.12.31.) 자료이다. 퇴직급여충당금 및 퇴직연금충당금 관련 세무조정이 제26기 각 사업연도 소득금액에 미치는 순영향으로 옳은 것은? (2023. CPA)

(1) 당기말 확정급여형 퇴직연금운용자산 계정내역은 다음과 같다.

퇴직연금운용자산			(단위: 원)
기초잔액	87,000,000	당기감소	10,000,000
당기증가	20,000,000	기말잔액	97,000,000

(2) 당기말 퇴직급여충당금 계정내역은 다음과 같으며 기초잔액의 세무상 부인액은 ₩20,000,000이다.

퇴직급여충당금			(단위: 원)
당기감소	40,000,000	기초잔액	50,000,000
기말잔액	10,000,000	당기증가	0

(3) 당기중 종업원 갑과 을의 현실적인 퇴직으로 인하여 지급한 내역은 다음과 같으며 각 지급액은 퇴직급여충당금과 상계하는 회계처리를 하였다.

구 분	퇴직급여지급액	비 고
갑	₩30,000,000	㈜A가 현금으로 지급
을	10,000,000	퇴직연금운용자산에서 지급

(4) ㈜A는 신고조정에 의하여 퇴직연금충당금을 손금산입하고 있으며, 세무상 기초잔액은 ₩40,000,000(△유보)이다.

(5) 당기말 퇴직급여추계액은 일시퇴직기준 ₩90,000,000이고, 보험수리적기준 ₩95,000,000이다.

① (−)₩55,000,000   ② (−)₩65,000,000   ③ (−)₩75,000,000

④ (−)₩95,000,000   ⑤ (−)₩97,000,000

(단위 : 백만원)

B.퇴충		T.퇴충		D.유보	
40	50	30^{*1}	30	10	20
10	0	0	0	10	0

B.연충		T.연충		D.유보	
–	–	10^{*1}	40	△10	△40
–	–	95^{*2}	65^{*3}	△95	△65

*1. 퇴직연금운용자산 감소액은 퇴직연금충당금과 상계해야 한다.

2. 세법상 퇴직연금충당금 기말잔액 : Min[①, ②] = ₩95

① 추계액 기준 : Max[₩90, ₩95] − ₩0(세무상 기말 퇴직급여충당금잔액) = ₩95

② 퇴직연금운용자산 기준 : ₩97(기말잔액)

3. 대차차액(끼워넣기)

(1) 퇴직금지급에 대한 세무조정
〈손금산입〉 퇴직급여충당금 ₩10,000,000 (△유보)

〈손금불산입〉 퇴직연금충당금 ₩10,000,000 (유보)

* 퇴직연금운용자산의 감소액은 퇴직연금충당금과 상계하여야 한다.

구 분	차 변		대 변	
B	퇴직급여충당금	40,000,000	현금	30,000,000
			퇴직연금운용자산	10,000,000
T	퇴직급여충당금	30,000,000	현금	30,000,000
	퇴직연금충당금	10,000,000	퇴직연금운용자산	10,000,000
D	〈손금산입〉 퇴직급여충당금 ₩10,000,000 (△유보)			
	〈손금불산입〉 퇴직연금충당금 ₩10,000,000 (유보)			

(2) 퇴직연금충당금 설정에 대한 세무조정
〈손금산입〉 퇴직연금충당금 ₩65,000,000 (△유보)

(3) 각 사업연도 소득금액에 미치는 순영향 : △₩10,000,000 + ₩10,000,000 + △₩65,000,000

$$= △₩65,000,000$$

Key point!

연충 신고조정시
세무조정순서
① 퇴직금지급관련
② 설정한도액 손입

161 (주)A의 제26기(2026.1.1.~12.31.) 퇴직연금과 관련된 자료를 이용하여 세무조정할 경우 옳은 것은? (2025. 세무사)

(1) (주)A는 모든 임직원에 대해 제24기부터 확정급여형 퇴직연금으로만 운영되고 있으며, 제26기 말 현재 장부상 퇴직급여충당금과 퇴직금전환금은 없다.

(2) (주)A는 퇴직연금과 관련하여 결산조정을 적용하고 있으며, 퇴직연금운용자산, 퇴직연금충당금 계정의 변동내역은 다음과 같다.

퇴직연금운용자산

전기이월	₩750,000,000	당기지급	₩250,000,000
당기예치	430,000,000	차기이월	930,000,000
합계	₩1,180,000,000	합계	₩1,180,000,000

퇴직연금충당금

당기상계	₩150,000,000	전기이월	₩750,000,000
차기이월	800,000,000	당기설정	200,000,000
합계	₩950,000,000	합계	₩950,000,000

(3) (주)A의 보험수리적기준 퇴직급여추계액은 ₩990,000,000이며, 일시퇴직기준 퇴직급여추계액은 ₩960,000,000이다.

(4) 당기 중 종업원 퇴직으로 인한 퇴직금은 사외에 적립한 퇴직연금운용자산에서 지급되었으며, 다음과 같이 회계처리하였다.

(차) 퇴직연금충당금 ₩150,000,000　　(대) 퇴직연금운용자산 ₩250,000,000
　　퇴직급여충당금 ₩100,000,000

(5) 전기말 현재 퇴직급여충당금에 대한 손금불산입 유보잔액은 ₩20,000,000, 퇴직연금충당금에 대한 손금불산입 유보잔액은 ₩150,000,000이다.

	익금산입 및 손금불산입	손금산입 및 익금불산입
①	퇴직연금충당금 100,000,000 유보	퇴직급여충당금 100,000,000 △유보 퇴직연금충당금 360,000,000 △유보
②	퇴직연금충당금 100,000,000 유보	퇴직급여충당금 100,000,000 △유보 퇴직연금충당금 260,000,000 △유보
③	퇴직연금충당금 50,000,000 유보	퇴직급여충당금 20,000,000 △유보
④	퇴직연금충당금 100,000,000 유보	퇴직급여충당금 80,000,000 △유보 퇴직연금충당금 360,000,000 △유보
⑤	퇴직연금충당금 100,000,000 유보	퇴직급여충당금 80,000,000 △유보 퇴직연금충당금 260,000,000 △유보

Key point!

연충 신고조정시
세무조정순서
① 퇴직금지급관련
② 설정한도액 손입

(단위 : 백만원)

B.퇴충		T.퇴충		D.유보	
100	100	0^{*1}	80	100	20
0	0	80	0	△80	0

B.연충		T.연충		D.유보	
150	750	250^{*1}	600	△100	150
800	200	910^{*2}	560^{*3}	△110	△360

*1. 퇴직연금운용자산 감소액은 퇴직연금충당금과 상계해야 한다.

2. 세법상 퇴직연금충당금 기말잔액 : Min[①, ②] = ₩910

　① 추계액 기준 : Max[₩990, ₩960] − ₩80(세무상 기말 퇴직급여충당금잔액) = ₩910

　② 퇴직연금운용자산 기준 : ₩930(기말잔액)

3. 대차차액(끼워넣기)

(1)　퇴직금지급에 대한 세무조정

　〈손금산입〉 퇴직급여충당금 ₩100,000,000 (△유보)

　〈손금불산입〉 퇴직연금충당금 ₩100,000,000 (유보)

　* 퇴직연금운용자산의 감소액은 퇴직연금충당금과 상계하여야 한다.

구 분	차 변		대 변	
B	퇴직연금충당금	150,000,000	퇴직연금운용자산	250,000,000
	퇴직급여충당금	100,000,000		
T	퇴직연금충당금	250,000,000	퇴직연금운용자산	250,000,000
D	〈손금산입〉 퇴직급여충당금 ₩100,000,000 (△유보)			
	〈손금불산입〉 퇴직연금충당금 ₩100,000,000 (유보)			

(2)　퇴직연금충당금 설정액에 대한 세무조정 : 〈손금산입〉 퇴직연금충당금 ₩360,000,000 (△유보)

정답 ①

162 영리내국법인 ㈜갑의 제26기 사업연도(2026.1.1.~2026.12.31.) 확정급여형 퇴직연금충당금과 관련된 자료이다. 제26기 세무조정 완료 후 세무상 기말 퇴직연금충당금 잔액은 얼마인가?   (2019, CPA)

(1) 장부상 퇴직급여충당금 계정은 다음과 같으며 기초 잔액에는 손금부인액 ₩15,000,000 이 포함되어 있다.

퇴직급여충당금

당기감소	₩10,000,000	기초잔액	₩30,000,000
기말잔액	20,000,000	당기증가	0

(2) 장부상 퇴직연금운용자산 계정은 다음과 같다.

퇴직연금운용자산

기초잔액	₩100,000,000	당기지급	₩10,000,000
추가예치	20,000,000	기말잔액	110,000,000

(3) 당기중 직원의 현실적 퇴직으로 퇴직연금운용자산에서 ₩10,000,000을 지급하고, 퇴직연금운용자산과 퇴직급여충당금을 감소시켰다.

(4) ㈜갑은 신고조정에 의하여 퇴직연금충당금을 설정하고 있으며, 세무상 기초잔액은 ₩99,000,000(△유보)이다.

(5) 당기말 일시퇴직기준 추계액은 ₩110,000,000, 보험수리기준 추계액은 ₩120,000,000 이다.

① ₩95,000,000   ② ₩105,000,000   ③ ₩109,000,000

④ ₩110,000,000   ⑤ ₩120,000,000

(단위 : 백만원)

B.퇴충		T.퇴충		D.유보	
10	30	0*1	15	10	15
20	0	15	0	5	0

B.연충		T.연충		D.유보	
—	—	10*1	99	△10	△99
—	—	105*2	16*3	△105	△16

*1. 퇴직연금운용자산 감소액은 퇴직연금충당금과 상계해야 한다.

2. 세법상 퇴직연금충당금 기말잔액 : Min[①, ②] = ₩105

　① 추계액 기준 : Max[₩110, ₩120] − ₩15(세무상 기말 퇴직급여충당금잔액) = ₩105

　② 퇴직연금운용자산 기준 : ₩110(기말잔액)

3. 대차차액(끼워넣기)

정답 ②

163 다음은 (주)집중의 퇴직연금관련 자료이다. 제26기(2026.1.1~12.31)에 퇴직연금과 관련된 올바른 세무조정은?

(2005. CPA)

(1) 당기말 퇴직금 추계액 : ① 보험수리기준 : 36억원 ② 일시퇴직기준 : 54억원

(2) 퇴직급여 지급대상인 임원 또는 직원에게 지급한 총급여액 : 10억원

(3) 퇴직급여충당금, 퇴직연금운용자산, 퇴직연금충당금 계정내역

계 정 과 목	기 초 잔 액	당기증가액	당기감소액	기 말 잔 액
퇴직급여충당금	₩300,000,000	₩100,000,000	₩18,000,000	₩382,000,000
퇴직연금운용자산	5,012,000,000	200,000,000	12,000,000	5,200,000,000
퇴직연금충당금	5,012,000,000	200,000,000	12,000,000	5,200,000,000

(4) 퇴직급여충당금 기초잔액 중 ₩50,000,000은 과거에 퇴직급여충당금 한도초과로 손금불산입(유보) 처리되었으며, 당기에 설정액 ₩100,000,000은 한도초과로 손금불산입되었다.

(5) 회사는 퇴직연금 기여금 납입시에 전액 결산조정으로 손금처리하였으며, 이전연도에 세무상 부인된 금액은 없다.

① 익금산입 ₩98,000,000(유보) ② 익금산입 ₩92,000,000(유보)

③ 익금산입 ₩86,000,000(유보) ④ 익금산입 ₩32,000,000(유보)

⑤ 세무조정 없음

(단위 : 백만원)

B.퇴충		T.퇴충		D.유보	
18	300	18[*1]	250	0	50
382	100	232[*3]	0[*2]	150	100

*1. 자료상 별도의 언급이 없으므로 세무상 퇴직급여충당금 감소액도 장부상 금액과 동일하다고 보면 된다.
2. ₩100 − ₩100(손금불산입액) = ₩0
3. 대차차액(끼워넣기)

B.연충		T.연충		D.유보	
12	5,012	12	5,012	0	0
5,200	200	5,168[*1]	168[*2]	32	32

*1. 세법상 퇴직연금충당금 기말 잔액 : Min[①, ②] = ₩5,168
  ① 추계액 기준 : Max[₩3,600, ₩5,400] − ₩232(세무상 기말 퇴직급여충당금잔액) = ₩5,168
  ② 퇴직연금운용자산 기준 : ₩5,200(기말잔액)
2. 대차차액(끼워넣기)

(1) 퇴직연금충당금 관련 퇴직금지급에 대한 세무조정
  세무조정 無

(2) 퇴직연금충당금 설정에 대한 세무조정
  〈손금불산입〉 퇴직연금충당금 ₩32,000,000 (유보)

164 제조업을 영위하는 영리내국법인 ㈜A의 제26기(2026.1.1.~2026.12.31.) 자료이다. 퇴직급여충당금 및 퇴직연금충당금 관련 세무조정이 제26기 각 사업연도 소득금액에 미치는 순영향으로 옳은 것은? (2021. CPA)

퇴직연금충당금
중요도 ★★★★☆
난이도 ★★★★☆

Memo

> (1) ㈜A는 금융회사에 확정급여형 퇴직연금을 위탁운용하고 있다. 퇴직연금운용자산의 당기 말 계정잔액은 ₩60,000,000이고, 퇴직연금운용자산 당기 증가액 ₩50,000,000은 추가납입한 것이며 당기 감소액은 ₩20,000,000이다.
>
> (2) 당기 퇴직급여충당금 계정의 증감내역은 다음과 같다.
>
> | 퇴직급여충당금 | | | (단위: 원) |
> |---|---|---|---|
> | 당기감소 | ₩20,000,000 | 기초잔액 | ₩50,000,000 |
> | 기말잔액 | 60,000,000 | 당기증가 | 30,000,000 |
>
> (3) 퇴직급여충당금 기초잔액에는 ₩48,000,000의 손금부인액이 포함되어 있으며, 당기 증가액은 ㈜B와의 합병(합병등기일: 2026.4.5.)으로 인하여 퇴직급여충당금(손금부인액 ₩29,000,000 포함)을 승계한 것이다.
>
> (4) 당기 중 직원이 현실적으로 퇴직함에 따라 퇴직연금운용자산에서 ₩20,000,000을 지급하고, 퇴직급여충당금과 상계하였다.
>
> (5) ㈜A는 신고조정에 의하여 퇴직연금충당금을 손금산입하고 있으며, 세무상 기초잔액은 ₩30,000,000(△유보)이다.
>
> (6) 당기 말 퇴직급여추계액은 일시퇴직기준 ₩66,000,000, 보험수리적기준 ₩60,000,000이다.

① (−)₩11,000,000   ② (−)₩21,000,000   ③ (−)₩30,000,000

④ (−)₩50,000,000   ⑤ (−)₩61,000,000

Key point!

합병으로 승계한 퇴충
→ 기초금액에 가산

(단위 : 백만원)

B.퇴충		T.퇴충		D.유보	
20	50 + 30	0[*1]	3	20	48 + 29
60	0	3	0	57	0

B.연충		T.연충		D.유보	
−	−	20[*1]	30	△20	△30
−	−	60[*2]	50[*3]	△60	△50

*1. 퇴직연금운용자산 감소액은 퇴직연금충당금과 상계해야 한다.

2. 세법상 퇴직연금충당금 기말잔액 : Min[①, ②] = ₩60
   ① 추계액 기준 : Max[₩66, ₩60] − ₩3(세무상 기말 퇴직급여충당금잔액) = ₩63
   ② 퇴직연금운용자산 기준 : ₩60(기말잔액)

3. 대차차액(끼워넣기)

(1) 퇴직금지급에 대한 세무조정
   〈손금산입〉 퇴직급여충당금 ₩20,000,000 (△유보)
   〈손금불산입〉 퇴직연금충당금 ₩20,000,000 (유보)

(2) 퇴직연금충당금 설정에 대한 세무조정
   〈손금산입〉 퇴직연금충당금 ₩50,000,000 (△유보)

(3) 각사업연도소득금액에 미치는 순영향
   △₩20,000,000 + ₩20,000,000 + △₩50,000,000 = △₩50,000,000

정답 ④

165 다음은 제조업을 영위하는 영리내국법인 ㈜A(중소기업 아님)의 제26기 사업연도 (2026.1.1.~12.31.) 대손금 및 대손충당금 관련 자료이다. 제26기의 재무상태표상 대손충당금 기말잔액으로 옳은 것은? (2018. CPA)

---

(1) 제26기말 재무상태표상 대손충당금 계정의 내역은 다음과 같다.

대손충당금			(단위 : 원)
당기상계액	5,000,000	기초잔액	2,000,000
기말잔액	?	당기설정액	?

(2) 당기상계액은 매출채권으로 계상되어 있던 어음 2매(각 거래처별 발행금액 : ₩2,500,000)가 부도발생일로부터 6개월 이상 경과하여 결산서상 대손충당금과 상계한 것이다.

(3) 제25기말 현재 대손부인액(전액 미수금임)은 ₩3,000,000이고 그 중 ₩1,000,000 은 당기 중 상법에 의한 소멸시효가 완성되었다.

(4) 제26기말 재무상태표상 대손충당금 설정대상 채권은 매출채권 ₩500,000,000, 미수금 ₩100,000,000이다.

(5) 제26기말 세무상 대손충당금 한도초과액은 ₩4,667,000이다.

(6) 제26기의 대손실적률은 1%이며, 모든 세무조정은 적정하게 이루어졌고, 조세부담 최소화를 가정한다.

---

① ₩10,686,020   ② ₩10,687,020   ③ ₩10,688,020
④ ₩11,688,020   ⑤ ₩11,689,020

---

(1) 대손충당금 설정한도액 : ① × ② = ₩6,020,020
   ① 설정대상채권 : ₩600,000,000[*1] + ₩2,002,000[*2] = ₩602,002,000
   *1. ₩500,000,000 + ₩100,000,000 = ₩600,000,000
   2. 기말유보

기초유보	₩3,000,000
당기대손금(소멸시효완성)	(1,000,000) 손입(△유보)
당기대손부인액(어음 2매)	2,000 손불(유보)
기말유보	₩2,002,000

   ② 설정률 : Max[1%, 1%] = 1%

(2) 장부상 대손충당금 기말잔액 : ₩6,020,020 + ₩4,667,000(한도초과액) = ₩10,687,020

166 다음은 제조업을 영위하는 영리내국법인 (주)A의 대손충당금에 관한 자료이다. 다음 자료를 이용하여 제26기(2026.1.1.~12.31.) 세무조정 시 각 사업연도소득금액에 미치는 영향금액은 얼마인가? (단, 전기 이전의 모든 세무조정은 적정하였고, 주어진 자료 이외에는 고려하지 않음)

(1) 대손충당금 변동

가. 회사계상 대손충당금 내역

기초잔액	당기 상계액(감소)	당기 설정액(증가)	기말잔액
₩20,000	₩10,000	₩16,000	₩26,000

나. 당기 상계액 ₩10,000 중 ₩4,000은 거래처의 파산으로 회수불가능하다고 판단한 매출채권금액이며, 나머지 ₩6,000은 세법상 대손요건을 충족하지 않았지만 회사가 미수금에 대해 조기에 회수불능으로 판단하여 처리하였음

다. 대손충당금 기초잔액 ₩20,000 중 대손충당금 한도초과액은 ₩3,000이다.

(2) 회사계상 기말 자산 내역 중 일부

구분	당기 말	전기 말
매출채권	₩260,000	₩160,000
미 수 금	100,000	40,000
선 급 금	40,000	–
구상채권	6,000	–

가. 전기 말 채권 중 대손부인된 채권은 없음

나. 미수금은 비품 처분과 관련된 것임

다. 자회사의 채무보증으로 인하여 발생한 구상채권임

① ₩14,760 ② ₩14,880 ③ ₩20,880

④ ₩21,050 ⑤ ₩21,120

---

(1) 대손금 세무조정 : 〈손금불산입〉 미수금 ₩6,000 (유보)
(2) 대손충당금 세무조정
  ① 전기말 대손충당금 한도초과액 : 〈손금산입〉 대손충당금 ₩3,000 (△유보)
  ② 당기말 대손충당금 한도초과액 : 〈손금불산입〉 대손충당금 ₩17,880 (유보)
    a. 대손충당금 당기말 잔액 : ₩26,000
    b. 설정한도액 : ㉠ × ㉡ = ₩8,120
      ㉠ 설정대상채권 : ₩260,000 + ₩100,000 + ₩40,000 + ₩6,000(기말 채권 유보) = ₩406,000
        * 채무보증으로 인한 구상채권은 대손충당금 설정제외채권이다.
      ㉡ 설정률 : Max[$\dfrac{₩4,000}{₩160,000 + ₩40,000}$ = 2%, 1%] = 2%
    c. 한도초과액 : ₩17,880
(3) 각사업연도소득금액에 미치는 영향 : ₩6,000 − ₩3,000 + ₩17,880 = ₩20,880

정답 ③

대손충당금
중요도 ★★★☆☆
난이도 ★★★☆☆
Memo

제2편 법인세법　193

167 제조업을 영위하는 영리내국법인 ㈜A의 제26기(2026.1.1.~2026.12.31.) 대손금 및 대손충당금 관련 자료이다. ㈜A의 대손금 및 대손충당금 관련 세무조정이 제26기 각 사업연도 소득금액에 미치는 영향으로 옳은 것은? (2020. CPA)

(1) 제26기 대손충당금 계정

대손충당금

당기상계액	5,000,000*	기초잔액	15,000,000
기말잔액	30,000,000	당기설정액	20,000,000

* 당기상계액 중 ₩2,000,000은 법령상 대손요건을 충족하지 못한 외상매출금임

(2) 전기말 자본금과 적립금조정명세서(을) 중 유보 잔액내역

과목 또는 사항	기말잔액
대손충당금 한도초과액	₩3,000,000
외상매출금(대손부인액)*	7,000,000
대여금(대손부인액)	10,000,000

* 회수 노력에도 불구하고 회수하지 못하여 당기 중 상법상 소멸시효가 완성됨

(3) 제26기말 재무상태표상 채권내역

구 분	금 액	비 고
대여금	₩50,000,000	특수관계인이 아닌 자에 대한 금전소비대차계약으로 인한 것임
미수금	300,000,000	
매출채권	500,000,000	
계	₩850,000,000	

(4) 대손실적률은 1.5%로 가정한다.

① (−)₩10,000,000 ② (−)₩9,070,000 ③ (+)₩9,070,000
④ (+)₩10,000,000 ⑤ (+)₩19,070,000

(1) 대손금에 대한 세무조정

〈손금불산입〉 외상매출금 ₩2,000,000 (유보)

〈손금산입〉 소멸시효 완성된 외상매출금 ₩7,000,000 (△유보)

(2) 대손충당금관련 세무조정

① 전기말 대손충당금 한도초과액 : 〈손금산입〉 대손충당금 ₩3,000,000 (△유보)

② 당기말 대손충당금 한도초과액 : 〈손금불산입〉 대손충당금 ₩17,070,000 (유보)

a. 대손충당금 당기말 잔액 : ₩30,000,000

b. 당기말 대손충당금 한도액 : (₩850,000,000 + ₩12,000,000[*1]) × 1.5%[*2] = ₩12,930,000

*1. 기말유보

기초유보	₩17,000,000	₩7,000,000 + ₩10,000,000
외상매출금	2,000,000	손불(유보)
소멸시효 완성된 외상매출금	(7,000,000)	손입(△유보)
기말유보	₩12,000,000	

2. Max[1%, 1.5%] = 1.5%

3. 특수관계인이 아닌 자에 대한 대여금은 업무무관가지급금에 해당하지 아니한다.

c. 한도초과액 : ₩17,070,000

(3) 소득금액에 미치는 순효과 : ₩2,000,000 + △₩7,000,000 + △₩3,000,000 + ₩17,070,000

= ₩9,070,000

정답 ③

168 다음은 제조업을 영위하는 영리내국법인 (주)A의 제26기 사업연도(2026.1.1～ 12.31) 대손충당금 관련 자료이다. 제26기의 대손충당금 손금한도액을 계산한 것으로 옳은 것은?

(2014. CPA)

(1) 당기의 재무상태표상 대손충당금 계정의 증감내역은 다음과 같다.

대손충당금			(단위 : 원)
당기상계액	6,000,000	전기이월액	10,000,000
차기이월액	12,000,000	당기설정액	8,000,000

(2) 당기 상계액 중 ₩4,000,000은 대손요건을 충족하였으나, 매출채권 ₩2,000,000 은 대손요건을 충족하지 못하여 손금불산입(유보)하였다.

(3) 전기말 대손부인액 ₩50,000,000 중 ₩2,250,000은 당기 중 대손요건이 충족되어 손금산입하였으며, 나머지는 당기 중 회수되었다.

(4) 재무상태표상 대손충당금 설정대상채권의 잔액

　가. 제25기말 : ₩200,000,000

　나. 제26기말 : ₩300,000,000

(5) 전기의 세무조정은 적법하게 이루어진 것으로 가정한다.

① ₩3,200,000　　　　　　　　　② ₩6,000,000

③ ₩6,040,000　　　　　　　　　④ ₩7,500,000

⑤ ₩7,550,000

- 대손충당금 설정한도액 : ① × ② = ₩7,550,000

① 설정대상채권 : ₩300,000,000 + ₩2,000,000* = ₩302,000,000

　* 기말유보

기초유보	₩50,000,000	
당기대손금	(2,250,000)	손入(△유보) → 당기대손금에 가산
당기회수분	(47,750,000)	익不(△유보) → 당기대손금에 영향 無
당기대손부인액	2,000,000	손不(유보) → 당기대손금에서 차감
기말유보	₩2,000,000	

② 설정률 : Max[1%, 대손실적률*] = 2.5%

　* 대손실적률 : $\dfrac{₩6,000,000 - ₩2,000,000 + ₩2,250,000}{₩200,000,000 + ₩50,000,000}$ = 2.5%

구분	전기말 설정대상채권	당기대손금	회수	당기말 설정대상채권
⑧	₩200,000,000	₩6,000,000	－	₩300,000,000
조정	50,000,000^{*1}	(2,000,000)^{*2} 2,250,000^{*3}	₩47,750,000^{*4}	2,000,000^{*5}
⑦	₩250,000,000	₩6,250,000	₩47,750,000	₩302,000,000

*1. 전기말 채권관련 유보잔액

　2. 대손금 손금불산입(유보)

　3. 대손금 손금산입(△유보)

　4. 대손채권의 회수 익금불산입(△유보)

　5. 당기말 채권관련 유보잔액 : ₩50,000,000 + ₩2,000,000 - ₩2,250,000 - ₩47,750,000 = ₩2,000,000

169 다음 자료를 이용하여 제조업을 영위하는 중소기업이 아닌 (주)한국 제26기(2026. 1.1~12.31)의 대손금 및 대손충당금과 관련한 세무조정의 결과 각사업연도소득금액에 미치는 순효과를 계산하면 얼마인가?　(2008. CPA)

대손충당금
중요도 ★★★★☆
난이도 ★★★★☆
Memo

(1) 당기 재무상태표상 대손충당금 계정의 내용은 다음과 같다.

대손충당금

감소	₩17,500,000	기초	₩22,000,000
기말	29,500,000	증가	25,000,000
	₩47,000,000		₩47,000,000

(2) 기초잔액에 한도초과로 부인된 금액 ₩10,000,000이 포함되어 있다.

(3) 당기 감소액의 내역은 다음과 같으며 채무자의 재산에 대하여 저당권을 설정하고 있지 않다.

　① 2026년 5월 15일 부도발생한 (주)A(중소기업 아님)에 대한 어음상의 채권(동 채권은 2026년 3월에 발생) : ₩10,000,000

　② 2026년 10월 5일 (주)B(중소기업)의 부도로 대손처리한 외상매출금(동 채권은 2026년 2월에 발생) : ₩7,500,000

(4) 당기 대손실적률은 0.5%이다.

(5) 기말현재 재무상태표상 채권잔액의 내역은 다음과 같다.

　① 일반 매출채권 ₩1,500,000,000
　② 채무보증으로 발생한 구상채권 300,000,000
　③ 유형자산 매각대금의 미수금 200,000,000
　　　계 ₩2,000,000,000

① ₩7,500,000 증가
② ₩7,501,000 증가
③ ₩9,925,990 증가
④ ₩12,424,990 증가
⑤ ₩12,425,000 증가

---

(1) 대손금에 대한 세무조정
　〈손금불산입〉 어음상 채권 ₩1,000 (유보)[*]
　* 사업연도 종료일 현재 부도발생일로부터 6개월 이상 지났으며, 어음상의 채권이므로 채권자인 ㈜한국의 중소기업여부를 불문하고 대손금으로 인정된다. 다만, 비망가액(1매당 ₩1,000)은 손금불산입(유보)해야한다.
　〈손금불산입〉 외상매출금의 대손처리액 ₩7,500,000 (유보)[*]
　* 사업연도 종료일 현재 부도발생일로부터 6개월 이상 지나지 않았으며, 채권자인 ㈜한국이 중소기업이 아니므로 부도발생일로부터 6개월 이상 지난 경우에도 외상매출금은 대손금으로 인정되지 않는다.

(2) 대손충당금관련 세무조정
　① 전기말 대손충당금 한도초과액 :〈손금산입〉대손충당금 ₩10,000,000 (△유보)
　② 당기말 대손충당금 한도초과액 :〈손금불산입〉대손충당금 ₩12,424,990 (유보)
　　a. 대손충당금 당기말 잔액 : ₩29,500,000
　　b. 당기말 대손충당금 한도액 : (₩1,500,000,000 + ₩200,000,000 + ₩1,000 + ₩7,500,000) × 1%[*1]
　　　　　= ₩17,075,010
　　　*1. Max[1%, 0.5%] = 1%
　　　　2. 채무보증으로 발생한 구상채권은 대손충당금 설정제외채권이다.
　　c. 한도초과액 : ₩12,424,990

(3) 소득금액에 미치는 순효과 : △₩10,000,000 + ₩1,000 + ₩7,500,000 + ₩12,424,990 = ₩9,925,990

Key point!
부도 + 6개월 어음
→ 1매당 ₩1,000

정답 ③

170 영리내국법인 (주)A(중소기업이 아님)는 다음 자료의 모든 채권에 대하여 회수가 불가능하다고 판단하여 제26기 사업연도(2026.1.1~12.31)에 대손충당금과 상계하는 회계처리를 하였다. (주)A가 제26기 사업연도에 다음의 채권들에 대하여 세무조정해야 하는 금액은 모두 얼마인가? (단, 제26기 사업연도 이전의 세무조정은 모두 적정하였고, 주어진 자료 이외의 다른 세무조정 사항은 없는 것으로 가정함)

(2012. 세무사)

(1) (주)B에 대한 외상매출금 ₩5,000,000 : 제25기 사업연도에 상법에 따른 소멸시효가 완성되었다.

(2) (주)C에 대한 외상매출금 ₩2,000,000 : 해당 채권에는 저당권이 설정되어있지 않다. (주)C는 2025년에 사업을 폐지하였으나, (주)A는 제25기 사업연도에 해당 채권에 대한 대손회계처리를 하지 않았다.

(3) (주)D에 대한 어음상 채권 ₩3,000,000 : 제26기 사업연도 말 현재 해당 어음은 부도발생일로부터 8개월이 지났으며, (주)A는 (주)D 소유의 토지에 대하여 ₩10,000,000의 저당권을 설정하고 있다.

(4) (주)E에 대한 외상매출금 ₩150,000 : 제26기 사업연도 말 현재 해당 외상매출금에 대한 회수기일로부터 10개월이 지났으며, 해당 외상매출금 외에 (주)E와의 다른 거래는 없다.

(5) 특수관계인인 甲에게 업무와 무관하게 대여한 ₩4,000,000 : 甲은 2026년에 파산결정을 받아 채권회수가 불가능하다.

	〈익금산입 및 손금불산입〉	〈손금산입 및 익금불산입〉
①	₩0	₩7,000,000
②	1,000	0
③	5,150,000	7,000,000
④	9,151,000	0
⑤	12,000,000	0

익금산입 및 손금불산입			손금산입 및 익금불산입		
과목	금액	소득처분	과목	금액	소득처분
㈜B 외상매출금	₩5,000,000	유보		−	
㈜D 어음상채권*1	3,000,000	유보		−	
업무무관가지급금*2	4,000,000	사외유출		−	
합계	₩12,000,000		합계	−	

*1. 저당권이 설정되어 있으므로 대손요건을 충족하지 못하였다.
  2. 업무무관가지급금은 대손불능채권에 해당한다.

구 분	대손사유	성격	손금 귀속시기
㈜B 외상매출금	소멸시효완성	신고조정사항	해당 대손사유가 발생한 날(제25기)
㈜C 외상매출금	사업의 폐지	결산조정사항	장부상 대손처리한 날(제26기)
㈜E 외상매출금	장기미회수 소액채권*	결산조정사항	장부상 대손처리한 날(제26기)

* 회수기일이 6개월 이상 지난 30만원 이하(채무자별 채권가액의 합계액 기준)의 채권을 말한다.

171 다음 자료를 이용하여 제조업을 영위하는 영리내국법인인 (주)A의 제26기(2026. 1.1~12.31) 사업연도 법인세법상 대손충당금 한도초과액을 계산하면 얼마인가?

(2015. 세무사)

(1) 당기 대손충당금 변동내역은 다음과 같다.

기초잔액	당기증가	당기감소	기말잔액
₩25,000,000	₩5,000,000	₩17,000,000	₩13,000,000

(2) 당기감소액 ₩17,000,000은 외상매출금을 대손처리한 금액으로 ₩7,000,000은 법인세법상 대손요건을 충족하였으나, ₩10,000,000은 법인세법상 대손요건을 충족하지 못하였다.

(3) 기말 현재 재무상태표상 채권잔액은 다음과 같다.

구 분	금 액
외상매출금(주1)	₩280,000,000
대여금(법인세법상 특수관계인에게 업무와 관련 없이 지급한 가지급금 ₩50,000,000 포함)	150,000,000
합 계	430,000,000

(주1) 외상매출금은 제품 판매가액의 미수액으로 법인세법상 시가초과액에 상당하는 금액은 없다.

(4) 전기말 대손부인 누계액 ₩10,000,000은 전액 외상매출금에 관한 것으로 당기 중 대손요건을 충족한 금액은 없다.

(5) 당기 대손실적률은 0.9%라고 가정한다.

① ₩1,000,000   ② ₩6,000,000   ③ ₩9,000,000
④ ₩9,100,000   ⑤ ₩10,000,000

---

(1) 대손금 세무조정 : 〈손금불산입〉 외상매출금 ₩10,000,000 (유보)
  * 외상매출금 중 ₩7,000,000은 법인세법상 대손요건을 충족하였으며, 장부상 대손금으로 계상하였으므로 별도의 세무조정은 없다.

(2) 대손충당금 세무조정 : 〈손금불산입〉 대손충당금 한도초과액 ₩9,000,000 (유보)
  ① 장부상 기말잔액 : ₩13,000,000
  ② 설정한도액 : a × b = ₩4,000,000
    a. 설정대상채권 : ₩430,000,000 − ₩50,000,000(업무무관가지급금) + ₩20,000,000*
        = ₩400,000,000
      * 당기말 유보잔액

        기초유보(전기말 대손부인 누계액)   ₩10,000,000
        당기 대손요건 불충족 외상매출금   10,000,000
        기말유보   ₩20,000,000

    b. 설정률 : Max[1%, 0.9%] = 1%
  ③ 한도초과액 : ₩13,000,000 − ₩4,000,000 = ₩9,000,000

[응용]

ii) 해당 자료에서 당기 대손실적률이 1%이며, 전기말 대손충당금 한도초과액이 ₩4,000,000이라고 한다면 전기말 세무상 설정대상 채권금액과 전기 대손실적률은? (단, 전기말 설정제외채권은 없었던 것으로 가정한다.)

  ① 전기말 세무상 설정대상 채권금액 : ₩7,000,000* ÷ 1% = ₩700,000,000
    * ₩17,000,000 − ₩10,000,000 = ₩7,000,000(당기대손금)

  ② 전기 대손실적률 : ₩21,000,000* ÷ ₩700,000,000 = 3%
    * ₩25,000,000 − ₩4,000,000 = ₩21,000,000(전기 대손충당금 한도)

정답 ③

172 제조업을 영위하는 영리내국법인 ㈜A의 제26기(2026.1.1.~2026.12.31.) 자료이다. 대손금 및 대손충당금 관련 세무조정이 제26기 각 사업연도 소득금액에 미치는 순영향으로 옳은 것은? (단, 전기의 세무조정은 정확하게 이루어졌다.)

(2022. CPA)

(1) 전기말 유보잔액 내역

내 역	금 액
대손충당금 한도초과액	₩6,000,000
외상매출금 대손부인액	₩15,000,000*

  * 이 중 ₩10,000,000은 당기에 소멸시효가 완성됨

(2) 당기 중 대손충당금 상계 내역

내 역	금 액
대여금*	₩8,000,000
외상매출금	₩40,000,000**

  * 특수관계인(영리내국법인)에 대한 업무무관가지급금으로서 「법인세법」상 대손사유를 충족함

  ** 이 중 ₩20,000,000은 「법인세법」상 대손사유를 충족하였으나, 나머지는 「법인세법」상 대손사유를 충족하지 못함

(3) 「법인세법」상 대손충당금 설정대상 채권잔액(세무상 장부가액)

구 분	금 액
전기말	₩2,000,000,000
당기말	₩2,500,000,000

(4) 재무상태표상 당기말 대손충당금 잔액은 ₩50,000,000이다.

① (+)₩12,500,000   ② (+)₩16,500,000   ③ (+)₩24,500,000

④ (+)₩30,500,000   ⑤ (+)₩37,000,000

(1) 대손금에 대한 세무조정

   〈손금산입〉 소멸시효 완성된 외상매출금   ₩10,000,000 (△유보)

   〈손금불산입〉 업무무관가지급금   ₩8,000,000 (기타사외유출)*

   * 업무무관가지급금은 대손불능채권이므로 대손사유가 충족하더라도 손금불산입해야 한다. 장부상 업무무
     관가지급금을 대손처리한 경우 세무조정과 소득처분은 다음과 같다.

      ① 법정대손사유 충족하여 대손금으로 계상시 : 손금불산입(사외유출)

      ② 법정대손사유없이 임의로 대손금으로 계상한 경우 : 손금불산입(유보)

   〈손금불산입〉 대손사유 불충족 외상매출금 ₩20,000,000 (유보)

(2) 대손충당금관련 세무조정

   ① 전기말 대손충당금 한도초과액 : 〈손금산입〉 대손충당금 ₩6,000,000 (△유보)

   ② 당기말 대손충당금 한도초과액 : 〈손금불산입〉 대손충당금 ₩12,500,000 (유보)

     a. 대손충당금 당기말 잔액 : ₩50,000,000

     b. 당기말 대손충당금 한도액 : ₩2,500,000,000(세무상 장부가액) × 1.5%* = ₩37,500,000

       * 설정률 : Max[1%, 대손실적률**] = 1.5%

$$** \text{대손실적률} : \frac{₩10,000,000 + ₩20,000,000}{₩2,000,000,000} = 1.5\%$$

     c. 한도초과액 : ₩12,500,000

(3) 소득금액에 미치는 순효과 : △₩10,000,000 + ₩8,000,000 + ₩20,000,000 + △₩6,000,000

          + ₩12,500,000 = ₩24,500,000

구분	전기말 설정대상채권	당기대손금	당기말 설정대상채권
⑧	?	₩48,000,000	?
		10,000,000*2	
조정	₩15,000,000*1	(8,000,000)*3	₩25,000,000*5
		(20,000,000)*4	
ⓣ	₩2,000,000,000	₩30,000,000	₩2,500,000,000

*1. 전기말 채권관련 유보잔액

 2. 대손금 손금산입액 → 손입(△유보)

 3. 대손금 손금불산입액 → 손불(기타사외유출)

 4. 대손금 손금불산입액 → 손불(유보)

 5. 당기말 채권관련 유보잔액 : ₩15,000,000 − ₩10,000,000 + ₩20,000,000 = ₩25,000,000

173 다음은 제조업을 영위하는 영리내국법인 (주)A(중소기업 아님)의 제26기 사업연도 (2026.1.1~12.31)의 대손충당금에 관한 자료이다. 제26기에 법인세법상 대손충당금 손금산입 한도액을 초과하여 손금불산입으로 세무조정 해야 하는 금액으로 옳은 것은? (단, 제26기 이전의 모든 세무조정은 적정하게 이루어졌으며, 주어진 자료 이외의 다른 사항은 고려하지 않음) (2013, CPA)

(1) 제26기의 회계상 대손충당금 계정 내역은 다음과 같다.

대손충당금

| 당기상계액 | ₩80,000,000 | 기초잔액 | ₩130,000,000 |
| 기말잔액 | ₩90,000,000 | 당기설정액 | ₩40,000,000 |

(2) 당기상계액 ₩80,000,000은 회수가 불가능하다고 판단된 매출채권과 상계한 것이며, 그 내역은 다음과 같다.

　가. 제24기에 파산하여 회수할 수 없는 채무자에 대한 채권 : ₩15,000,000

　나. 2026년 10월 31일에 부도가 발생한 외상매출금 : ₩55,000,000

　다. 제26기에 상법상 소멸시효가 완성된 채권 : ₩10,000,000

(3) 제25기 말 법인세법상 대손충당금 설정대상 채권은 10억원이며, 동 금액 중 대손부인된 채권은 없다.

(4) 제26기 말 재무상태표의 채권 총액은 30억원이며, 그 내역은 다음과 같다.

　가. 매출채권 20억원(법인세법상 특수관계인에게 시가로 판매한 제품 매출채권 2억원 포함)

　나. 대여금 4억원(법인세법상 특수관계인에게 업무와 관련 없이 지급한 가지급금 1억원 포함)

　다. 미수금 6억원

① ₩30,900,000

② ₩22,525,000

③ ₩18,625,000

④ ₩16,125,000

⑤ ₩11,125,000

(1) 대손금관련 세무조정 : 〈손금불산입〉 부도 외상매출금 ₩55,000,000 (유보)[*1]

　*1. 사업연도 종료일 현재 부도발생일로부터 6개월이 지나지 않았으며, ㈜A가 중소기업이 아니므로 부도발생일로부터 6개월이 지난 경우에도 외상매출금은 대손금으로 인정되지 않는다.

　2. 파산으로 회수할 수 없는 채권은 결산조정사항이며, 결산조정사항의 귀속시기는 대손금으로 결산조정한 제26기 사업연도이다. 그러므로 해당 채권과 관련하여 별도의 세무조정은 없다.

(2) 대손충당금관련 세무조정 : 〈손금불산입〉 대손충당금 한도초과액 ₩16,125,000 (유보)

　① 장부상 기말잔액 : ₩90,000,000

　② 설정한도액 : a × b = ₩73,875,000

　　a. 설정대상채권 : 30억원 − 1억원(업무무관가지급금) + ₩55,000,000(유보잔액)
　　　　　　　= ₩2,955,000,000

　　b. 설정률 : Max[1%, 대손실적률[*]] = 2.5%

　　　* 대손실적률 : $\dfrac{₩80,000,000 − ₩55,000,000}{₩1,000,000,000}$ = 2.5%

　③ 대손충당금 한도초과액 : ₩16,125,000

구분	전기말 설정대상채권	당기대손금	당기말 설정대상채권
Ⓑ	₩1,000,000,000	₩80,000,000	₩2,900,000,000[*3]
조정	−[*1]	(55,000,000)[*2]	55,000,000[*4]
Ⓣ	₩1,000,000,000	₩25,000,000	₩2,955,000,000

*1. 전기말 채권관련 유보잔액
 2. 대손금 손금불산입(유보)
 3. ₩3,000,000,000 − ₩100,000,000(업무무관가지급금) = ₩2,900,000,000
 4. 당기말 채권관련 유보잔액 : ₩0 + ₩55,000,000 = ₩55,000,000

Key point!

결산조정사항인 대손금의 귀속시기
→ 대손사유 발생 + 회계처리한 때

정답 ④

174 다음은 제조업을 영위하는 내국법인 (주)A의 대손충당금에 관한 자료이다. 제26기 (2026.1.1~12.31)의 세무상 대손충당금 한도초과액은 얼마인가?

(2011. 세무사)

(1) 제26기 대손충당금계정은 다음과 같다.

대손충당금

당기상계액	₩2,000,000	전기이월액	₩4,000,000
차기이월액	7,000,000	당기설정액	5,000,000
	₩9,000,000		₩9,000,000

당기상계액 중 ₩500,000은 제25기에 소멸시효가 완성된 매출채권에 관한 것이며, 나머지 금액은 법인세법상 대손요건을 충족한다.

(2) 다음은 제25기 자본금과 적립금조정명세서(을)의 일부이다.

과 목	금 액	비 고
① 매출채권	△₩500,000	제25기 소멸시효완성분 손금산입액
② 미수금(토지 매각관련)	3,000,000	대손금부인액

대손금부인액 ₩3,000,000은 제26기 말까지 대손요건을 충족하지 못하였다.

(3) 제25기 말 재무상태표상 대손충당금 설정대상채권은 ₩37,500,000이고, 제26기 말 재무상태표상 대손충당금 설정가능채권은 ₩60,000,000(매각거래 성격의 할인어음 ₩2,000,000 포함)이다.

(4) (주)A는 한국채택국제회계기준을 적용하지 않는 것으로 가정한다.

① ₩4,560,000   ② ₩4,637,500

③ ₩4,712,500   ④ ₩4,825,000

⑤ ₩6,390,000

(1) 대손금에 대한 세무조정 : 〈손금불산입〉 전기 소멸시효완성 매출채권 ₩500,000 (유보)

(2) 대손충당금관련 세무조정 : 〈손금불산입〉 대손충당금 한도초과액 ₩4,712,500 (유보)
  ① 대손충당금 기말 잔액 : ₩7,000,000
  ② 대손충당금 한도 : a × b = ₩2,287,500
     a. 설정대상채권의 장부금액

B/S상 설정가능채권	₩60,000,000
할인어음	(2,000,000) [*1]
기말 채권관련 유보잔액	3,000,000 [*2]
합 계	₩61,000,000

     *1. 매각거래 성격의 할인어음은 대손충당금 설정대상채권에서 제외된다.
      2. (△₩500,000 + ₩3,000,000) + ₩500,000 = ₩3,000,000

     b. 설정률 : Max[1%, 대손실적률*] = 3.75%

     * 대손실적률 : $\dfrac{₩2,000,000 - ₩500,000}{₩37,500,000 - ₩500,000 + ₩3,000,000} = 3.75\%$

  ③ 대손충당금 한도초과액 : ₩4,712,500

175 다음은 제조업을 영위하는 영리내국법인 ㈜A(중소기업 아님)의 제26기 사업연도 (2026.1.1~12.31)의 대손금 및 대손충당금 관련 자료이다. 대손금 및 대손충당금 관련 세무조정이 제26기 각 사업연도의 소득금액에 미친 순영향으로 옳은 것은?

(2017. CPA)

(1) 제26기말 재무상태표상 채권 잔액 : ₩1,000,000,000(이 중에는 2026.5.30.상법에 따른 소멸시효가 완성된 회수 불가능한 외상매출금 ₩50,000,000이 포함되어 있음)

(2) 제26기 재무상태표상 대손충당금 내역

대손충당금			(단위 : 원)
당기상계액	7,000,000 *	기초잔액	10,000,000
		상각채권 추심	2,000,000 **
기말잔액	20,000,000	당기설정액	15,000,000

* 부도발생일부터 6개월이 지난 외상매출금으로서 부도발생일 이전의 것.

** 제25기에 대손부인된 채권(미수금)이 2026.6.20.에 회수된 것임.

(3) 제25기 자본금과 적립금 조정명세서(을)의 기말 잔액

과목 또는 사항	기말잔액
미수금 대손부인액	₩2,000,000***
대손충당금 한도초과액	1,500,000

*** 2026.6.20.에 회수되었음.

(4) 제26기의 대손실적률은 0.8%이며, 모든 세무조정은 적정하게 이루어졌고, 법인세부담 최소화를 가정한다.

① (-)₩34,000,000   ② (-)₩34,070,000   ③ (-)₩36,000,000

④ (-)₩36,070,000   ⑤ (-)₩43,000,000

(1) 대손금 세무조정
　① 전기 대손금 부인액의 추인
　　〈익금불산입〉 미수금 회수분 ₩2,000,000 (△유보)
　② 당기 대손금관련 세무조정
　　〈손금산입〉 소멸시효완성 외상매출금 ₩50,000,000 (△유보)
　　〈손금불산입〉 부도발생한 외상매출금 ₩7,000,000* (유보)
　　* ㈜A가 중소기업이 아니므로 부도발생일로부터 6개월이 지난 외상매출금은 당기 대손금으로 처리할 수 없다.

(2) 대손충당금 세무조정
　① 전기 대손충당금 한도초과액 〈손금산입〉 ₩1,500,000 (△유보)
　② 당기 대손충당금 한도초과액 〈손금불산입〉 ₩10,430,000 (유보)
　　• 설정한도 : a × b = ₩9,570,000
　　　a. 설정대상채권 : ₩1,000,000,000 − ₩43,000,000* = ₩957,000,000
　　　　* 당기말 유보잔액

기초유보	₩2,000,000
미수금회수분	(2,000,000)
소멸시효완성 외상매출금	(50,000,000)
부도발생한 외상매출금	7,000,000
기말유보	△₩43,000,000

　　　b. 대손율 : Max[1%, 0.8%] = 1%
　　• 한도초과액 : ₩20,000,000 − ₩9,570,000 = ₩10,430,000

(3) 세무조정의 순액
　　△₩2,000,000 + △₩50,000,000 + ₩7,000,000 + △₩1,500,000 + ₩10,430,000 = △₩36,070,000

176 다음은 제조업을 영위하는 영리내국법인 (주)A의 제26기(2026.1.1~12.31) 대손금 및 대손충당금 관련 자료이다. (주)A의 대손금 및 대손충당금 관련 세무조정으로 인하여 제26기 각사업연도소득금액이 감소하는 금액을 계산한 것으로 옳은 것은?

(2015. CPA)

대손충당금
중요도 ★★★☆☆
난이도 ★★★★☆
Memo

(1) 제26기 대손충당금 계정

대손충당금

당기상계액	₩5,000,000[*1]	기 초 잔 액	₩10,000,000[*2]
기 말 잔 액	₩35,000,000	당기설정액	₩30,000,000

*1. 당기상계액은 법령상 대손금 요건을 충족하였다.
2. 기초잔액 중 전기 대손충당금 한도초과액 ₩5,000,000이 포함되어 있다.

(2) 제26기말 세무상 채권가액은 ₩800,000,000이고, 이 금액에는 특수관계인이 아닌 제3자에 대한 채무보증으로 인한 구상채권 ₩200,000,000이 포함되어 있다.

(3) 전기의 대손실적률은 0.6%이다.

(4) 제25기말 대손 부인된 매출채권 ₩50,000,000 중 ₩20,000,000이 채무자의 회생 및 파산에 관한 법률에 따른 법원의 면책결정에 따라 회수불능으로 확정되었다.

① ₩10,000,000
② ₩14,000,000
③ ₩20,000,000
④ ₩22,000,000
⑤ ₩25,000,000

(1) 대손금 세무조정 : 〈손금산입〉 매출채권 ₩20,000,000 (△유보)

(2) 대손충당금 세무조정
　① 전기말 대손충당금 한도초과액 : 〈손금산입〉 대손충당금 ₩5,000,000 (△유보)
　② 당기말 대손충당금 한도초과액 : 〈손금불산입〉 대손충당금 ₩5,000,000 (유보)
　　a. 대손충당금 기말 잔액 : ₩35,000,000
　　b. 당기말 대손충당금 한도액 : (₩800,000,000[*1] − ₩200,000,000[*2]) × Max[1%, 5%[*3]]
　　　　　　　　　　　　　　　　= ₩30,000,000

　　*1. 세무상 채권가액으로 제시되었으므로 재무상태표상 채권가액에 이미 당기말 채권관련 유보가
　　　　가감된 후의 금액이다.
　　　2. 채무보증으로 인한 구상채권은 대손충당금 설정제외채권이다.

　　　3. 당기 대손실적률 : $\dfrac{₩5,000,000 + ₩20,000,000}{₩500,000,000^*}$ = 5%

　　　　* 전기말 설정대상채권 : (₩10,000,000 − ₩5,000,000) ÷ Max[1%, 0.6%] = ₩500,000,000
　　c. 한도초과액 : ₩5,000,000

(3) 각사업연도소득금액이 감소하는 금액 : ₩20,000,000 + ₩5,000,000 − ₩5,000,000 = ₩20,000,000

구분	전기말 설정대상채권	당기대손금	당기말 설정대상채권
Ⓑ	?	₩5,000,000	?
조정	₩50,000,000	20,000,000	₩30,000,000
Ⓣ	₩500,000,000	₩25,000,000	₩600,000,000

[응용]

> ii) 해당 문제의 자료(2)에서 제26기말 채권가액 ₩800,000,000이 세무상 채권가액이 아닌 재무상태
> 표상의 채권가액인 경우 (주)A의 대손충당금 설정한도액은?
>
> 설정한도액 : ① × ② = ₩31,500,000
> ① 설정대상채권 : ₩800,000,000 − ₩200,000,000 + ₩30,000,000[*](기말유보잔액)
> 　　　　　　　= ₩630,000,000
> 　　* ₩50,000,000(기초유보잔액) − ₩20,000,000(당기중 유보추인) = ₩30,000,000
> ② 설정률 : Max[1%, 5%] = 5%

177 다음은 ㈜스케치스의 제26기 사업연도(2026. 1. 1~12. 31) 자료이다. 다음 자료에 의하여 ㈜스케치스의 당기말 일시상각충당금의 △유보 잔액을 구하면 얼마인가?

일시상각충당금
중요도 ★★★★☆
난이도 ★★★☆☆

Memo

> (1) ㈜스케치스는 기계장치(취득원가 ₩30,000,000, 감가상각누계액 ₩10,000,000, 전기이월상각부인액 ₩2,000,000)가 화재로 소멸되어 제26기 사업연도초에 보험금 ₩25,000,000을 수령하고 보험차익 ₩5,000,000을 계상하였다.
>
> (2) ㈜스케치스는 2026년 7월 31일에 소실된 것과 동일한 기계장치를 ₩24,000,000에 취득하고 감가상각비 ₩3,000,000을 계상하였다.
>
> (3) ㈜스케치스는 신고조정에 의하여 일시상각충당금을 설정하고자 하며 신규 기계장치의 신고내용연수는 5년이고 신고한 상각방법은 정액법이다.
>
> (4) ㈜스케치스는 추가적인 기계장치의 취득계획은 없는 것으로 가정한다.

① ₩2,700,000   ② ₩2,500,000   ③ ₩2,000,000

④ ₩1,900,000   ⑤ ₩1,800,000

---

(1) 일시상각충당금 설정액 : ₩2,000,000* → 손금산입(△유보)

　* ₩5,000,000 − ₩2,000,000(멸실자산 유보추인액, 손금산입) − ₩1,000,000(미사용액) = ₩2,000,000

(2) 감가상각 시부인

　① 감가상각비 해당액 : ₩3,000,000

　② 상각범위액 : ₩24,000,000 × 0.200 × $\dfrac{6}{12}$ = ₩2,400,000

　③ 상각부인액 : ₩600,000 → 손금불산입(유보)

(3) 일시상각충당금 환입액 : ₩200,000* → 익금산입(유보)

　* ₩2,000,000 × $\dfrac{₩2,400,000}{₩24,000,000}$ = ₩200,000

(4) 일시상각충당금 △유보잔액 : ₩2,000,000 − ₩200,000 = ₩1,800,000

정답 ⑤

178 제조업을 영위하는 영리내국법인 ㈜A의 제26기(2026.1.1.~2026.12.31.) 자료이다. 국고보조금 및 일시상각충당금 관련 세무조정이 제26기 각 사업연도 소득금액에 미치는 순영향으로 옳은 것은? (2021. CPA)

(1) 2026년 1월 1일 「보조금 관리에 관한 법률」에 따른 국고보조금 ₩50,000,000을 수령하고 건물을 취득하여 사업에 사용하기 시작하였다. 이에 따른 회계처리는 다음과 같다.

(차) 현   금   ₩50,000,000   (대) 영업외수익   ₩50,000,000
(차) 건   물   ₩100,000,000   (대) 현   금   ₩100,000,000

(2) 2026년 4월 1일 「보조금 관리에 관한 법률」에 따른 국고보조금 ₩20,000,000을 수령하고 기계장치를 ₩80,000,000에 취득하여 사업에 사용하기 시작하였다. ㈜A는 국고보조금을 기계장치에서 차감하는 형식으로 회계처리하였다.

(3) 건물은 정액법(신고내용연수 10년, 잔존가치 없음)으로 상각하며, 기계장치도 정액법(신고내용연수 5년, 잔존가치 없음)으로 상각한다. ㈜A는 기계장치 관련 국고보조금을 감가상각비와 상계처리하고 있다(상각부인액 및 시인부족액 없음).

(4) ㈜A는 건물 및 기계장치와 관련하여 일시상각충당금을 신고조정에 의해 손금산입하였다.

① (−)₩5,000,000   ② (−)₩15,000,000   ③ (−)₩20,000,000
④ (−)₩45,000,000   ⑤ (−)₩65,000,000

(1) 국고보조금 수령시 세무조정

구 분	차 변		대 변	
B	현금	20,000,000	국고보조금(기계장치)	20,000,000
T	현금	20,000,000	수익	20,000,000
D	〈익금산입〉 국고보조금(기계장치) ₩20,000,000 (유보)			

(2) 일시상각충당금 설정 관련 세무조정
    ① 건물 : 〈손금산입〉 일시상각충당금(건물) ₩50,000,000 (△유보)
    ② 기계장치 : 〈손금산입〉 일시상각충당금(기계장치) ₩20,000,000 (△유보)

(3) 감가상각비와 상계시 세무조정

구 분	차 변		대 변	
B	감가상각비	12,000,000[*1]	감가상각누계액	12,000,000
	국고보조금(기계장치)	3,000,000[*2]	감가상각비	3,000,000
T	감가상각비	12,000,000	감가상각누계액	12,000,000
D	〈손금산입〉 국고보조금(기계장치) ₩3,000,000 (△유보)			

*1. $₩80,000,000 \times \dfrac{1}{5} \times \dfrac{9}{12} = ₩12,000,000$

 2. $₩20,000,000 \times \dfrac{1}{5} \times \dfrac{9}{12} = ₩3,000,000$

 3. 세법상 기계장치 관련 국고보조금을 익금산입하였으므로 감가상각비와 국고보조금을 상계할 수 없다.

(4) 일시상각충당금 환입 관련 세무조정

    ① 건물 : $₩50,000,000 \times \dfrac{₩10,000,000^*}{₩100,000,000} = ₩5,000,000 \rightarrow$ 익입(유보)

      * 손금인정된 감가상각비 : $₩100,000,000 \times \dfrac{1}{10} \times \dfrac{12}{12} = ₩10,000,000$

    ② 기계장치 : $₩20,000,000 \times \dfrac{₩12,000,000^*}{₩80,000,000} = ₩3,000,000 \rightarrow$ 익입(유보)

      * 손금인정된 감가상각비 : ₩9,000,000(회사계상 감가상각비) + ₩3,000,000(손금산입액) = ₩12,000,000

(5) 각사업연도소득금액에 미치는 순영향 : ₩20,000,000 + △₩20,000,000 + △₩50,000,000
                  + △₩3,000,000 + ₩5,000,000 + ₩3,000,000 = △₩45,000,000

※ 별해 : △₩50,000,000 + ₩5,000,000 = △₩45,000,000
    * 기계장치 관련 세무조정은 양쪽조정이므로 건물 관련 세무조정만 합산해도 된다.

정답 ④

179 다음은 비영리내국법인 A(사회복지사업법에 따른 사회복지법인임)의 제26기 사업연도(2026.1.1.~12.31.) 고유목적사업과 수익사업에 관련된 자료이다. 고유목적사업준비금의 최대 손금산입 범위액으로 옳은 것은? (2018. CPA)

(1) 제26기 A의 고유목적사업에서 발생한 소득은 ₩300,000,000이다.

(2) 제26기 A의 고유목적사업 이외의 수익사업소득(고유목적사업준비금 및 특례기부금을 손금에 산입하기 전의 소득금액)내역은 다음과 같다.

구 분	금 액
이자소득*	₩80,000,000
배당소득**	20,000,000
사업소득***	90,000,000

* 이자소득은 정기예금이자이다.

** 배당소득은 내국법인 ㈜B로부터 받은 배당으로 상속세 및 증여세법 제16조 또는 동법 제48조에 따라 상속세 과세가액 또는 증여세 과세가액에 산입되거나 증여세가 부과되는 주식으로부터 발생한 것이 아니다.

*** 사업소득은 부동산임대업에서 발생하였다.

(3) 제24기에 발생한 세무상 결손금으로서 그 후의 각 사업연도의 과세표준을 계산할 때 공제되지 아니한 금액 ₩10,000,000이 있다.

(4) 조세부담 최소화를 가정한다.

① ₩124,000,000   ② ₩140,000,000   ③ ₩164,000,000
④ ₩180,000,000   ⑤ ₩196,000,000

- 손금산입 한도액 : ① + ② = ₩180,000,000
  ① [₩80,000,000(이자) + ₩20,000,000(배당)] × 100% = ₩100,000,000
  ② [₩90,000,000(사업) − ₩10,000,000(이월결손금)] × 100%* = ₩80,000,000
  * 사회복지법인의 한도적용률은 100%로 한다.

사택제공이익
중요도 ★★★☆☆
난이도 ★★★☆☆

Memo

180 건설업을 영위하는 영리내국법인 ㈜A의 제26기(2026.1.1.~2026.12.31.) 자료이다. 사택 임대 및 건설용역 제공과 관련된 세무조정이 제26기 각 사업연도 소득금액에 미치는 순영향으로 옳은 것은? (2022. CPA)

(1) 사택 임대

① ㈜A는 출자임원(소액주주 아님)인 갑에게 사택을 임대(임대기간: 2025.1.1.~2027.12.31.)하고 보증금 ₩100,000,000을 임대개시일에 수령하였으며, 약정에 의해 수령한 연간 임대료 총액 ₩2,000,000을 손익계산서상 수익으로 계상하였다.

② 사택 제공에 대한 임대료의 시가는 불분명하나 사택의 시가는 ₩400,000,000으로 확인된다.

③ 기획재정부령으로 정하는 정기예금이자율은 3%로 가정한다.

(2) 건설용역 제공

① ㈜A는 특수관계인인 ㈜B에게 건설용역(계약기간: 2026.3.1.~2026.10.31.)을 제공하고 받은 용역대가 ₩240,000,000을 매출로 계상하였으며, 해당 용역의 원가 ₩200,000,000을 매출원가로 계상하였다.

② 동 건설용역의 시가는 불분명하며, ㈜A가 당기 중 특수관계인이 아닌 자에게 제공한 유사용역의 매출액은 ₩500,000,000, 매출원가는 ₩400,000,000이다.

① ₩0
② (+)₩1,000,000
③ (+)₩7,000,000
④ (+)₩11,000,000
⑤ (+)₩17,000,000

Key point!

현저한 이익 분여요건
Min[5%, 3억원]

(1) 사택 임대 : 〈익금산입〉 사택제공이익 ₩1,000,000 (상여)
- B 임대료수익 : ₩2,000,000
- T 시가임대료 : (₩400,000,000 × 50% − ₩100,000,000) × 3% = ₩3,000,000
- D 차액 : ₩1,000,000(T −B) ≥ ₩150,000(=₩3,000,000 × 5%)

(2) 용역제공 : 세무조정 없음
- B 용역대가 : ₩240,000,000
- T 용역시가 : ₩200,000,000 × (1 + 25%) = ₩250,000,000

  * 유사용역의 원가이익률 : $\dfrac{₩500,000,000 − ₩400,000,000}{₩400,000,000}$ = 25%

- D 차액 : ₩10,000,000(T −B) < ₩12,500,000(=₩250,000,000 × 5%)

(3) 각 사업연도 소득금액에 미치는 순영향 : (+)₩1,000,000

정답 ②

181 제조업을 주업으로 하는 내국법인 (주)A(중소기업 아님)의 제26기 사업연도(2026. 1.1.~12.31.) 세무조정과 관련된 다음 자료의 각 (   )에 들어갈 금액으로 옳은 것은? (단, 1년은 365일로 가정한다. 또한 전기 이전 및 당기의 모든 세무조정은 적정하였으며, 주어진 자료 이외에는 고려하지 않는다.) (2018. 세무사)

(1) 지급이자

제26기 결산상 지급이자는 ₩40,000,000이며, 채권자가 불분명한 사채의 이자 ₩20,000,000이 포함되어 있다. 제26기 중 차입금의 금액 변동은 없었고 모든 차입금의 이자율은 연 5%이다. 제26기 3.15.에 (주)A의 대표이사에게 업무와 관계 없이 대여하여 기말까지 회수하지 못한 가지급금은 (ㄱ)이며, 지급이자에 대한 제26기 세무조정 결과 업무무관자산 등에 대한 지급이자로 손금불산입한 금액은 ₩4,000,000이다.

(2) 재고자산

상품 평가방법에 대하여 법인설립시 후입선출법으로 적법하게 신고하고 계속 적용해왔으나, 제26기 10.31.에 총평균법으로 평가방법 변경신고를 하였다. 이에 따라 제26기 결산시부터 기말 상품에 대하여 총평균법으로 평가하고 이를 결산서에 반영하였다. 기말 상품에 대하여 후입선출법, 총평균법, 선입선출법을 적용한 평가액은 각각 ₩250,000, (ㄴ), ₩500,000이며, 기말 상품에 대한 제26기 세무조정 결과 ₩100,000을 손금불산입하였다.

(3) 임대료

제26기 5.1.부터 특수관계자인 출자임원에게 사택을 제공하고 있는데, 수령한 임대보증금은 ₩123,200,000이고 매월 (ㄷ)의 임대료를 수취하여 결산상 수익으로 반영하였다. 당해 사택의 시가는 ₩480,000,000이며, 1년 만기 정기예금이자율은 5%이다. 시가에 해당하는 당해 사택의 적정한 임대료는 확인되지 않았고, 당해 사택 임대료와 관련된 제26기 세무조정결과 ₩2,320,000을 익금산입하였다.

	ㄱ	ㄴ	ㄷ		ㄱ	ㄴ	ㄷ
①	₩100,000,000	₩400,000	₩200,000	②	₩100,000,000	₩400,000	₩300,000
③	100,000,000	600,000	200,000	④	120,000,000	400,000	200,000
⑤	120,000,000	600,000	300,000				

---

(1) 업무무관가지급금

$$₩20,000,000^* \times \frac{x \times 292일}{₩20,000,000 \div 5\% \times 365일} = ₩4,000,000 \rightarrow x = ₩100,000,000$$

   * ₩40,000,000 − ₩20,000,000(채권자불분명사채이자) = ₩20,000,000

   ※ 별해 : $x \times 292일 \times 5\% \times \dfrac{1}{365일} = ₩4,000,000 \rightarrow x = ₩100,000,000$

(2) 재고자산 평가방법의 임의변경
   ① 세법상 기말 재고자산금액 : Max[₩250,000, ₩500,000] = ₩500,000
   ② 장부상 기말 재고자산금액 : x (총평균법)
   ③ ₩500,000 − x = ₩100,000 → x = ₩400,000

(3) 임대료
   ① 시가임대료 : (₩480,000,000 × 50% − ₩123,200,000) × 5% × $\dfrac{245일}{365일}$ = ₩3,920,000
   ② 약정임대료 : x × 8月 = $8x$
   ③ ₩3,920,000 − $8x$ = ₩2,320,000 → x = ₩200,000

정답 ①

182 내국법인인 (주)A의 제26기 세무조정사항으로 옳은 것은? (2010. 세무사)

(1) 제26기 사업연도(2026.1.1~12.31) 초 대표이사로부터 비품(시가 ₩35,000,000)을 구입하면서 현금 지급액 ₩50,000,000을 장부에 계상하였다.

(2) 비품에 대해 상각범위액 상당액(신고내용연수 5년, 정액법)을 감가상각비로 계상하였다.

	익금산입 및 손금불산입			손금산입 및 익금불산입	
①	부당행위계산부인	₩15,000,000 (상여)	비 품	₩15,000,000	(△유보)
	감가상각비부인액	3,000,000 (유보)			
②	부당행위계산부인	15,000,000 (상여)	감가상각비추인액	3,000,000	(△유보)
	비 품	15,000,000 (유보)			
③	비지정기부금	4,500,000 (상여)	비 품	4,500,000	(△유보)
	감가상각비부인액	900,000 (유보)			
④	비지정기부금	4,500,000 (기타사외유출)	비 품	4,500,000	(△유보)
⑤	부당행위계산부인	15,000,000 (상여)	비 품	15,000,000	(△유보)

(1) 특수관계인으로부터의 고가매입

〈손금산입〉	비품	₩15,000,000	(△유보)
〈손금불산입〉	부당행위계산부인	₩15,000,000	(상여)

(2) 자산감액분 추인

〈손금불산입〉	비품감액분 추인	₩3,000,000[*]	(유보)

  * $₩15,000,000 \times \dfrac{₩10,000,000}{₩50,000,000} = ₩3,000,000$

(3) 감가상각시부인계산

① 감가상각비 해당액 : $10,000,000 - ₩3,000,000 = ₩7,000,000$
② 상각범위액 : $(₩50,000,000 - ₩15,000,000) \times 0.200 = ₩7,000,000$
③ 상각부인액 : ₩0 → 세무조정 無

183 (주)홍익은 대주주인 김갑동 씨로부터 공장부지용으로 토지를 20억원에 매입하여 동 금액을 자산으로 계상하였다. 이 토지의 상속세 및 증여세법의 규정에 의한 보충적 평가액은 14억원이며, 감정평가법인의 감정가액은 15억원이다. (주)홍익이 매입대금 20억원 중 80%는 현금으로 지급하고 나머지 20%는 다음 사업연도 초에 지급하기로 하였다면 이와 관련된 세무조정사항은? (2000. 세무사 수정)

① 〈손금불산입〉 부당행위계산부인 ₩500,000,000 (배당)

② 〈손금불산입〉 부당행위계산부인 600,000,000 (배당)
　〈손금산입〉 토지의 고가매입 600,000,000 (△유보)

③ 〈손금불산입〉 부당행위계산부인 500,000,000 (배당)
　〈손금산입〉 토지의 고가매입 500,000,000 (△유보)

④ 〈손금불산입〉 부당행위계산부인 100,000,000 (배당)
　〈손금불산입〉 미지급금 400,000,000 (유보)
　〈손금산입〉 토지의 고가매입 500,000,000 (△유보)

⑤ 〈손금불산입〉 부당행위계산부인 600,000,000 (배당)
　〈손금불산입〉 미지급금 200,000,000 (유보)
　〈손금산입〉 토지의 고가매입 600,000,000 (△유보)

고가매입
중요도 ★★★☆☆
난이도 ★★★☆☆

Memo

구 분	차 변		대 변	
B	토지	20억원	현금	16억원
			미지급금	4억원
T	토지	15억원	현금	16억원
	업무무관비용	1억원		
D	〈손금산입〉 토지		5억원 (△유보)	
	〈손금불산입〉 부당행위계산부인		1억원 (배당)	
	〈손금불산입〉 미지급금		4억원 (유보)	

(1) 시가가 불분명한 경우 다음의 가액을 순차적으로 적용한다.
　① 감정평가업자의 감정가액 (단, 주식 또는 출자지분 및 가상자산은 감정가액을 적용하지 않는다.)
　② 상속세 및 증여세법상의 보충적 평가방법
(2) 자산의 매입대금을 일부만 지급한 경우에는 시가상당액을 먼저 지급한 것으로 본다.

Key point!
일부 지급시 시가상당액을 먼저 지급한 것으로 본다.
→ 지급액 − 시가상당액 = 부당행위계산부인금액

정답 ④

제2편 법인세법　**217**

184 다음 자료에 의하여 (주)남해의 제26기(2026.1.1~12.31) 가지급금 인정이자와 관련하여 행할 세무조정 및 소득처분은 어느 것인가? (2003. 세무사)

(1) (주)남해는 대한은행으로부터 차입한 차입금 ₩100,000,000(차입일 : 2025.12.1, 차입기간 : 3년, 이자율 : 연 10%)에 대한 지급이자로서 제26기 중에 ₩10,000,000 을 지급하였다.

(2) 제25기 및 제26기 중의 기획재정부령이 정하는 당좌대출이자율은 5%이며, (주)남 해는 적법한 절차에 따라 당좌대출이자율을 금전소비대차거래의 시가로 선택적용 한다고 가정한다.

(3) (주)남해는 2025.9.1 해당 법인의 전무이사인 이국세 씨에게 그가 운영하고 있는 개인사업체(제조업)의 사업자금으로 연 이자율 3%, 대여기간 2년, 이자지급일을 매월 말일로 하는 내용의 금전소비대차계약을 체결하고 ₩150,000,000을 대여하 였다. (주)남해는 제26기 중에 이국세 씨로부터 받은 이자 ₩4,500,000을 이자수 익으로 계상하고 있다.

(4) (주)남해의 제26기말 주주·임원·종업원대여금계정에는 2025.4.1에 대신 납부한 소득세(익금산입액의 귀속자가 불분명하여 대표이사인 김공평 씨에게 상여로 처 분한 금액에 대한 소득세 원천징수세액이다) 1천만원이 계상되어 있다. (주)남해 는 제26기 중에 동 대납액에 대한 이자수익을 계상하지 않았다.

① 〈익금산입〉　가지급금 인정이자　₩3,000,000 (상여)
　　〈익금산입〉　가지급금 인정이자　　 500,000 (기타사외유출)
② 〈익금산입〉　가지급금 인정이자　 3,000,000 (상여)
③ 〈익금산입〉　가지급금 인정이자　10,500,000 (기타사외유출)
④ 〈익금산입〉　가지급금 인정이자　 3,000,000 (기타사외유출)
⑤ 익금에 산입할 가지급금 등의 인정이자 없음

Key point!

현저한 이익 분여요건
Min[5%, 3억원]

개인사업자의 사업소득
을 구성하는 경우
→ 기타사외유출

정답 ④

(1) 익금산입액
  • B 이자수익 : ₩4,500,000
  • T 인정이자 : ₩150,000,000[*] × 5% = ₩7,500,000
  • D 차액 : ₩3,000,000(T−B) ≥ ₩375,000(T×5%)
    * 귀속자가 불분명하여 대표자에게 상여로 처분한 금액에 대한 소득세 대납액은 가지급금으로 보지 않는다.

(2) 세무조정 : 〈익금산입〉 가지급금 인정이자 ₩3,000,000 (기타사외유출[*])
  * 소득의 귀속자가 개인사업자이며, 해당 사업자의 사업소득을 구성하므로 기타사외유출로 처분한다.

185 제조업을 영위하는 영리내국법인 ㈜A의 제26기(2026.1.1.~2026.12.31.) 자료이다. 가지급금 인정이자 및 지급이자 손금불산입 관련 세무조정이 제26기 각 사업연도 소득금액에 미치는 순영향으로 옳은 것은? 단, 전기의 세무조정은 정확하게 이루어졌다.

(2023. CPA)

(1) ㈜A가 특수관계인들에게 2025년 5월 6일에 대여한 법인세법상 업무무관가지급금(대여기간: 3년)의 내역은 다음과 같으며 이자수익은 전액 장부에 계상하였다.

구 분	연이자율	대여금	이자수익
갑	–	₩30,000,000	–
을	8%	40,000,000	₩3,200,000

(2) ㈜A의 당기말 현재 차입금과 지급이자의 내역은 다음과 같으며 차입금은 모두 은행(특수관계인 아님)으로부터 2025년 3월 7일에 차입하였다.

구 분	연이자율	차입금	지급이자
기업구매자금대출*	8%	₩600,000,000	₩48,000,000
운영자금대출	10%	900,000,000	90,000,000

  * 한국은행총재가 정한 규정에 따른 것임

(3) 당좌대출이자율은 12%이며 ㈜A는 법인세법상 금전대차거래의 시가를 신고하지 아니하였다.

① (+) ₩3,240,000   ② (+) ₩9,680,000   ③ (+) ₩9,760,000

④ (+)₩10,240,000   ⑤ (+)₩13,440,000

---

(1) 업무무관자산관련 지급이자 손금불산입액

$$₩90,000,000^* \times \frac{₩30,000,000 + ₩40,000,000}{₩900,000,000^*} = ₩7,000,000 \rightarrow 손불(기타사외유출)$$

  * 지급이자 손금불산입액 계산시에는 기업구매자금대출에 의한 차입금 및 그 지급이자를 제외한다. 다만, 수입배당금 익금불산입액 계산시 지급이자에는 기업구매자금대출이자를 포함하며, 가중평균차입이자율 계산시에도 기업구매자금대출에 의한 차입금을 포함한다.

  ※ 별해 : (₩30,000,000 + ₩40,000,000) × 10%(운영자금대출 이자율) = ₩7,000,000

(2) 익금산입액

  ① 갑

    • B 이자수익 : ₩0

    • T 인정이자 : ₩30,000,000 × 9.2%* = ₩2,760,000

    • D 차액 : ₩2,760,000(T−B) → 익入 ₩2,760,000 (사외유출)

    * 대여시점의 가중평균차입이자율 : $\dfrac{₩600,000,000 \times 8\% + ₩900,000,000 \times 10\%}{₩600,000,000 + ₩900,000,000} = 9.2\%$

  ② 을

    • B 이자수익 : ₩3,200,000

    • T 인정이자 : ₩40,000,000 × 9.2%= ₩3,680,000

    • D 차액 : ₩480,000(T−B) ≥ ₩184,000(=₩3,680,000 × 5%) → 익入 ₩480,000 (사외유출)

(3) 각 사업연도 소득금액에 미치는 순영향 : ₩7,000,000 + ₩2,760,000 + ₩480,000 = ₩10,240,000

정답 ④

186 다음의 자료를 이용하여 법인주주 갑과 법인주주 을이 행할 세무조정 및 소득처분으로 옳은 것은? (2015. CPA)

(1) 비상장 영리내국법인 (주)A는 특수관계에 있는 비상장 영리내국법인 (주)B를 적격 흡수합병하였다.

(2) 합병직전 (주)A와 (주)B의 발행주식 현황은 다음과 같다.

	1주당 평가액	발행주식총수
(주)A	₩40,000	40,000주
(주)B	₩10,000	20,000주

(3) (주)A는 (주)B의 주주에게 (주)B의 주식 2주당 (주)A의 주식 1주를 교부하였다.

(4) 합병직전 (주)A의 법인주주 갑(지분율 40%)과 (주)B의 법인주주 을(지분율 20%)은 특수관계인에 해당한다.

	법인주주 갑	법인주주 을
①	익금산입 ₩6,400,000 (유 보)	익금산입 ₩6,400,000 (기타사외유출)
②	익금산입 12,800,000 (기타사외유출)	익금산입 12,800,000 (유 보)
③	익금산입 12,800,000 (유 보)	익금산입 12,800,000 (기타사외유출)
④	익금산입 25,600,000 (기타사외유출)	익금산입 25,600,000 (유 보)
⑤	익금산입 25,600,000 (유 보)	익금산입 25,600,000 (기타사외유출)

Key point!

2 : 1 합병
합병 후 주식수

(1) 부당행위계산부인 요건충족여부

① 특수관계요건 : (주)A와 (주)B는 특수관계인으로 요건충족

② 현저한이익분여요건 : 1주당 평가차액이 합병후 1주당 평가액의 30% 이상으로 요건충족

- 합병후 1주당 평가액 : $\dfrac{₩1,600,000,000 + ₩200,000,000}{40,000주 + 10,000주} = ₩36,000$

- 1주당 평가차액 : ₩36,000 − ₩10,000 × 2주 = ₩16,000

- ₩16,000 ≥ ₩10,800(= ₩36,000 × 30%)

(2) 이익분여액

① 갑법인 → 을법인 : (₩40,000 − ₩36,000) × 40,000주 × 40% × 20% = ₩12,800,000

[검증]

을법인 ← 갑법인 : ₩16,000 × 10,000주 × 20% × 40% = ₩12,800,000

② 세무조정

갑법인 : 〈익금산입〉 부당행위계산부인 ₩12,800,000 (기타사외유출)

을법인 : 〈익금산입〉 투자지분증권 ₩12,800,000 (유보)

08 과세표준과 세액의 계산

이월결손금공제
중요도 ★★★☆☆
난이도 ★★☆☆☆

Memo

187 다음은 영리내국법인 (주)백두의 제26기 사업연도(2026.1.1.~12.31.)세무조정 관련 자료이다. 세부담 최소화를 가정할 경우 제26기의 법인세 과세표준금액은? (단, (주)백두는 조세특례제한법상 중소기업이 아니며 회생계획을 이행 중인 기업 등 대통령령으로 정하는 법인에 해당하지 않고 주어진 자료 이외에는 고려하지 않음) (2020. 세무사)

(1) 세무조정 내역[주1]

손익계산서상 당기순이익	₩10,000,000
익금산입 · 손금불산입	17,000,000
손금산입 · 익금불산입	(−)12,000,000
계	₩15,000,000

(주1) 매입채무에 대한 채무면제이익 ₩10,000,000이 영업외수익으로 당기순이익에 포함되어 있으며, 이와 관련된 세무조정은 포함되지 않음.

(2) 과거 사업연도에 공제되지 않은 세무상 이월결손금 내역

제11기 사업연도(2011.1.1.~2011.12.31.)	₩5,000,000
제23기 사업연도(2023.1.1.~2023.12.31.)	5,000,000
제24기 사업연도(2024.1.1.~2024.12.31.)	5,000,000
계	₩15,000,000

① ₩0　　② ₩1,000,000　　③ ₩4,000,000
④ ₩5,000,000　　⑤ ₩10,000,000

Key point!

각사업연도소득금액 × 80%

각사업연도소득금액	₩5,000,000	₩15,000,000 − Min[₩10,000,000, ₩15,000,000[*1]]
이월결손금	(4,000,000)	Min[₩5,000,000[*2], ₩5,000,000 × 80%]
과세표준	₩1,000,000	

*1. 자산수증이익 · 채무면제이익 충당대상 이월결손금은 발생연도제한이 없다.
 2. 세부담 최소화를 위해 자산수증이익 · 채무면제이익에 먼저 충당하고, 남은 이월결손금(2016.1.1. 이후분)을 공제한도(각사업연도소득금액의 80%)이내에서 공제하여 과세표준을 계산한다.

정답 ②

188 제조업을 영위하는 영리내국법인 ㈜A(중소기업 및 회생계획을 이행 중인 기업은 아님)의 다음 자료에 따른 제26기 사업연도(2026.1.1.~12.31.)법인세 과세표준은? (단, 전기 이전의 모든 세무조정은 적절하게 이루어졌으며, 주어진 자료 이외에는 고려하지 않는다. 또한 수입배당금액에 대한 익금불산입 규정은 적용하지 않음)

(2021. 세무사)

이월결손금공제
중요도 ★★★☆☆
난이도 ★★★★☆

Memo

(1) 제26기 사업연도 포괄손익계산서상 당기순이익은 ₩300,000,000이다.

(2) 제26기 말 재무상태표에는 2025.1.1.에 ㈜A의 대표이사로부터 현금을 지불하고 취득한 건물(취득가액 : ₩400,000,000)이 계상되어 있으며, ㈜A는 동 건물에 대하여 정액법(매기 상각률 : 0.05)에 따른 감가상각비를 제26기 포괄손익계산서에 비용으로 계상하였다. 동 건물의 취득 당시 시가는 ₩350,000,000, 신고내용연수는 20년이며 감가상각방법은 신고하지 않았다.

(3) ㈜A의 경영에 대해 사실상 영향력을 행사하고 있다고 인정되는 자의 배우자인 甲에게 ㈜A의 업무와 관련 없이 대여한 ₩5,000,000이 법정 대손사유가 발생하여 회수불능하게 됨에 따라 전액 대손처리하고, 이를 제26기 포괄손익계산서에 비용으로 계상하였다. 단, ㈜A는 동 대여금에 대해서 법인세법상 시가를 초과하는 이자를 수령하고 있다.

(4) ㈜A는 ㈜B가 발행한 주식 20,000주(주당 액면가액 ₩5,000)를 1주당 ₩6,000에 취득하여 보유하고 있었는데, 제26기 중 ㈜B는 발행주식의 10%를 1주당 ₩10,000의 현금을 지급하고 일괄 매입하여 소각하였다. ㈜A는 ㈜B로부터 수취한 ₩20,000,000에 대하여 아무런 회계처리를 하지 않고 보유주식수만 감소시켰다.

(5) ㈜A는 제25기에 법인세법상 결손금 ₩260,000,000이 발생하였으며, 자산수증이익 및 채무면제이익으로 충당된 결손금은 없다.

① ₩42,700,000   ② ₩50,500,000   ③ ₩61,500,000

④ ₩63,100,000   ⑤ ₩67,700,000

(1) 각사업연도소득금액

당기순이익	₩300,000,000
+) 익금산입 · 손금불산입	
① 감액분상각비 손주(유보)	2,500,000[*1]
② 업무무관가지급금 대손금 손주(기타소득)	5,000,000[*2]
③ 현금수취 회계처리누락 익주(상여)	20,000,000[*3]
-) 손금산입 · 익금불산입	
① 소멸주식의 가액 손주(△유보)	(12,000,000)[*3]
각사업연도소득금액	₩315,500,000

*1. $₩50,000,000 \times \dfrac{₩400,000,000 \times 0.05}{₩400,000,000} = ₩2,500,000$

2. 법인의 경영에 대하여 사실상 영향력을 행사하고 있다고 인정되는 자와 그 친족은 특수관계인에 해당한다. 업무무관가지급금(특수관계인 대여금)은 대손불능채권이므로 대손사유가 충족되더라도 손금불산입해야 한다. 다만, 시가를 초과하는 이자를 수령하는 경우(이익을 보는 경우)에 해당하므로 부당행위계산부인규정은 적용하지 않는다. 즉, 인정이자 익금산입의 세무조정이 필요하지 않다.
   [참고] 장부상 업무무관가지급금을 대손처리한 경우 세무조정과 소득처분은 다음과 같다.
   ① 법정대손사유 충족하여 대손금으로 계상시 : 손금불산입(사외유출)
   ② 법정대손사유없이 임의로 대손금으로 계상한 경우 : 손금불산입(유보)
3. ① 현금수취 회계처리 누락 : 현금매출누락과 동일하게 감자대가가 현금으로 유입된 후 다시 유출된 것으로 보아 대표자 상여로 소득처분한다.
   ② 소멸주식의 가액 : 20,000주 × 10% × ₩6,000 = ₩12,000,000

(2) 과세표준

각사업연도소득금액	₩315,500,000
이월결손금	(252,400,000)*
과세표준	₩63,100,000

* Min[₩260,000,000, ₩315,500,000 × 80%] = ₩252,400,000

189 비상장 영리내국법인(중소기업)인 (주)A의 세무조정 자료를 이용하여 제26기 (2026.1.1~12.31) 법인세 산출세액을 계산한 것으로 옳은 것은? (2015. CPA)

결손금 소급공제
중요도 ★★★☆☆
난이도 ★★★★☆

Memo

(1) 제26기 각사업연도소득금액은 ₩300,000,000이고, 비과세소득은 ₩20,000,000 이다.

(2) 제25기 결손금 ₩180,000,000이 발생하였으며, 제25기 법인세 신고시 결손금 소급공제를 최대한 적용받았다.

(3) 제24기 사업연도까지 발생한 결손금은 없다.

(4) 제24기 법인세 과세표준은 ₩320,000,000이고, 공제감면세액은 ₩18,000,000 이다.

(5) 제24기부터 제25기까지 각 사업연도 소득에 대한 법인세율은 다음과 같다.

과세표준	세 율
2억원 이하	과세표준의 100분의 9
2억원 초과 200억원 이하	1천 8백만원 + 2억원을 초과하는 금액의 100분의 19

(6) 제26기 각 사업연도 소득에 대한 법인세율은 다음과 같다.

과세표준	세 율
2억원 이하	과세표준의 100분의 10
2억원 초과 200억원 이하	2천만원 + 2억원을 초과하는 금액의 100분의 20

(7) 위에서 제시한 자료 이외에는 고려하지 않는다.

① ₩24,000,000 ② ₩26,000,000 ③ ₩28,000,000
④ ₩32,000,000 ⑤ ₩36,000,000

---

(1) 공제가능한 이월결손금
① 제24기 소급공제 결손금

	공제전	소급공제 결손금	공제후
과세표준	₩320,000,000 −	x =	③ ₩200,000,000*
산출세액	40,800,000	① 22,800,000	② 18,000,000
공제감면세액	(18,000,000)		
환급세액한도	22,800,000		

* 소급공제 결손금 공제후 산출세액(② ₩18,000,000)이 ₩18,000,000(= 2억원 × 9%) 이하이므로 소급공제후 과세표준은 ₩200,000,000(= ₩18,000,000 ÷ 9%)이다.

∴ x : ₩120,000,000(= ₩320,000,000 − ₩200,000,000)

② 제26기로 이월되는 결손금 : ₩180,000,000 − ₩120,000,000 = ₩60,000,000

(2) 과세표준

각사업연도소득금액	₩300,000,000
이월결손금	(60,000,000)
비과세소득	(20,000,000)
과세표준	₩220,000,000

(3) 산출세액 : ₩200,000,000 × 10%(개정) + ₩20,000,000 × 20%(개정) = ₩24,000,000

정답 ①

190 제조업을 영위하는 영리내국법인 ㈜A(중소기업)의 제26기(2026.1.1.~12.31.) 각 사업연도 소득에 대한 법인세 환급과 관련된 자료이다. 법인세 환급 후 결손금 경정으로 징수되는 법인세액(이자상당액은 고려하지 말 것)으로 옳은 것은?

(2020. CPA)

(1) 제25기(2025.1.1.~2025.12.31.) 법인세 관련 내역

법인세 과세표준	산출세액	공제·감면세액	가산세액
₩350,000,000	₩46,500,000	₩30,000,000	₩3,000,000

(2) 당기에 결손금 ₩100,000,000이 발생하여 이중 ₩80,000,000을 소급공제신청하고 이에 대한 법인세를 환급받았다.

(3) 법인세 환급 이후 제26기에 대한 법인세 과세표준과 세액의 경정으로 인해 당초의 결손금 ₩100,000,000이 ₩70,000,000으로 감소하였다.

(4) 제25기 사업연도까지 발생한 결손금은 없었다.

(5) ㈜A는 결손금소급공제에 필요한 모든 조건을 충족하고 있다.

(6) 제25기 각 사업연도 소득에 대한 법인세율은 다음과 같다.

과세표준	세율
2억원 이하	과세표준의 100분의 9
2억원 초과 200억원 이하	1천 8백만원 + 2억원을 초과하는 금액의 100분의 19

(7) 제26기 각 사업연도 소득에 대한 법인세율은 다음과 같다.

과세표준	세율
2억원 이하	과세표준의 100분의 10
2억원 초과 200억원 이하	2천만원 + 2억원을 초과하는 금액의 100분의 20

① ₩1,900,000　　② ₩5,000,000　　③ ₩6,000,000

④ ₩10,000,000　　⑤ ₩15,000,000

---

(1) 당초 환급세액 : Min[①, ②] = ₩15,200,000

	공제전		소급공제 결손금		공제후
과세표준	₩350,000,000	−	₩80,000,000	=	₩270,000,000
법인세율	× 9%, 19%				× 9%, 19%
산출세액	46,500,000		① 15,200,000		31,300,000
공제감면세액	(30,000,000)				
환급세액한도	② 16,500,000*				

* 전기분 가산세는 환급대상이 아니므로 환급세액한도 계산시 가산하지 않는다.

(2) 환급취소액 : ₩15,200,000 × $\dfrac{₩10,000,000^*}{₩80,000,000}$ = ₩1,900,000

* 결손금 중 일부 금액만을 소급공제받은 경우에는 소급공제받지 아니한 결손금이 먼저 감소된 것으로 본다.

191 다음은 법인세법령상 중소기업에 해당하는 영리내국법인 (주)A의 제26기(2026.1.1.~ 12.31.) 사업연도에 대한 자료이다. 제26기 사업연도의 법인세 과세표준 및 세액조정계산서에 들어갈 기부금한도초과액은? (단, 전기 및 당기의 과세표준 및 세액은 적법하게 신고하였고, 기부금한도초과이월액손금산입은 없는 것으로 가정함. 주어진 자료 이외에는 고려하지 않음) (2023. 세무사)

결손금 소급공제
중요도 ★★★☆☆
난이도 ★★★★☆

Memo

(1) 제26기 사업연도 법인세 과세표준 및 세액조정계산서(일부)

사업연도: 2026.1.1.~12.31.	법인세 과세표준 및 세액조정계산서		법인명: (주)A
① 각 사업연도 소득계산	⑩ 결산서상 당기순손익	01	₩4,000,000
	소득조정금액 ⑩ 익금산입	02	14,000,000
	⑩ 손금산입	03	63,000,000

(2) (주)A는 제26기 사업연도에 세무상 결손금이 발생하였으며, 발생한 결손금 전액에 대해서 소급공제를 받고자 한다. 이를 위해 법인세법령상 중소기업의 결손금 소급공제에 따른 환급 규정에 따라서 계산된 금액 ₩2,700,000을 적법하게 환급 신청하였다.

(3) 제25기 사업연도의 법인세 산출세액과 각 사업연도 소득에 대한 과세표준은 각각 ₩33,000,000(토지등 양도소득에 대한 법인세액 ₩15,000,000이 포함되어 있음)과 ₩200,000,000이다.

① ₩14,000,000   ② ₩15,000,000   ③ ₩16,000,000

④ ₩17,000,000   ⑤ ₩18,000,000

---

(1) 소급공제 결손금

	공제전		소급공제 결손금		공제후
과세표준	₩200,000,000	−	x	=	③ ₩170,000,000[*2]
산출세액[*1]	18,000,000		① ₩2,700,000		② 15,300,000

*1. 제25기 법인세율(9%, 19%, 21%, 24%)을 적용하며, 토지등 양도소득에 대한 법인세를 제외한다.

  2. 소급공제 결손금 공제후 산출세액(② ₩15,300,000)이 ₩18,000,000(= 2억원 × 9%) 이하이므로 소급공제후 과세표준은 ₩170,000,000(= ₩15,300,000 ÷ 9%)이다.

  ∴ x : ₩30,000,000(= ₩200,000,000 − ₩170,000,000)

(2) 기부금한도초과액

당기순이익	₩4,000,000
익금산입·손금불산입	14,000,000
손금산입·익금불산입	(63,000,000)
기부금 한도초과액	15,000,000
결손금	△₩30,000,000

정답 ②

192 영리내국법인 ㈜갑의 제26기(2026.1.1.~2026.12.31.) 외국납부세액에 관한 자료이다. 외국납부세액공제를 적용할 경우 제26기 법인세 산출세액에서 공제할 외국납부세액공제액으로 옳은 것은? (2024. CPA)

(1) 2025년 1월 1일 외국에서 사업을 영위하는 A법인의 의결권 있는 주식 30%를 취득하였다. 취득 후 지분율의 변동은 없다.

(2) A법인으로부터 배당금 ₩4,500,000을 수령하고 다음과 같이 회계처리하였다. 이 금액은 A법인 소재국에서 10% 세율로 원천징수한 후의 금액이다.

(차) 현금 4,500,000 　　　　　　 (대) 배당금수익 4,500,000

(3) A법인의 해당 사업연도 소득금액은 ₩10,000,000이고 법인세는 ₩2,000,000이다.

(4) ㈜갑의 법인세비용차감전순이익은 ₩120,000,000이며, 이월결손금과 비과세소득 및 소득공제는 없다.

(5) A법인으로부터 받은 배당은 외국자회사 수입배당금 익금불산입 규정이 적용되지 않는다고 가정한다.

(6) 제26기 각 사업연도 소득에 대한 법인세율은 다음과 같다.

과세표준	세 율
2억원 이하	과세표준의 100분의 10
2억원 초과 200억원 이하	2천만원 + 2억원을 초과하는 금액의 100분의 20

① ₩500,000　　　　　② ₩625,000　　　　　③ ₩700,000

④ ₩1,250,000　　　　⑤ ₩1,750,000

---

(1) 간접외국납부세액 : $₩2,000,000 \times \dfrac{₩5,000,000^*}{₩10,000,000 - ₩2,000,000} = ₩1,250,000 →$ 익入(기타사외유출)

* 원천징수세액 차감전 수입배당금 : ₩4,500,000 ÷ (1 - 10%) = ₩5,000,000

(2) 과세표준

구 분	국내	국외	합 계
조정전 소득금액	₩115,500,000	₩4,500,000	₩120,000,000
직접외국납부세액	–	500,000*	500,000
간접외국납부세액	–	1,250,000	1,250,000
이월결손금 등	–	–	–
과세표준	₩115,500,000	₩6,250,000	₩121,750,000

* ₩5,000,000 × 10% = ₩500,000

(3) 산출세액 : ₩121,750,000 × 10%(법인세율, 개정) = ₩12,175,000

(4) 외국납부세액공제 : Min[①, ②] = ₩625,000
① ₩500,000(직접) + ₩1,250,000(간접) = ₩1,750,000

② $₩12,175,000 \times \dfrac{₩6,250,000}{₩121,750,000} = ₩625,000$

193

제조업을 영위하는 영리내국법인 ㈜A(중소기업)의 제26기(2026.1.1.~2026.12. 31.) 자료이다. 재해손실세액공제액과 사실과 다른 회계처리로 인한 경정에 따른 세액공제액의 합계액으로 옳은 것은? (2023. CPA)

재해손실세액공제
중요도 ★★★☆☆
난이도 ★★★★☆

Memo

(1) ㈜A의 사업용자산 화재내역은 다음과 같다.

구 분	화재 전 장부가액	재해상실가액	화재 후 장부가액
공장건물	₩400,000,000	₩100,000,000	₩300,000,000
토지	500,000,000	–	500,000,000
차량운반구	100,000,000	40,000,000	60,000,000

(2) 사업용자산은 모두 화재보험에 가입되어 있으며 보험금으로 ₩80,000,000을 수령하였다.

(3) ㈜A가 보관하고 있던 타인소유 자산 ₩100,000,000이 공장건물 화재로 전액 상실되었다. ㈜A는 이에 대하여 변상책임을 부담한다.

(4) ㈜A는 사실과 다른 회계처리를 하여 관계당국으로부터 경고 조치를 받았으며 이에 국세기본법에 따라 2026년 10월 2일에 경정을 받았다. 사실과 다른 회계처리로 인한 과다납부 세액은 ₩40,000,000이다.

(5) 당기 사업연도의 법인세 관련 자료는 다음과 같으며 재해발생일 현재 미납법인세액은 없고 국세기본법에 따른 수정신고를 하여 납부할 세액도 없다.

산출세액	공제·감면 세액	가산세액	차감납부할세액
₩300,000,000	₩30,000,000*	₩6,000,000**	₩50,000,000

* 연구·인력개발비에 대한 세액공제액임

** 원천징수등 납부지연 가산세임

① ₩40,000,000 ② ₩110,400,000 ③ ₩118,400,000

④ ₩150,400,000 ⑤ ₩280,000,000

---

1. 재해손실세액공제액

(1) 재해상실비율 : $\dfrac{₩100,000,000 + ₩40,000,000 + ₩100,000,000 = ₩240,000,000}{₩400,000,000 + ₩100,000,000 + ₩100,000,000 = ₩600,000,000} = 40\% \geq 20\%$

* 사업용자산가액 계산시 토지는 제외하며, 재해자산이 보험에 가입되어 보험금을 수령한 경우에도 상실된 자산가액에서 보험금을 차감하지 아니한다. 또한, 변상책임이 없는 타인소유 자산은 포함하지 않으나, 상실에 대한 변상책임이 해당 법인에게 있는 타인소유 자산은 상실된 자산가액과 상실 전의 사업용자산총액에 포함한다.

(2) 재해손실세액공제액 : Min[①, ②] = ₩110,400,000

① 미납된 법인세에 대한 세액공제액 : ₩276,000,000[*1] × 40% = ₩110,400,000

*1. 공제대상 법인세 : ₩300,000,000 − ₩30,000,000(연구·인력개발비에 대한 세액공제액) + ₩6,000,000 = ₩276,000,000

2. 재해손실이 발생한 사업연도의 법인세 계산시 다른 법률에 따른 공제·감면세액은 차감한다. 사실과 다른 회계처리로 인한 경정에 따른 세액공제액은 법인세법상 세액공제액이므로 차감하지 않는다.

3. 공제대상 법인세에는 가산세(장부의 기록·보관 불성실 가산세, 신고불성실가산세 및 납부지연가산세, 원천징수 등 납부지연가산세)가 포함된다.

② 상실된 재산가액 : ₩240,000,000

2. 사실과 다른 회계처리로 인한 경정에 따른 세액공제액 : ₩40,000,000 × 20% = ₩8,000,000

* 각 사업연도별로 공제하는 금액은 과다 납부한 세액의 20%를 한도로 하고, 공제 후 남아있는 과다 납부한 세액은 이후 사업연도에 이월하여 공제한다.

3. 합계액 : ₩110,400,000 + ₩8,000,000 = ₩118,400,000

정답 ③

194 제조업을 영위하는 영리내국법인 ㈜A(중소기업)의 제26기(2026.1.1.~12.31.)에 발생한 화재 관련 자료이다. 재해손실세액공제액으로 옳은 것은? (2025. CPA 수정)

(1) 2026년 2월 화재로 인한 사업용자산 가액 변동은 다음과 같다.

구 분	화재 전 장부가액	화재 후 장부가액
재고자산	₩50,000,000	₩10,000,000
차량운반구	120,000,000	70,000,000
건 물	230,000,000	100,000,000
토 지	300,000,000	300,000,000

(2) 당해 화재로 인하여 보험회사로부터 수령한 보험금은 ₩50,000,000이다.

(3) 상기 자산과는 별도로 ㈜A가 보관중인 ₩30,000,000의 타인 소유 기계장치가 화재로 전부 멸실되었으며, ㈜A는 이에 대한 변상책임을 부담하지 않는다.

(4) 화재 발생일 현재 법인세 미납액은 ₩11,000,000(장부의 기록·보관 불성실 가산세 ₩1,000,000이 포함됨)이다.

(5) 당기 사업연도에 대한 법인세 산출세액은 ₩20,000,000이며, 외국납부세액공제액 ₩1,000,000과 조세특례제한법에 의한 세액공제액 ₩2,000,000이 있다.

① ₩14,400,000   ② ₩14,850,000   ③ ₩15,400,000

④ ₩15,950,000   ⑤ ₩16,500,000

---

(1) 재해상실비율* : $\dfrac{₩40,000,000 + ₩50,000,000 + ₩130,000,000 = ₩220,000,000}{₩50,000,000 + ₩120,000,000 + ₩230,000,000 = ₩400,000,000} = 55\% \geq 20\%$

    * 사업용자산가액 계산시 토지는 제외하며, 재해자산이 보험에 가입되어 보험금을 수령한 경우에도 상실된 자산가액에서 보험금을 차감하지 아니한다. 또한, 변상책임이 없는 타인소유 자산은 포함하지 않으나, 상실에 대한 변상책임이 해당 법인에게 있는 타인소유 자산은 상실된 자산가액과 상실 전의 사업용자산총액에 포함한다.

(2) 재해손실세액공제액 : Min[①, ②] = ₩15,950,000

    ① 미납된 법인세에 대한 세액공제액 : ₩29,000,000[*1] × 55% = ₩15,950,000

      *1. 공제대상 법인세 : ₩11,000,000 + ₩20,000,000 − ₩2,000,000(조세특례제한법에 의한 세액 공제액) = ₩29,000,000

      2. 재해손실이 발생한 사업연도의 법인세 계산시 다른 법률에 따른 공제·감면세액은 차감한다. 외국납부세액공제액은 법인세법상 세액공제액이므로 차감하지 않는다.

      3. 공제대상 법인세에는 가산세(장부의 기록·보관 불성실 가산세, 신고불성실가산세 및 납부지연 가산세, 원천징수 등 납부지연가산세)가 포함된다.

    ② 상실된 자산가액 : ₩220,000,000

195 다음 자료는 (주)대한전자(중소기업 아님)의 제26기 사업연도(2026.1.1~12.31) 법인세 신고에 필요한 자료이다. (주)대한전자가 제26기에 부담할 법인세는 얼마인가?

(2006. CPA)

(1) 각사업연도소득금액   ₩300,000,000

(2) 조세특례제한법상 최저한세 적용대상 익금불산입액   120,000,000

(3) 외국납부세액공제(공제한도 내의 금액)   5,000,000

(4) 연구 및 인력개발비세액공제   23,000,000

(5) 세무상 이월결손금, 비과세소득 및 소득공제 해당액은 없음

(6) 제26기 각 사업연도 소득에 대한 법인세율은 다음과 같다.

과세표준	세 율
2억원 이하	과세표준의 100분의 10
2억원 초과 200억원 이하	2천만원 + 2억원을 초과하는 금액의 100분의 20

① ₩24,000,000   ② ₩37,000,000

③ ₩3,680,000   ④ ₩41,800,000

⑤ ₩44,000,000

최저한세
중요도 ★★★☆☆
난이도 ★★★☆☆

Memo

---

(1) 감면후세액과 최저한세액

	감면후		조세특례		감면전
각사업연도소득금액(=과세표준)	₩300,000,000	+	₩120,000,000	=	₩420,000,000
세율	× 10%, 20%				×10%(최저한세율)
산출세액	₩40,000,000		② 최저한세액		₩42,000,000
연구 및 인력개발비세액공제	(23,000,000)				
① 감면후세액	₩17,000,000				

(2) 총부담세액 : Max[₩17,000,000, ₩42,000,000] − ₩5,000,000(외국납부세액공제) = ₩37,000,000

Key point!

• 비중소기업
→ 최저한세율 10%
(과표 100억원 이하)
→ 연구인력개발비세
액공제 최저한세 적용

정답 ②

196 제조업을 영위하는 영리내국법인 ㈜A(2011.1.1.부터 중소기업 아님)의 제26기 사업연도(2026.1.1~12.31)의 법인세 신고 관련 자료이다. ㈜A의 제26기 차감납부할 법인세액을 계산한 것으로 옳은 것은?   (2017. CPA)

(1) 각 사업연도의 소득금액 : ₩100,000,000

(2) 이월결손금의 내역

발생사업연도	발생액
제24기(2024.1.1~12.31)	₩90,000,000*

* 이 중 ₩5,000,000이 2025.5.20. 채무면제이익으로 충당됨.

(3) 연구·인력개발비에 대한 세액공제액 : ₩2,100,000

(4) 외국납부세액공제액 : ₩200,000(공제한도 내의 금액)

(5) 중간예납세액 : ₩50,000

(6) 토지 등 양도소득에 대한 법인세액, 가산세, 추징세액은 없다.

(7) 중소기업이 아닌 내국법인의 과세표준 100억원 이하 부분에 적용되는 최저한세율 : 10%

(8) ㈜A는 유동화거래를 목적으로 설립된 법인이 아니며, 회생계획, 기업개선계획, 경영정상화계획을 이행 중에 있지 않다.

(9) 법인세부담 최소화를 가정하며, 주어진 자료 이외의 다른 사항은 고려하지 않는다.

(10) 제26기 각 사업연도 소득에 대한 법인세율은 다음과 같다.

과세표준	세 율
2억원 이하	과세표준의 100분의 10
2억원 초과 200억원 이하	2천만원 + 2억원을 초과하는 금액의 100분의 20

① ₩750,000 ② ₩1,150,000

③ ₩1,250,000 ④ ₩1,450,000

⑤ ₩1,750,000

(1) 과세표준 : ₩100,000,000 − ₩80,000,000[*] = ₩20,000,000
* Min[₩85,000,000, ₩100,000,000 × 80%] = ₩80,000,000

(2) 산출세액 : ₩20,000,000 × 10%(법인세율, 개정) = ₩2,000,000

(3) 감면후세액 : ₩2,000,000 − ₩2,100,000(연구·인력개발비세액공제액) = △₩100,000 → ₩0
* 중소기업이 아닌 경우 연구·인력개발비세액공제액은 최저한세적용대상이다.

(4) 최저한세액 : ₩20,000,000 × 10%(최저한세율) = ₩2,000,000

(5) 총부담세액 : Max[₩0, ₩2,000,000] − ₩200,000(외국납부세액공제액) = ₩1,800,000

(6) 차감납부할세액 : ₩1,800,000 − ₩50,000(중간예납세액) = ₩1,750,000

197 다음은 제조업을 영위하는 영리내국법인 (주)A(중소·중견기업이 아님)의 제26기 사업연도(2026.1.1~12.31)의 법인세 최저한세액을 고려하기 전의 자료이다. 이에 근거하여 법인세 최저한세액에 미달하는 세액에 대한 감면 배제 금액을 구할 때, 통합투자세액공제액 중에서 감면 배제해야 할 금액은 얼마인가? (단, 감면 배제되는 조세감면의 결정은 신고한 법인세액이 최저한세액에 미달하여 경정하는 경우에 적용하는 배제 순서에 따른다.) (2012 세무사)

(1) (주)A의 조세 감면 내역(단, 최저한세액 규정을 제외하고 다음의 조세 감면을 적용받기 위한 각각의 법정 요건은 충족하였다고 가정함)

- 공장을 대도시 밖으로 이전함에 따라 발생된 양도차익을 과세표준 계산상 익금불산입으로 세무조정한 금액 ₩50,000,000

- 통합투자세액공제액 ₩45,000,000

(2) (주)A는 공제한도 내의 외국법인세액 납부액 ₩15,000,000이 있으며, (주)A는 제26기 사업연도의 외국납부세액에 대하여 세액공제를 적용한다.

(3) (주)A의 제26기 각 사업연도의 소득에 대한 법인세과세표준은 ₩372,000,000이다.

(4) 제26기 각 사업연도 소득에 대한 법인세율은 다음과 같다.

과세표준	세 율
2억원 이하	과세표준의 100분의 10
2억원 초과 200억원 이하	2천만원 + 2억원을 초과하는 금액의 100분의 20

① ₩0
② ₩140,000
③ ₩1,520,000
④ ₩22,800,000
⑤ ₩35,000,000

---

(1) 감면후세액 : ₩54,400,000* − ₩45,000,000(통합투자세액공제액) = ₩9,400,000
    * ₩200,000,000 × 10%(개정) + ₩172,000,000 × 20%(개정) = ₩54,400,000

(2) 최저한세액 : (₩372,000,000 + ₩50,000,000) × 10% = ₩42,200,000

(3) 감면배제세액 : ₩42,200,000 − ₩9,400,000 = ₩32,800,000

(4) 감면배제내역

① 익금불산입		₩10,000,000	₩50,000,000 × 20%
② 통합투자세액공제액		22,800,000	
합 계		₩32,800,000	

Key point!

- 경정시 배제순서
① 손入·익不
② 세액공제
③ 세액감면
④ 소득공제·비과세

정답 ④

198 영리내국법인 ㈜갑(중소기업)의 제26기 사업연도(2026.1.1.~2026.12.31.) 법인세 관련 자료이다. 최저한세 적용 후 제26기 산출세액에서 차감되는 조세특례제한법상 세액공제액은 모두 얼마인가? (2019. CPA)

(1) 각사업연도소득금액 : ₩198,000,000

(2) 위 금액에는 조세특례제한법상 손금산입 항목 ₩5,000,000이 신고조정으로 손금에 포함되어 있다.

(3) 연구·인력개발비에 대한 세액공제 : ₩2,000,000

(4) 근로소득을 증대시킨 기업에 대한 세액공제(최저한세 대상) : ₩7,850,000

(5) 외국납부세액공제 : ₩1,000,000

(6) 최저한세 적용시 조세특례의 배제는 경정시 배제순서를 따른다.

(7) 제26기 각 사업연도 소득에 대한 법인세율은 다음과 같다.

과세표준	세 율
2억원 이하	과세표준의 100분의 10
2억원 초과 200억원 이하	2천만원 + 2억원을 초과하는 금액의 100분의 20

① ₩5,390,000　　② ₩6,190,000　　③ ₩6,390,000

④ ₩8,390,000　　⑤ ₩9,800,000

---

(1) 감면후세액

① 산출세액 : ₩198,000,000 × 10%(개정) = ₩19,800,000

② 감면후세액 : ₩19,800,000 − ₩7,850,000(근로소득증대세액공제) = ₩11,950,000

　＊중소기업인 경우 연구·인력개발비 세액공제액은 최저한세적용대상이 아니다.

(2) 최저한세 : (₩198,000,000 + ₩5,000,000) × 7% = ₩14,210,000

(3) 조세감면배제내역

① 감면배제세액 : ₩14,210,000 − ₩11,950,000 = ₩2,260,000

② 감면배제내역

a. 최저한세 대상 손금산입액 : ₩5,000,000

b. 최저한세 대상 세액공제액 : ₩2,260,000 − ₩200,000 − ₩600,000 = ₩1,460,000

배제세액	세율	배제금액(손금산입액)	
₩200,000	10%	① ₩2,000,000	₩200,000,000 − ₩198,000,000
600,000	20%	② 3,000,000	₩5,000,000 − ₩2,000,000
③ 1,460,000			
₩2,260,000		₩5,000,000	

(4) 조세특례제한법상 세액공제액

₩6,390,000[*1](근로소득증대세액공제) + ₩2,000,000(연구·인력개발비세액공제) = ₩8,390,000

*1. ₩7,850,000 − ₩1,460,000 = ₩6,390,000

2. 외국납부세액공제는 최저한세적용대상이 아니며, 법인세법상 세액공제이다.

정답 ④

199 다음은 영리내국법인 (주)A(제조업을 영위하는 중소기업임)의 제26기 사업연도 (2026.1.1~12.31) 법인세 과세표준 및 세액계산 관련 자료이다. 제26기의 각 사업 연도 소득에 대한 차감납부할세액을 계산한 것으로 옳은 것은? (단, 법인세부담의 최소화를 가정할 것.)

(2014. CPA)

최저한세
중요도 ★★★☆☆
난이도 ★★★★☆

Memo

(1) 각 사업연도 소득금액은 ₩250,000,000이다. 그 중에는 국외원천소득금액 ₩50,000,000이 포함되어 있으며, 국외원천소득에 대하여 외국에서 직접 납부한 법인세액은 ₩7,000,000이다.

(2) 이월결손금, 비과세소득 및 소득공제액은 없다.

(3) 각 사업연도 소득에 대한 법인세 산출세액은 ₩30,000,000이다.

(4) 연구·인력개발비에 대한 세액공제액은 ₩15,000,000이다.

(5) 통합투자세액공제액은 ₩2,000,000이다.

(6) 중간예납세액 및 수시부과세액은 없으며, 원천납부세액은 ₩500,000이다.

(7) 중소기업의 최저한세율은 7%이다.

① ₩1,500,000
② ₩4,500,000
③ ₩5,500,000
④ ₩6,500,000
⑤ ₩7,500,000

---

(1) 감면후세액 : ₩30,000,000 − ₩2,000,000(통합투자세액공제액) = ₩28,000,000
  * 중소기업인 경우 연구·인력개발비 세액공제액은 최저한세적용대상이 아니다.

(2) 최저한세 : ₩250,000,000 × 7% = ₩17,500,000

(3) 총부담세액 : Max[₩28,000,000, ₩17,500,000] − ₩6,000,000[*] − ₩15,000,000(연구·인력개발비세액공제액) = ₩7,000,000

 * 외국납부세액공제액 : Min [①, ②] = ₩6,000,000

  ① 외국납부세액 : ₩7,000,000

  ② 한도 : $₩30,000,000 × \dfrac{₩50,000,000}{₩250,000,000} = ₩6,000,000$

(4) 차감납부할세액 : ₩7,000,000 − ₩500,000(원천납부세액) = ₩6,500,000

Key point!

외국납부세액공제
→ 최저한세 적용×

정답 ④

200 제조업을 영위하는 영리내국법인 ㈜A(중소기업)의 제26기(2026.1.1.~2026.12. 31.) 자료이다. 차감납부할 법인세액으로 옳은 것은? (단, ㈜A는 외국납부세액에 대하여 세액공제방법을 적용한다.)

(2021. CPA 수정)

(1) 제26기 과세표준(세무조정 후 금액)은 ₩260,000,000(국내 및 국외원천소득 포함)이며, 최저한세 대상인 「조세특례제한법」상 손금산입액 ₩20,000,000이 반영된 금액이다.

(2) 제26기에 B국 발생한 국외원천소득의 내역은 다음과 같다.

구분	국외원천소득	직접외국납부세액	의제외국납부세액
소득금액	₩2,600,000	₩520,000	₩260,000

① B국의 국외원천소득은 직접외국납부세액을 손금불산입 하기 전 금액이다.

② B국의 의제외국납부세액은 B국에서 법인세를 감면받은 세액으로서 B국과의 조세조약에 따라 법인세법상 세액공제의 대상이 된다.

(3) 세무상 이월결손금 및 중간예납세액은 없다.

(4) 중소기업의 최저한세율은 7%이다.

(5) 제26기 각 사업연도 소득에 대한 법인세율은 다음과 같다.

과세표준	세 율
2억원 이하	과세표준의 100분의 10
2억원 초과 200억원 이하	2천만원 + 2억원을 초과하는 금액의 100분의 20

① ₩8,560,000   ② ₩19,260,000   ③ ₩31,616,000

④ ₩29,017,800   ⑤ ₩29,106,000

(1) 감면후세액 : ₩200,000,000 × 10%(개정) + ₩60,000,000 × 20%(개정) = ₩32,000,000

(2) 최저한세 : (₩260,000,000 + ₩20,000,000) × 최저한세율(7%) = ₩19,600,000

(3) 외국납부세액공제 : Min[①, ②] = ₩384,000

   ① ₩520,000(직접) + ₩260,000(의제) = ₩780,000

   ② $₩32,000,000 \times \dfrac{₩2,600,000 + ₩520,000^{*}}{₩260,000,000} = ₩384,000$

      * 직접외국납부세액 → 손주(기타사외유출)

(4) 총부담세액(=차감납부할 법인세액) : Max[₩32,000,000, ₩19,600,000] − ₩384,000 = ₩31,616,000

차감납부할세액
중요도 ★★★☆☆
난이도 ★★★★☆

Memo

201 직전 사업연도 종료일 현재 독점규제 및 공정거래에 관한 법률에 따른 공시대상기업 집단에 속하는 내국법인 (주)A(중소기업 아님)의 중간예납세액을 계산하기 위한 자료이다. 제26기 중간예납세액은? (단, 세부담의 최소화로 신고하는 것으로 가정함)

(2025. 세무사)

(1) (주)A의 제25기(2025.1.1.~12.31.) 법인세 신고 및 납부내역은 다음과 같다.

① 과세표준: ₩900,000,000

② 산출세액: ₩151,000,000

③ 원천징수세액: ₩42,000,000

④ 수시부과세액: ₩19,000,000

⑤ 중간예납세액: ₩10,000,000

(2) (주)A의 제26기 중간예납기간(2026.1.1.~6.30.)에 대한 자료는 다음과 같다.

① 손익계산서상 당기순이익: ₩400,000,000

② 익금산입 및 손금불산입: ₩150,000,000

③ 손금산입 및 익금불산입: ₩50,000,000

④ 원천징수세액: ₩13,000,000

⑤ 외국납부세액공제액: ₩2,000,000

⑥ 수시부과세액: ₩10,000,000

(3) 위에 제시된 자료 외에는 비과세소득, 소득공제, 세액공제 및 세액감면 등은 없다.

(4) 제25기부터 제26까지 각 사업연도 소득에 대한 법인세율은 다음과 같다.

과세표준	제25기	제26기
2억원 이하	9%	10%
2억원 초과 200억원 이하	19%	20%

① ₩40,000,000　　② ₩45,000,000　　③ ₩46,000,000

④ ₩54,000,000　　⑤ ₩65,000,000

Key point!

당기실적기준
→ 과세표준 연환산

$$\left[₩500,000,000^* \times \frac{12}{6} \times 세율(10\%, 20\%) \right] \times \frac{6}{12} - ₩13,000,000(원천징수세액) - ₩2,000,000(외국납부세액공제액) - ₩10,000,000(수시부과세액) = ₩65,000,000$$

*1. ₩400,000,000(당기순이익) + ₩150,000,000(익금산입 및 손금불산입) − ₩50,000,000(손금산입 및 익금불산입) = ₩500,000,000

　2. 직전 사업연도 종료일 현재 독점규제 및 공정거래에 관한 법률에 따른 공시대상기업집단에 속하는 내국 법인은 해당 사업연도 중간예납기간의 실적기준으로 중간예납세액을 계산한다.

정답 ⑤

202 제조업을 영위하는 영리내국법인 (주)A(중소기업 아님)의 제26기 사업연도(2026. 1.1.~12.31.) 법인세 차감납부세액 계산과 관련하여 다음 ㉠, ㉡, ㉢의 합계액은? (단, 다음에 제시되는 각 상황은 상호 독립적이라고 가정하고, 주어진 자료 이외에는 고려하지 않는다. 또한 (주)A의 소득 중에 법인세가 부과되지 아니하거나 비과세 또는 면제되는 소득은 없음)

(2021. 세무사)

> (1) (주)A는 제26기 중 법인세법상 토지 등 양도소득에 대한 법인세 과세 대상에 해당하는 조합원입주권을 특수관계가 없는 자에게 양도하고, ₩150,000,000의 양도소득이 발생하였다. 이로 인해 (주)A의 제26기 법인세 차감납부세액이 ㉠원 증가되었다.
>
> (2) (주)A는 법인세법에 따른 장부의 비치·기장의무를 이행하지 않았기 때문에 장부의 기록·보관 불성실가산세 ㉡원을 제26기 사업연도 법인세액에 더하여 납부하였다. (주)A의 제26기 산출세액은 ₩30,000,000, 수입금액은 100억원이다.
>
> (3) (주)A의 제26기 각 사업연도 소득금액에는 (주)B(제조업)에게 일시적으로 자금을 대여하고 국내에서 수취한 이자수익* ₩5,000,000이 포함되어 있다. 동 이자수익에 대한 법인세 원천징수가 적법하게 이행된 경우, (주)A의 차감납부세액 계산 시 기납부세액으로 공제될 수 있는 금액은 ㉢원이다.
>
> * 온라인투자연계금융업의 등록을 한 자를 통하여 지급받는 금액이 아님

① ₩22,750,000　　　　　　② ₩23,250,000

③ ₩32,250,000　　　　　　④ ₩37,750,000

⑤ ₩38,250,000

㉠ 토지등 양도소득에 대한 법인세	₩30,000,000[*1]	
㉡ 장부의 기록·보관 불성실가산세	7,000,000[*2]	
㉢ 원천징수세액	1,250,000[*3]	
합계액	₩38,250,000	

*1. ₩150,000,000 × 20% = ₩30,000,000

2. Max[①, ②] = ₩7,000,000

　① ₩30,000,000** × 20% = ₩6,000,000

　② 100억원 × $\dfrac{7}{10,000}$ = ₩7,000,000

** 장부의 기록·보관 불성실 가산세 계산시 산출세액에는 토지 등 양도소득에 대한 법인세액은 제외한다. 문제단서에서 각 상황이 상호 독립적이라고 가정했으므로 제시된 산출세액을 토지 등 양도소득에 대한 법인세액이 제외된 금액으로 보면 된다.

3. ₩5,000,000 × 25% = ₩1,250,000

정답 ⑤

203 제조업을 영위하는 영리내국법인 ㈜A의 제26기(2026.1.1.~2026.12.31.) 청산소득 관련 자료이다. 청산소득금액으로 옳은 것은? 단, 전기까지의 세무조정은 적정하게 이루어졌다.

(2025. CPA 수정)

(1) ㈜A는 제26기 말 해산하기로 결의한 후 청산절차를 착수하였으며, 해산등기일 (2026.12.31.) 현재 재무상태표는 다음과 같다.

재무상태표			(단위: 원)
재고자산	₩50,000,000	차입금	₩150,000,000
건물	100,000,000	자본금	100,000,000
토지	250,000,000	자본잉여금	70,000,000
		이익잉여금	80,000,000
합계	₩400,000,000	합계	₩400,000,000

(2) 재고자산, 건물, 토지는 각각 ₩60,000,000, ₩150,000,000, ₩300,000,000으로 환가되었으며, 차입금은 ₩150,000,000으로 상환하였다.

(3) 제26기 말 현재 세법상 이월결손금 잔액은 ₩180,000,000이다.

(4) 토지의 취득세를 기업회계상 비용으로 처리하여 "손금불산입 ₩2,000,000(유보)" 로 처분한 세무조정사항이 있으며, 기계장치에 대한 감가상각비 시인부족액으로 ₩1,000,000이 있다.

(5) 2025년 중 자본잉여금 ₩20,000,000을 자본금에 전입하였다.

(6) 본 해산은 합병이나 분할에 의한 것이 아니며, 법령 등에 따라 청산소득 비과세 규정이 적용되는 경우에 해당되지 않는다.

① ₩270,000,000　　② ₩280,000,000　　③ ₩290,000,000

④ ₩300,000,000　　⑤ ₩310,000,000

Key point!

청산소득계산시
이월결손금
Min[①, ②]
① 이월결손금
② 세무상 잉여금

(1) 잔여재산가액 : ₩60,000,000 + ₩150,000,000 + ₩300,000,000 − ₩150,000,000 = ₩360,000,000

(2) 자기자본 : ① + ② − ③ = ₩80,000,000

　① 자본금　: ₩100,000,000 − ₩20,000,000[*] = ₩80,000,000

　② 세무상 잉여금 : ₩70,000,000 + ₩20,000,000[*] + ₩80,000,000 + ₩2,000,000(유보) = ₩172,000,000

　　[*] 해산등기일 전 2년 이내에 자본금에 전입한 잉여금(₩20,000,000)이 있는 경우에는 해당 금액을 자본금에 전입하지 않은 것으로 보아(즉, 세무상 잉여금으로 보아) 자기자본 총액을 계산한다.

　③ 이월결손금[*] : Min[₩180,000,000, ₩172,000,000(세무상 잉여금)] = ₩172,000,000

　　[*] 청산소득금액 계산시 자기자본에서 차감하는 이월결손금은 발생연도 제한이 없으며, 세무상 잉여금을 한도로 한다.

(3) 청산소득금액 : (1) − (2) = ₩280,000,000

정답 ②

합병시 양도손익
중요도 ★★★☆☆
난이도 ★★★☆☆

Memo

204 (주)A는 (주)B를 흡수합병하고 2026.3.10. 합병등기를 하였다. 두 법인은 모두 영리 내국법인으로 사업연도는 제26기(2026.1.1.~12.31.)이다. 다음의 자료를 이용하여 ㉠ 비적격합병이라 가정할 때의 (주)B의 양도손익에서 ㉡ 적격합병이라 가정할 때의 (주)B의 양도손익을 차감하면 얼마인가? (단, 전기 이전의 세무조정은 적정하였으며, 주어진 자료 이외에는 고려하지 않음)

(2019. 세무사)

(1) 합병등기일 현재 (주)B의 재무상태표는 다음과 같다.

재무상태표

건물	150,000	부채	100,000
		자본금	30,000
		자본잉여금	15,000
		이익잉여금	5,000
	150,000		150,000

(2) 합병등기일 현재 (주)B의 건물의 시가는 ₩250,000이었고, (주)A는 (주)B의 구주주에게 현금 ₩15,000과 주식(액면가액 ₩75,000, 시가 ₩135,000)을 교부하고, 다음과 같이 회계처리하였다.

(차) 건물	250,000	(대) 부채	100,000
		자본금	75,000
		주식발행초과금	60,000
		현금	15,000

① ₩0   ② ₩50,000   ③ ₩100,000

④ ₩150,000   ⑤ ₩200,000

---

(1) 비적격합병 가정 피합병법인((주)B)의 순자산 양도차익 : ① − ② = ₩100,000
   ① 양도가액 : ₩15,000(현금) + ₩135,000(주식) = ₩150,000
   ② 피합병법인 순자산 장부가액 : ₩150,000 − ₩100,000 = ₩50,000

(2) 적격합병 가정 피합병법인((주)B)의 순자산 양도차익 : ① − ② = ₩0
   ① 양도가액(피합병법인 순자산 장부가액) : ₩50,000
   ② 피합병법인 순자산 장부가액 : ₩150,000 − ₩100,000 = ₩50,000

(3) 순자산 양도차익의 차이 : ₩100,000 − ₩0 = ₩100,000

정답 ③

205 (주)A는 제26기 사업연도(2026.1.1~12.31) 중 (주)B를 흡수합병하면서 (주)B의 주주인 (주)C에게 다음 자료와 같이 합병대가를 지급하였다. (주)A와 (주)B의 합병이 법인세법에 따른 적격합병요건을 충족하는 경우, 해당 합병으로 인한 (주)C의 의제배당금액은 얼마인가? (단, 주어진 자료 이외의 다른 세무조정사항은 없는 것으로 가정하고, 법인세법상 수입배당금액의 익금불산입 규정은 적용하지 아니함)

(2012. 세무사)

> (1) (주)C는 2024년에 (주)B의 주식 1,000주를 취득하였으며, 동 주식에 대한 (주)C의 장부가액은 ₩9,000,000이다.
>
> (2) (주)C는 해당 합병으로 인해 (주)A로부터 (주)A의 주식 800주(1주당 액면가액은 ₩10,000, 합병 당시 1주당 시가는 ₩15,000)와 현금 ₩2,000,000을 받았다(해당 합병을 통해 (주)C가 특수관계인으로부터 분여받은 이익은 없음).

① ₩2,000,000   ② ₩5,000,000

③ ₩6,000,000   ④ ₩7,000,000

⑤ ₩9,000,000

---

(1) 합병대가 : Min[800주 × ₩15,000, ₩9,000,000]* + ₩2,000,000 = ₩11,000,000

    * 적격합병에 해당하므로 (주)C가 합병으로 인하여 받은 합병대가 중 합병교부주식은 시가와 종전주식의 부가액 중 적은 금액으로 평가한다.

(2) 피합병주식의 장부가액 : ₩9,000,000

(3) 의제배당 : (1) − (2) = ₩2,000,000

Key point!
적격합병시
합병교부주식
→ Min[①, ②]
① 시가
② 종전주식 장부가액

정답 ①

제3편
소득세법

206 거주자 甲의 2026년 소득자료가 다음과 같을 때, 이자소득과 배당소득으로 소득세가 과세되는 금액의 합계액은 얼마인가? (단, 주어진 자료 이외에는 고려하지 않으며 다툼이 있으면 판례에 따름)

(2016. 세무사)

> (1) 법령으로 정한 직장공제회 초과반환금 ₩13,000,000(국내에서 받았으며, 원천징수는 적법하게 이루어짐)
> (2) 법원의 판결에 의한 손해배상금 ₩30,000,000(법정이자 ₩5,000,000 포함)
> (3) 2026년 초에 대여한 비영업대금의 원금 ₩30,000,000과 그에 대하여 발생한 이자 ₩3,000,000 중 채무자의 파산으로 인하여 2026. 12. 1. ₩32,000,000만 회수하고 나머지 채권은 과세표준확정신고 전에 회수 불능사유가 발생하여 회수할 수 없는 것으로 확정됨
> (4) 내국법인이 발행한 채권을 만기 전에 중도 매도함에 따른 매매차익 ₩40,000,000 (채권 매입은 2025. 1. 1.이고 채권 매도는 2026. 1. 1.이며, 보유기간의 이자상당액 ₩15,000,000 포함)

① ₩17,000,000 　　　　② ₩30,000,000

③ ₩35,000,000 　　　　④ ₩36,000,000

⑤ ₩55,000,000

① 직장공제회 초과반환금	₩13,000,000	
② 손해배상금과 법정이자	–	비열거소득 또는 기타소득
③ 비영업대금의 이익[*1]	2,000,000	₩32,000,000 – ₩30,000,000
④ 채권매매차익	–	비열거소득
⑤ 보유기간의 이자상당액[*2]	15,000,000	수입시기 : 중도매도일
합 계	₩30,000,000	

*1. 과세표준확정신고 전에 회수불능사유가 발생하여 원금 및 이자의 전부 또는 일부를 회수할 수 없는 경우에는 회수한 금액에서 원금을 먼저 차감하여 계산한다.

2. 채권의 중도매도시 보유기간에 대한 이자상당액은 중도매도일이 속한 과세기간에 이자소득으로 과세한다.

207 거주자 갑(금융업을 영위하지 않음)의 2026년 이자소득 관련 자료이다. 소득세가 과세되는 이자소득 합계액으로 옳은 것은? (단, 제시된 금액은 원천징수세액을 차감하기 전 금액이다.)

(2022. CPA)

이자소득금액
중요도 ★★★☆☆
난이도 ★★★☆☆

Memo

(1) 환매조건부 채권의 매매차익: ₩5,000,000

(2) 2022년 5월 1일에 저축성 보험에 가입하여 2026년 5월 1일에 보험금을 만기 환급받았으며, 그 내역은 다음과 같다.

① 보험금: ₩10,000,000

② 납입보험료: ₩8,000,000

③ 보험계약기간 중 보험계약에 의해 받은 배당금: ₩1,000,000

(3) 비영업대금의 이익: ₩2,000,000

(4) 계약의 위약에 따른 손해배상금 법정이자: ₩500,000

(5) 공익신탁법에 따른 공익신탁의 이익: ₩1,200,000

① ₩8,000,000 ② ₩9,000,000 ③ ₩10,000,000
④ ₩10,500,000 ⑤ ₩11,200,000

환매조건부 채권의 매매차익	₩5,000,000	
단기저축성보험의 보험차익	3,000,000*	
비영업대금의 이익	2,000,000	
계약의 위약에 따른 손해배상금 법정이자	−	기타소득
공익신탁의 이익	−	비과세
합 계	₩10,000,000	

* 단기저축성보험의 보험차익 : ① − ② = ₩3,000,000

① 보험금 : ₩10,000,000

② 납입보험료 : ₩8,000,000 − ₩1,000,000 = ₩7,000,000

→ 보험계약기간 중에 보험계약에 따라 받은 배당금 기타 이와 유사한 금액은 이를 납입보험료에서 차감한다.

Key point!

이자소득의 범위

정답 ③

208 제조업을 영위하는 거주자 甲의 2026년 금융소득과 관련된 내역이 다음과 같을 때, 거주자 甲의 2026년 종합소득금액에 합산할 금융소득금액은? (단, 제시된 금액은 원천징수 전의 금액이며, 원천징수는 적법하게 이루어졌다고 가정함) *(2025. 세무사 수정)*

> (1) 외상매출금의 지급기일 연장이자 수령: ₩7,000,000(소비대차로 전환된 외상매출금에서 발생한 이자 ₩3,000,000 포함)
>
> (2) 상법에 따른 파생결합사채(ELB)에서 발생한 수익의 분배금: ₩4,500,000
>
> (3) 비상장법인 A사로부터 주식발행초과금의 자본전입에 따라 수령한 무상주 액면가액: ₩8,000,000(이 중 자기주식에 대한 무상주 미배정에 따른 지분율 상승분에 해당하는 금액 ₩3,500,000 포함)
>
> (4) 비상장법인 B사로부터 자기주식처분이익의 자본전입에 따라 수령한 무상주 액면가액: ₩10,000,000
>
> (5) 비상장법인 C사의 제25기 사업연도(2025.1.1.~12.31.)에 대한 세무조정시 법인세법에 따라 甲에게 배당으로 소득처분된 금액(C사의 제25기 사업연도에 대한 결산확정일은 2026.3.15.임): ₩17,500,000
>
> (6) D은행으로부터 조세특례제한법상 요건을 충족하는 개인종합자산관리계좌에서 지급받은 배당: ₩12,000,000

① ₩21,100,000   ② ₩37,350,000   ③ ₩40,350,000

④ ₩42,000,000   ⑤ ₩42,500,000

---

1. 금융소득의 구분

① 소비대차로 전환된 외상매출금이자	₩3,000,000	
② 파생결합사채 분배금	4,500,000	
③ 지분율상승분[*2]	3,500,000	
④ 무상주 의제배당(자기주식처분이익)	10,000,000[*1]	
⑤ 인정배당	17,500,000[*1]	수입시기 : 결산확정일
⑥ 개인종합자산관리계좌 배당	–	비과세 또는 분리과세
합 계	₩38,500,000	

*1. Gross-up 가능 배당소득

2. 주식발행초과금(의제배당에 해당하지 않는 잉여금)을 자본전입하더라도 투자회사의 지분율이 증가하는 경우 증가된 지분율에 해당하는 주식가액은 배당으로 의제된다. 다만, 익금불산입항목을 재원으로 하였으므로 Gross-up 불가배당에 해당한다.

2. 종합소득금액에 합산할 금융소득금액 : ₩38,500,000 + Min[₩18,500,000, ₩27,500,000] × 10%
   = ₩40,350,000

209 다음은 거주자 甲의 2026년 귀속 소득 관련 내역이다. 종합과세할 甲의 배당소득금액은? (단, 모두 종합소득과세 여부 판정대상 소득이며, 원천징수는 적법하게 이루어졌음. 제시된 금액은 원천징수 전의 금액이며, 주어진 자료 외의 사항은 고려하지 않음) (2023. 세무사)

종합과세 배당소득금액
중요도 ★★★ ☆ ☆
난이도 ★★★★ ☆

Memo

배당수령 내역	금액
ㄱ. 주권비상장법인으로부터의 금전배당	₩15,000,000
ㄴ. 법인세법에 따라 처분된 배당소득	4,000,000
ㄷ. 자기주식소각이익의 자본금 전입으로 취득한 신주의 액면가액 (소각일로부터 2년 내 자본금전입)	8,000,000
ㄹ. 외국법인으로부터 받은 배당소득(국내에서 원천징수되지 않음)	3,000,000
ㅁ. 감자로 인한 의제배당	6,000,000
ㅂ. 출자공동사업자의 배당소득	2,000,000
ㅅ. 주식의 포괄적 교환차익을 재원으로 하는 자본잉여금의 자본금 전입으로 취득한 신주의 액면가액	1,000,000
합계	₩39,000,000

① ₩39,600,000   ② ₩39,980,000   ③ ₩40,750,000

④ ₩41,960,000   ⑤ ₩42,180,000

---

(1) 배당소득의 구분

금전배당	₩15,000,000[*1]	
인정배당	4,000,000[*1]	
무상주 의제배당	8,000,000	소각일로부터 2년내 자본전입
외국법인배당	3,000,000	무조건 종합과세
감자시 의제배당[*2]	6,000,000	
합 계	₩36,000,000	

*1. Gross-up 가능배당

2. 감자시 의제배당(자본의 감소로 인하여 주주가 취득하는 금전 또는 그 밖의 재산의 가액이 주주가 그 주식을 취득하기 위하여 사용한 금액을 초과하는 금액)은 Gross-up 불가배당에 해당한다.

3. 포괄적 교환차익(익금불산입항목)을 재원으로 하는 무상주는 배당으로 의제되지 않는다.

(2) 배당소득금액 : ₩36,000,000 + Min[₩19,000,000, ₩16,000,000] × 10% + ₩2,000,000(출자공동사업자 배당) = ₩39,600,000

정답 ①

210 다음은 2026년도 거주자 甲의 금융소득에 관한 자료이다. 종합과세할 배당소득금액은? (단, 원천징수는 적법하게 이루어졌으며 제시된 금액은 원천징수 전의 금액이다. 주어진 자료 외의 사항은 고려하지 않음) (2021. 세무사 수정)

O 내국법인 A가 이익잉여금을 자본전입함에 따라 지급받은 무상주의 액면가액 ₩5,000,000

O 내국법인 B가 주식발행초과금을 자본전입함에 따라 지급받은 무상주의 액면가액 ₩6,000,000(자기주식에 배정되지 못하여 재배정함에 따라 지분율이 증가된 금액 ₩2,000,000 포함)

O 소득세법 시행령 제26조의2제1항에 의한 집합투자기구(사모집합투자기구가 아님)로부터 받은 이익금 ₩5,000,000(증권시장에 상장된 제조업 영위 내국법인 주식의 매매차익 ₩3,000,000 포함)

O 내국법인 C가 건물재평가적립금(3% 재평가세 적용분)을 감액함에 따라 지급받은 현금배당 ₩1,000,000

O 국내은행으로부터 받은 이자 ₩12,000,000

① ₩8,220,000　　　　　　　　② ₩10,200,000
③ ₩10,550,000　　　　　　　　④ ₩12,220,000
⑤ ₩22,220,000

(1) 금융소득의 구분

금융소득내역	이자소득	배당소득	비 고
내국법인 A 무상주		₩5,000,000[*1]	
내국법인 B 무상주		2,000,000	지분율이 증가된 부분[*2]
집합투자기구의 이익		2,000,000	₩5,000,000 − ₩3,000,000[*3]
감액배당[*4]		1,000,000	
국내은행 이자	₩12,000,000		이자소득
합 계	₩12,000,000	₩10,000,000	

*1. Gross-up 가능배당
 2. 주식발행초과금(의제배당에 해당하지 않는 잉여금)을 자본전입하더라도 투자회사의 지분율이 증가하는 경우 증가된 지분율에 해당하는 주식가액은 배당으로 의제된다. 다만, 익금불산입항목을 재원으로 하였으므로 Gross-up 불가배당에 해당한다.
 3. 증권시장에 상장된 주식의 매매차익은 과세되지 않는다.
 4. 건물재평가적립금(3% 재평가세 적용분)을 감액함에 따라 수령한 배당은 배당소득으로 과세되며, 익금불산입항목을 재원으로 하였으므로 Gross-up 불가배당에 해당한다.

(2) 배당소득금액 : ₩10,000,000 + Min[₩5,000,000, ₩2,000,000[*]] × 10% = ₩10,200,000
 * ₩22,000,000(금융소득금액) − ₩20,000,000 = ₩2,000,000

211 거주자 갑의 2026년 금융소득에 관한 자료이다. 갑의 종합소득금액에 합산될 금융소득금액으로 옳은 것은? 별도의 언급이 없는 경우 금융소득에 대한 원천징수는 적법하게 이루어졌으며, 모든 금액은 원천징수세액을 차감하기 전의 금액이다. (2024. CPA)

종합과세 금융소득금액
중요도 ★★★☆☆
난이도 ★★★☆☆

Memo

> (1) 2026년초 지인에게 자금을 대여해주고 회수한 금액(동 이자는 원천징수되지 않음): ₩35,000,000*
>
>   * 원금 ₩30,000,000과 이자 ₩7,000,000의 합계액 ₩37,000,000 중 일부를 회수한 것이고 나머지는 채무자의 파산으로 회수할 수 없는 상태임
>
> (2) 민사집행법에 따라 법원에 납부한 보증금에 대한 이자: ₩3,000,000
>
> (3) 출자공동사업자의 배당소득: ₩9,000,000
>
> (4) 국내은행 정기예금이자: ₩3,000,000
>
> (5) 공익신탁법에 따른 공익신탁의 이익: ₩6,000,000
>
> (6) 비상장 내국법인으로부터 받은 현금배당: ₩12,000,000
>
> (7) 소득세법령이 정하는 채권의 환매조건부 매매차익: ₩7,000,000
>
> (8) 배당가산(Gross-up)율: 10%

① ₩36,700,000   ② ₩36,770,000   ③ ₩39,300,000

④ ₩42,200,000   ⑤ ₩42,220,000

---

(1) 금융소득의 구분

금융소득내역	금액	비 고
비영업대금의 이익	₩5,000,000[*1]	무조건 종합과세
법원에 납부한 보증금에 대한 이자	–	무조건 분리과세
국내은행 정기예금이자	3,000,000	
공익신탁의 이익	–	비과세
비상장 내국법인 배당	12,000,000[*2]	
채권의 환매조건부 매매차익	7,000,000	
합 계	₩27,000,000	

*1. ₩35,000,000 − ₩30,000,000(원금) = ₩5,000,000 → 비영업대금의 이익의 총수입금액을 계산할 때 해당 과세기간에 발생한 비영업대금의 이익에 대하여 과세표준확정신고 전에 해당 비영업대금이 회수불능채권에 해당하여 채무자 또는 제3자로부터 원금 및 이자의 전부 또는 일부를 회수할 수 없는 경우에는 회수한 금액에서 원금을 먼저 차감하여 계산한다.

  2. Gross-up 가능배당

(2) 금융소득금액 : ₩27,000,000 + Min[₩12,000,000, ₩7,000,000] × 10%
            + ₩9,000,000(출자공동사업자의 배당) = ₩36,700,000

Key point!

출자공동사업자 배당
→ 무조건 종합과세

정답 ①

212 거주자 甲의 2026년 금융거래 관련 자료이다. 甲의 종합소득금액에 합산할 소득세법령상 이자소득금액과 배당소득금액의 합계액은? (단, 원천징수가 필요한 경우 원천징수는 적법하게 이루어졌으며, 제시된 금액은 원천징수 전의 금액이다. 주어진 자료 외의 다른 사항은 고려하지 않음) (2024. 세무사)

> (1) 국내은행으로부터 예금이자 ₩5,000,000을 지급받았다.
>
> (2) 대통령령으로 정하는 국내 공모투자신탁 환매이익 ₩12,000,000(회사채 양도차손 ₩3,000,000, 코스닥시장 상장법인주식 양도차익 ₩10,000,000, 비상장법인주식 양도차익 ₩5,000,000으로 구성됨)이 발생하였다. 환매이익은 투자신탁이 직접 취득한 자산의 거래나 평가로 발생한 것이다.
>
> (3) 장내파생상품인 KOSPI200선물의 거래로 ₩10,000,000의 이익이 발생하였다.
>
> (4) 대통령령으로 정하는 파생결합사채에서 ₩6,000,000의 이익이 발생하였다.
>
> (5) 유가증권시장 상장법인(고배당기업에 해당하지 않음)으로부터 현금배당금 ₩15,000,000을 지급받았다.
>
> (6) 2020년에 가입한 저축성보험(종신형 연금보험 아님)에서 만기보험금 ₩50,000,000을 일시금으로 수령하였다. 甲이 납입한 총 보험료는 ₩40,000,000이다.

① ₩28,800,000　　　　② ₩38,000,000　　　　③ ₩39,500,000
④ ₩48,000,000　　　　⑤ ₩49,500,000

---

1. 금융소득의 구분

구 분	이자소득	배당소득	
① 예금이자	₩5,000,000	–	
② 공모투자신탁(집합투자기구이익)[*2]	–	₩2,000,000	
③ KOSPI200 선물거래이익(파생상품)	–	–	양도소득
④ 파생결합사채	–	6,000,000	
⑤ 상장법인 배당[*3]	–	15,000,000[*1]	
⑥ 단기저축성보험의 보험차익	10,000,000	–	
합　계	₩15,000,000	+ ₩23,000,000	= ₩38,000,000

*1. Gross-up 가능 배당소득

  2. ₩12,000,000 – ₩10,000,000(상장법인주식 양도차익) = ₩2,000,000

  3. 법소정 요건을 충족한 고배당 상장법인 배당은 분리과세(개정)되며, 고배당기업 배당이 아닌 경우에는 조건부 종합과세 금융소득에 해당한다. 자료에 고배당기업 배당여부에 대해 별도의 언급이 없는 경우에는 고배당기업 배당이 아닌 것으로 보아 문제를 풀이하면 된다.

2. 배당가산액 : Min[₩15,000,000, ₩18,000,000(2천만원 초과분)] × 10% = ₩1,500,000

3. 종합소득금액에 합산할 이자소득금액 : ₩15,000,000

4. 종합소득금액에 합산할 배당소득금액 : ₩23,000,000 + ₩1,500,000 = ₩24,500,000

5. 종합소득금액에 합산할 이자소득금액과 배당소득금액의 합계액 : ₩39,500,000

213 2026년도에 거주자 갑에게 귀속되는 이자 및 배당소득과 관련된 자료이다. 이 자료를 이용하여 거주자 갑의 2026년도에 종합과세되는 이자 및 배당소득금액으로 옳은 것은? (2012. CPA)

(1) 이자 및 배당소득과 관련된 내역은 다음과 같다.

  가. 비상장내국법인 (주)A로부터 받은 현금배당금 : ₩10,000,000

  나. 비상장내국법인 (주)B가 이익준비금을 자본전입함에 따라 지급받은 무상주 : 10,000주(액면가 ₩500/주, 지급당시 시가 ₩600/주)

  다. 국내은행이 취급하는 엔화예금과 엔화선물환계약의 결합 파생금융상품의 이익(소득세법령이 정하는 바에 따라 결합됨) : ₩15,000,000

  라. 소득세법령이 정하는 채권의 환매조건부 매매차익 : ₩3,000,000

  마. 외국법인인 K사로부터 받은 현금배당금(국외에서 지급되었으며 원천징수되지 않았음) : ₩5,000,000

  바. 발행일(2013. 10. 1)로부터 원금전액 상환약정일까지의 기간이 12년인 장기채권의 이자(이자 지급자에게 분리과세를 신청하였음) : ₩8,000,000

  사. 소득세법령이 정하는 집합투자기구인 투자신탁으로부터 지급받은 투자이익금 : ₩11,000,000(동 이익은 한국거래소 상장주식 매매차익 ₩6,000,000과 배당소득 ₩5,000,000으로 구성되며 수수료는 차감된 후의 금액임)

(2) 위 소득들에 대해서는 세법상 적법하게 원천징수가 이루어졌으며, 위의 모든 금액들은 원천징수세액을 차감하기 전의 금액이다.

① ₩5,000,000
② ₩13,000,000
③ ₩39,100,000
④ ₩43,330,000
⑤ ₩44,500,000

---

(1) 금융소득의 구분

① (주)A의 현금배당금	₩10,000,000*1
② (주)B의 무상주배당*2	5,000,000*1
③ 결합파생상품*3	15,000,000
④ 환매조건부 매매차익	3,000,000
⑤ 외국법인 배당	5,000,000 무조건 종합과세
⑥ 집합투자기구로부터의 이익	5,000,000
합 계	₩43,000,000

*1. Gross-up 가능배당

 2. 이익준비금(법정적립금)을 재원으로 하였으므로 아래 ②에 해당하며, 액면가액으로 평가한다.
  ① 주식배당(임의적립금 또는 미처분이익잉여금을 재원으로 한 경우) : 발행가액 (단, 문제에 발행가액이 제시되지 않은 경우에는 액면가액으로 발행된 것으로 본다.)
  ② 무상증자(법정적립금 또는 자본잉여금을 재원으로 한 경우) : 액면가액

 3. 엔화예금과 결합되었으므로 이자소득에 해당한다. → 이자소득을 발생시키는 상품과 결합된 파생금융상품의 이익은 이자소득이며, 배당소득을 발생시키는 상품과 결합된 파생금융상품의 이익은 배당소득이다.

(2) 종합과세되는 금융소득금액 : ₩43,000,000 + Min[₩15,000,000, ₩23,000,000] × 10%
    = ₩44,500,000

214 다음은 거주자 甲의 2026년 금융거래에서 발생한 소득 관련 자료이다. 甲의 종합소득금액에 합산할 이자소득금액과 배당소득금액의 합계액은? (단, 원천징수는 적법하게 이루어졌으며 제시된 금액은 원천징수 전의 금액이다. 주어진 자료 외의 다른 사항은 고려하지 않음) *(2022. 세무사)*

> (1) 국내 비상장법인으로부터 받은 현금배당: ₩8,000,000
> (2) 공개시장에서 통합발행한 국채의 매각가액과 액면가액의 차액: ₩6,000,000
> (3) 국내은행으로부터 받은 정기예금이자: ₩3,000,000
> (4) 외국법인이 발행한 채권의 이자: ₩7,000,000
> (5) 비영업대금의 이익: ₩5,000,000
> (6) 법인과세 신탁재산으로부터 받는 배당금: ₩3,000,000

① ₩23,300,000　　② ₩23,800,000　　③ ₩26,600,000

④ ₩26,800,000　　⑤ ₩32,800,000

---

(1) 금융소득의 구분

① 비상장법인 현금배당	₩8,000,000[*1]	
② 공개시장 통합발행 국채	–	비열거소득
③ 정기예금이자	3,000,000	
④ 외국법인 발행 채권이자	7,000,000	무조건 종합과세
⑤ 비영업대금의 이익	5,000,000	
⑥ 법인과세 신탁재산 배당	3,000,000[*2]	
합 계	₩26,000,000	

*1. Gross-up 가능배당

2. 법인과세 신탁재산은 배당소득공제를 적용받으므로 이중과세문제가 발생하지 않는다.

(2) 금융소득금액 : ₩26,000,000 + Min[₩8,000,000, ₩6,000,000] × 10% = ₩26,600,000

[관련규정] 국가가 발행한 채권·증권의 이자와 할인액

① 국가가 발행한 채권이 원금과 이자가 분리되는 경우에는 원금에 해당하는 채권 및 이자에 해당하는 채권의 할인액은 채권·증권의 이자와 할인액에 포함된다. 단, 국채·산업금융채권·정책금융채권·예금보험기금채권·예금보험기금채권상환기금채권 및 한국은행통화안정증권을 공개시장에서 통합발행하는 경우 해당 채권의 매각가액과 액면가액과의 차액은 과세하지 않는다.(비열거소득)

② 국가가 발행한 채권으로서 그 원금이 물가에 연동되는 채권(물가연동국고채)의 경우 해당 채권의 원금증가분은 채권·증권의 이자와 할인액에 포함된다.(2015. 1. 1. 이후 발행되는 채권으로부터 지급받는 원금증가분부터 이자소득으로 과세한다.)

215 사업자가 아닌 거주자 갑의 2026년 금융소득에 대한 자료가 다음과 같을 때, 이자소득금액과 배당소득금액으로 종합소득금액에 합산되는 총 금액으로 옳은 것은? (단, 자료에 언급된 것 이외에는 모두 적법하게 원천징수되었다.)

(2017. CPA)

(1) 거주자 갑이 비상장 내국법인으로부터 수취한 무상주에 대한 설명은 다음과 같다.

　　가. 자기주식처분이익(자기주식처분일 2024.9.30)을 자본전입(자본전입일 2026. 10.25)함에 따른 무상주 10,000주(주당 액면가 ₩500)를 ㈜A로부터 수취하였다.

　　나. 주식발행초과금의 자본전입(자본전입일 2026.3.31)에 따른 무상주 20,000주(주당 액면가 ₩500)를 ㈜B로부터 수취하였다.

　　다. 자기주식소각이익(주식소각일 2024.8.30., 소각당시 시가 : 주당 ₩800, 취득가액 : 주당 ₩850)의 자본전입(자본전입일 2026.6.10)에 따른 무상주 5,000주(주당 액면가 ₩500)를 ㈜C로부터 수취하였다.

(2) 주권상장 내국법인 ㈜D로부터 ₩8,000,000의 현금배당을 수취하였다.

(3) 장기채권에 투자하여 이자 ₩3,000,000을 지급받았다(2016.1.1.에 발행한 채권으로 약정기간은 20년이며, 동 채권으로부터 지급받은 당해연도의 이자에 대해서 거주자 갑이 따로 분리과세를 신청하지 않았다).

(4) 2026년 초에 지인에게 자금을 대여해 주고 이자 ₩6,000,000을 지급받았다(동 이자에 대해서는 원천징수가 되지 않았다).

　① ₩15,995,000　　　　　　② ₩21,665,000

　③ ₩22,220,000　　　　　　④ ₩24,500,000

　⑤ ₩24,950,000

---

(1) 조건부 및 무조건 종합과세대상 금융소득 분석

㈜A의 무상주	₩5,000,000[*1]	자기주식처분이익(익금항목) → 의제배당○
㈜B의 무상주	–	주식발행초과금(익불항목) → 의제배당×
㈜C의 무상주	2,500,000	자기주식소각이익(익불항목) → 의제배당○[*2]
㈜D의 현금배당	8,000,000[*1]	
장기채권이자	3,000,000	
비영업대금의 이익	6,000,000	무조건 종합과세
	₩24,500,000	

*1. Gross-up 가능배당

2. 소각일로부터 2년 내 자본전입하였으므로 배당으로 의제되나, 익금불산입항목을 재원으로 하였으므로 Gross-up 불가배당에 해당한다.

(2) Gross-up : Min[₩13,000,000, ₩4,500,000] × 10% = ₩450,000

(3) 종합과세되는 금융소득금액 : ₩24,500,000 + ₩450,000 = ₩24,950,000

216 다음은 주권비상장법인인 말로만(주)의 주주인 거주자 국말봉의 금융소득내역이다. 다음 자료에 의하여 2026년 종합소득금액에 포함될 금융소득금액을 계산하면?

(1999. 세무사 수정)

(1) 잉여금처분으로 인한 배당(주총결의일 2026. 2. 28)

　① 금전배당 : ₩20,000,000

　② 잉여금의 자본전입에 따른 무상주의 가액

　　• 주식발행초과금의 자본전입　　　　　　　　　　　₩5,000,000

　　• 상환주식 주식발행초과금의 자본전입　　　　　　　10,000,000

　　　＊ 상환주식 주식발행초과금은 전액 이익잉여금으로 상환된 금액임

　　• 자기주식소각이익(주식소각일 : 2025. 12. 10)의 자본전입　　15,000,000

　　　＊ 자기주식의 소각당시 시가가 취득가액을 초과하지 아니함

(2) 말로만(주)의 세무조정시 국말봉에게 소득처분된 금액

　① 2025년 사업연도(결산확정일 : 2026. 2. 27)　　　₩5,000,000

　② 2026년 사업연도(결산확정일 : 2027. 2. 16)　　　3,000,000

　　　　　　　　　　　　　　　　　　　　　　　　　₩8,000,000

① ₩47,500,000　　　　　　　　② ₩59,200,000

③ ₩50,000,000　　　　　　　　④ ₩53,000,000

⑤ ₩60,250,000

Key point!

① 무상주 의제배당
　(이익준비금)
→ G-up 가능배당
② 무상주 의제배당
(자기주식소각이익)
→ G-up 불가배당
③ 인정배당
→ G-up 가능배당

정답 ④

(1) 금융소득의 구분

　① 금전배당　　　　　　　　　　　　　₩20,000,000*

　② 무상주(상환주식 주식발행초과금)　　10,000,000*

　③ 무상주(자기주식소각이익)　　　　　15,000,000　2년 내 자본전입

　④ 인정배당　　　　　　　　　　　　　5,000,000*　수입시기 : 결산확정일

　　　합 계　　　　　　　　　　　　　₩50,000,000

　　＊ Gross-up 가능배당

(2) 금융소득금액 : ₩50,000,000 + Min[₩35,000,000, ₩30,000,000] × 10% = ₩53,000,000

217 거주자 甲의 2026년 귀속 금융소득자료는 다음과 같다. 甲의 2026년 귀속 종합과세 금융소득금액을 계산하면 얼마인가? (단, 금융소득은 모두 적법하게 원천징수되었음)

(2015. 세무사)

(1) 내국법인으로부터 받은 비영업대금의 이익은 ₩5,000,000이다.

(2) 투자회사로부터 ₩3,000,000의 배당금을 수취하였다. 이 투자회사는 소득공제를 적용받음으로써 법인세는 납부하지 않았다.

(3) 주권상장법인인 (주)대한으로부터 ₩5,000,000의 배당금을 수취하였다.

(4) 주권상장법인인 (주)민국으로부터 이익준비금을 자본전입한 무상주 30,000주(액면가 ₩500, 자본전입 결정일 2026. 3. 31.)를 받았다.

(5) 주권상장법인인 (주)만세로부터 자기주식소각이익(주식소각일 2024. 5. 10, 소각 당시 시가 : 주당 ₩700, 취득가액 : 주당 ₩650)의 자본전입(자본전입일 2026. 8. 10)에 따라 무상주 20,000주(액면가 ₩500)를 수취하였다.

① ₩28,880,000

② ₩36,650,000

③ ₩38,000,000

④ ₩39,800,000

⑤ ₩40,200,000

---

(1) 금융소득구분

① 비영업대금이익	₩5,000,000
② 투자회사배당	3,000,000
③ 상장법인배당(㈜대한)	5,000,000*
④ 무상주배당(㈜민국)	15,000,000*
⑤ 무상주배당(㈜만세)	10,000,000 소각 당시 시가가 취득가액을 초과함
합 계	₩38,000,000

* Gross-up 가능배당

(2) 금융소득금액 : ₩38,000,000 + Min[₩20,000,000, ₩18,000,000] × 10% = ₩39,800,000

금융소득금액
중요도 ★★★☆☆
난이도 ★★★☆☆

Memo

Key point!

투자회사 배당
→ G-up 불가배당

정답 ④

218 거주자 갑(금융업을 영위하지 않음)의 2026년 금융소득에 관한 자료이다. 갑의 종합소득금액에 합산될 금융소득금액으로 옳은 것은? 단, 별도의 언급이 없는 한 금융소득에 대한 원천징수는 적법하게 이루어졌으며, 모든 금액은 원천징수세액을 차감하기 전의 금액이다. (2025. CPA 수정)

(1) 비영업대금의 이익: ₩3,000,000(국내에서 원천징수되지 않음)

(2) 비실명이자 : ₩2,000,000

(3) 환매조건부 채권의 매매차익: ₩4,000,000

(4) 비상장내국법인이 지급한 무상주: 1,000주(이익잉여금의 자본전입에 의한 것이며, 주당 액면가 ₩5,000, 주당 시가 ₩6,000임)

(5) 출자공동사업에서 분배받은 배당소득: ₩11,000,000

(6) 상장내국법인이 지급한 현금배당금: ₩1,000,000

(7) 소득세법시행령상 집합투자기구로부터의 이익: ₩18,000,000*

  * 거래소 상장주식 매매차익 ₩3,000,000과 배당소득 ₩15,000,000으로 구성되며 수수료는 차감된 금액임

① ₩28,000,000   ② ₩28,600,000   ③ ₩39,000,000

④ ₩39,600,000   ⑤ ₩39,800,000

(1) 금융소득의 구분

① 비영업대금의 이익	₩3,000,000	무조건 종합과세
② 비실명이자	–	
③ 환매조건부 채권의 매매차익	4,000,000	
④ 무상주 의제배당	5,000,000*	1,000주 × ₩5,000
⑤ 상장내국법인 현금배당금	1,000,000*	
⑥ 집합투자기구로부터의 이익	15,000,000	상장주식 매매차익은 과세×
합 계	₩28,000,000	

  * Gross–up 가능배당

(2) 금융소득금액 : ₩28,000,000 + Min[₩6,000,000, ₩8,000,000] × 10% + ₩11,000,000(출자공동사업자의 배당) = ₩39,600,000

219 다음은 거주자 甲의 소득자료이다. 거주자 甲의 2026년 귀속 종합과세대상 금융소득은 얼마인가?

(2000. 세무사 수정)

(1) (주)인천에 자금을 대여하고 받은 이자   ₩4,000,000

(2) 내국법인(주권비상장)인 (주)안산으로부터 받은 현금배당금   ₩10,000,000

(3) 내국법인(주권비상장)인 (주)수원으로부터 무상주 2,000주를 수령하였으며, 동 무상주의 원천은 다음과 같다. 단, (주)수원이 발행한 무상주의 1주당 액면가액은 ₩5,000, 증자당시 시가는 ₩6,000이며 甲은 우리사주조합원이 아니다.

구 분	비 율	비 고
주식발행초과금	40%	
재평가적립금	30%	건물에 대하여 재평가한 것임
이익준비금	30%	
계	100%	

(4) 외국법인인 (주)월드컵으로부터 받은 현금배당금 ₩2,000,000 (원천징수되지 않았음)

① ₩0

② ₩2,000,000

③ ₩19,000,000

④ ₩21,100,000

⑤ ₩27,770,000

---

(1) 금융소득의 구분

  ① 비영업대금의 이익   ₩4,000,000

  ② 금전배당   10,000,000   Gross-up 가능배당

  ③ 의제배당   3,000,000[*1] Gross-up 가능배당

  ④ 외국법인배당   2,000,000   무조건 종합과세

    합 계   ₩19,000,000

  *1. 2,000주 × ₩5,000 × 30%(이익준비금의 비율) = ₩3,000,000

  2. 무조건 종합과세대상과 조건부 종합과세대상의 합계액(₩19,000,000)이 ₩20,000,000 이하이므로 무조건 종합과세대상 금융소득만 종합과세한다. 그러므로 위 금융소득 중 금전배당과 의제배당은 Gross-up 가능배당이나 분리과세되므로 Gross-up이 적용되지 않는다.

(2) 금융소득금액 : ₩2,000,000

Key point!

A : 무조건 분리과세
B : 무조건 종합과세
C : 조건부 종합과세
B + C ≤ 2천만원
→ B만 종합과세

정답 ②

220 다음은 거주자 甲이 국내에서 지급받은 2026년 귀속 금융소득 관련 자료이다. 소득세법상 2026년 귀속 금융소득에 대하여 원천징수되는 소득세액은? (단, 甲은 출자공동사업자가 아니며 금융소득은 소득세법령에 따른 실지명의가 확인된 것이고 이자소득 또는 배당소득 원천징수시기에 대한 특례, 원천징수의 배제, 집합투자기구 및 특정금전신탁 등의 원천징수 특례는 고려하지 않음) (2020. 세무사)

구 분	금 액	비 고
공익신탁의 이익	₩5,000,000	공익신탁법에 따른 공익신탁임
회사채의 이자	10,000,000	내국법인이 2025년에 발행한 사채(만기 10년)임
보증금 및 경락대금에서 발생한 이자소득	10,000,000	민사집행법 제113조 및 같은 법 제142조에 따라 법원에 납부한 보증금 및 경락대금임
정기예금의 이자	10,000,000	국내은행으로부터 지급받음
비영업대금의 이익	5,000,000	개인 간 금전대차거래로서 차입자로부터 직접 지급받은 이자이며, 온라인투자연계금융업의 등록을 한 자를 통하여 지급받는 금액이 아님
내국법인으로부터 받은 현금배당	10,000,000	
합 계	₩50,000,000	

① ₩6,300,000   ② ₩6,850,000   ③ ₩7,000,000

④ ₩7,200,000   ⑤ ₩8,600,000

구 분	금액	원천징수세율	원천징수세액
① 장기채권의 이자[1]	₩10,000,000	14%	₩1,400,000
② 보증금 및 경락대금 이자(분리과세[2])	10,000,000	14%	1,400,000
③ 정기예금의 이자	10,000,000	14%	1,400,000
④ 비영업대금의 이익	5,000,000	25%	1,250,000
⑤ 내국법인 현금배당	10,000,000	14%	1,400,000
합 계	₩45,000,000		₩6,850,000

[1]. 2018.1.1. 이후에 발행된 장기채권의 이자이므로 분리과세를 신청할 수 없으며, 원천징수세율은 14%로 한다.

2. 금융소득에는 분리과세대상도 포함된다.

3. 공익신탁의 이익은 비과세 금융소득으로 소득세를 원천징수하지 않는다.

221 거주자 갑의 2026년 이자 및 배당소득에 대한 자료이다. 거주자 갑의 2026년 원천 징수세액과 종합소득금액 중 금융소득금액은 각각 얼마인가? 조건부 종합과세 대상 금융소득에 대한 원천징수는 적법하게 이루어졌으며, 모든 금액은 원천징수세액을 차감하기 전의 금액이다.

종합과세 금융소득금액
중요도 ★★★☆☆
난이도 ★★★☆☆

Memo

구 분		조건부 종합과세	무조건 종합과세
이자소득		₩15,000,000	₩5,000,000
		비영업대금의 이익* 5,000,000이 포함되었으며, 나머지는 정기예금이자임.	비영업대금의 이익*으로 원천징수되지 않음.
배당소득	Gross-up 대상	₩7,000,000	–
		내국법인으로부터 받은 배당소득임.	
	Gross-up 비대상	₩3,000,000	₩6,000,000
		집합투자기구로부터의 이익으로 비상장주식 매매차익으로 구성됨.	외국법인으로부터의 배당으로 국내에서 원천징수되지 않음.

* 비영업대금의 이익은 온라인투자연계금융업의 등록을 한 자를 통하여 지급받는 금액이 아님

	원천징수세액	종합소득금액 중 금융소득금액
①	₩4,050,000	₩31,700,000
②	₩3,500,000	₩31,700,000
③	₩4,050,000	₩36,700,000
④	₩3,500,000	₩36,700,000
⑤	₩4,820,000	₩36,700,000

(1) 금융소득의 구분

금융소득내역	무조건 · 조건부 종합과세	비 고
정기예금이자	₩10,000,000	14%
비영업대금의 이익	5,000,000	25%
비영업대금의 이익	5,000,000	무조건 종합과세, 원천징수×
내국법인 배당	7,000,000*	14%
집합투자기구이익	3,000,000	14%
외국법인 배당	6,000,000	무조건 종합과세, 원천징수×
합 계	₩36,000,000	

* Gross-up 가능배당

(2) 금융소득금액 : $₩36,000,000 + Min[₩7,000,000, ₩16,000,000] \times 10\% = ₩36,700,000$

(3) 원천징수세액 : $₩5,000,000 \times 25\% + (₩10,000,000 + ₩7,000,000 + ₩3,000,000) \times 14\% = ₩4,050,000$

정답 ③

222 다음은 거주자 갑의 2026년 종합소득에 대한 자료이다. 갑의 2026년 종합소득 산출세액을 계산한 것으로 옳은 것은? (단, 원천징수는 모두 적법하게 이루어졌으며, 모든 금액은 원천징수세액을 차감하기 전 금액이다.) (2018, CPA)

(1) 과세대상 소득명세

　가. 상장 내국법인으로부터 받은 현금배당* ₩15,000,000

　　* 법인단계에서 법인세가 과세된 이익을 재원으로 이루어진 배당임

　나. 국내은행의 정기예금으로부터 받은 이자 ₩15,000,000

　다. 비영업대금으로 인한 이익* ₩10,000,000

　　* 온라인투자연계금융업의 등록을 한 자를 통하여 지급받는 금액이 아님

　라. 사업소득금액 ₩20,000,000

(2) 종합소득공제 ₩5,000,000

(3) 종합소득세율 중 일부

종합소득과세표준		기본세율
	1,400만원 이하	과세표준×6%
1,400만원 초과	5,000만원 이하	84만원+1,400만원 초과금액×15%
5,000만원 초과	8,800만원 이하	624만원+5,000만원 초과금액×24%

① ₩8,620,000　　　　　　② ₩7,690,000

③ ₩7,217,500　　　　　　④ ₩5,635,000

⑤ ₩4,720,000

---

(1) 금융소득의 구분

　① 현금배당　　　　　₩15,000,000*

　② 정기예금이자　　　15,000,000

　③ 비영업대금의 이익　10,000,000　25%

　　합 계　　　　　　₩40,000,000

　* Gross-up 가능배당

(2) 금융소득금액 : ₩40,000,000 + Min[₩15,000,000, ₩20,000,000] × 10% = ₩41,500,000

(3) 종합소득금액 : ₩41,500,000 + ₩20,000,000(사업소득금액) = ₩61,500,000

(4) 종합소득과세표준 : ₩61,500,000 - ₩5,000,000(종합소득공제) = ₩56,500,000

(5) 종합소득산출세액 : Max [①, ②] = ₩7,690,000

　① ₩20,000,000 × 14% + (₩56,500,000 - ₩20,000,000) × 기본세율 = ₩7,015,000

　② ₩10,000,000 × 25% + ₩30,000,000 × 14% + (₩56,500,000 - ₩41,500,000) × 기본세율 = ₩7,690,000

223 거주자 甲의 2026년 귀속 소득내역은 다음과 같으며, 종합소득금액이 바로 종합소득과세표준인 것으로 전제하고 종합소득산출세액을 계산하면 얼마인가?

(2008. 세무사)

(1) 국내에서 받은 예금의 이자 ₩8,000,000

(2) 법인세법에 의하여 배당으로 처분된 금액 ₩2,000,000

(3) 외국법인으로부터 받은 현금배당금으로서 국내에서 원천징수되지 않은 금액 ₩6,000,000

(4) 甲은 하얀돌산업의 손익분배비율 40%인 출자공동사업자이며, 하얀돌산업의 2026년 중 사업소득금액은 ₩30,000,000

(5) 종합소득세율 중 일부

종합소득과세표준		기본세율
	1,400만원 이하	과세표준×6%
1,400만원 초과	5,000만원 이하	84만원+1,400만원 초과금액×15%
5,000만원 초과	8,800만원 이하	624만원+5,000만원 초과금액×24%

① ₩6,720,000

② ₩2,520,000

③ ₩2,160,000

④ ₩1,980,000

⑤ ₩1,560,000

---

(1) 금융소득의 구분

① 국내예금이자	₩8,000,000	
② 인정배당	2,000,000[*1]	
③ 외국법인배당	6,000,000	무조건 종합과세
합 계	₩16,000,000	

*1. Gross-up 가능배당

2. 무조건 종합과세대상과 조건부 종합과세대상의 합계액(₩16,000,000)이 ₩20,000,000 이하이므로 무조건 종합과세대상(₩6,000,000)만 종합과세한다.

(2) 금융소득금액 : ₩6,000,000 + ₩30,000,000 × 40%* = ₩18,000,000

 * 출자공동사업자에 대한 배당은 금융소득의 종합과세여부 판정시 고려하지 않으나 무조건 종합과세대상 금융소득이므로 종합과세하는 금융소득금액 계산시 가산해야 한다.

(3) 종합소득금액(= 종합소득과세표준) : ₩18,000,000

(4) 종합소득산출세액(= 비교산출세액) : ₩6,000,000 × 14%[*1] + Max[①, ②] = ₩2,520,000

 ① (₩18,000,000 − ₩6,000,000) × 기본세율 = ₩720,000

 ② (₩18,000,000 − ₩6,000,000 − ₩12,000,000[*2]) × 기본세율 + ₩12,000,000[*2] × 14% = ₩1,680,000

 *1. 비교산출세액 계산시 실제 원천징수되었는지 여부와 상관없이 원천징수세율을 적용한다.

 2. 출자공동사업자의 배당소득

Key point!

금융소득 2천만원 이하 & 출자공동사업자 배당 有
→ 비교산출세액 : Max

정답 ②

224 다음은 제조업을 영위하는 거주자 갑의 2026년도 종합소득과 관련된 자료이다. 종합소득 결정세액을 계산한 것으로 옳은 것은? (단, 자료의 금융소득은 소득세를 원천징수하기 전 금액이다.) (2010. CPA)

(1) 금융소득 자료

　　가. 비상장법인인 내국법인의 현금배당(법인세가 과세된 잉여금을 재원으로 함) ₩10,000,000

　　나. 주권상장법인인 내국법인의 자기주식소각이익 자본전입으로 지급받은 무상주 액면총액(의제배당에 해당함) ₩5,000,000

　　다. 외국법인의 현금배당(국내에서 원천징수되지 않음) ₩5,000,000

　　라. 국내은행 예금이자 ₩5,000,000

　　마. 공익신탁이익 ₩10,000,000

(2) 기타의 자료

　　가. 사업소득금액 ₩10,000,000(복식부기의무자이며 법 소정 성실사업자 아님)

　　나. 종합소득공제 ₩4,000,000

(3) 종합소득세율 중 일부

종합소득과세표준		기본세율
	1,400만원 이하	과세표준×6%
1,400만원 초과	5,000만원 이하	84만원＋1,400만원 초과금액×15%

(4) 제시된 자료 이외의 고려사항은 없다.

① ₩3,860,000　　　　　② ₩3,790,000

③ ₩3,950,000　　　　　④ ₩4,100,000

⑤ ₩8,066,000

Key point!

① 배당소득 有
→ 배당세액공제
Min[G–up, 한도]
② 근로소득 無
→ 표준 7만원

(1) 금융소득금액
　1) 금융소득의 구분

① 비상장법인 현금배당	₩10,000,000*	
② 상장법인 의제배당	5,000,000	
③ 외국법인 현금배당	5,000,000	무조건 종합과세
④ 은행이자	5,000,000	
합 계	₩25,000,000	

　　* Gross–up 가능배당
　2) 금융소득금액 : ₩25,000,000 + Min[₩10,000,000, ₩5,000,000] × 10% = ₩25,500,000
(2) 종합소득금액 : ₩25,500,000 + ₩10,000,000(사업소득금액) = ₩35,500,000
(3) 과세표준 : ₩35,500,000 － ₩4,000,000(종합소득공제) = ₩31,500,000
(4) 산출세액 : Max[①, ②] = ₩3,860,000
　① 일반 : (₩31,500,000 － ₩20,000,000) × 기본세율 + ₩20,000,000 × 14% = ₩3,490,000
　② 비교 : (₩31,500,000 － ₩25,500,000) × 기본세율 + ₩25,500,000 × 14% = ₩3,860,000
(5) 세액공제 : ① + ② = ₩70,000
　① 배당세액공제 Min[a, b] = ₩0
　　a. ₩500,000(G–up 금액)
　　b. ₩3,860,000 － ₩3,860,000 = ₩0
　② 표준세액공제 : ₩70,000
(6) 결정세액 : ₩3,860,000 － ₩70,000 = ₩3,790,000

225 다음에 주어진 자료에 의하여 판매업을 영위하는 최향단 씨의 사업소득 총수입금액을 계산하면 얼마인가? (2002. 세무사)

(1) 과 세 기 간 : 2026. 1. 1~12. 31

(2) 총 매 출 액 : ₩20,000,000

(3) 매출에누리와 환입 : ₩2,000,000, 매출할인 ₩2,000,000

  * 외상매출금에 대한 약정지급일은 해당 과세기간내임

(4) 매 입 할 인 : ₩2,000,000

(5) 지급받은 장려금 : ₩1,000,000

(6) 재고자산 중 사용인에게 지급한 것 : 시가 ₩1,200,000(원가 : ₩1,000,000)

(7) 예금이자 수입 : ₩1,000,000

(8) 상장주식의 처분이익(소액주주에 해당함) : ₩2,000,000

(9) 사업용자산인 토지의 처분이익 : ₩5,000,000

① ₩17,200,000

② ₩18,200,000

③ ₩20,000,000

④ ₩22,200,000

⑤ ₩26,200,000

① 사업수입금액		₩16,000,000	₩20,000,000 – ₩2,000,000 – ₩2,000,000
② 지급받은 장려금		1,000,000	
③ 자가소비(시가)		1,200,000	
④ 예금이자		–	이자소득
⑤ 상장주식 처분이익(소액주주)		–	과세제외
⑥ 토지처분이익		–	양도소득
합 계		₩18,200,000	

* 매입할인은 필요경비에서 차감하므로 총수입금액에는 영향이 없다.

226 다음 자료를 이용하여 개인사업자인 거주자 갑의 2026년 사업소득 총수입금액을 계산한 것으로 옳은 것은? (2015. CPA)

사업소득 총수입금액
중요도 ★★★☆☆
난이도 ★★★☆☆

Memo

(1) 2026년 과세기간의 손익계산서상 총매출액 : ₩25,000,000(매출에누리와 환입 ₩700,000과 매출할인 ₩800,000이 차감되어 있지 않음)

(2) 위의 총매출액에 포함되지 않은 기타 매출거래는 다음과 같음

　　가. 계약금 수령

　　　　- 2027년 4월 21일에 제품을 인도하는 조건으로 2026년 4월 4일에 거래처로부터 ₩1,500,000 계약금을 수령함. 2026년말 현재 해당 제품의 판매가는 ₩3,000,000(원가 ₩2,000,000)임

　　나. 시용판매

　　　　- 2026년 7월 4일에 거래처로부터 제품 ₩500,000(원가 ₩400,000)에 대한 구입의사표시를 받았지만 2026년말까지 대금결제를 받지 못함

　　다. 무인판매기에 의한 판매

　　　　- 2026년 과세기간의 무인판매기에 의한 매출액은 ₩1,200,000(원가 ₩800,000)이며 2027년 1월 3일에 동 금액을 무인판매기에서 현금으로 인출함

　　라. 위탁판매

　　　　- 2026년 11월 7일에 수탁자에게 제품(판매가 ₩1,600,000, 원가 ₩1,300,000)을 발송하여 수탁자는 이중의 절반을 2026년 12월 29일에 판매하고, 나머지는 2027년 1월 7일에 판매함

① ₩23,500,000
② ₩24,800,000
③ ₩25,000,000
④ ₩26,000,000
⑤ ₩26,500,000

① 총매출액	₩25,000,000	
② 매출에누리와 환입	(700,000)	
③ 매출할인	(800,000)	
④ 계약금수령	–	수입시기 : 인도일(2027년)
⑤ 시용판매	500,000	
⑥ 무인판매기에 의한 판매	–	수입시기 : 현금을 꺼내는 때(2027년)
⑦ 위탁판매	800,000	₩1,600,000 × 50% = ₩800,000
합 계	₩24,800,000	

Key point!

사업소득의 수입시기
① 일반판매
→ 인도일
② 시용판매
→ 구매의사표시일
③ 무인판매기
→ 현금을 꺼내는 때
④ 위탁판매
→ 수탁자기준 판매일

정답 ②

227 다음 자료를 이용하여 부동산임대사업자인 거주자 갑의 2026년도 사업소득 총수입금액을 계산한 것으로 옳은 것은? (2014. CPA)

(1) 갑은 국내에 주택 3채(각각의 기준시가는 모두 2억원을 초과함)를 소유하고, 그 중 하나의 주택(소득세법에 따른 간주임대료 계산대상임)을 임대하고 있다.

(2) 2025년 10월 16일에 임대주택의 임대보증금 ₩500,000,000과 1년분 임대료 ₩32,000,000을 수령하였다.

(3) 임대기간은 2025년 10월 16일부터 1년간이며, 2026년도 임대일수는 288일이다.

(4) 임대보증금 운용수익은 2026년에 발생한 수입이자 ₩1,000,000이 있다.

(5) 기획재정부령으로 정하는 정기예금이자율은 연 3.65%로 하고, 1년은 365일로 가정한다.

(6) 갑은 적법하게 장부를 비치·기록하고 있으며, 장부에 의하여 사업소득금액을 신고하는 것으로 한다.

① ₩0
② ₩24,000,000
③ ₩26,456,000
④ ₩32,456,000
⑤ ₩34,456,000

Key point!

① 선불임대료
월할계산
(초월산입·말월불산입)
② 간주임대료
• 3억원 차감
• 60% 적용

정답 ③

(1) 임대료

$$₩32,000,000 \times \frac{9月}{12月} = ₩24,000,000$$

* 선세금은 월할계산한다.(초월산입·말월불산입)

(2) 간주임대료

$$(₩500,000,000 - ₩300,000,000) \times 288 \times \frac{1}{365} \times 60\% \times 3.65\% - ₩1,000,000 = ₩2,456,000$$

(3) 총수입금액 : ₩24,000,000 + ₩2,456,000 = ₩26,456,000

228 다음은 거주자 甲의 2026년도 부동산 임대자료이다. 거주자 甲의 2026년 간주임대료를 계산하면 얼마인가? (단, 甲은 사업소득에 대하여 장부를 비치·기장하고 있다.)

(2015. 세무사)

> (1) 임대대상 자산 : 상가건물
>
> (2) 임대기간 : 2025. 8. 1. ~ 2027. 7. 31.
>
> (3) 취득가액(토지가액 제외) : ₩100,000,000
>
> (4) 임대보증금 : ₩300,000,000
>
> (5) 월 임대료 : ₩1,000,000
>
> (6) 월 관리비 : ₩300,000
>
> (7) 임대보증금 운용수익 : 정기예금이자 ₩2,000,000, 수입배당금 ₩1,000,000, 유가증권처분이익 ₩1,000,000
>
> (8) 정기예금이자율은 연 3%이다.

① ₩2,000,000 ② ₩3,000,000

③ ₩6,000,000 ④ ₩18,600,000

⑤ ₩21,600,000

- 간주임대료 : (₩300,000,000 − ₩100,000,000) × 3% − ₩3,000,000[*1] = ₩3,000,000

*1. 소득세법상 차감하는 금융수익은 수입이자·할인료 및 배당금이다.(유가증권 처분이익은 포함×)

2. 총수입금액이 아닌 간주임대료를 구하는 문제이므로 문제 자료상의 임대료와 관리비는 문제풀이시 고려하지 않는다.

부동산임대업
중요도 ★★★ ☆☆
난이도 ★★★ ☆☆

Memo

Key point!
소득세법상 금융수익
→ 이자+배당(유가증권처분이익×)

정답 ②

229 다음은 거주자 갑의 2026년도 부동산 임대자료이다. 다른 사업소득이 없다고 가정할 때 거주자 갑의 2026년 사업소득금액을 계산한 것으로 옳은 것은? (단, 갑은 사업소득에 대하여 장부를 비치·기장하고 있으며, 정기예금이자율은 연 3%로 가정한다.)

(2017. CPA)

> (1) 임대대상 자산 : 상가건물
> (2) 임대기간 : 2025. 8. 1. ~ 2027. 7. 31.
> (3) 취득가액 : ₩200,000,000(토지가액 ₩100,000,000 포함)
> (4) 임대보증금 : ₩300,000,000
> (5) 월임대료 : ₩1,000,000(매달 말일에 받기로 약정하였음)
> (6) 관리비수입 : ₩6,000,000(2026년 지급받은 총액이며, 이 중 전기요금과 수도요금을 징수대행하는 명목으로 지급받은 ₩2,000,000이 포함되어 있음)
> (7) 상가건물의 부속토지를 임대기간 동안 상가건물 임차인의 영업에 사용하게 하는 대가로 임대기간 시작일인 2025. 8. 1.에 ₩5,000,000을 전액 수령하였다.
> (8) 임대보증금 운용수익 : 정기예금이자 ₩2,000,000, 수입배당금 ₩1,000,000, 유가증권처분이익 ₩500,000

① ₩18,500,000 ② ₩20,500,000
③ ₩21,000,000 ④ ₩21,500,000
⑤ ₩24,000,000

---

(1) 임대료 : ① + ② = ₩14,500,000

　① 월임대료 : ₩1,000,000 × 12月 = ₩12,000,000

　② 토지임대료 : ₩5,000,000 × $\dfrac{12月}{24月}$ = ₩2,500,000

(2) 간주임대료 : (₩300,000,000 − ₩100,000,000) × 3% − ₩3,000,000[*] = ₩3,000,000

　*1. 임대보증금 운용수익 : ₩2,000,000(정기예금이자) + ₩1,000,000(수입배당금) = ₩3,000,000

　　2. 임대기간이 2025. 8. 1 ~ 2027. 7. 31이므로 적수계산은 생략한다.

(3) 관리비수입 : ₩4,000,000

　* 전기요금과 수도요금 징수대행금액 ₩2,000,000은 사업소득 총수입금액에 산입하지 않는다.

(4) 사업소득금액 : ₩14,500,000 + ₩3,000,000 + ₩4,000,000 = ₩21,500,000

　* 필요경비에 대한 언급이 없으므로 사업소득 총수입금액이 곧 사업소득금액이 된다.

230 다음은 거주자 이나라 씨가 소유하고 있는 상가건물임대에 관한 자료이다. 거주자 이나라 씨가 2026년도 부동산임대업에 관련된 소득을 장부에 기장하여 신고하는 경우와 추계하는 경우에 총수입금액의 차이는 얼마인가? (2005. 세무사)

부동산임대업
중요도 ★★★☆☆
난이도 ★★★☆☆

Memo

(1) 임대기간 : 2025. 1. 1.~2027. 12. 31.

(2) 월임대료 : 3백만원

(3) 임대보증금 : 8억원

(4) 임대부동산

• 건물 취득가액	4억원
• 토지 취득가액	3억원
• 건물에 대한 재평가로 인한 증가액	2억원
• 건물에 대한 자본적 지출(2025. 7. 1. 발생)로 인한 증가액	1억원
• 감가상각누계액	(2억원)
합 계	8억원

(5) 기획재정부령으로 정한 정기예금이자율은 연 10%이며 이나라 씨는 부동산임대업을 주업으로 하지 않는다.

(6) 임대보증금 운용수익 : 배당금수익 1백 5십만원, 이자수익 3백만원, 유가증권처분이익 1백만원

① ₩0   ② ₩34,500,000

③ ₩54,500,000   ④ ₩55,500,000

⑤ ₩80,000,000

---

(1) 추계외 간주임대료 : (8억원 − 5억원[*1]) × 10% − ₩4,500,000[*2](이자·배당) = ₩25,500,000

　*1. 건설비 : 4억원(건물 취득가액) + 1억원(건물 자본적지출액) = 5억원
　　2. 소득세법상 유가증권처분이익은 금융수익에 포함하지 않는다.

(2) 추계하는 경우의 간주임대료 : ₩800,000,000 × 10% = ₩80,000,000

(3) 총수입금액의 차이 : ₩80,000,000 − ₩25,500,000 = ₩54,500,000

　* 임대기간이 2025. 1. 1.~2027. 12. 31.로 2026.1.1.~2026.12.31.이 모두 포함되므로 보증금 및 건설비 적수계산은 생략하였다.
　cf) 전기(2025년) 간주임대료 계산시에는 보증금은 2025.1.1.부터 2025.12.31.까지로 적수를 계산해야 하며, 건설비는 2025.7.1.(자본적지출일)부터 2025.12.31.까지로 적수를 계산해야 한다.

Key point!
소득세법상
추계외 간주임대료
① 건설비
→ 건물취득가액+자본적지출
② 금융수익
→ 이자+배당(유가증권처분이익×)

정답 ③

231 거주자 甲이 소유하고 있는 주택의 2026년 임대 관련 자료이다. 甲의 소득세법령상 분리과세 주택임대소득에 대한 사업소득금액은? (2024. 세무사)

(1) 甲의 주택임대 현황

구분	임대보증금	월임대료	기준시가	전용면적	임대기간
A 주택	₩350,000,000	₩1,000,000	₩300,000,000	50㎡	2025.1.1.~ 2026.12.31.
B 주택	300,000,000	–	250,000,000	45㎡	2026.1.1.~ 2026.12.31.
C 주택	250,000,000	800,000	180,000,000	40㎡	2026.3.1.~ 2026.12.31.

(2) 각 주택의 임대기간 중 A주택은 대통령령으로 정하는 등록임대주택에 해당하고, B주택과 C주택은 등록임대주택에 해당하지 않는다.

(3) 각 주택의 월임대료는 매월 말일에 수령하였다.

(4) 2026년 주택임대소득금액 외의 다른 종합소득금액은 ₩18,000,000이다.

(5) 기획재정부령으로 정하는 정기예금이자율은 연 3.5%이다.

(6) 주어진 자료 외의 다른 사항은 고려하지 않는다.

① ₩4,000,000　　② ₩5,600,000　　③ ₩11,465,750

④ ₩20,000,000　　⑤ ₩31,739,340

구 분	A주택(등록)	C주택(미등록)[*1]	합계
필요경비 차감후	₩12,000,000 × (1 – 60%)	₩8,000,000 × (1 – 50%)	₩8,800,000
공제금액[*2]	₩4,000,000 × $\dfrac{₩12,000,000}{₩20,000,000}$ + ₩2,000,000 × $\dfrac{₩8,000,000}{₩20,000,000}$		3,200,000
사업소득금액			5,600,000

*1. C주택은 소형주택(전용면적 40㎡ 이하 & 기준시가 2억원 이하인 주택)에 해당한다. 소형주택을 제외하고 2주택만 보유하여(3주택 이상을 보유하고 있지 않으므로) 주택에 대한 간주임대료를 계산하지 않는다. 또한 2주택(해당 과세기간의 기준시가가 12억원 이하인 주택은 주택 수에 포함하지 아니한다)을 소유하고 해당 주택의 보증금등의 합계액이 3억원 이상의 금액으로서 12억원을 초과하는 경우에도 해당하지 않는다.

2. 주택임대소득을 제외한 종합소득금액 2,000만원 이하인 경우 아래의 공제금액을 공제하며, 해당 과세기간 동안 등록임대주택과 등록임대주택이 아닌 주택에서 수입금액이 발생한 경우에는 수입금액기준으로 안분계산한다.

구 분	필요경비율	공제금액
임대주택등록자	60%	400만원
임대주택미등록자	50%	200만원

※ 별해 : ① × $\dfrac{₩12,000,000}{₩20,000,000}$ + ② × $\dfrac{₩8,000,000}{₩20,000,000}$ = ₩5,600,000

① ₩20,000,000 × (1 – 60%) – ₩4,000,000 = ₩4,000,000

② ₩20,000,000 × (1 – 50%) – ₩2,000,000 = ₩8,000,000

정답 ②

232 제조업을 영위하는 거주자 甲의 2026년 귀속 사업소득금액을 계산함에 있어서 해당 과세기간 중 해당 제조업과 관련하여 발생한 다음 자료에 의하여 필요경비에 해당하는 것의 금액을 합산하면 얼마인가? (2008. 세무사)

(1) 국민건강보험법 및 노인장기요양보험법에 의하여 사용자로서 부담하는 보험료는 ₩8,000,000, 직장가입자로서 부담하는 甲 본인의 보험료는 ₩2,000,000임

(2) 사업용 기계의 매입에 대한 부가가치세법상 공제대상인 매입세액으로서 매출세액에서 공제받은 금액은 ₩800,000임

(3) 2026. 1. 1 사업용으로 사용하기 위하여 $10,000를 차입함(차입당시 원화기장액은 ₩9,000,000이며, 2026. 12. 31 현재 기준환율로 평가한 금액은 ₩9,800,000임)

(4) 2025. 1. 1 사업용으로 사용하기 위하여 ¥1,000,000을 차입하여 2026. 12. 31 상환함(차입당시 원화기장액은 ₩7,000,000, 상환하는 원화금액은 ₩8,000,000임)

① ₩1,800,000
② ₩3,000,000
③ ₩9,000,000
④ ₩11,000,000
⑤ ₩11,800,000

①	보험료	₩10,000,000	₩8,000,000(종업원분) + ₩2,000,000(본인분)
②	부가가치세 매입세액	–	부가가치세 선급금
③	외화환산손실	–	미실현손익
④	외환차손(상환손실)	1,000,000	실현손익
	합 계	₩11,000,000	

233 사업자인 甲의 다음 자료를 이용하여 계산한 초과인출금의 지급이자 필요경비 불산입액은? (단, 1년은 365일로 가정하며, 계산결과는 원 단위 미만에서 절사하고 주어진 자료 이외의 사항은 고려하지 않는다.) (2021. 세무사)

1. 월차 결산에 따른 자산과 부채의 현황은 다음과 같다.

구 분	사업용 자산	사업용 부채	세법상 충당금 (부채에 포함됨)
6월	₩150,000,000	₩200,000,000	₩20,000,000
7월	140,000,000	160,000,000	20,000,000

2. 지급이자와 관련된 자료는 다음과 같다.

이자율	지급이자	차입금 적수
연 20%	₩400,000*	₩730,000,000
연 12%	1,200,000	3,650,000,000

* 이 금액 중 50%는 채권자불분명사채의 이자이다.

① ₩313,823 　　　　　　② ₩328,767

③ ₩375,890 　　　　　　④ ₩776,986

⑤ ₩856,986

---

(1) 초과인출금 적수 : ① + ② = ₩900,000,000
　　① 6월 : [(₩200,000,000 − ₩20,000,000) − ₩150,000,000] × 30일 = ₩900,000,000
　　② 7월 : [(₩160,000,000 − ₩20,000,000) − ₩140,000,000] × 31일 = ₩0
(2) 초과인출금 관련이자 : ① + ② = ₩375,890
　　① 20% : ₩400,000 × (1 − 50%) = ₩200,000

　　② 12% : ₩1,200,000 × $\dfrac{₩535,000,000}{₩3,650,000,000}$ = ₩175,890

필추 순서[2]	이자율	지급이자	차입금적수	초과인출금적수
①	20%	₩200,000	₩365,000,000[1]	₩365,000,000
②	12%	1,200,000	3,650,000,000	535,000,000
합 계		₩1,400,000	₩4,015,000,000	₩900,000,000

[1]. ₩730,000,000 × (1 − 50%) = ₩365,000,000

2. 높은 이자율부터 필요경비불산입한다.

234 제조업을 영위하는 개인사업자 갑의 2026년도 사업소득금액을 계산한 것으로 옳은 것은? (단, 갑은 복식부기의무자에 해당하지 않는다.) (2016. CPA)

(1) 손익계산서상 당기순이익 : ₩50,000,000

(2) 손익계산서에 포함된 수익항목

　가. 거래상대방으로부터 받은 장려금 : ₩2,000,000

　나. 사업과 관련이 없는 채무면제이익 : ₩1,000,000

　다. 예금이자 수입 : ₩1,500,000

(3) 손익계산서에 포함된 비용항목

　가. 소득세비용 : ₩2,500,000

　나. 업무와 관련하여 지급한 손해배상금 : ₩3,000,000(경과실로 타인의 권리를 침해한 경우에 해당함)

　다. 갑의 배우자(경리부서에 근무)에 대한 급여 : ₩2,000,000

　라. 사무용 비품 처분손실 : ₩1,000,000

(4) 가사용으로 소비하고 회계처리하지 않은 재고자산 : 취득원가 ₩2,000,000, 시가 ₩3,500,000

① ₩51,000,000　　　　② ₩52,500,000

③ ₩53,500,000　　　　④ ₩54,500,000

⑤ ₩55,500,000

구　　분	금　액
당기순이익	₩50,000,000
+) 총수입금액산입·필요경비불산입	
① 소득세비용	2,500,000
② 비품 처분손실*1	1,000,000
③ 가사용 재고자산 시가	3,500,000
−) 필요경비산입·총수입금액불산입	
① 사업무관 채무면제이익	(1,000,000)
② 예금이자 수입(이자소득)	(1,500,000)
③ 가사용 재고자산 취득원가	(2,000,000)
사업소득금액	₩52,500,000

*1. 복식부기의무자가 아니므로 비품 처분손실(비열거소득)은 필요경비에 산입되지 않는다.

2. 거래상대방으로부터 받은 장려금은 총수입금액항목으로 수익으로 계상되어 있으므로 별도의 세무조정은 없다.

3. 업무와 관련하여 고의 또는 중대한 과실로 타인의 권리를 침해한 경우에 지급되는 손해배상금은 필요경비에 산입되지 않으나 경과실의 경우에는 필요경비로 인정된다.

4. 사업에 근무하는 대표자 가족 인건비는 필요경비로 인정된다.

정답 ②

235 다음은 국내에서 2024년에 사업을 개시한 거주자 갑의 2026년 귀속 사업소득에 대한 자료이다. 갑의 2026년 사업소득금액을 계산한 것으로 옳은 것은?

(2018. CPA)

(1) 2026년 손익계산서

(단위 : 원)

Ⅰ. 매출액		600,000,000
Ⅱ. 매출원가		380,000,000
Ⅲ. 매출총이익		220,000,000
Ⅳ. 판매비 및 관리비		
1. 급 여	42,000,000	
2. 기업업무추진비	40,000,000	
3. 보험료	4,500,000	86,500,000
Ⅴ. 영업이익		133,500,000
Ⅵ. 영업외수익		
1. 배당금수익	6,000,000	6,000,000
Ⅶ. 영업외비용		0
Ⅷ. 소득세차감전순이익		139,500,000
Ⅸ. 소득세비용		15,000,000
Ⅹ. 당기순이익		124,500,000

(2) 추가자료
- 제조업(중소기업)을 영위하고 있으며, 사업장은 1개이다.
- 대통령령으로 정하는 특수관계인과의 거래에서 발생한 매출액은 없다.
- 급여는 대표자인 갑의 급여 ₩20,000,000, 같은 사업장의 경리로 근무하는 을 (갑의 아들)의 급여 ₩15,000,000, 일용근로자의 급여 ₩7,000,000으로 구성되 어 있다.
- 기업업무추진비는 모두 업무용 사용분으로 적격증명서류를 수취한 것이다.
- 보험료는 갑에 대한 국민건강보험료 ₩2,000,000과 을에 대한 국민건강보험료 및 고용보험료의 사용자 부담분 ₩2,500,000의 합계이다.
- 배당금수익은 대표자 갑이 국내기업으로부터 받은 현금배당금이다.
- 소득세비용은 소득세와 개인지방소득세의 합계액이며 이월결손금은 없다.
- 기업업무추진비 한도를 계산하기 위한 수입금액에 관한 적용률은 다음과 같다.

수입금액	적용률
100억원 이하	1만분의 30

① ₩143,800,000 ② ₩156,300,000 ③ ₩155,700,000
④ ₩174,300,000 ⑤ ₩188,500,000

구 분	금 액
당기순이익	₩124,500,000
+) 총수입금액산입 · 필요경비불산입	
① 소득세비용	15,000,000
② 대표자급여	20,000,000
③ 기업업무추진비 한도초과액	2,200,000[*1]
−) 필요경비산입 · 총수입금액불산입	
① 배당금수익(배당소득)	(6,000,000)
사업소득금액	₩155,700,000

*1. 기업업무추진비 한도초과액
　① 기업업무추진비 해당액 : ₩40,000,000
　② 기업업무추진비 한도액 : ₩36,000,000 × 12/12 + ₩600,000,000 × 3/1,000 = ₩37,800,000
　③ 기업업무추진비 한도초과액 : ₩2,200,000
2. 대표자 인건비는 필요경비불산입항목이나, 사업에 근무하는 대표자 가족에 대한 인건비, 건강보험료, 고용보험료, 일용근로자에 대한 인건비 및 대표자 본인에 대한 건강보험료는 필요경비로 인정된다.

정답 ③

236 다음은 제조업(중소기업)을 영위하는 개인사업자 대표자 甲(거주자)의 제26기 (2026.1.1.~12.31.) 사업소득금액 계산을 위한 자료이다. 2026년 귀속 사업소득금액은 얼마인가? (단, 주어진 자료 이외에는 고려하지 않음) (2018 세무사)

---

(1) 손익계산서 내역
　① 당기순이익은 ₩100,000,000이다.
　② 인건비에는 대표자 甲의 급여 ₩48,000,000이 포함되어 있다.
　③ 영업외손익에는 다음의 항목이 포함되어 있다.
　　– 예금이자 수익 : ₩300,000
　　– 업무용화물차 처분이익 : ₩100,000
　　– 사업 관련 공장의 화재로 인한 보험차익 : ₩5,000,000
　　– 현금배당수익(배당기준일의 1개월 전에 취득한 비상장주식의 현금 배당임) : ₩3,000,000
　　– 유가증권처분이익(채권매매차익임) : ₩1,000,000
(2) 대표자 甲이 개인적으로 사용한 제품 ₩5,000,000은 잡비로 계상되어 있으며, 동 제품의 판매가격 및 시가는 ₩8,000,000이다.
(3) 甲은 복식부기의무자이다.

---

① ₩104,700,000
② ₩147,700,000
③ ₩150,700,000
④ ₩151,700,000
⑤ ₩152,700,000

구　분	금　액
당기순이익	₩100,000,000
+) 총수입금액산입 · 필요경비불산입	
① 대표자급여	48,000,000
② 가사용 재고자산(시가)	8,000,000
−) 필요경비산입 · 총수입금액불산입	
① 예금이자 수입(이자소득)	(300,000)
② 배당금수익(배당소득)	(3,000,000)
③ 유가증권처분이익(비열거소득)	(1,000,000)
사업소득금액	₩151,700,000

*1. 복식부기의무자이므로 업무용화물차 처분이익이 사업소득으로 과세되며, 당기순이익에 이미 포함되어 있으므로 별도의 세무조정은 발생하지 않는다.
　2. 사업관련 공장의 화재로 인한 보험차익은 사업소득으로 과세되며, 당기순이익에 이미 포함되어 있으므로 별도의 세무조정은 발생하지 않는다.

237 다음 자료를 이용하여 도매업을 영위하는 거주자 갑(복식부기의무자가 아님)의 2026년 사업소득금액을 계산하면 얼마인가? (2019, CPA)

사업소득금액

중요도 ★★★☆☆
난이도 ★★★☆☆

Memo

> (1) 손익계산서상 소득세비용차감전순이익 : ₩51,000,000
>
> (2) 손익계산서에 계상된 주요 수익항목
>
> ① 2026년 8월 17일 발송한 위탁상품 매출액 ₩2,000,000(원가 ₩1,200,000) : 발송시 원가에 대한 회계처리는 하지 않았으며, 수탁자는 동 상품을 2027년 1월 10일에 판매함.
>
> ② 2026년 11월 21일 판매장건물 처분으로 인한 유형자산처분이익 ₩5,000,000
>
> (3) 손익계산서에 계상된 주요 비용항목
>
> ① 2026년 11월 21일 처분된 판매장건물의 감가상각비 ₩1,000,000 : 세무상 상각범위액은 ₩800,000이며, 전기말 상각부인액은 ₩500,000임.
>
> ② 2026년 12월 14일 시설개체를 위한 생산설비 일부인 기계장치A의 폐기처분으로 인한 유형자산처분손실 ₩2,000,000 : 기계장치A의 감가상각비는 ₩600,000이고, 세무상 상각범위액은 ₩400,000이며, 전기말 상각부인액은 ₩300,000임.

① ₩44,900,000 ② ₩44,700,000 ③ ₩44,400,000

④ ₩44,100,000 ⑤ ₩43,900,000

구 분	금 액
당기순이익	₩51,000,000
+) 총수입금액산입·필요경비불산입	
① 건물의 당기 상각부인액*1	200,000
−) 필요경비산입·총수입금액불산입	
① 위탁상품 매출액(수입시기 : 2027년)	(2,000,000)
② 유형자산처분이익(양도소득)	(5,000,000)
③ 생산설비 전기말 상각부인액 추인*2	(300,000)
사업소득금액	₩43,900,000

*1. 소득세법상 양도자산은 상각시부인대상이며, 상각시부인 후 유보잔액은 원칙적으로 소멸된다.

2. 시설개체나 기술낙후로 인한 생산설비의 폐기처분손실은 예외적으로 필요경비로 인정되므로 법인세법과 같이 당기 감가상각시부인을 생략하고 전기상각부인액만을 추인한다.

정답 ⑤

238 다음은 식기류 도매업(중소기업으로 가정함)을 영위하고 있는 계속사업자인 A의 2026.1.1.~12.31.의 자료이다. A가 ㉠개인(복식부기의무자임)일 경우의 기부금의 필요경비 불산입액과, ㉡법인(사업연도는 역년과 같고, 사회적기업이 아님)일 경우의 기부금의 손금불산입액을 계산하면 각각 얼마인가? (단, A에게는 다른 소득은 없으며 기부는 A가 직접하였고 모든 증빙을 갖추었다고 가정한다. 주어진 자료 이외에는 고려하지 않음)

(2019. 세무사)

(1) 기준소득금액(이월결손금 차감 전이며, 기부금을 필요경비 또는 손금으로 산입하기 전의 금액) : ₩170,000,000

(2) 종교단체기부금 : ₩5,000,000

(3) 실비로 이용가능한 아동복지법 제52조 제1항에 따른 아동복지시설(특수관계인 아님)에 대한 금전 외 자산 기부금 : 장부가액 ₩20,000,000, 시가 ₩35,000,000

(4) 장애인유료복지시설에 대한 기부금 : ₩30,000,000

(5) 직전 과세기간(2025.1.1.~12.31.)에 발생한 세무상 이월결손금 : ₩20,000,000

	㉠		㉡	
①	㉠	₩25,000,000	㉡	₩30,000,000
②	㉠	₩25,000,000	㉡	₩40,000,000
③	㉠	₩25,000,000	㉡	₩55,000,000
④	㉠	₩30,000,000	㉡	₩40,000,000
⑤	㉠	₩30,000,000	㉡	₩55,000,000

---

(1) 기부금의 구분

구 분	소득세법		법인세법	
	일반기부금	비지정기부금	일반기부금	비지정기부금
① 종교단체 기부금	₩5,000,000	–	₩5,000,000	–
② 아동복지시설[*1]	35,000,000	–	20,000,000	–
③ 장애인유료복지시설[*2]	–	₩30,000,000	–	₩30,000,000
합 계	₩40,000,000	₩30,000,000	₩25,000,000	₩30,000,000

*1. 소득세법상 현물로 기부한 일반기부금은 특수관계여부와 무관하게 Max[시가, 장부가액]로 평가한다.
 2. 사회복지시설 또는 기관 중 무료 또는 실비로 이용할 수 있는 시설 또는 기관에 기부하는 금품의 가액이 일반기부금에 해당하며, 유료시설의 경우 비지정기부금에 해당한다.

(2) 일반기부금 한도시부인
 ① 소득세법
  a. 한도 : ₩150,000,000[*] × 10% + Min[₩150,000,000[*] × 20%, ₩35,000,000] = ₩45,000,000
  b. 한도초과(한도미달) : △₩5,000,000 → 세무조정 없음
 ② 법인세법
  a. 한도 : ₩150,000,000[*] × 10% = ₩15,000,000
  b. 한도초과(한도미달) : ₩10,000,000 → 손不(기타사외유출)
   * ₩170,000,000 − ₩20,000,000(이월결손금) = ₩150,000,000

(3) 필요경비불산입액 및 손금불산입액
 ① 소득세법상 필요경비불산입액 : ₩30,000,000(비지정기부금)
 ② 법인세법상 손금불산입액 : ₩30,000,000(비지정기부금) + ₩10,000,000(일반기부금 한도초과액)
   = ₩40,000,000

239 다음은 제조업을 영위하는 백두기업의 제1기(2026.1.1~12.31) 손익계산서상 주요 자료이다. (2005. 세무사 수정)

(1) 당기순이익	₩80,000,000
(2) 손익계산서상 수익 및 비용항목	
• 대표자급여	35,000,000
• 이자수익	2,000,000
• 생산설비폐기손실(시설개체 관련폐기)	1,000,000
(폐기전 장부가액은 ₩1,000,000이었으며 기말 현재 보관중임)	
• 사업과 관련된 자산수증이익	3,500,000
• 배우자의 급여(해당 사업에 종사하고 있음)	30,000,000

(3) 당기말 재무상태표상 대손충당금 잔액은 ₩800,000이며, 이 금액은 외상매출금 ₩30,000,000과 대여금 ₩50,000,000에 대하여 1%를 설정한 것이다. 백두기업의 실제 대손율은 0.5%이다. 당기 중 발생한 대손금은 없는 것으로 가정한다.

(4) 법인세비용(또는 소득세비용)과 이월결손금은 없다.

위의 자료를 이용하여 백두기업이 법인인 경우 각 사업연도의 소득금액과 개인인 경우의 사업소득금액의 차이를 계산하면 얼마인가?

① ₩33,499,000   ② ₩34,499,000

③ ₩63,499,000   ④ ₩64,499,000

⑤ ₩33,999,000

	각사업연도소득금액	사업소득금액
당기순이익	₩80,000,000	₩80,000,000
① 대표자급여	–	35,000,000
② 이자수익	–	(2,000,000)
③ 생산설비폐기손실	1,000	1,000,000
④ 대손충당금 한도초과액	–	500,000 *
합 계	₩80,001,000	₩114,500,000

* ₩50,000,000(대여금) × 1% = ₩500,000(= ₩800,000 − ₩30,000,000 × 1%)

∴ 차이금액 : ₩114,500,000 − ₩80,001,000 = ₩34,499,000

Key point!

① 소득세법
생산설비폐기손실 폐기후 보관시
→ 전액 필부

② 법인세법
생산설비폐기손실
→ ₩1,000 손부

정답 ②

240 제조업을 영위하는 거주자 갑의 2026년 사업소득에 관한 자료이다. 장부를 기장하지 않아 추계조사결정할 경우 갑의 사업소득금액으로 옳은 것은? (2024. CPA)

(1) 매출액은 ₩170,000,000이며, 국가로부터 지급받은 사업 관련 보조금 ₩20,000,000과 사업용 기계장치 처분가액 ₩10,000,000이 매출액과 별도로 존재한다.

(2) 증명서류로 입증되는 사업 관련 지출 내역

   ① 원재료매입: ₩30,000,000   ② 건물임차료: ₩10,000,000

   ③ 종업원급여: ₩40,000,000   ④ 보험료: ₩2,000,000

   ⑤ 기계장치구입: ₩50,000,000

(3) 갑의 2025년 제조업 수입금액은 ₩35,000,000이다.

(4) 사업소득 기준경비율은 20%, 단순경비율은 60%로 가정한다.

(5) 제조업 간편장부대상자 기준금액은 ₩150,000,000이며 단순경비율 대상자 기준금액은 ₩36,000,000이다.

(6) 기획재정부령으로 정하는 배율은 복식부기의무자는 3.4배, 간편장부대상자는 2.8배이다.

① ₩72,000,000   ② ₩76,000,000   ③ ₩80,000,000

④ ₩82,000,000   ⑤ ₩100,000,000

• 사업소득금액 : Min [(1), (2)]* = ₩72,000,000

  * 간편장부대상자 + 기준경비율 : 직전 과세기간의 수입금액(₩35,000,000)이 간편장부대상자 기준금액(₩150,000,000)에 미달하므로 간편장부대상자에 해당한다. 또한, 직전 과세기간 수입금액(₩35,000,000)이 단순경비율 대상자 기준금액(₩36,000,000)에 미달하나 해당 과세기간의 수입금액(₩190,000,000)이 간편장부대상자 기준금액(₩150,000,000)에 미달하지 않으므로 단순경비율 적용대상자에 해당하지 않는다.

(1) 기준경비율법 : ₩190,000,000[*1] × (1 − 20%) − ₩80,000,000[*2] = ₩72,000,000

  *1. 수입금액 : ₩170,000,000 + ₩20,000,000(국가로부터 지급받은 사업 관련 보조금)

    = ₩190,000,000

    → 복식부기의무자가 아니므로 기계장치 처분가액은 수입금액에 포함하지 않는다.

  2. 주요경비 : ① + ② + ③ = ₩80,000,000

    ① 매입비용 : ₩30,000,000(매입비용에는 유형자산 매입비용 제외, 보험료는 용역이므로 제외)

    ② 임차료 : ₩10,000,000

    ③ 인건비 : ₩40,000,000

(2) 단순경비율법 × 배율 : ₩190,000,000 × (1 − 60%) × 2.8배 = ₩212,800,000

※ 단순경비율 적용대상자

  다음의 어느 하나에 해당하는 사업자로서 해당 과세기간의 수입금액이 간편장부대상자 판정시 적용하는 업종별 기준금액에 미달하는 자

  ① 해당 과세기간에 신규로 사업을 개시한 사업자

  ② 직전 과세기간의 수입금액(결정 또는 경정으로 증가된 수입금액 포함)의 합계액이 단순경비율 적용대상자 판정시 적용하는 업종별 기준금액에 미달하는 사업자

정답 ①

241 다음은 가구제조업을 영위하는 거주자 갑의 2026년도 사업소득과 관련된 자료이다. 이 자료를 이용하여 갑의 추계조사결정에 의한 2026년도 사업소득금액을 계산한 것으로 옳은 것은? (단, 조세부담의 최소화를 가정함) (2013. CPA)

(1) 제조업 매출액은 ₩90,000,000이며, 매출액과는 별도로 당해 사업과 관련하여 지방자치단체로부터 지급받은 보조금 ₩10,000,000이 있다.

(2) 당해 사업과 관련된 필요경비로서 증명서류에 의하여 지출한 것이 확인되는 것은 다음과 같다.

　가. 재화 매입비용 ₩10,000,000
　　　(사업용 유형자산 매입비용 ₩5,000,000 포함)
　나. 사업용 유형자산(기계설비)에 대한 임차료 ₩3,000,000
　다. 종업원의 급여 ₩10,000,000과 퇴직급여 ₩2,000,000

(3) 기획재정부령으로 정하는 배율은 2배로 가정하며, 배율을 적용하여 소득금액을 계산하는 것으로 한다.

(4) 복식부기의무자인 갑은 단순경비율 적용대상자가 아니며, 기준경비율과 단순경비율은 각각 20%와 60%로 가정한다.

(5) 천재·지변 기타 불가항력으로 장부 기타 증명서류가 멸실되어 추계조사결정하는 것은 아니며, 부가가치세법상 신용카드 등의 사용에 따른 세액공제규정에 따라 공제받은 부가가치세액은 없다.

① ₩52,000,000　　　　② ₩60,000,000
③ ₩61,000,000　　　　④ ₩70,000,000
⑤ ₩80,000,000

• 사업소득금액 : Min[①, ②] = ₩70,000,000

① 기준경비율법 : ₩100,000,000[*1] − ₩20,000,000[*2] − ₩100,000,000 × 20% × 50%[*3] = ₩70,000,000

　*1. 수입금액 : ₩90,000,000 + ₩10,000,000(보조금) = ₩100,000,000

　2. 주요경비 : ₩5,000,000(매입비용. 유형자산매입비용 제외) + ₩3,000,000(임차료) + ₩12,000,000(인건비) = ₩20,000,000

　3. 복식부기의무자이므로 기준경비율의 50%를 적용한다.

② 단순경비율법×기획재정부령으로 정하는 배율(2배) : ₩40,000,000[*] × 2배 = ₩80,000,000

　* ₩100,000,000 × (1 − 60%) = ₩40,000,000

정답 ④

총급여액
중요도 ★★★☆☆
난이도 ★★★☆☆

Memo

242 국내 상장법인(중소기업 아님)의 직원으로 근무하는 거주자 갑의 소득세법상 2026년도 근로소득의 총급여액을 계산한 것으로 옳은 것은? (2016. CPA)

(1) 급여 : ₩24,000,000(비과세소득 제외)

(2) 법인세법에 의해 상여로 처분된 금액 : ₩6,000,000

　－근로제공 사업연도는 2026년이며, 결산확정일은 2027년 2월 3일임

(3) 자가운전보조금(월 ₩300,000 × 12개월) : ₩3,600,000

　－갑의 소유차량을 업무수행에 이용하고 실제여비를 받는 대신에 지급기준에 따라 받은 금액임

(4) 자녀학비보조금 : ₩2,000,000

(5) 배우자의 출산수당(월 ₩300,000 × 1개월) : ₩300,000

(6) 식사대(월 ₩100,000 × 12개월) : ₩1,200,000

　－현물식사를 별도로 제공받았음

(7) 주택구입자금을 무상대여 받음으로써 얻은 이익 : ₩5,000,000

① ₩33,400,000
② ₩34,500,000
③ ₩37,500,000
④ ₩39,400,000
⑤ ₩39,700,000

Key point!
①인정상여 수입시기
→ 근로를 제공한날
②식사 + 식사대 제공
→ 현물식사 : 비과세
→ 식사대 : 전액과세

정답 ④

① 급여	₩24,000,000	
② 인정상여	6,000,000	수입시기 : 근로를 제공한 날
③ 자가운전보조금	1,200,000	월 20만원까지 비과세
④ 자녀학비보조금	2,000,000	
⑤ 출산수당	–	전액 비과세
⑥ 식사대	1,200,000	현물식사를 별도로 제공받았으므로 전액 과세
⑦ 주택자금이익	5,000,000	중소기업이 아니므로 근로소득임
총급여액	₩39,400,000	

243 다음은 국내 상장법인의 인사과 대리로 근무하고 있는 거주자 갑의 2026년도 연간 급여와 관련된 명세내역이다. 근로소득 총급여액으로 옳은 것은? (2017. CPA)

총급여액
중요도 ★★★☆☆
난이도 ★★★☆☆

Memo

(1) 기본급 : ₩48,000,000(비과세소득 제외)

(2) 식사대 : ₩3,000,000(월 ₩250,000×12개월)
　　– 현물식사를 별도로 제공받지 않음

(3) 자가운전보조금 : ₩3,600,000(월 ₩300,000×12개월)
　　– 갑의 소유차량을 업무수행에 이용하고 실제 여비를 받는 대신에 회사의 지급기준에 따라 수령한 금액임

(4) 이익잉여금처분에 의한 성과배분상여금의 내역:

대상 사업연도	잉여금처분 결의일	지급일	금액
2025.1.1.~2025.12.31.	2026.2.25.	2026.3.22.	₩5,000,000
2026.1.1.~2026.12.31.	2027.2.19.	2027.2.24.	9,000,000

(5) 자녀보육수당(6세) : ₩3,600,000(월 ₩300,000×12개월)

(6) 근로기준법에 따른 연장근로와 야간근로로 인하여 받은 수당 : ₩3,000,000

(7) 회사가 보유하고 있는 사택을 무상으로 제공받음으로 인해 얻은 이익 : ₩6,000,000

① ₩56,600,000　　　　② ₩58,400,000

③ ₩59,000,000　　　　④ ₩60,200,000

⑤ ₩63,000,000

구 분	금 액	비 고
기본급	₩48,000,000	
식사대	600,000	(₩250,000 − ₩200,000) × 12월
자가운전보조금	1,200,000	(₩300,000 − ₩200,000) × 12월
잉여금처분상여금	5,000,000	귀속시기 : 잉여금처분결의일
보육수당	1,200,000	(₩300,000 − ₩200,000) × 12월
연장근로 · 야간근로수당	3,000,000	생산직근로자가 아니므로 전액 과세됨
사택제공이익	–	출자임원이 아니므로 비과세 근로소득임
합 계	₩59,000,000	

정답 ③

244 중소기업 ㈜A에 종업원(일용근로자 아님)으로 근무하는 거주자 갑의 2026년 근로소득 관련 자료이다. 갑의 2026년 근로소득 총급여액으로 옳은 것은? (2020. CPA 수정)

(1) 급여 : ₩24,000,000

(2) 상여금 : ₩10,000,000

(3) 식사대 : ₩3,000,000(월 ₩250,000×12개월)
  – 갑은 식사대 이외에 별도로 식사를 제공받지 않음

(4) 자녀보육수당(6세) : ₩2,400,000(월 ₩200,000×12개월)

(5) ㈜A가 납부한 단체환급부보장성보험의 보험료 : ₩1,200,000(월 ₩100,000×12개월)
  – 갑의 배우자가 보험의 수익자임

(6) ㈜A의 사택을 무상제공 받음으로써 얻는 이익 : ₩5,000,000

(7) 연간 급여 및 상여 외의 甲의 주식매수선택권 행사로 인한 이익(₩20,000,000) : 주식매수선택권은 (주)A의 100% 모회사인 (주)B 발행 주식을 대상으로 한 것으로서, 2026.5.5.행사하였다. (주)A 및 (주)B는 모두 벤처기업이 아니다.

① ₩43,200,000 ② ₩55,100,000 ③ ₩56,300,000

④ ₩57,100,000 ⑤ ₩59,100,000

①	급여	₩24,000,000	
②	상여금	10,000,000	
③	식사대	600,000	(₩250,000 − ₩200,000) × 12月
④	자녀보육수당	–	월 20만원까지 비과세
⑤	단체환급부보장성보험의 보험료	500,000	₩1,200,000 − ₩700,000
⑥	사택제공이익	–	출자임원이 아니므로 비과세 근로소득임
⑦	주식매수선택권*	20,000,000	부여한 법인이 벤처기업이 아니므로 전액 과세됨
	총급여액	₩55,100,000	

* 법인의 임원 또는 종업원이 당해 법인 또는 당해 법인과 특수관계에 있는 법인으로부터 부여받은 주식매수선택권을 당해 법인등에서 근무하는 기간중 행사함으로써 얻은 이익은 근로소득에 포함한다.

245 ㈜A에 근무하는 거주자 갑의 2026년 소득에 관한 자료이다. 갑의 총급여액으로 옳은 것은? 단, 갑은 ㈜A의 지배주주이며 대표자이다.

(2025. CPA)

총급여액
중요도 ★★★★☆
난이도 ★★★☆☆

Memo

(1) 기본급: ₩100,000,000

(2) 직장 건강보험료 회사 부담분: ₩3,000,000

(3) ㈜A가 대표자 상여로 소득처분*한 금액: ₩5,000,000

　　* 갑은 2026년에 근로를 제공하였으며, ㈜A의 결산확정일은 2027년 3월 30일임

(4) 운전보조금(자가운전 아님): ₩2,400,000(월 ₩200,000 × 12개월)

(5) 여비(업무와 무관함): ₩4,000,000

(6) 발명진흥법에 따른 직무발명보상금: ₩7,000,000*

　　* 직무와 관련된 발명으로 인해 회사로부터 지급받은 금액임

(7) 사택제공이익: ₩20,000,000(㈜A의 주택을 갑에게 무상제공함)

① ₩118,400,000　　② ₩131,400,000　　③ ₩133,400,000

④ ₩138,400,000　　⑤ ₩141,400,000

① 기본급	₩100,000,000	
② 건강보험료 회사 부담분	–	비과세
③ 인정상여	5,000,000	수입시기 : 근로를 제공한 날(2026년 귀속)
④ 운전보조금	2,400,000	자가운전 아니므로 전액 과세
⑤ 여비	4,000,000	업무와 무관하므로 전액 과세
⑥ 직무발명보상금*	7,000,000	
⑦ 사택제공이익	20,000,000	출자임원이므로 근로소득임
총급여액	₩138,400,000	

* 지배주주이므로 700만원까지 비과세하는 규정을 적용하지 않는다.

정답 ④

246 ㈜A(중소기업)에 근무하는 영업사원인 거주자 갑(일용근로자 아님)의 2026년 귀속 근로소득 내역이다. 비과세 합계액과 총급여액으로 옳은 것은? (2021. CPA)

(1) 급여: ₩40,000,000

(2) 식사를 제공받고 별도로 받은 식대: ₩1,200,000(월 ₩100,000씩 수령)

(3) 발명진흥법에 따라 사용자로부터 받은 직무발명보상금: ₩12,000,000

(4) 주택 취득에 소요되는 자금을 무상제공 받음으로써 얻은 이익: ₩5,000,000

(5) ㈜A가 갑을 수익자로 하는 단체순수보장성보험의 보험료로 지급한 금액: ₩1,000,000

(6) 갑이 자기차량을 업무수행에 이용하고 실제여비 대신 회사의 규정에 따라 지급받은 자가운전보조금: ₩2,000,000(10개월간 월 ₩200,000씩 수령)

(7) 시간외 근무수당: ₩2,000,000

	비과세 합계액	총급여액
①	₩14,700,000	₩48,500,000
②	14,700,000	43,000,000
③	13,900,000	47,300,000
④	18,000,000	48,500,000
⑤	18,000,000	43,000,000

구 분	비과세 합계액	총급여액
급여	−	₩40,000,000
식대[*1]	−	1,200,000
직무발명보상금[*2]	₩7,000,000	5,000,000
주택자금대여이익[*3]	5,000,000	−
단체보장성보험의 보험료[*4]	700,000	300,000
자가운전보조금[*5]	2,000,000	−
시간외 근무수당[*6]	−	2,000,000
합 계	₩14,700,000	₩48,500,000

*1. 식사를 제공받았으므로 식대는 전액 과세된다.

2. 직무발명보상금은 7백만원까지 비과세된다.

3. 중소기업의 종업원이므로 주택자금대여이익은 비과세된다.

4. 단체보장성보험의 보험료 중 70만원 이하의 금액은 비과세된다.

5. 자가운전보조금은 월 20만원까지 비과세된다.

6. 영업사원으로 생산직근로자가 아니므로 시간외 근무수당은 전액 과세된다.

247 다음은 2025년 1월 1일에 ㈜A에 입사한 생산직근로자(공장에서 금속용접 업무 담당)인 거주자 갑의 2026년 급여 내역이다. 갑의 2026년 귀속 총급여액을 계산한 것으로 옳은 것은? (단, 갑의 직전 과세기간(2025년)의 총급여액은 ₩24,000,000이다.)

(2018. CPA)

생산직근로자
중요도 ★★★☆☆
난이도 ★★★☆☆

Memo

(1) 급여 : ₩12,000,000(월 ₩1,000,000×12개월)

(2) 상여금 : ₩4,000,000(부정기적인 수령임)

(3) 자가운전보조금 : ₩3,000,000(월 ₩250,000×12개월)
   - 갑 소유의 차량을 업무수행에 이용하고 시내출장 등에 소요된 실제여비를 지급받는 대신에 그 소요경비를 회사의 사규에 의한 지급기준에 따라 받은 금액임

(4) 작업복 : ₩150,000
   - 작업에 필요하여 지급받은 작업복의 금액임

(5) 식사대 : ₩1,200,000(월 ₩100,000×12개월)
   - 회사는 무상으로 중식을 제공하며 이와 별도로 지급된 식사대임

(6) 자녀보육수당 : ₩3,600,000(월 ₩300,000×12개월)
   - 5세인 자녀 보육과 관련된 수당임

(7) 연장근로수당 : ₩1,500,000
   - 근로기준법에 따른 연장근로로 인해 통상임금에 더한 지급액임

① ₩18,000,000   ② ₩19,000,000
③ ₩20,500,000   ④ ₩21,400,000
⑤ ₩21,850,000

구 분	월정액급여	총급여액
급여	₩1,000,000	₩12,000,000
상여금	-	4,000,000
자가운전보조금	50,000	600,000
작업복(실비변상적성질)	-	-
식사대	100,000	1,200,000
자녀보육수당	300,000	1,200,000
연장근로수당	-	-
합 계	₩1,450,000	₩19,000,000

* 직전 연도의 총급여액이 3,000만원 이하이며, 월정액급여 210만원 이하인 생산직 근로자의 초과근로수당은 연간 240만원까지 비과세된다.

정답 ②

248 2026. 2. 1에 생애 최초로 입사한 거주자 甲(생산직근로자임)의 다음의 자료를 이용한 2월분 급여 중 비과세 근로소득의 합계는 얼마인가? (단, 상여금 및 연장근무수당 이외에는 매월 동액이 지급되며, 주어진 자료 이외에는 고려하지 않음)

(2016. 세무사)

〈甲의 2월 급여내역〉

항 목	금 액	비 고
(1) 급 여	₩1,100,000	
(2) 상여금	500,000	부정기적인 상여임
(3) 자가운전보조금	250,000	甲 소유의 차량을 업무수행에 이용하고 시내출장 등에 소요된 실제여비를 받는 대신에 그 소요경비를 사규에 의한 지급기준에 따라 받는 금액임
(4) 식사대	100,000	회사는 무상으로 중식을 제공하며 이와 별도로 지급된 식사대임
(5) 자녀보육수당	400,000	甲의 3세 및 5세인 자녀 보육과 관련된 수당임
(6) 연장근무수당	250,000	근로기준법에 따른 연장근무로 인한 통상임금에 더한 지급액이며 당월 외에는 연장·야간·휴일근무수당은 없음
계	₩2,600,000	

① ₩300,000 ② ₩850,000

③ ₩400,000 ④ ₩450,000

⑤ ₩750,000

1. 월정액급여

① 급여	₩1,100,000	
② 상여	–	부정기적 급여
③ 자가운전보조금	50,000	₩250,000 – ₩200,000
④ 식사대	100,000	
⑤ 자녀보육수당	400,000	
⑥ 연장근무수당	–	
합 계	₩1,650,000	

  * 직전 연도의 총급여액이 3,000만원 이하이며, 월정액급여 210만원 이하인 생산직 근로자의 초과근로수당은 연간 240만원까지 비과세된다.

2. 비과세 근로소득

① 자가운전보조금	₩200,000	
② 식사대	–	현물식사를 제공받으므로 식사대는 전액 과세된다.
③ 자녀보육수당	400,000	₩200,000 × 2명*
④ 연장근무수당	250,000	
합 계	₩850,000	

  * 자녀보육수당 : 월 20만원 이내 비과세(종전) → 자녀 1인당 월 20만원 이내 비과세(개정)

249 다음은 내국법인 (주)A에서 영업사원으로 근무하던 거주자 甲의 근로소득 관련 자료이다. 甲의 2026년 귀속 근로소득금액은 얼마인가? (단, 주어진 자료 이외에는 고려하지 않음)

(2018. 세무사)

(1) 근무기간 : 2026.1.1.부터 2026.10.31.(퇴직일)까지 계속 근무하였음

(2) 급여내역

구분	금액	비고
기본급여총액	₩50,000,000	기본급으로 월 ₩5,000,000 지급 받음
휴가비	5,000,000	(주)A로부터 보조받은 휴가임
강연수당	4,000,000	(주)A로 사내연수 강연수당임
인정상여	2,000,000	(주)A의 2025년도 귀속 법인세무조정시 발생한 것임
식사대	2,200,000	월 ₩220,000(회사는 현물식사를 별도 제공하지 않음)
자가운전보조금	3,000,000	월 ₩300,000(시내출장 등이 있을 시 甲소유 차량을 업무에 이용하였고, 이에 소요된 실제 여비는 자가운전보조금을 받았음에도 불구하고 출장여비 규정에 의해 별도로 지급받았음)

(3) 근로소득공제액

총급여액	근로소득공제액
1,500만원 초과 4,500만원 이하	750만원+1,500만원을 초과하는 금액의 100분의 15
4,500만원 초과 1억원 이하	1,200만원+4,500만원을 초과하는 금액의 100분의 5

① ₩44,590,000
② ₩44,840,000
③ ₩48,290,000
④ ₩49,340,000
⑤ ₩50,090,000

(1) 총급여액

① 기본급여총액	₩50,000,000	
② 휴가비	5,000,000	
③ 강연수당	4,000,000	
④ 인정상여	–	수입시기 : 근로를 제공한 날(2025년)
⑤ 식사대	200,000	(₩220,000 − ₩200,000) × 10月
⑥ 자가운전보조금	3,000,000	₩300,000* × 10月
총급여액	₩62,200,000	

* 실제 여비를 지급받았으므로 자가운전보조금은 전액 과세된다.

(2) 근로소득공제
₩12,000,000 + (₩62,200,000 − ₩45,000,000) × 5% = ₩12,860,000

(3) 근로소득금액
₩62,200,000 − ₩12,860,000 = ₩49,340,000

정답 ④

250 거주자 갑의 2026년 근로소득 관련 자료이다. 거주자 갑은 ㈜A에 회계담당자로 근무하던 중 2026년 7월 1일에 ㈜B로 이직하였다. 2026년 거주자 갑의 근로소득금액은 얼마인가? (2019. CPA)

(1) ㈜A로부터 수령한 금액(2026.1.1.~6.30.)
 - 급여 : ₩12,000,000
 - 상여금 : ₩2,000,000
 - 잉여금처분에 의한 성과배분상여금 : ₩5,000,000(잉여금처분결의일 2025.12.20.)
 - 식대 : ₩1,200,000(월 ₩200,000×6개월, 식사는 제공받지 않음)
 - 숙직비 : ₩200,000(1일당 실비상당액 ₩20,000×10일)

(2) ㈜B로부터 수령한 금액(2026.7.1.~12.31.)
 - 급여 : ₩15,000,000
 - 식대 : ₩900,000(월 ₩150,000×6개월, 식사를 제공받음)
 - 회사규정에 따른 자가운전보조금 : ₩1,200,000(월 ₩200,000×6개월, 자가차량을 업무수행에 이용하나 여비를 수령하지 않음)
 - 건강검진보조금 : ₩500,000
 - 추석명절격려금 : ₩3,000,000
 - 자녀학비보조금 : ₩3,000,000

(3) 근로소득공제액

총급여액	근로소득공제액
500만원 이하	총급여액×70%
500만원 초과 1,500만원 이하	350만원+(총급여액-500만원)×40%
1,500만원 초과 4,500만원 이하	750만원+(총급여액-1,500만원)×15%

① ₩20,650,000　　② ₩22,715,000　　③ ₩25,265,000
④ ₩25,690,000　　⑤ ₩25,860,000

(1) 총급여액

구 분		금 액	비 고
A회사	① 급여	₩12,000,000	
	② 상여금	2,000,000	
	③ 잉여금처분에 의한 상여금	–	수입시기 : 2025년
	④ 식대	–	비과세
	⑤ 숙직비	–	비과세
B회사	① 급여	15,000,000	
	② 식대	900,000	식사를 제공받음 → 식사대 전액 과세
	③ 자가운전보조금	–	비과세
	④ 건강검진보조금*	500,000	
	⑤ 추석명절격려금*	3,000,000	
	⑥ 자녀학비보조금*	3,000,000	
계		₩36,400,000	

* 명칭·형식여하 불문하고 고용계약에 의하여 근로를 제공하고 받는 대가는 근로소득으로 과세되며, 회사로부터 직접 받은 자녀학자금은 근로소득에 포함된다. cf) 사내근로복지기금으로부터 받은 자녀학자금은 근로소득에 포함되지 않는다.

(2) 근로소득공제 : ₩7,500,000 + (₩36,400,000 − ₩15,000,000) × 15% = ₩10,710,000

(3) 근로소득금액 : ₩25,690,000

정답 ④

251 다음 자료를 이용하여 거주자 김한국 씨의 2026년도 근로소득금액을 계산하면 얼마인가?

(2001. 세무사)

구 분	금 액	비 고
급여의 합계액	₩25,000,000	
상여금의 합계액	4,400,000	
자가운전보조금	3,600,000	₩300,000 × 12
식사대	1,200,000	₩100,000 × 12
건강보험료 사용자부담분	1,000,000	
계	₩35,200,000	

(1) 상여금은 김한국 씨가 2026년에 제공한 근로에 대한 대가로 지급받은 것이며 여기에는 주주총회에서의 결의에 의해 김한국 씨에게 지급된 상여금 ₩2,000,000과 법인세신고시 김한국 씨에게 소득처분되어 익금산입된 ₩1,000,000이 포함되어 있다. 주주총회에서의 처분결의일과 결산확정일은 모두 2027년 2월 28일이다.

(2) 자가운전보조금은 종업원 소유차량을 종업원이 직접 운전하여 업무수행에 이용하고 여비를 받지 않는 대가로 받았다.

(3) 김한국 씨는 월 ₩120,000에 해당하는 식사(음식물)를 별도로 제공받고 있다.

(4) 총급여액이 ₩15,000,000 초과 ₩45,000,000 이하인 경우 근로소득공제
: ₩7,500,000 + (총급여액 − ₩15,000,000) × 15%

① ₩22,220,000
② ₩21,320,000
③ ₩20,780,000
④ ₩20,420,000
⑤ ₩20,080,000

Key point!

수입시기
① 잉여금처분상여
→ 잉여금처분결의일
② 인정상여
→ 근로제공일

(1) 총급여액

① 급여 등 합계	₩35,200,000	
② 잉여금처분상여	(2,000,000)	수입시기 : 잉여금처분결의일(2027년)
③ 인정상여	–	수입시기 : 근로를 제공한 날(2026년)
④ 자가운전보조금	(2,400,000)	₩200,000 × 12월
⑤ 건강보험료	(1,000,000)	사용자부담분이므로 비과세
총급여액	₩29,800,000	

　* 사내급식 등으로 식사를 제공받고 있으므로 월정액 식사대는 전액 과세된다.

(2) 근로소득공제
　₩7,500,000 + (₩29,800,000 − ₩15,000,000) × 15% = ₩9,720,000

(3) 근로소득금액
　₩29,800,000 − ₩9,720,000 = ₩20,080,000

252 거주자 갑의 2026년 연금소득 관련 자료이다. 연금소득금액으로 옳은 것은?

(2022. CPA)

공적연금
중요도 ★★★☆☆
난이도 ★★☆☆☆

Memo

(1) 갑은 2026년에 국민연금법에 따라 연금 ₩45,000,000(원천징수세액을 차감하기 전 금액임)을 수령하였다.

(2) 국민연금보험료 납입 내역

구 분	연금보험료 납입 누계액	환산소득 누계액	연금보험료 납입월수
2001.12.31. 이전 납입기간	₩80,000,000	₩100,000,000	50개월
2002.1.1. 이후 납입기간	240,000,000*	380,000,000	200개월

* 전액 연금보험료 소득공제를 받음

(3) 연금소득공제

총연금액	연금소득공제
1,400만원 초과	630만원+(총연금액−1,400만원)×10%

① ₩25,475,000   ② ₩27,162,500   ③ ₩27,500,000

④ ₩33,750,000   ⑤ ₩35,625,000

① 과세기준금액	₩35,625,000	$₩45,000,000 \times \dfrac{₩380,000,000}{₩100,000,000 + ₩380,000,000}$	
② 과세제외기여금	(0)	과세기준일 이후 납입액 중 소득공제를 받지 않은 금액	
③ 총연금액	₩35,625,000*		
④ 연금소득공제	(8,462,500)	₩6,300,000 + (₩35,625,000 − ₩14,000,000) × 10%	
연금소득금액	₩27,162,500		

* 총연금액이 4,100만원을 초과하지 않는 경우 연금소득공제한도(900만원)를 초과하지 않게 된다.

Key point!

연금소득금액 : ① − ②
① 총연금액 : a − b
   a.과세기준금액
   b.과세제외기여금
② 연금소득공제
   (900만원 한도)

정답 ②

253 거주자 갑(56세)의 연금계좌에 관한 자료이다. 2026년 종합과세되는 총연금액으로 옳은 것은? 단, 갑이 종합과세와 분리과세 중 선택할 수 있는 경우에는 종합과세를 선택하는 것으로 가정한다.

(2024. CPA)

> (1) 연금계좌 가입일: 2012년 1월 15일
> (2) 연금수령 개시일: 2025년 1월 1일
> (3) 2026년 연금계좌에서 수령한 금액: ₩45,000,000
> (4) 2026년 1월 1일 현재 연금계좌 평가액: ₩100,000,000
>   ① 연금계좌납입액 합계: ₩60,000,000(소득공제 또는 세액공제를 받지 못한 금액 ₩3,000,000 포함)
>   ② 이연퇴직소득: ₩10,000,000
>   ③ 연금계좌 운용수익: ₩30,000,000

① ₩14,000,000   ② ₩15,000,000   ③ ₩16,000,000

④ ₩17,000,000   ⑤ ₩8,000,000

(1) 연금계좌의 구성 및 평가액

구 분	평가액	연금수령	연금외수령
A 세액공제×	₩3,000,000	₩3,000,000	–
B 이연퇴직소득	10,000,000	10,000,000	–
C 세액공제○ + 운용수익	87,000,000	17,000,000	₩15,000,000
합 계	₩100,000,000	₩30,000,000[*1]	₩15,000,000[*2]

*1. 연간연금수령한도 : $₩100,000,000 \times \dfrac{1}{11-7^{**}} \times 120\% = ₩30,000,000$

** 2013. 2. 28. 이전에 가입한 연금계좌이고 이연퇴직소득이 연금계좌에 있으므로 나이요건(55세)이 충족되는 2025년도가 기산연차(6연차)이다. 그러므로 2026년도는 7연차가 된다.

2. ₩45,000,000 – ₩30,000,000 = ₩15,000,000

(2) 소득구분

구 분	연금수령	소득구분	연금외수령	소득구분
A	₩3,000,000	과세×	–	
B	10,000,000	연금소득(분리과세)	–	
C	17,000,000	연금소득(종합과세*)	₩15,000,000	기타소득(분리과세)
합 계	₩30,000,000		₩15,000,000	

* 사적연금 총연금액이 1,500만원을 초과하므로 종합과세한다.

> ※ 연금수령한도 계산시 기산연차
> 소득세법 시행령 제40조의2 제4항의 기산연차(최초로 연금수령할 수 있는 날이 속하는 과세기간)는 연금수령 개시 신청과 관계없이 연령 요건 및 가입기간 요건을 충족하는 과세기간에 해당한다.(소득, 기획재정부 소득세제과-431,2016.11.01.)
> ① 연령 요건 : 가입자가 55세 이후 연금계좌취급자에게 연금수령 개시를 신청한 후 인출할 것
> ② 가입기간 요건 : 연금계좌의 가입일부터 5년이 경과된 후에 인출할 것. 다만, 이연퇴직소득이 연금계좌에 있는 경우에는 그러하지 아니한다.

254 거주자 갑의 2026년 소득내역이다. 갑의 종합과세되는 기타소득금액으로 옳은 것은?

(2023. CPA 수정)

구 분	금 액	실제 필요경비
고용관계 없이 다수인에게 강연을 하고 받은 강연료	₩100,000	–
신문에 원고를 기고하고 받은 원고료	2,000,000	–
사업용 건물과 함께 영업권을 양도하고 받은 대가	20,000,000	–
산업재산권을 양도하고 받은 대가	5,000,000	₩4,500,000
지역권(공익사업과 관련 없음)을 대여하고 받은 대가	3,000,000	2,000,000
복권당첨금품	3,001,000	1,000
상속받은 저작권 양도로 받은 대가	10,000,000	8,000,000
전국요리경연대회 상금*	4,000,000	–
퇴직한 전 회사에서 받은 직무발명보상금	3,000,000	–

* 공익법인의 설립·운영에 관한 법률의 적용을 받는 공익법인이 주무관청의 승인을 받아 시상하는 상금임

① ₩4,100,000 ② ₩4,200,000 ③ ₩5,200,000
④ ₩5,400,000 ⑤ ₩6,200,000

① 강연료   –   ₩100,000 × (1 − 60%) = ₩40,000(과세최저한)
② 원고료   ₩800,000   ₩2,000,000 × (1 − 60%)
③ 사업용 건물 + 영업권 양도   –   양도소득임
④ 산업재산권을 양도   500,000   ₩5,000,000 − ₩4,500,000
⑤ 공익사업과 관련 없는 지역권 대여   –   사업소득임
⑥ 복권당첨금품   –   무조건 분리과세
⑦ 상속받은 저작권 양도대가*   2,000,000   ₩10,000,000 − ₩8,000,000(실제 필요경비)
⑧ 전국요리경연대회 상금   800,000   ₩4,000,000 × (1 − 80%)
⑨ 직무발명보상금   –   연 700만원까지 비과세
합 계   ₩4,100,000   3백만원 초과 → 종합과세

* 상속받은 저작권 양도대가는 필요경비의제가 적용되지 않는 기타소득이며, 실제 필요경비가 있으므로 실제 필요경비를 공제한다.

Memo

Key point!

종합과세시 제외
① 비과세
② 분리과세
③ 과세최저한

정답 ①

255 ㈜A에 근무하는 거주자 갑의 2026년 소득내역의 일부이다. 거주자 갑의 종합소득 금액 중 기타소득금액은 얼마인가? 기타소득을 제외한 거주자 갑의 종합소득에 대한 한계세율은 15%이다.

(2019. CPA)

구 분	금 액	실제 필요경비
(1) 공익사업과 관련하여 지역권을 설정하고 받은 대가	₩2,000,000	₩1,000,000
(2) 대학에 한 학기(4개월) 출강하고 받은 시간강사료	2,500,000	−
(3) B신문에 기고하고 받은 원고료	500,000	−
(4) 산업재산권의 양도로 인해 수령한 대가	3,500,000	1,500,000
(5) 퇴직한 전 회사로부터 수령한 직무발명보상금	4,000,000	−
(6) 공익법인이 주최하는 발명경진대회에서 입상하여 받은 상금	3,000,000	−
(7) 법인세법에 의해 기타소득으로 처분된 금액	1,000,000	−

① ₩0 ② ₩2,600,000 ③ ₩3,800,000

④ ₩4,000,000 ⑤ ₩5,100,000

① 공익사업관련 지역권 설정대가	₩800,000	₩2,000,000 − Max[₩1,000,000, ₩2,000,000 × 60%]
② 4개월 출강 시간강사료	−	근로소득
③ 원고료	200,000	₩500,000 × (1 − 60%)
④ 산업재산권을 양도	1,400,000	₩3,500,000 − Max[₩1,500,000, ₩3,500,000 × 60%]
⑤ 직무발명보상금	−	연 700만원까지 비과세
⑥ 상금	600,000	₩3,000,000 × (1 − 80%)
⑦ 인정기타소득	1,000,000	
합 계	₩4,000,000	3백만원 초과 → 종합과세

256 ㈜A에 근무하는 거주자 갑의 2026년 소득에 관한 자료이다. 종합과세되는 기타소득금액으로 옳은 것은? 단, 갑의 기타소득금액을 제외한 종합소득 한계세율은 24%이며, 세부담을 최소화하고자 한다. (2024. CPA)

구분	금액*
(1) 주택입주 지체상금	₩3,000,000
(2) 복권당첨금	2,500,000
(3) 고용관계 없이 일시적인 강연을 하고 받은 외부강연료	100,000
(4) 계약금이 위약금으로 대체된 위약금	1,000,000
(5) 배임수재로 받은 금품	4,000,000

* 원천징수되기 전 금액이며, 원천징수는 적법하게 이루어졌고 필요경비는 확인되지 않음

① ₩4,000,000 ② ₩4,600,000 ③ ₩4,640,000

④ ₩5,000,000 ⑤ ₩5,600,000

---

1. 조건부 기타소득

  ① 주택입주 지체상금　　　₩600,000　₩3,000,000 × (1 − 80%)

  ② 복권당첨금　　　　　　　−　　　무조건 분리과세

  ③ 외부강연료　　　　　　　−　　　₩100,000 × (1 − 60%) = ₩40,000(과세최저한)

  ④ 계약금의 위약금 대체　1,000,000　원천징수×

  ⑤ 배임수재로 받은 금품　　−　　　무조건 종합과세

  　　합 계　　　　　₩1,600,000　3백만원 이하 → 분리과세 선택*

  * 분리과세시 세율 20% 〈 한계세율 24%

2. 종합과세되는 기타소득금액 : ₩4,000,000(배임수재로 받은 금품)

257 거주자 甲은 ㈜태백(벤처기업 아님)에서 2020년부터 외근판매원으로 근무하다가 2026. 8. 31. 퇴직하였다. 다음 자료를 참고하여 거주자 甲의 종합소득금액을 계산하면? (단, 제시된 금액들은 원천징수세액을 차감하기 전의 금액이며, 필요경비는 확인되지 않는다.)

(2006. 세무사 수정)

(1) 급여명세(2026. 1. 1~8. 31)

구　　　　분	금　　　액	비　　　　고
급　　　　여	₩30,000,000	
자 녀 학 자 금	2,000,000	
가 족 수 당	4,000,000	
야 근 수 당	4,000,000	
휴 　 가 　 비	100,000	
중 식 식 사 대	1,800,000	월 ₩225,000(별도 식사 제공 없음)
차 량 보 조 비	2,400,000	월 ₩300,000(본인의 차량을 업무에 사용하고, 별도 여비를 지급하지 아니하였음)

(2) 퇴직으로 인하여 퇴직급여지급규정에 의한 퇴직급여 ₩200,000,000과 퇴직위로금 ₩5,000,000을 받았다.

(3) 甲은 2020년에 부여받은 주식매수선택권을 2026. 10. 20 행사하여 ₩10,000,000의 이익을 얻었다.

(4) 甲은 (주)태백으로부터 발명진흥법에 따른 직무발명보상금을 2026년 5월 말과 10월 초에 각각 ₩2,500,000과 ₩6,000,000을 받았다.

(5) 근로소득공제는 다음과 같다.

총급여액	공 제 액
1,500만원 초과 4,500만원 이하	750만원 + 1,500만원을 초과하는 금액의 100분의 15
4,500만원 초과　　1억원 이하	1,200만원 + 4,500만원을 초과하는 금액의 100분의 5

① ₩27,840,000 　　　　　② ₩41,185,000

③ ₩30,900,000 　　　　　④ ₩39,325,000

⑤ ₩41,100,000

(1) 근로소득금액 : 1) - 2) = ₩29,685,000

    1) 총급여

① 급여	₩30,000,000	
② 자녀학자금	2,000,000	
③ 가족수당	4,000,000	
④ 야근수당	4,000,000	
⑤ 휴가비	100,000	
⑥ 중식식사대	200,000	(₩225,000 - ₩200,000) × 8月
⑦ 차량보조비	800,000	₩100,000 × 8月
총급여액	₩41,100,000	

    2) 근로소득공제 : ₩7,500,000 + (₩41,100,000 - ₩15,000,000) × 15% = ₩11,415,000

(2) 기타소득금액 : ① + ② = ₩11,500,000(3백만원 초과 → 종합과세)

    ① 주식매수선택권 행사이익 : ₩10,000,000

    ② 직무발명보상금 : ₩6,000,000 - (₩7,000,000 - ₩2,500,000) = ₩1,500,000

(3) 종합소득금액 : ₩29,685,000 + ₩11,500,000 = ₩41,185,000

    *1. 퇴직위로금 등 퇴직을 원인으로 지급받은 대가는 퇴직소득에 해당한다.

     2. 퇴직 후에 주식매수선택권을 행사함으로써 얻는 이익은 기타소득에 해당한다.

     3. 종업원 등이 퇴직한 후에 지급받는 직무발명보상금으로서 700만원(해당 과세기간에 직무발명보상금으로 근로소득에서 비과세되는 금액이 있는 경우에는 700만원에서 해당 금액을 차감한 금액) 이하의 금액은 비과세 기타소득에 해당한다.

정답 ②

258 다음은 소상공인 경영지원업을 영위하는 회사에 근무하는 거주자 갑의 2026년 귀속 소득자료이다. 거주자 갑의 2026년 근로소득금액과 기타소득금액을 각각 계산한 것으로 옳은 것은? (단, 원천징수는 적법하게 이루어졌으며, 모든 금액은 원천징수세액을 차감하기 전 금액이다.) *(2015. CPA 수정)*

(1) 급여 등의 소득명세는 다음과 같다.

　가. 급여 : ₩35,000,000(비과세소득 제외)

　나. 상여금 : ₩6,500,000(2026년 2월 18일의 주주총회에서 2025년도 이익잉여금처분결의에 의해 지급받은 금액 ₩2,500,000 포함)

　다. 사택을 제공받음으로써 얻은 이익 : ₩5,000,000

　라. 자녀학자금 지원 수령액 : ₩2,400,000

　마. 고용보험료의 근로자 부담분을 회사가 대납한 금액 : ₩500,000

　바. 월 ₩150,000의 급식비 수령액 : ₩1,800,000(현물식사를 별도로 제공받음)

(2) 근로소득공제액 자료

총급여액		공제액
500만원 초과	1,500만원 이하	350만원 + (총급여액 − 500만원) × 40%
1,500만원 초과	4,500만원 이하	750만원 + (총급여액 − 1,500만원) × 15%
4,500만원 초과	1억원 이하	1,200만원 + (총급여액 − 4,500만원) × 5%

(3) 급여 등 이외에 일시적·우발적으로 발생한 소득은 다음과 같다.

　가. A대학교에서 소상공인 컨설팅 관련 특강을 하고 받은 금액 : ₩500,000

　나. 분양 받은 아파트의 입주가 지연됨에 따라 받은 지체상금 : ₩1,200,000

　다. 토지양도 계약상 매수자가 매매계약을 위반함으로써 보상받은 손해배상금 : ₩700,000

　라. 상표권을 대여하고 받은 금액 : ₩3,000,000(적격증명서류로 확인된 필요경비 ₩2,500,000 있음)

　마. 보유 중인 골동품(500년 전의 도자기)을 국립박물관에 양도하여 받은 금액 : ₩3,000,000

　바. 회화(국내 원작자 생존 중)의 양도로 받은 가액 : ₩80,000,000(실제 소요된 경비는 ₩20,000,000임)

	근로소득금액	기타소득금액
①	₩32,490,000	₩1,840,000
②	34,140,000	1,840,000
③	34,140,000	1,640,000
④	38,890,000	1,640,000
⑤	38,890,000	1,080,000

(1) 근로소득금액 : 1) − 2) = ₩34,140,000

    1) 총급여

① 급여	₩35,000,000	
② 상여금	6,500,000	잉여금처분상여 포함(수입시기 : 잉여금처분결의일, 2026.2.18)
③ 사택제공이익	–	출자임원× → 비과세 근로소득
④ 자녀학자금	2,400,000	
⑤ 고용보험료	500,000	회사대납액이므로 과세된다.
⑥ 급식비	1,800,000	현물식사를 제공받았으므로 식사대는 전액과세된다.
총급여액	₩46,200,000	

    2) 근로소득공제

        ₩12,000,000 + (₩46,200,000 − ₩45,000,000) × 5% = ₩12,060,000

(2) 기타소득금액

① 강연료	₩200,000	₩500,000 × (1−60%)
② 주택입주지체상금	240,000	₩1,200,000 × (1−80%)
③ 손해배상금	700,000	
④ 상표권 대여소득	500,000	₩3,000,000 − Max[₩2,500,000, ₩3,000,000 × 60%]
⑤ 골동품 박물관에 양도	–	6천만원 미만 → 과세×[*1]
⑥ 회화 양도가액	–	과세×[*2]
기타소득금액	₩1,640,000	

*1. 개당·점당 또는 조당 양도가액이 6천만원 이상이 아니므로 과세하지 않는다. 다만, 6천만원 이상으로 양도하였더라도 박물관에 양도하였으므로 비과세한다.

  2. 양도일 현재 생존해 있는 국내 원작자의 작품은 과세하지 않는다.

정답 ③

259 ㈜성공(벤처기업 아님)에서 2015년부터 생산직 직원으로 재직중인 거주자 을의 2026년도 소득관련 자료이다. 조세부담을 최소화하고자 할 때 을의 2026년도 종합소득금액으로 옳은 것은? (2012. CPA)

(1) 연간 급여 관련 자료

기본급(월 ₩600,000 × 12개월)	₩7,200,000
상여금	1,500,000
직책수당(월 ₩100,000 × 12개월)	1,200,000
식대보조금(월 ₩225,000 × 12개월, 별도 식사나 음식물 제공 없음)	2,700,000
연장근로수당	2,500,000

(2) 을은 ㈜성공으로부터 2021년에 부여받은 주식매수선택권을 2026. 3. 1에 행사하였으며 행사로 인한 이익(주식매수선택권 행사 당시의 시가와 실제 매수가액과의 차액)은 ₩2,000,000이다.

(3) 을은 위 (1)과 (2) 외에 다음과 같은 소득이 있다.

가. 문예잡지에 수필을 쓰고 받은 대가(실제 필요경비 확인 안됨)	₩3,500,000
나. 산업재산권을 대여하고 받은 대가(실제 필요경비 확인 안됨)	4,000,000
다. 복권당첨금(복권구입비는 ₩1,000임)	50,000,000

(4) 2025년도에 을이 받은 총급여액은 ₩23,000,000이었으며, 2026년도 종합소득공제액은 ₩2,500,000으로 가정한다.

(5) 근로소득공제액 자료

총급여액	공제액
500만원 초과 1,500만원 이하	350만원 + (총급여액 − 500만원) × 40%

① ₩309,000   ② ₩729,000

③ ₩5,650,000   ④ ₩8,880,000

⑤ ₩57,649,000

(1) 근로소득금액 : 1) − 2) = ₩5,880,000

   1) 총급여액

① 기본급	₩7,200,000		
② 상여금	1,500,000		
③ 직책수당	1,200,000		
④ 식대보조금	300,000	(₩225,000 − ₩200,000) × 12月	
⑤ 연장근로수당	100,000*	₩2,500,000 − ₩2,400,000	
⑥ 주식매수선택권	2,000,000	근무기간 중 행사이익 → 근로소득	
합 계	₩12,300,000		

     * 직전 연도의 총급여액이 3,000만원 이하이며, 월정액급여 210만원 이하인 생산직 근로자의 초과
      근로수당은 연간 240만원까지 비과세된다.
       → 월정액급여 : ₩600,000 + ₩100,000 + 225,000 = ₩925,000 ≤ ₩2,100,000

   2) 근로소득공제 : ₩3,500,000 + (₩12,300,000 − ₩5,000,000) × 40% = ₩6,420,000

(2) 기타소득금액

① 원고료	₩1,400,000	₩3,500,000 × (1 − 60%)
② 산업재산권 대여소득	1,600,000	₩4,000,000 × (1 − 60%)
③ 복권당첨소득	−	무조건 분리과세
합 계	₩3,000,000	분리과세 선택가능

(3) 세부담최소화 판단
   ① 분리과세시 원천징수세율 : 20%
   ② 종합과세시 한계세율 : 6%(타소득 과표 : ₩5,880,000 − ₩2,500,000 = ₩3,380,000)
     → 종합과세 선택

(4) 세부담 최소화를 위한 종합소득금액 : ₩5,880,000 + ₩3,000,000 = ₩8,880,000

Key point!

세부담최소화가정
기타소득금액 분리과
세여부선택
→ 한계세율 vs 원천징
수세율

정답 ④

260 거주자 甲(나이 60세)의 2026년 연금소득 관련 자료이다. 甲의 소득세법령상 연금소득에 대한 원천징수세액은? (2024. 세무사)

(1) 2019.10.1.에 금융회사의 연금저축계좌에 가입한 후 2025.9.30.까지 6년간 매월 연금보험료를 납입하였다. 연금보험료 총납입액은 ₩50,000,000이며, 총 납입액 중 연금계좌세액공제를 받지 아니한 금액은 ₩5,500,000이다.

(2) 2026.1.1.에 연금수령개시를 신청하였고, 2026년 연금저축계좌에서 연금으로 인출한 금액은 ₩18,000,000으로 의료목적, 천재지변이나 그 밖에 부득이한 사유 등 대통령령으로 정하는 요건을 갖추어 인출한 것은 아니다.

(3) 연금수령개시 신청일 현재 연금저축계좌의 평가액은 ₩70,000,000이며, 평가액 중 운용수익은 ₩20,000,000이다.

(4) 甲의 연금저축계좌는 대통령령으로 정하는 연금계좌 등 요건을 충족하고 있으며, 종신형 연금저축계좌는 아니다.

(5) 주어진 자료 외의 다른 사항은 고려하지 않는다.

① ₩250,000 　　② ₩525,000 　　③ ₩625,000
④ ₩750,000 　　⑤ ₩1,875,000

1. 총연금액
① 연금계좌의 구성 및 평가액

구 분	평가액	연금수령	연금외수령
A 세액공제×	₩5,500,000	₩5,500,000	−
B 이연퇴직소득	−	−	−
C 세액공제○ + 운용수익	64,500,000	5,000,000	₩7,500,000
합 계	₩70,000,000	₩10,500,000[*1]	₩7,500,000[*2]

*1. 연간연금수령한도 : $₩70,000,000 \times \dfrac{1}{11-3^{**}} \times 120\% = ₩10,500,000$

** 2013. 3. 1. 이후에 가입한 연금계좌이므로 나이요건(55세)이 충족되는 연도(2021년)와 가입기간요건(5년)이 충족되는 연도(2024년) 중 늦은 때(2024년)를 기산연차(1연차)로 한다. 그러므로 2026년도는 3연차이다.

구분	2019	2020	2021	2022	2023	2024	2025	2026
나이			55세	56세	57세	58세	59세	60세
기간	가입	1년	2년	3년	4년	5년		
연차						1연차	2연차	3연차

2. ₩18,000,000 − ₩10,500,000 = ₩7,500,000

② 소득구분

구 분	연금수령	소득구분	연금외수령	소득구분
A	₩5,500,000	과세×	−	
B	−		−	
C	₩5,000,000	연금소득*	₩7,500,000	기타소득
합 계	₩10,500,000		₩7,500,000	

* 사적연금 연금소득(무조건 분리과세 제외) 합계액이 1,500만원 이하이므로 분리과세를 선택할 수 있다.

2. 연금소득에 대한 원천징수세액 : ₩5,000,000 × 5% = ₩250,000

261 ㈜A에 근무하는 거주자 갑의 소득에 관한 자료이다. 갑의 2026년 기타소득금액에 대한 원천징수세액으로 옳은 것은? 단, 제시된 금액은 원천징수세액을 차감하기 전 금액이며, 별도의 언급이 없는 한 기타소득의 실제 필요경비는 확인되지 않았다.

원천징수세액
중요도 ★★★☆☆
난이도 ★★★★☆

Memo

(1) 업무와 관련된 사내 원고료: ₩1,500,000

   (원고제공일: 2025.12.28., 현금수령일: 2026.1.20.)

(2) 업무와 관련된 연구활동비: ₩1,200,000

(3) 산업재산권을 양도하고 받은 금액: ₩10,000,000

   (양수인 사용일*: 2025.11.25., 대금청산일: 2026.2.1.)

    * 동 일자에 대금이 확정됨

(4) 한국마사회법에 따른 승마투표권의 환급금: ₩2,000,000*

    * 승마투표권의 단위투표금액 ₩10,000을 차감한 금액임

   (투표권적중일: 2025.12.1., 현금수령일: 2026.1.5.)

(5) 계약금이 위약금으로 대체된 위약금: ₩1,000,000

   (계약금수령일: 2025.12.10., 계약의 위약확정일: 2026.1.10.)

(6) 주택입주 지체상금: ₩1,500,000(현금수령일: 2026.5.10.)

(7) 영업권을 기계장치와 함께 양도함에 따라 받은 금액 중 영업권의 대가 : ₩5,000,000

  ① ₩860,000   ② ₩880,000   ③ ₩1,260,000

  ④ ₩1,340,000   ⑤ ₩1,460,000

---

1. 기타소득금액

  ① 업무관련 사내 원고료   –   근로소득임

  ② 업무관련 연구활동비   –   근로소득임

  ③ 산업재산권을 양도   –   대금청산일, 인도일·사용수익일 중 빠른날(2025년 귀속)

  ④ 승마투표권 환급금   ₩2,000,000   무조건 분리과세, 지급일(2026년 귀속)

  ⑤ 계약금 → 위약금 대체   1,000,000   원천징수대상이 아님, 위약확정일(2026년 귀속)

  ⑥ 주택입주 지체상금   300,000   ₩1,500,000 × (1 − 80%)

  ⑦ 영업권 양도대가*   2,000,000   ₩5,000,000 × (1 − 60%)

        합 계   ₩5,300,000

* 부동산 및 그에 관한 권리 외의 사업용 자산인 시설물 등 일체와 함께 영업권을 양도하였다면 그 영업권의 대가를 기타소득으로 과세할 수 있다.(소득, 수원지방법원−2014−구합−886, 2015.06.18.)

     cf) 사업에 사용하는 토지, 건물 및 부동산에 관한 권리와 함께 양도하는 영업권 : 양도소득

        ① 기계장치 양도부분 → 비열거소득 (단, 복식부기의무자인 경우 사업소득)

        ② 영업권 양도부분 → 기타소득

2. 원천징수세액(분리과세 포함) : (₩5,300,000 − ₩1,000,000) × 20% = ₩860,000

Key point!

계약금의 위약금 대체
→ 원천징수×

정답 ①

262 거주자 甲의 2026년도의 다음 소득 자료를 기초로 종합소득금액에 합산할 기타소득금액(ㄱ)과 종합소득 차감납부할 세액 계산시 기납부세액으로 차감할 기타소득에 대한 원천징수세액(ㄴ)을 각각 계산한 것으로 옳은 것은? (단, 원천징수는 적법하게 이루어졌고 입증된 필요경비는 없으며, 제시된 금액은 원천징수 전 금액임

(2025. 세무사)

---

(1) 산업재산권 대여소득: ₩4,000,000

(2) 뇌물로 받은 금액: ₩30,000,000(이 중 ₩20,000,000은 법원의 판결로 몰수됨)

(3) 주택매매계약의 위약으로 인하여 받은 위약금: ₩2,500,000(계약금이 위약금으로 대체된 것 ₩2,000,000 포함)

(4) 주택입주지체상금: ₩8,000,000

(5) 연금계좌에서 연금외 수령한 금액: ₩3,000,000

(6) 발명진흥법에 따라 지급받은 직무발명보상금: ₩10,000,000(이 중 ₩6,000,000은 (주)A에 재직 중이던 2026.2.8.에 지급받은 금액이고, ₩4,000,000은 퇴직 후인 2026.10.20.에 지급받은 금액이며, 甲은 회사와 특수관계에 있지 아니함)

---

① ㄱ: ₩16,700,000, ㄴ: ₩1,240,000　　② ㄱ: ₩16,700,000, ㄴ: ₩1,690,000

③ ㄱ: ₩18,700,000, ㄴ: ₩1,240,000　　④ ㄱ: ₩18,700,000, ㄴ: ₩1,340,000

⑤ ㄱ: ₩18,700,000, ㄴ: ₩1,790,000

---

1. 조건부 기타소득

① 산업재산권 대여소득	₩1,600,000	₩4,000,000 × (1−60%)
② 뇌물	–	무조건 종합과세, 원천징수대상이 아님
③ 계약금이 위약금으로 대체된 금액	2,000,000	원천징수대상이 아님
④ 위 ③ 외의 위약금	500,000	
⑤ 주택입주지체상금	1,600,000	₩8,000,000 × (1−80%)
⑥ 연금외 수령한 금액[*1]	–	
⑦ 직무발명보상금	3,000,000	₩4,000,000 − ₩1,000,000[*2]
계	₩8,700,000	3백만원 초과 → 종합과세

*1. 연금계좌에서 연금외 수령한 금액은 다음과 같이 구분되며, 기타소득에 해당하더라도 무조건 분리과세된다.
　① 세액공제받지 못한 금액을 연금외 수령한 경우 → 과세제외
　② 이연퇴직소득을 연금외 수령한 경우 → 이연퇴직소득세 원천징수
　③ 세액공제 받은 부분 및 운용수익을 연금외 수령한 경우 → 기타소득

*2. ₩7,000,000 − ₩6,000,000(비과세 근로소득) = ₩1,000,000

2. 종합소득금액에 합산할 기타소득금액 : ₩8,700,000 + ₩10,000,000(뇌물)* = **₩18,700,000**

* ₩30,000,000 − ₩20,000,000(몰수된 금액) = ₩10,000,000

3. 종합소득 차감납부할 세액 계산시 기납부세액으로 차감할 기타소득에 대한 원천징수세액
(₩8,700,000 − ₩2,000,000) × 20% = **₩1,340,000**

263 다음은 거주자 갑에게 귀속되는 2026년도 소득자료이다. 이 자료를 이용하여 소득세 원천징수세액을 계산한 것으로 옳은 것은? (단, 지방소득세는 고려하지 아니함)

(2013. CPA 수정)

(1) 2026년도의 종합소득과 관련된 내역은 다음과 같다.

가. 영리내국법인으로부터 받은 비영업대금의 이익* ₩10,000,000

　　* 온라인투자연계금융업의 등록을 한 자를 통하여 지급받는 금액이 아님

나. 재산권에 관한 계약의 위약을 원인으로 법원의 판결에 의하여 영리내국법인으로부터 지급받은 손해배상금(주택입주지체상금이 아니며, 계약금이 위약금으로 대체된 것도 아님) ₩6,000,000과 손해배상금에 대한 법정이자 ₩500,000

다. 비상장영리내국법인 (주)A로부터 받은 현금배당금 ₩5,000,000

라. 골동품(갑의 보유기간은 20년임) 1개를 영리내국법인에 양도하고 받은 대가(기타소득임) ₩100,000,000

마. 서화를 미술관에 양도하고 받은 대가 ₩10,000,000

바. 복권당첨금 ₩3,000,000

사. 저술가인 갑이 직업상 제공하는 인적용역(부가가치세가 면세됨)을 공급하고 내국법인으로부터 받은 대가(사업소득임) ₩50,000,000

(2) 위 소득들에 대하여 실제로 소요된 필요경비는 확인되지 아니한다.

(3) 위 소득들에 대해서는 소득세법에 따라 적법하게 원천징수가 이루어졌으며, 위의 모든 금액들은 원천징수세액을 차감하기 전의 금액이다.

① ₩6,500,000
② ₩7,000,000
③ ₩8,600,000
④ ₩8,800,000
⑤ ₩10,000,000

Key point!

① 금융소득
→ 14%, 25%(비영업대금의 이익)
② 기타소득
→ 20%(일반)
③ 사업소득
→ 3%(원천징수대상 사업소득)

구 분	금액	원천징수세율	원천징수세액
① 비영업대금의 이익	₩10,000,000	25%	₩2,500,000
② 손해배상금과 법정이자	6,500,000	20%	1,300,000
③ 현금배당	5,000,000	14%	700,000
④ 골동품*1	10,000,000*	20%	2,000,000
⑤ 서화*2	–	–	–
⑥ 복권당첨금*3	3,000,000	20%	600,000
⑦ 저술가의 사업소득	50,000,000	3%	1,500,000
합 계	₩84,500,000		₩8,600,000

*1. 10년 이상 보유한 서화·골동품 : ₩100,000,000 × (1−90%) = ₩10,000,000

2. 개당·점당 또는 조당 양도가액이 6천만원 이상이 아니므로 과세하지 않는다. 다만, 6천만원 이상으로 양도하였더라도 미술관에 양도하였으므로 비과세한다.

3. 복권당첨소득은 분리과세되나, 해당 문제는 총 원천징수세액(예납적 원천징수세액과 완납적 원천징수세액)을 묻고 있으므로 복권당첨금에 대한 원천징수세액도 포함한다.

공동사업 합산과세
중요도 ★★★☆☆
난이도 ★★★☆☆

Memo

264 거주자 갑은 생계를 같이 하고 있는 다음의 동거가족 및 친구와 음식점을 공동으로 경영하고 그 손익을 분배하고 있는 바, 조세회피목적으로 공동사업을 경영하는 것으로 확인되었다. 2026년도의 사업소득과 관련된 다음의 자료를 이용하여 갑에게 귀속되는 사업소득금액을 계산한 것으로 옳은 것은? (단, 추가 자료는 전액 손익계산서에 수익과 비용으로 계상된 것이다.) (2010. CPA)

(1) 손익계산서의 당기순이익 ₩20,000,000

(2) 공동사업자간 약정된 손익분배비율은 갑 50%, 갑의 배우자 20%, 갑의 삼촌 10%, 갑의 조카 10%, 갑의 친구 10%이다.

(3) 추가 자료

　가. 이자수익(은행예금이자임) ₩1,500,000
　나. 토지처분이익 ₩1,000,000
　다. 공동사업의 대표자(갑) 급여 ₩6,000,000
　라. 비영업대금에 대한 대손금 ₩500,000
　마. 벌금 ₩500,000
　바. 감가상각비 ₩1,000,000(세무상 감가상각범위액 ₩1,500,000)
　사. 지급수선비 ₩5,000,000(갑과 특수관계에 있는 거래처와의 거래로서 정상적인 거래가격은 ₩3,000,000임)
　아. 소득세 ₩2,000,000

① ₩29,500,000　　② ₩28,500,000　　③ ₩25,650,000
④ ₩24,550,000　　⑤ ₩14,250,000

Key point!

공동사업합산과세
① 공동사업장별 소득금액 계산
② 사업소득금액 × 합산된 손익분배비율

(1) 공동사업장의 소득 금액

당기순이익	₩20,000,000	
① 이자수익	(1,500,000)	이자소득
② 토지처분이익	(1,000,000)	양도소득
③ 대표자 급여	6,000,000	
④ 대손금	500,000	
⑤ 벌금	500,000	
⑥ 감가상각비	–	결산조정사항
⑦ 지급수선비(부계부 적용)	2,000,000	≥ ₩3,000,000 × 5%
⑧ 소득세	2,000,000	
사업소득금액	₩28,500,000	

(2) 거주자 갑의 사업소득금액 : ₩28,500,000 × 90%[*1] = ₩25,650,000

*1. 50% + 20% + 10% + 10% = 90%

2. 공동사업자 중 1인에게 경영에 참가한 대가로 급료명목의 보수를 지급한 때에는 당해 공동사업자의 소득분배로 보고 그 공동사업자의 분배소득에 가산한다. 다만, 해당 문제에서는 경영에 참가한 대가로 지급하였다는 문구가 없으므로 대표자 급여를 대표자의 사업소득금액(₩25,650,000) 중 일부를 선지급한 것으로 볼 수 있다.

cf) 대표자 급여가 경영에 참가한 대가인 경우 갑의 사업소득금액 : ① + ② = ₩26,250,000
　① (₩28,500,000 − ₩6,000,000) × 90% = ₩20,250,000
　② ₩6,000,000

정답 ③

265 소득세법상 공동사업장(제조업, 복식부기의무자)의 2026년 소득에 관한 자료이다. 거주자 갑의 종합소득금액으로 옳은 것은? (2024. CPA)

공동사업 합산과세
중요도 ★★★☆☆
난이도 ★★★★☆

Memo

(1) 공동사업자별 손익분배 비율

공동사업자	갑(대표자)	갑의 배우자*	갑의 동생
손익분배비율	50%	30%	20%

* 갑과 생계를 같이 하며, 조세를 회피하기 위해 공동으로 사업을 경영한 것으로 확인됨

(2) 손익계산서 자료 일부

① 당기순이익: ₩500,000,000　　② 갑의 급여: ₩80,000,000
③ 이자수익: ₩50,000,000*　　④ 사업용건물 처분익: ₩10,000,000

* 갑의 부친에 대한 대여금 이자로 적정이자는 ₩100,000,000임

① ₩416,000,000　　② ₩441,000,000　　③ ₩449,000,000
④ ₩456,000,000　　⑤ ₩466,000,000

---

1. 공동사업장의 소득금액

당기순이익	₩500,000,000
+) 총수입금액산입 · 필요경비불산입	
① 갑의 급여	80,000,000
−) 필요경비산입 · 총수입금액불산입	
① 이자수익(이자소득)	(50,000,000)
② 사업용건물 처분익(양도소득)	(10,000,000)
사업소득금액	₩520,000,000

2. 거주자 갑의 종합소득금액 : ① + ② = ₩441,000,000

　① 사업소득금액 : ₩520,000,000 × 80%* = ₩416,000,000
　　* 50% + 30% = 80%
　② 이자소득금액 : ₩50,000,000[1] × 50%[2] = ₩25,000,000 → 2천만원 초과 종합과세
　　*1. 소득세법상 이자소득은 부당행위계산부인 규정 적용대상이 아니므로 적정이자와의 차액을 가산 조정하지 않는다.
　　2. 사업소득만 합산과세를 적용하므로 이자소득은 약정된 손익분배비율로 분배한다.

정답 ②

266 거주자 갑의 2026년 종합소득 관련 자료이다. 사업소득에서 발생한 결손금 및 이월결손금 공제 후 갑의 종합소득금액으로 옳은 것은? 단, 부동산임대업은 주거용 건물임대업이 아니다.

(2023, CPA)

(1) 종합소득금액 내역(△는 결손금을 의미함)

구 분	2025년	2026년
이자소득금액	₩5,000,000	₩25,000,000
배당소득금액	3,000,000	16,500,000
부동산임대업의 사업소득금액	△10,000,000	15,000,000
부동산임대업 이외의 사업소득금액	△30,000,000	△35,000,000
근로소득금액	15,000,000	5,000,000
연금소득금액	6,000,000	6,000,000
기타소득금액	4,000,000	–

(2) 2024년까지 발생한 사업소득의 결손금은 없다.

(3) 기본세율을 적용받는 금융소득에서 결손금과 이월결손금을 제한 없이 공제하는 것으로 한다.

① ₩0 ② ₩17,500,000 ③ ₩27,500,000
④ ₩29,000,000 ⑤ ₩32,500,000

	결손금공제 전	결손금공제	이월결손금공제	소득금액
1. 부동산임대업[*1]	₩15,000,000	△₩15,000,000	–	–
2. 근로소득금액	5,000,000	△5,000,000	–	–
3. 연금소득금액	6,000,000	△6,000,000	–	–
4. 기타소득금액	–			
5. 이자소득금액	5,000,000	△5,000,000	–	–
6. 배당소득금액	16,500,000	△4,000,000	△₩5,000,000	₩7,500,000
합 계	₩47,500,000	△₩35,000,000	△₩5,000,000[*3]	₩7,500,000
이자소득금액[*2]	₩20,000,000	–	–	₩20,000,000
합 계	₩67,500,000	△₩35,000,000	△₩5,000,000	₩27,500,000

*1. 일반사업(주거용건물 임대업 포함)의 결손금은 같은 사업소득(주거용건물 외 부동산임대업)에서 통산한 후 사업소득이 아닌 타소득에서 근로, 연금, 기타, 이자, 배당소득금액에서 순서대로 공제한다. cf) 주거용건물 외 부동산임대업의 결손금은 일반사업소득에서 통산할 수 없다.

2. 이자소득금액 중 원천징수세율을 적용받는 ₩20,000,000에서는 사업소득의 결손금을 공제할 수 없다.

· 종합과세 기준금액인 2,000만원의 구성순서 (① → ② → ③)
① 이자소득
② Gross-up 불가(법인단계요건 불충족) 배당소득
③ Gross-up 가능(법인단계요건 충족) 배당소득

3. 이월결손금 : △₩30,000,000 + ₩15,000,000(근로) + ₩6,000,000(연금) + ₩4,000,000(기타) = △₩5,000,000

4. 결손금 및 이월결손금을 공제할 때 해당 과세기간에 결손금이 발생하고 이월결손금이 있는 경우에는 그 과세기간의 결손금을 먼저 소득금액에서 공제한다. 구체적인 공제순서는 다음과 같다.
① 일반적인 사업소득(주거용 건물 임대업 포함)의 결손금
② 일반적인 사업소득(주거용 건물 임대업 포함)의 이월결손금
③ 부동산임대업(주거용 건물 임대업 제외)의 이월결손금 → 부동산임대업(주거용 건물 임대업 제외) 소득금액에서만 공제

인적공제액
중요도 ★★★★☆
난이도 ★★★☆☆

Memo

267 다음 자료를 이용하여 거주자 갑(남성이며 52세임)의 2026년도 종합소득과세표준 계산시 공제되는 인적공제액을 계산한 것으로 옳은 것은? (2014. CPA)

구 분	나 이	비 고
배우자	45세	소득 없음
부 친	80세	2026년 5월 20일 사망함
모 친	72세	소득 없음
장 인	68세	주거형편상 별거하고 있으며, 소득 없음
장 남	23세	장애인이며, 사업소득금액 ₩3,000,000 있음
장 녀	18세	소득 없음

① ₩9,500,000   ② ₩11,000,000
③ ₩12,500,000   ④ ₩13,000,000
⑤ ₩14,500,000

Key point!

① 기본공제○
→ 추가공제○
② 기본공제×
→ 추가공제×

구 분	기본공제	추가공제	인적공제
본인	○	–	
배우자	○	–	
부친	○	₩1,000,000(경로우대자)	
모친	○	1,000,000(경로우대자)	
장인[*1]	○	–	
장남[*2]	×	–	
장녀	○	–	
(₩1,500,000 × 6명)	+	₩2,000,000	= ₩11,000,000

*1. 거주자(그 배우자 포함)의 직계존속이 주거의 형편에 따라 별거하고 있는 경우에는 이를 생계를 같이하는 자로 한다.
2. 장남은 소득요건을 충족하지 못하였으므로 기본공제와 추가공제를 적용받을 수 없다.

정답 ②

268 근로소득이 있는 거주자 갑(여성)의 다음 자료를 바탕으로 2026년 종합소득공제 중 인적공제액을 계산한 것으로 옳은 것은? (2018, CPA)

(1) 본인 및 부양가족 현황

관계	연령	소득	비고
본 인	40세	근로소득금액 ₩28,000,000	
부 친	72세	없 음	2026년 10월 31일 사망
모 친	70세	기타소득금액 ₩4,000,000	
남 편	44세	총급여액 ₩4,500,000	
아 들	6세	없 음	
동 생	38세	없 음	장애인

(2) 본인과 부양가족은 주민등록표의 동거가족으로서 해당 과세기간 동안 동일한 주소에서 생계를 같이 하고 있다.

(3) 조세부담 최소화를 가정한다.

① ₩9,000,000   ② ₩9,500,000

③ ₩10,500,000   ④ ₩11,000,000

⑤ ₩12,500,000

구 분	기본공제	추가공제	인적공제
본인[*1]	○	₩500,000(부녀자공제)	
부친	○	1,000,000(경로우대자)	
모친[*2]	×	−	
남편	○	−	
아들	○	−	
동생[*3]	○	2,000,000(장애인)	
	(₩1,500,000 × 5명) +	₩3,500,000 =	₩11,000,000

*1. 배우자가 있는 여성으로서 종합소득금액이 3천만원 이하이므로 부녀자공제를 적용한다.

2. 모친은 종합소득금액이 100만원을 초과하므로 기본공제대상자에 해당하지 않는다.

3. 장애인은 나이의 제한을 받지 않으므로 소득요건 충족시 기본공제대상자에 해당한다.

269 거주자 갑의 2026년 종합소득공제 관련 자료이다. 갑의 종합소득공제 중 인적공제액으로 옳은 것은? (2021. CPA)

(1) 본인 및 부양가족 현황

구 분	나 이	소 득
본인(남성)	41세	총급여액 ₩50,000,000
부 친	83세	공무원연금 수령액 ₩30,000,000
모 친	78세	소득없음
아 들	10세	소득없음

(2) 배우자(41세, 소득없음)와 2026년 7월 1일 법적으로 이혼하였다.

(3) 부친은 연금보험료 소득공제를 받지 않았다.

(4) 모친은 희귀성난치질환등으로 인해 중단 없이 주기적인 치료가 필요한 장애인이다.

① ₩8,500,000   ② ₩9,500,000   ③ ₩10,000,000

④ ₩11,000,000   ⑤ ₩12,500,000

구 분	기본공제	추가공제	인적공제
본인	○	₩1,000,000(한부모공제)	
부친	○	1,000,000(경로우대자)	
모친	○	1,000,000(경로우대자) + 2,000,000(장애인)	
아들	○	–	
	(₩1,500,000×4명) +	₩5,000,000	= ₩11,000,000

*1. 과세기간 종료일 이전에 이혼하였으므로 종전의 배우자는 기본공제대상자에 해당되지 않는다.
  2. 본인은 배우자가 없는 사람으로서 기본공제대상자인 직계비속(또는 입양자)이 있으므로 한부모공제를 적용한다.
  3. 부친은 연금보험료 소득공제를 받지 않았으므로 공무원연금수령액이 전액 과세되지 않는다.

※ 참고(장애인의 범위)
장애인 추가공제 적용시 장애인은 다음의 어느 하나에 해당하는 자로 한다.
① 장애인복지법에 따른 장애인 및 장애아동 복지지원법에 따른 장애아동 중 기획재정부령으로 정하는 사람
② 국가유공자 등 예우 및 지원에 관한 법률에 의한 상이자 및 이와 유사한 사람으로서 근로능력이 없는 사람
③ 희귀성난치질환등 또는 이와 유사한 질병·부상으로 인해 중단 없이 주기적인 치료가 필요한 사람으로서 의료기관의 장이 취업·취학 등 일상적인 생활에 지장이 있다고 인정하는 사람

270 거주자 갑(41세 남성이며 일용근로자 아님)의 2026년 근로소득 및 소득공제 관련 자료이다. 종합소득 과세표준으로 옳은 것은? (2022. CPA)

종합소득공제액
중요도 ★★★☆☆
난이도 ★★★☆☆

Memo

(1) 근로소득 및 보험료 납부 내역

  ① 기본급 및 상여금: ₩65,000,000

  ② 여비(실비변상정도의 금액): ₩1,200,000

  ③ 국민연금보험료 본인부담분: ₩3,000,000(회사가 대신 부담)

  ④ 국민건강보험료 본인부담분: ₩4,000,000

(2) 부양가족 현황

  ① 배우자(41세): 국내은행 예금이자 ₩10,000,000이 있음

  ② 아들(11세): 장애인이며, 소득 없음

(3) 근로소득공제

총급여액	근로소득공제
4,500만원 초과 1억원 이하	1,200만원+(총급여액−4,500만원)×5%

① ₩38,500,000   ② ₩41,350,000   ③ ₩42,490,000

④ ₩42,850,000   ⑤ ₩44,350,000

---

(1) 근로소득금액(=종합소득금액) : ① − ② = ₩54,850,000

  ① 총급여

기본급 및 상여금	₩65,000,000	
여비	−	비과세 근로소득
국민연금보험료 대납분	3,000,000*	
합 계	₩68,000,000	

    * 회사가 근로자부담분을 대신 부담한 국민연금보험료는 근로자가 수령한 후 납입한 기여금으로 보아 근로소득에 포함하며 동시에 연금보험료공제대상에 해당한다.

  ② 근로소득공제 : ₩12,000,000 + (₩68,000,000 − ₩45,000,000) × 5% = ₩13,150,000

(2) 종합소득공제 : ① + ② + ③ = ₩13,500,000

  ① 인적공제

구 분	기본공제	추가공제	인적공제
본인	○	−	
배우자*	○	−	
아들	○	₩2,000,000(장애인)	
	(₩1,500,000×3명) +	₩2,000,000 =	₩6,500,000

    * 2천만원 이하의 금융소득은 분리과세되므로 배우자는 기본공제대상자에 해당한다.

  ② 특별소득공제(국민건강보험료) : ₩4,000,000

  ③ 연금보험료공제 : ₩3,000,000

(3) 종합소득과세표준 : ₩54,850,000 − ₩13,500,000 = ₩41,350,000

정답 ②

271 거주자 갑의 2026년 자료이다. 갑의 종합소득공제액은 얼마인가? (2019. CPA 수정)

(1) 본인 및 부양가족 현황은 다음과 같다.

관 계	연령	소 득
본인(여성)	38세	총급여액 ₩60,000,000
배우자	40세	고용보험법에 따라 수령한 육아휴직 급여 ₩6,000,000
부친	72세	일시적 강연으로 수령한 금액 ₩8,000,000
모친	67세	수도권 밖의 읍·면 지역에서 전통주를 제조함으로써 발생한 소득금액 ₩8,000,000
장남	16세	소득 없음
장녀(장애인)	5세	소득 없음

(2) 주택자금(갑은 무주택세대주임) 및 보험료의 지출내역은 다음과 같다.
① 주택임차자금의 원리금 상환액: ₩15,000,000(국민주택규모의 주택임차자금임)
② 국민건강보험료 및 노인장기요양보험료 본인부담분 ₩600,000
③ 국민연금보험료 본인부담분 ₩1,500,000을 납부하였음.

(3) 부친과 모친은 주거형편상 별거하고 있으며, 장남은 기숙사 생활로 별거하고 있다.

(4) 근로소득공제

총급여액	근로소득공제
4,500만원 초과 1억원 이하	1,200만원+(총급여액−4,500만원)×5%

① ₩7,500,000   ② ₩8,100,000   ③ ₩14,100,000
④ ₩15,600,000   ⑤ ₩17,100,000

---

(1) 인적공제액

구 분	기본공제	추가공제	인적공제
본인[*1]	○	–	
배우자[*2]	○	–	
부친[*3]	×	–	
모친[*4]	○	–	
장남[*5]	○	–	
장녀	○	₩2,000,000(장애인)	
	(₩1,500,000 × 5명) +	₩2,000,000 =	₩9,500,000

*1. 본인(여성)의 종합소득금액[**]이 3천만원을 초과하므로 부녀자공제를 적용받을 수 없다.
 ** 본인의 종합소득금액 : ₩60,000,000 − ₩12,750,000(근로소득공제) = ₩47,250,000
2. 육아휴직급여는 비과세 근로소득이므로 배우자의 종합소득금액은 ₩0이다.
3. 부친의 종합소득금액[**]이 100만원을 초과하므로 부친에 대한 기본공제 및 추가공제를 적용받을 수 없다.
 ** 부친의 종합소득금액 : ₩8,000,000 × (1 − 60%) = ₩3,200,000(3백만원 초과, 종합과세)
4. 수도권 밖의 읍·면 지역에서 전통주를 제조함으로써 발생한 소득금액의 합계액이 연 1,200만원 이하인 것은 비과세되므로 모친의 종합소득금액은 ₩0이다.
5. 배우자, 직계비속·입양자는 동거하지 않더라도 항상 생계를 같이하는 자로 본다.

(2) 특별소득공제 : ① + ② = ₩4,600,000
 ① 보험료공제 : ₩600,000
 ② 주택자금공제 : Min[₩15,000,000 × 40%, ₩4,000,000] = ₩4,000,000

(3) 연금보험료공제 : ₩1,500,000

(4) 종합소득공제액 : (1) + (2) + (3) = ₩15,600,000

272 근로소득이 있는 거주자 갑(남성)의 2026년 소득공제에 관한 자료이다. 갑의 인적공제와 신용카드 등 소득공제의 합계액으로 옳은 것은? *(2025. CPA 수정)*

신용카드소득공제
중요도 ★★★☆☆
난이도 ★★★★☆

Memo

(1) 갑의 2026년도 총급여(2026. 1. 1~12. 31) : ₩50,000,000
(2) 신용카드 등 사용내역

구 분	내 역
본인(29세)	· 대중교통 이용액 : ₩1,500,000 · 영화상영관 입장료 : ₩1,000,000 · 외국에서 사용한 신용카드 결제액 : ₩700,000 · 자동차세 신용카드 결제액 : ₩400,000 · 국내 백화점 물품 구입 신용카드 결제액 : ₩10,000,000
부친(72세)	· 병원비 신용카드 결제액 : ₩3,000,000
모친(65세)	· 전통시장 사용액 : ₩4,000,000
동생(20세)	· 직불카드 사용액 : ₩2,500,000

* 갑의 부양가족은 모두 소득이 없으며, 갑과 생계를 같이하고 있다.

① ₩6,100,000　　② ₩8,575,000　　③ ₩9,325,000

④ ₩9,575,000　　⑤ ₩10,325,000

---

1. 인적공제액 : ₩1,500,000 × 4명 + ₩1,000,000(경로우대자공제) = ₩7,000,000
   * 남성이므로 부녀자공제대상이 아니며, 기본공제대상자인 직계비속(입양자)가 없으므로 한부모공제 대상도 아니다. 경로우대자 및 장애인에도 해당하지 않는다.
2. 신용카드 등 소득공제
   (1) 신용카드 등 사용액

구 분	사용액[1]	최저사용액	공제대상	공제율	공제대상금액
전통시장	₩4,000,000	–	₩4,000,000	40%	₩1,600,000
대중교통비	1,500,000	–	1,500,000	40%	600,000
문화체육	1,000,000	–	1,000,000	30%	300,000
직불카드 등	–	–	–	30%	–
신용카드	13,000,000	₩12,500,000	500,000	15%	75,000
계	₩19,500,000	₩12,500,000[2]	₩7,000,000		₩2,575,000

　*1. 해외사용금액, 자동차세 결제액은 공제대상에서 제외된다. 또한 형제자매의 신용카드 등 사용액은 공제대상에서 제외된다.
　 2. ₩50,000,000 × 25% = ₩12,500,000
　 3. 해당 과세연도의 총급여액이 7천만원 이하이므로 문화체육 사용금액을 구분하여 신용카드사용액 등을 분석한다.
   (2) 신용카드소득공제액 : Min[①, ②] = ₩2,575,000
   　① ₩2,575,000
   　② 한도 : a + b = ₩5,500,000
   　 a. 기본한도 : ₩3,000,000
   　 b. 추가한도 : Min[(₩4,000,000 + ₩1,500,000) × 40% + ₩1,000,000 × 30%, ₩3,000,000]
   　 　= ₩2,500,000
3. 인적공제와 신용카드 등 소득공제의 합계액 : ₩7,000,000 + ₩2,575,000 = ₩9,575,000

Key point!
① 인적공제
② 신용카드소득공제

정답 ④

273 다음 자료는 근로소득이 있는 거주자 甲(50세)과 그 동거가족의 2026년도 신용카드 등 사용내역이다. 甲의 2026년도 근로소득에 대한 연말정산시 적용받게 될 신용카드 등 사용금액에 대한 소득공제액은 얼마인가? *(2004. CPA 수정)*

(1) 甲의 2026년도 총급여(2026. 1. 1~12. 31) : ₩150,000,000

(2) 동거가족현황

배우자 : ₩10,000,000의 총급여액이 있음

장　남 : 10세이며, 소득 없음

부　친 : 78세이며, 소득 없음

(3) 신용카드 사용내역(전통시장사용분 없음)

사용자	사용내역 및 금액	
본인	국내에서 물품구입에 사용한 금액*	₩74,500,000
본인	해외에서 물품구입에 사용한 금액	5,000,000
배우자	백화점카드 사용액	10,000,000
장남	대학등록금 납부액	5,000,000

* 국내 물품구입액에는 중고자동차 구입금액 ₩5,000,000이 포함되어 있다.

① ₩2,750,000　　　　② ₩1,200,000

③ ₩1,600,000　　　　④ ₩3,000,000

⑤ ₩4,875,000

---

(1) 신용카드 등 사용금액

① 본인 국내물품구입비	₩69,500,000	₩74,500,000 − ₩5,000,000 = ₩69,500,000
② 본인 중고자동차	500,000	₩5,000,000 × 10% = ₩500,000
③ 본인 해외물품구입비	–	해외사용금액은 공제대상에서 제외된다.
④ 배우자 백화점카드사용액	–	배우자는 소득요건을 충족하지 못하였다.
⑤ 장남 대학등록금 납부액	–	교육비는 공제대상에서 제외된다.
합 계	₩70,000,000	

(2) 신용카드소득공제액 : Min[①, ②] = ₩2,750,000

① (₩70,000,000 − ₩150,000,000 × 25%) × 15% = ₩4,875,000

② 한도* : ₩2,500,000 + ₩250,000(자녀 1명) = ₩2,750,000

　* 기본한도는 다음과 같이 적용한다.

구 분	7천만원 이하자	7천만원 초과자
자녀 0명	300만원	250만원
자녀 1명	350만원	275만원
자녀 2명 이상	400만원	300만원

① 총급여액 7천만원 이하자 : 법소정 자녀 및 손자녀 등 1명당 50만원(최대 100만원) 상향(개정)

② 총급여액 7천만원 초과자 : 법소정 자녀 및 손자녀 등 1명당 25만원(최대 50만원) 상향(개정)

274 다음 자료는 거주자 E의 2026년도 종합소득세 신고에 필요한 자료이다. 2027년 5월에 거주자 E가 종합소득세 신고를 하는 경우 추가로 납부할 세액은 얼마인가? (단, 거주자 E는 간편장부대상자로서 과세표준확정신고를 함에 있어 복식부기에 따라 기장하여 소득금액을 계산하였고, 법 소정의 성실사업자이다.)

(2006. CPA)

(1) 사업소득금액(국내사업소득임)	₩30,000,000
(2) 기타소득금액	30,000,000*
(3) 종합소득공제	4,600,000
(4) 사업소득금액에 대한 중간예납세액	1,200,000

*거래처의 계약위반으로 인하여 계약금이 위약금으로 대체된 금액임

(5) 기본세율 중 일부

종합소득과세표준	세 율
1,400만원 이하	과세표준의 100분의 6
1,400만원 초과 5,000만원 이하	84만원 + 1,400만원을 초과하는 금액의 100분의 15
5,000만원 초과 8,800만원 이하	624만원 + 5,000만원을 초과하는 금액의 100분의 24

① ₩2,208,800
② ₩2,318,000
③ ₩5,462,400
④ ₩6,472,200
⑤ ₩7,504,000

---

(1) 종합소득금액 : ₩30,000,000 + ₩30,000,000 = ₩60,000,000

(2) 과세표준 : ₩60,000,000 − ₩4,600,000(종합소득공제) = ₩55,400,000

(3) 산출세액 : ₩55,400,000 × 기본세율 = ₩7,536,000

(4) 세액공제 : ① + ② = ₩873,600
　① 기장세액공제 : Min[a, b] = ₩753,600
　　a. ₩7,536,000 × $\frac{₩30,000,000}{₩60,000,000}$ × 20% = ₩753,600
　　b. 한도 : ₩1,000,000
　② 표준세액공제 : ₩120,000(성실사업자)

(5) 결정세액 : ₩7,536,000 − ₩873,600 = ₩6,662,400

(6) 추가로 납부할 세액 : ₩6,662,400 − ₩1,200,000(중간예납세액) = ₩5,462,400

* 계약금이 위약금으로 대체된 금액은 원천징수대상이 아니므로 기납부세액으로 공제하는 원천징수세액은 없다.

정답 ③

275 근로소득만 있는 거주자 갑(40세)의 2026년 종합소득세 세액공제 관련 자료이다. 갑의 2026년 자녀세액공제액과 연금계좌세액공제액 및 월세세액공제액의 합계액으로 옳은 것은? (2020, CPA 수정)

(1) 갑의 근로소득 총급여액 : ₩30,000,000
(2) 갑의 기본공제대상자에 해당하는 자녀 나이 : 6세, 8세, 10세
   – 갑은 조세특례제한법상 자녀장려금 적용대상자가 아니며, 2026년에 입양 신고한 자녀는 없음
(3) 갑의 연금계좌 신규납입액
   ① 연금저축계좌 : ₩7,000,000
   ② 퇴직연금계좌 : ₩4,000,000
(4) 갑의 연금계좌 신규납입액 중 소득세가 원천징수되지 않은 퇴직소득 등 과세가 이연된 소득이나 다른 연금계좌로 계약을 이전함으로써 납입한 금액은 없다.
(5) 갑(무주택 세대주)이 국민주택임차를 위해 지급한 월세액 : ₩9,000,000

① ₩1,600,000   ② ₩1,750,000   ③ ₩1,900,000
④ ₩3,430,000   ⑤ ₩2,955,000

---

(1) 연금계좌세액공제 : Min[①, ②] × 15%* = ₩1,350,000
  ① Min[₩7,000,000, ₩6,000,000] + ₩4,000,000 = ₩10,000,000
  ② ₩9,000,000
    * 총급여액이 5,500만원 이하이므로 15%를 적용한다.

(2) 자녀세액공제 : ₩250,000 + ₩300,000 = ₩550,000(8세 이상 자녀 2명)
  * 자녀장려금은 소득세법에 따른 자녀세액공제와 중복하여 적용할 수 없다. → 자녀장려금 적용대상자가 아니므로 자녀세액공제를 적용한다.

(3) 월세세액공제*1 : Min[₩9,000,000, ₩10,000,000] × 17%*2 = ₩1,530,000
  *1. 해당 과세기간의 총급여액이 8천만원 이하인 근로소득자(해당 과세기간에 종합소득과세표준을 계산할 때 합산하는 종합소득금액이 7천만원을 초과하는 사람은 제외)이므로 월세세액공제 적용대상에 해당한다.
  2. 총급여액 5,500만원 이하(종합소득금액이 4,500만원을 초과하는 사람은 제외)이므로 17%를 적용한다.

(4) 합계액 : ₩3,430,000

276 (주)A에서 회계과장으로 근무중인 거주자 甲의 2026년 귀속 근로소득 연말정산 관련 자료이다. 근로소득 산출세액에서 공제되는 세액의 합계액은 얼마인가?

(2014. 세무사 수정)

세액공제
중요도 ★★★☆☆
난이도 ★★★☆☆

Memo

> (1) 2026년 귀속 근로소득금액은 ₩30,000,000이며, 근로소득 산출세액은 ₩4,000,000임
>
> (2) 2026년 중에 甲을 피보험자로 하는 생명보험의 보험료(보험료세액공제 대상임) 지급액은 ₩2,000,000임
>
> (3) 2026년 중에 본인의 대학등록금(교육비세액공제 대상임) 지출액은 ₩8,000,000임
>
> (4) 기본공제대상자인 자녀는 4명임(8세 미만의 미취학 자녀 2명 포함, 당해 출산자녀 1명 있음)
>
> (5) 근로소득세액공제액은 ₩660,000임

① ₩660,000 ② ₩2,780,000

③ ₩3,230,000 ④ ₩3,580,000

⑤ ₩4,000,000

---

(1) 보험료세액공제 : Min[₩2,000,000, ₩1,000,000(한도)] × 12% = ₩120,000

(2) 교육비세액공제 : ₩8,000,000 × 15% = ₩1,200,000

(3) 자녀세액공제 : ① + ② = ₩1,250,000

  ① 기본공제 : ₩250,000 + ₩300,000 = ₩550,000(8세 이상 자녀 2명)

  ② 출산·입양공제 : ₩700,000(넷째*)

  * 총자녀수 4명은 8세 이상 2명, 8세 미만 2명(출산자녀 포함)으로 구성되므로 출산자녀는 넷째이다.

(4) 근로소득세액공제 : ₩660,000

(5) 세액공제액 : (1) + (2) + (3) + (4) = ₩3,230,000(한도 ₩4,000,000)

Key point!

① 근로소득세액공제
② 자녀세액공제
③ 특별세액공제

정답 ③

277 근로소득만 있는 거주자 갑(일용근로자 아님)이 2026년 중 지출한 교육비 관련 자료이다. 갑의 교육비 세액공제액으로 옳은 것은?　　　(2021. CPA)

> (1) 본인(50세)의 대학원 등록금 ₩4,000,000을 납부하였다.
>
> (2) 아들(22세, 총급여액 ₩6,000,000)의 대학 등록금 ₩10,000,000을 납부하였으며, 회사로부터 아들의 대학 등록금에 대하여 학자금 ₩2,000,000을 지급받았다.
>
> (3) 딸(16세, 소득없음)의 중학교 교과서 대금 ₩100,000과 교복구입비 ₩300,000을 지출하였다.
>
> (4) 모친(75세, 소득없음)의 평생교육기관 교육비로 ₩500,000을 지출하였다.
>
> (5) 아들, 딸, 모친은 갑과 생계를 같이하고 있다.

① ₩1,710,000　　② ₩1,860,000　　③ ₩2,010,000

④ ₩2,085,000　　⑤ ₩2,160,000

---

(1) 본인 교육비 : ₩4,000,000

(2) 아들 교육비[*1] : Min[₩10,000,000[*2], ₩9,000,000] = ₩9,000,000

　　*1. 교육비세액공제의 소득요건이 폐지되었으므로 소득이 있더라도 교육비세액공제 대상에 포함된다.(개정)

　　　2. 자녀학자금은 근로소득으로 과세되므로 교육비세액공제대상 교육비에 포함된다.

(3) 딸 교육비 : Min[₩400,000[*], ₩3,000,000] = ₩400,000

　　* ₩100,000(교과서 대금) + Min[₩300,000(교복비), ₩500,000] = ₩400,000

(4) 교육비세액공제액 : (₩4,000,000 + ₩9,000,000 + ₩400,000) × 15% = ₩2,010,000

　　* 모친(직계존속)에 대한 평생교육기관 교육비는 교육비세액공제대상 교육비에서 제외된다.

278 다음은 소득세법상 근로소득이 있는 거주자 甲이 지출한 2026년 교육비 자료이다. 이 자료에 의해 계산한 교육비세액공제액은? (단, 甲은 일용근로자가 아니며, 가족 모두 기본공제대상자이고 학자금 대출을 받지 아니함)

(2020. 세무사)

교육비세액공제
중요도 ★★★☆☆
난이도 ★★★☆☆

Memo

> (1) 甲의 2026년 귀속 총급여액: ₩100,000,000임
>
> (2) 본인: 대학원(4학기 교육과정) 수업료 ₩10,000,000을 지출하였으며, 이 중 회사에서 ₩3,000,000의 학자금(소득세 비과세)을 지원받음
>
> (3) 배우자: 대학원(4학기 교육과정) 수업료 ₩7,000,000을 지출함
>
> (4) 아들(15세 중학생): 초 · 중등교육법 제2조에 따른 학교에서 실시하는 방과 후 학교 수업료 ₩1,500,000 및 교복구입비용 ₩700,000을 지출함
>
> (5) 딸(5세): 유아교육법 제2조 제2호에 따른 유치원 수업료 ₩2,200,000 및 특별활동비 ₩1,800,000을 지출함

① ₩1,630,000
② ₩1,750,000
③ ₩1,800,000
④ ₩1,950,000
⑤ ₩2,105,000

---

(1) 본인교육비 : ₩10,000,000 − ₩3,000,000[*] = ₩7,000,000
   [*] 소득세 또는 증여세가 비과세되는 장학금 또는 학자금에 해당하는 교육비는 교육비세액공제를 적용하지 않는다.

(2) 아들 : Min[₩2,000,000[*], ₩3,000,000] = ₩2,000,000
   [*] ₩1,500,000 + Min[₩700,000(교복비), ₩500,000] = ₩2,000,000

(3) 딸 : Min[₩4,000,000[*], ₩3,000,000] = ₩3,000,000
   [*] ₩2,200,000 + ₩1,800,000 = ₩4,000,000

(4) 교육비세액공제액 : (₩7,000,000 + ₩2,000,000 + ₩3,000,000) × 15% = ₩1,800,000
   [*] 배우자의 대학원 수업료는 교육비세액공제대상 교육비에서 제외된다.

정답 ③

279 다음은 근로자(일용근로자 아님)인 거주자 갑의 2026년 교육비와 관련된 자료이다. 거주자 갑의 교육비 세액공제액으로 옳은 것은? (단, 갑을 제외한 다른 사람의 소득은 없으며, 세부담 최소화를 가정한다.) *(2017. CPA)*

지출대상	연령	교육비 명세	금액	비고
본인(갑)	46세	대학 등록금	₩4,000,000	총급여액 ₩80,000,000 (다른 종합소득 없음)
배우자	42세	대학원 등록금	8,200,000	
장녀	14세	중학교에서 구입한 교과서 대금	200,000	
		방과후 학교 수업료 및 특별활동비	1,900,000	
		교복구입비용	650,000	
		사설 영어학원 수강료	1,400,000	
장남	5세	유치원 교육비	2,500,000	
		관련법률에 의한 체육시설 수강료	1,200,000	주당 2회 실시하는 과정

① ₩1,290,000   ② ₩1,440,000

③ ₩1,545,000   ④ ₩1,890,000

⑤ ₩2,790,000

(1) 본인교육비 : ₩4,000,000

(2) 장녀교육비 : Min[₩2,600,000*, ₩3,000,000] = ₩2,600,000
   * ₩200,000 + ₩1,900,000 + Min[₩650,000(교복비), ₩500,000] = ₩2,600,000

(3) 장남교육비 : Min[₩3,700,000*, ₩3,000,000] = ₩3,000,000
   * 취학전 아동이므로 학원수강료(1주 1회 이상 실시하는 과정만 해당)도 교육비세액공제대상 교육비에 포함된다.

(4) 교육비세액공제액 : (₩4,000,000 + ₩2,600,000 + ₩3,000,000) × 15% = ₩1,440,000
   * 배우자의 대학원등록금 및 장녀(중학생)의 사설 영어학원 수강료는 교육비세액공제대상 교육비에 해당하지 않는다.

정답 ②

280 다음은 근로소득이 있는 거주자 갑(50세 남성이며 일용근로자에 해당하지 않음)의 2026년도 종합소득세와 관련된 자료이다. 갑의 2026년도 특별세액공제와 종합소득공제로 옳은 것은? *(2011. CPA 수정)*

특별세액공제
중요도 ★★★☆☆
난이도 ★★★☆☆

Memo

(1) 갑의 총급여액은 ₩50,000,000이다.

(2) 갑과 생계를 같이 하는 부양가족은 부친(75세), 배우자(45세), 장남(19세), 차남(17세), 장녀(22세)가 있으며 이들은 모두 아무런 소득이 없고 장애인에 해당하지 않는다. 갑과 부양가족의 나이는 2026년도말 현재 기준이다.

(3) 보험료, 의료비 및 교육비 지출내역은 다음과 같다.

가. 국민연금법에 의하여 갑 본인이 부담한 연금보험료 : ₩3,000,000

나. 국민건강보험법에 의하여 갑 본인이 부담한 건강보험료 : ₩3,400,000

다. 장녀의 질병치료비 : ₩9,000,000*

　　* 보험회사로부터 실손의료보험금 ₩5,000,000을 지급받음

라. 배우자의 성형수술비용 : ₩5,000,000

마. 배우자의 난임시술비 : ₩800,000

바. 장남의 대학교 수업료 납부액 : ₩10,000,000

사. 배우자의 영어학원비 납부액 : ₩2,000,000

(4) 갑은 종합소득공제 및 특별세액공제를 받기 위하여 필요한 모든 증빙자료를 제출하였다.

	특별세액공제	종합소득공제
①	₩1,965,000	₩14,900,000
②	1,965,000	15,600,000
③	1,476,000	13,900,000
④	1,476,000	15,900,000
⑤	1,562,000	14,900,000

I. 종합소득공제 : (1) + (2) + (3) = ₩14,900,000

(1) 인적공제금액 : ① + ② = ₩8,500,000

　① 기본공제 : ₩1,500,000 × 5인(본인, 부친, 배우자, 장남, 차남) = ₩7,500,000

　　* 장녀는 20세를 초과하므로 기본공제대상자에 해당하지 않는다.

　② 추가공제 : ₩1,000,000 × 1인(경로우대) = ₩1,000,000

(2) 특별소득공제 : ₩3,400,000(보험료공제)

(3) 연금보험료공제 : ₩3,000,000

II. 특별세액공제 : (1) + (2) = ₩1,965,000

(1) 의료비세액공제 : ① × 30% + ② × 15% = ₩615,000

　① 난임시술비 : ₩800,000

　　* 배우자의 성형수술비용은 공제대상 의료비에 해당하지 않는다.

　② 일반의료비 : Min[₩4,000,000* − ₩50,000,000 × 3%, ₩7,000,000] = ₩2,500,000

　　* ₩9,000,000 − ₩5,000,000(실손의료보험금) = ₩4,000,000

(2) 교육비세액공제 : Min[₩10,000,000, ₩9,000,000] × 15% = ₩1,350,000

　* 배우자의 영어학원비는 공제대상 교육비에 해당하지 않는다.

Key point!

I. 종합소득공제
① 인적공제
② 특별소득공제
③ 연금보험료공제

II. 특별세액공제
① 보험료세액공제
② 의료비세액공제
③ 교육비세액공제
④ 기부금세액공제

정답 ①

281 근로소득이 있는 거주자 갑(일용근로자 아님)의 2026년 세액공제에 관한 자료이다. 갑의 특별세액공제 금액으로 옳은 것은? (2025. CPA)

(1) 본인 및 부양가족 현황(부양가족은 갑과 생계를 같이함)

구 분	나 이	내 역
본인	50세	총급여액 ₩60,000,000
배우자	45세	소득 없음
딸	15세	장애인, 소득 없음

(2) 갑의 지출 내역(교육비는 지원금 차감 전 금액임)

구 분	내 역
본인	· 직업능력개발훈련교육비* : ₩1,200,000 　* 고용보험법에 따라 ₩1,000,000을 지원받음 · 시력보정용 안경 구입비 : ₩800,000
배우자	· 생명보험료(보장성보험) : ₩500,000
딸	· 장애인특수교육비* : ₩5,000,000 　* 장애아동복지지원법에 따라 ₩3,000,000을 지원받음 · 장애인 전용 보장성 보험료 : ₩1,200,000 · 장애인 보장구 구입비 : ₩2,000,000

① ₩615,000   ② ₩645,000   ③ ₩690,000

④ ₩705,000   ⑤ ₩885,000

Key point!

교육비 세액공제
→ 고용보험법, 장애아
동복지지원법에 따라
지원받은 금액 제외

(1) 보험료 세액공제 : ① × 15% + ② × 12% = ₩210,000

　① 장애인 전용 보장성 보험료 : Min[₩1,200,000(배우자), ₩1,000,000(한도)] = ₩1,000,000

　② 일반 보장성 보험료 : Min[₩500,000(배우자), ₩1,000,000(한도)] = ₩500,000

(2) 교육비 세액공제 : (① + ②) × 15% = ₩330,000

　① 본인 교육비 : ₩1,200,000 − ₩1,000,000(지원받은 금액) = ₩200,000

　② 장애인 특수교육비 : ₩5,000,000 − ₩3,000,000(지원받은 금액) = ₩2,000,000

(3) 의료비 세액공제 : (① + ②) × 15% = ₩105,000

　① 특정의료비 : ₩500,000(본인) + ₩2,000,000(장애인) = ₩2,500,000

　② 일반의료비 : ₩0 − ₩60,000,000 × 3% = △₩1,800,000

(4) 특별세액공제 : (1) + (2) + (3) = ₩645,000

정답 ②

282 다음은 거주자 甲(2026년도 중 계속 근로자임)이 기본공제대상자를 위하여 2026년에 지출한 의료비 내역이다. 2026년 귀속 의료비 세액공제액은 얼마인가? (단, 주어진 자료 이외에는 고려하지 않음)

(2018. 세무사 수정)

(1) 연 급여 : ₩35,000,000(비과세급여 ₩3,000,000 포함)

(2) 본인(34세)을 위한 시력보정용 안경 구입비 : ₩800,000

　　본인의 국외 치료비 : ₩4,000,000

(3) 배우자(32세)를 위한 치료목적 한약비 : ₩1,000,000

　　배우자를 위한 난임시술비(모자보건법에 따른 보조생식술에 소요된 비용) : ₩3,000,000

(4) 장남(5세)을 위한 건강진단비 : ₩400,000

(5) 차남(2026년 11월 1일 출생)을 위한 미숙아 의료비* : ₩800,000

　　* 보건소장 또는 의료기관의 장이 특별한 의료적 관리와 보호가 필요하다고 인정함에 따라 지급한 의료비에 해당한다.

(6) 부친(67세)에 대한 질병 치료비 : ₩700,000

(7) 모친(장애인, 62세)을 위한 장애인 보장구 구입비 : ₩200,000

(8) 부양가족은 모두 생계를 같이 하고 있으며 소득은 없다.

(9) 부양가족은 다른 근로자의 기본공제대상이 아니고, 본인 국외 치료비를 제외한 다른 의료비는 모두 국내 의료기관 등에 지출한 금액이며, 의료비 세액공제액 외 다른 세액공제 및 표준세액공제는 적용하지 않는다.

① ₩726,000　　　　　　② ₩831,000

③ ₩1,336,000　　　　　④ ₩1,431,000

⑤ ₩1,476,000

- 의료비세액공제 : ① × 30% + ② × 20% + (③ + ④) × 15% = ₩1,336,000

① 난임시술비 : ₩3,000,000
② 미숙아·선천성이상아 의료비 : ₩800,000
③ 특정의료비 : ₩500,000[*1](본인) + ₩400,000(6세 이하인 자) + ₩700,000(65세 이상자) + ₩200,000(장애인) = ₩1,800,000
④ 일반의료비 : Min[(₩1,000,000[*2] − ₩32,000,000[*3] × 3%), ₩7,000,000] = ₩40,000
　*1. 안경·콘택트렌즈 구입비용은 1인당 연 50만원을 한도로 한다.
　2. 치료목적 한약비는 의료비 세액공제대상 의료비에 포함된다.
　3. 총급여액 : ₩35,000,000 − ₩3,000,000(비과세소득) = ₩32,000,000
　4. 국외의료비는 공제대상 의료비에 해당하지 않는다.

283 거주자인 근로자 甲(2026년도 중 계속근로자임)의 2026년도 자료를 기초로 의료비 세액공제액을 계산하면 얼마인가?

(2015. 세무사 수정)

(1) 甲의 급여총액 ₩40,000,000(비과세소득 ₩2,400,000 포함)

(2) 의료비 지출내역은 다음과 같다.
　① 본인의 정밀 건강진단비 ₩500,000, 미용·성형수술비 ₩1,000,000
　② 부친(60세)의 결핵 치료비 ₩2,000,000
　③ 배우자(장애인)의 장애재활치료비 ₩5,000,000
　④ 대학생인 장남(22세)의 시력보정용 안경과 콘택트렌즈 구입비 ₩1,200,000
　⑤ 외국 유학중인 장녀(20세)의 국외에서의 치료비 ₩1,500,000

① ₩1,030,800　　　　　　　② ₩1,125,000

③ ₩1,135,800　　　　　　　④ ₩1,200,000

⑤ ₩1,360,800

Key point!

의료비세액공제
제외대상 의료비
① 미용·성형수술비
② 건강증진의약품
③ 국외의료비
④ 실손의료보험금

정답 ①

• 의료비 세액공제액 : (① + ②) × 15% = ₩1,030,800

① 특정의료비 : ₩500,000(본인) + ₩2,000,000(결핵환자) + ₩5,000,000(장애인) = ₩7,500,000

② 일반의료비 : Min[₩500,000[*1] - ₩37,600,000[*2] × 3%, ₩7,000,000] = △₩628,000

　*1. 안경·콘택트렌즈 구입비용은 1인당 연 50만원을 한도로 한다.
　　2. 총급여액 : ₩40,000,000 - ₩2,400,000(비과세소득) = ₩37,600,000
　　3. 미용·성형수술비 및 국외의료비는 공제대상 의료비에 해당하지 않는다.

284 다음은 근로자(일용근로자 아님)인 거주자 갑의 2026년 의료비 세액공제액을 산출하기 위한 자료이다. 근로자 갑의 2026년 의료비 세액공제액을 두 가지 상황별로 계산한 것으로 옳은 것은? (단, 각 상황은 상호 독립적이다.) *(2015. CPA)*

의료비세액공제
중요도 ★★★☆☆
난이도 ★★★☆☆

Memo

(1) 근로자 갑(41세)의 2026년 총급여액 : ₩50,000,000(다른 소득 없음)

(2) 부양가족은 부친(71세, 소득없음), 배우자(40세, 소득없음)이며 모두 생계를 같이 하고 장애인은 없음

(3) 2026년 중 의료비 지급명세

구 분	내 역
지출1	병원치료비 ₩8,000,000, 건강증진 영양제 구입비 ₩1,500,000
지출2	건강진단비 ₩4,000,000, 치료의약품 구입비 ₩6,200,000
지출3	시력보정용 안경구입비 ₩800,000, 해외여행시 지출한 현지 의료비 ₩1,500,000

(4) 상황 구분

상황1 : 지출1은 근로자 갑을 위한 지출이고, 지출2는 부친을 위한 지출이며, 지출3은 배우자를 위한 지출인 경우

상황2 : 지출1은 부친을 위한 지출이며, 지출2와 지출3은 배우자를 위한 지출인 경우

	상황1	상황2
①	₩2,730,000	₩2,580,000
②	2,730,000	2,280,000
③	2,730,000	2,250,000
④	2,580,000	2,580,000
⑤	2,580,000	2,250,000

---

(1) 상황1 의료비 세액공제액 : (① + ②) × 15% = ₩2,580,000
  ① 특정의료비 : ₩8,000,000(본인) + ₩10,200,000(65세 이상자) = ₩18,200,000
  ② 일반의료비 : Min[₩500,000 - ₩50,000,000 × 3%, ₩7,000,000] = △₩1,000,000

(2) 상황2 의료비 세액공제액 : (① + ②) × 15% = ₩2,250,000
  ① 특정의료비 : ₩8,000,000(65세 이상자)
  ② 일반의료비 : Min[(₩10,200,000 + ₩500,000) - ₩50,000,000 × 3%, ₩7,000,000]
       = ₩7,000,000
  *1. 건강증진 의약품 구입비와 국외 의료비는 공제대상 의료비에 해당하지 않는다.
   2. 안경 · 콘택트렌즈 구입비용은 1인당 연 50만원을 한도로 한다.

Key point!

안경 · 콘택트렌즈
1인당 50만원 한도

정답 ⑤

285 다음은 거주자 갑의 2026년도 보험료 및 의료비 지급내역이다. 거주자 갑의 보험료 및 의료비 관련 세액공제액을 두 가지 상황별로 각각 계산한 것으로 옳은 것은? (단, 각 상황은 상호 독립적이다.) (2016. CPA)

(1) 부양가족은 배우자(35세, 소득없음), 부친(63세, 소득없음), 자녀(5세, 장애인, 소득없음)이며 모두 생계를 같이 하고 있다.

(2) 보험료 지급내역

대상	내역	지출액
본인	자동차보험료	₩400,000
부친	상해보험료	600,000
자녀	장애인전용상해보험료	1,000,000

(3) 의료비 지급내역(의료비는 모두 국내지급분임)

대상	내역	지출액
본인	질병치료비	₩1,000,000
배우자	난임시술비	2,500,000
부친	건강진단비	1,000,000

(4) 상황 구분

　　상황1 : 갑은 근로소득(총급여액 ₩50,000,000, 일용근로자 아님)만 있으며, 항목별 특별세액공제를 적용받는 경우

　　상황2 : 갑은 사업소득(사업소득금액 ₩50,000,000)만 있으며, 조세특례제한법상 성실사업자로서 의료비 등 공제를 적용받는 경우

	상황1	상황2
①	₩1,095,000	₩120,000
②	1,095,000	825,000
③	1,095,000	720,000
④	795,000	120,000
⑤	795,000	825,000

1. 상황1 세액공제액 : (1)+(2) = ₩1,095,000

  (1) 보험료세액공제 : ① × 15% + ② × 12% = ₩270,000

    ① 장애인보장성보험료 : Min[₩1,000,000(자녀), ₩1,000,000(한도)] = ₩1,000,000

    ② 일반보장성보험료 : Min[₩1,000,000*, ₩1,000,000(한도)] = ₩1,000,000

      * ₩400,000(자동차보험료) + ₩600,000(부친 상해보험료) = ₩1,000,000

  (2) 의료비세액공제 : ① × 30% + (② + ③) × 15% = ₩825,000

    ① 난임시술비 : ₩2,500,000

    ② 특정의료비 : ₩1,000,000(본인)

    ③ 일반의료비 : Min[(₩1,000,000 − ₩50,000,000 × 3%), ₩7,000,000] = △₩500,000

2. 상황2 세액공제액 : (1)+(2) = ₩825,000

  (1) 보험료세액공제 : ₩0

    * 조세특례제한법상 성실사업자의 경우 의료비 · 교육비세액공제는 적용받을 수 있으나, 보험료세액공제는 적용받을 수 없다.

  (2) 의료비세액공제 : ① × 30% + (② + ③) × 15% = ₩825,000

    ① 난임시술비 : ₩2,500,000

    ② 특정의료비 : ₩1,000,000(본인)

    ③ 일반의료비 : Min[(₩1,000,000 − ₩50,000,000 × 3%), ₩7,000,000] = △₩500,000

Key point!

조세특례제한법상 성실사업자
→ 보험료세액공제×

정답 ②

286 거주자 갑에 대한 다음의 자료를 이용하여 거주자 갑의 2026년 기부금세액공제액을 계산하면 얼마인가? (단, 기부금세액공제액은 전액 종합소득산출세액에서 공제 가능한 것으로 가정한다.) (2009. CPA 수정)

(1) 2026년의 기부금 지출내역은 다음과 같다.

　　가. 사립대학에 시설비(특례기부금)로 ₩35,000,000을 지출하였다.

　　나. 국방헌금(특례기부금)으로 ₩20,000,000을 지출하였다.

　　다. 사회복지법인(일반기부금)에 ₩10,000,000을 지출하였다.

　　라. 종교단체에 대한 헌금으로 ₩8,000,000을 지출하였다.

(2) 2026년의 종합소득금액으로는 국외예금이자 ₩20,000,000과 근로소득금액 ₩80,000,000이 있다.

① ₩9,375,000　　　　　　　　② ₩10,750,000

③ ₩17,250,000　　　　　　　　④ ₩23,255,000

⑤ ₩25,250,000

`Key point!`

기부금세액공제율
① 1,000만원 이하분
→15%
② 1,000만원 초과분
→ 30%

(1) 기부금의 구분

구　분	특례기부금	일반기부금
① 사립대학의 시설비	₩35,000,000	–
② 국방헌금	20,000,000	–
③ 사회복지법인	–	₩10,000,000
④ 종교단체에 대한 헌금	–	8,000,000
합 계	₩55,000,000	₩18,000,000

(2) 기부금세액공제대상 기부금 : ① + ② = ₩62,500,000
　① 특례기부금 : ₩55,000,000
　② 일반기부금 : Min[a, b] = ₩7,500,000
　　a. 일반기부금 지출액 : ₩18,000,000
　　b. 한도 : ₩25,000,000* × 10% + Min[₩10,000,000(종교단체 외 일반기부금), ₩25,000,000* × 20%]
　　　 = ₩7,500,000
　　　 * ₩100,000,000 − ₩20,000,000(원천징수세율적용 금융소득) − ₩55,000,000(특례기부금)
　　　 = ₩25,000,000

(3) 기부금 세액공제액 : ₩10,000,000 × 15% + (₩62,500,000 − ₩10,000,000) × 30%

　 = ₩17,250,000

287 다음의 자료를 이용하여 내국법인 ㈜A에서 경리부장으로 2022년 7월 1일부터 2026년 9월 30일까지 근무하고 퇴직한 거주자 갑의 퇴직소득산출세액을 계산한 것으로 옳은 것은? (2020. CPA)

(1) 갑은 ㈜A에서 퇴직하면서 퇴직급여 ₩30,000,000을 수령하였으며, 퇴직공로금으로 ₩8,500,000을 별도 수령하였다.

(2) 근속연수공제 : 근속연수가 5년 이하인 경우 100만원×근속연수

(3) 환산급여공제

환산급여		공제액
800만원 초과 7,000만원 이하		800만원 + 800만원 초과분의 60%
7,000만원 초과 1억원 이하		4,520만원 + 7,000만원 초과분의 55%

(4) 기본세율

과세표준		세 율
1,400만원 이하		과세표준의 6%
1,400만원 초과 5,000만원 이하		84만원 + 1,400만원 초과액의 15%
5,000만원 초과 8,800만원 이하		624만원 + 5,000만원 초과액의 24%

① ₩612,000   ② ₩1,060,000   ③ ₩1,249,000

④ ₩1,317,500   ⑤ ₩1,586,500

---

(1) 퇴직소득 과세표준 : ① − ② = ₩29,480,000

① 환산급여 : $(₩38,500,000 - ₩5,000,000^*) \times \dfrac{12}{5년} = ₩80,400,000$

    * 근속연수공제 : ₩1,000,000 × 5년(1년 미만은 1년으로 봄)

② 환산급여공제 : ₩45,200,000 + (₩80,400,000 − ₩70,000,000) × 55% = ₩50,920,000

(2) 산출세액 : $(₩29,480,000 \times 기본세율) \times \dfrac{5년}{12}$ = ₩1,317,500

288 2011.1.20. 입사하여 (주)A의 전무이사로 근무하다가 2026.2.20. 퇴직한 거주자 甲의 다음 자료로 소득세법상 임원퇴직소득 한도액(ㄱ)과 퇴직소득금액(ㄴ)을 각각 계산한 것으로 옳은 것은? (단, 제시된 금액은 원천징수 전 금액이고 원천징수는 적법하게 이루어졌으며, 금액 계산의 경우 원단위 미만에서 반올림함) (2025. 세무사)

> (1) 甲은 퇴직하면서 임원퇴직급여지급규정에 따라 (주)A로부터 퇴직금 ₩450,000,000과 퇴직위로금 ₩14,000,000을 지급받았으며, 국민연금법에 따라 받은 과세대상 일시금은 ₩20,000,000이다.
>
> (2) 2019.12.31.부터 소급하여 3년간 지급받은 총급여의 연평균환산액은₩96,000,000이다.
>
> (3) 퇴직일부터 소급하여 3년간 지급받은 총급여의 연평균환산액은 ₩120,000,000이다.
>
> (4) 甲이 정관의 위임에 따른 임원퇴직급여지급규정에 따라 2011.12.31.에 퇴직하였다고 가정할 때 지급받을 퇴직급여는 ₩35,000,000이다.
>
> (5) 선택 가능한 경우 근로소득금액이 적게 계산되는 방법을 선택하기로 한다.

① ㄱ: ₩339,600,000, ㄴ: ₩394,600,000
② ㄱ: ₩339,600,000, ㄴ: ₩433,400,000
③ ㄱ: ₩378,400,000, ㄴ: ₩374,600,000
④ ㄱ: ₩378,400,000, ㄴ: ₩389,400,000
⑤ ㄱ: ₩378,400,000, ㄴ: ₩433,400,000

---

1. 소득세법상 임원퇴직소득 한도액 : ① + ② = ₩378,400,000

① 2019년말 이전 : ₩96,000,000 × $\frac{1}{10}$ × 8년(2012년초~2019년말) × 3배 = ₩230,400,000

② 2020년 이후 : ₩120,000,000 × $\frac{1}{10}$ × $\frac{74개월}{12개월}$ × 2배 = ₩148,000,000

2. 퇴직소득금액 : ① + ② + ③ = ₩433,400,000

① 국민연금법에 따라 받은 과세대상 일시금 : ₩20,000,000

② 2011년말까지의 퇴직급여 : ₩35,000,000

  * 2011년말까지의 퇴직급여 : Max[a, b] = ₩35,000,000

  a. (₩450,000,000 + ₩14,000,000) × $\frac{12개월}{182개월}$ = ₩30,593,406

  b. ₩35,000,000

③ 2012년 이후 퇴직급여 중 한도내 금액 : Min[a, b] = ₩378,400,000

  a. 2012년 이후 퇴직급여 : ₩464,000,000 − ₩35,000,000 = ₩429,000,000

  b. 한도 : ₩378,400,000

양도차손통산
중요도 ★★★☆☆
난이도 ★★★★☆

Memo

289 거주자 갑의 2026년 양도소득에 관한 자료이다. 양도소득세 확정신고시 창고건물의 과세표준으로 옳은 것은? (2024. CPA)

(1) 양도 내역(△는 차손)*

구분	종류	양도차익	보유기간	등기여부
A	창고건물	₩50,000,000	5년	미등기
B	상가건물	62,000,000	1년 8개월	등기
C	토지	△100,000,000	1년 10개월	등기
D	토지	50,000,000	5년 6개월	등기
E	비상장주식**	△30,000,000	3년	-

* 양도순서는 A, B, C, D, E이며, 토지는 비사업용 토지가 아님

** 중소기업주식이며, 갑은 대주주에 해당하지 않음

(2) 장기보유특별공제율: 10%(보유기간 5년 이상 6년 미만)

① ₩26,000,000 ② ₩27,500,000 ③ ₩30,000,000

④ ₩42,500,000 ⑤ ₩45,000,000

Key point!

양도차손 그룹별통산
1차 통산 동일세율
2차 통산 다른세율
→ 양도소득금액 비율

(단위 : 백만원)

구분	1그룹				2그룹
	70%	40%	40%	기본세율	10%
	창고건물	상가건물	토지	토지	비상장주식
양도차익(차손)	₩50	₩62	△₩100	₩50	△₩30
장기보유특별공제	-	-	-	△5*1	-
양도소득금액	₩50	₩62	△₩100	₩45	△₩30
양도차손의 1차공제	-	△62*2	62	-	-
합계	₩50	-	△₩38	₩45	△₩30
양도차손의 2차공제	△20*3	-	38	△18*3	-
공제후 양도소득금액	₩30	-	-	₩27	△₩30
양도소득기본공제	-	-	-	△2.5*4	-
양도소득 과세표준	₩30			₩24.5	△₩30

*1. ₩50,000,000 × 10%(5년 이상 6년 미만) = ₩5,000,000 → 3년 이상 보유한 등기된 토지이므로 장기보유특별공제를 적용한다.

2. 동일그룹 내의 동일한 세율을 적용받는 자산의 양도소득금액에서 1차 공제한다.

3. 1차공제 후 남을 잔액을 동일그룹 내의 다른 세율을 적용받는 자산의 양도소득금액의 비율로 안분하여 양도차손을 공제한다.

4. 미등기자산(창고건물)은 양도소득기본공제를 적용하지 않으므로 등기된 자산(토지)의 양도소득금액에서 양도소득기본공제를 차감한다.

정답 ③

290 거주자 甲이 양도한 자산에 관한 다음 자료에 따른 자산별 양도차익은?(단, 주어진 자료 외의 다른 사항은 고려하지 않음) (2023. 세무사)

양도차익
중요도 ★★★☆☆
난이도 ★★★☆☆

Memo

(1) 甲의 주식양도 및 취득현황

구분		주택(미등기)	토지
취득일		2017. 5. 30.	2022. 4. 19.
양도일		2026. 7. 20.	2026. 9. 10.
취득당시	실지거래가액	–	–
	매매사례가액	₩287,000,000	–
	감정가액	280,000,000	–
	기준시가	180,000,000	₩30,000,000
양도당시	실지거래가액	₩500,000,000	–
	매매사례가액	410,000,000	₩50,000,000
	감정가액	400,000,000	–
	기준시가	300,000,000	60,000,000
자본적지출·양도비		₩8,000,000	₩3,000,000

① 주택 ₩149,460,000, 토지 ₩22,000,000
② 주택 ₩199,460,000, 토지 ₩22,000,000
③ 주택 ₩199,460,000, 토지 ₩24,100,000
④ 주택 ₩207,600,000, 토지 ₩24,100,000
⑤ 주택 ₩212,460,000, 토지 ₩24,100,000

---

1. 주택(미등기)

① 양도가액		₩500,000,000	실지거래가액
② 취득가액		(287,000,000)	매매사례가액
③ 기타필요경비*		(540,000)	₩180,000,000(기준시가) × 0.3%
④ 양도차익		₩212,460,000	

* 취득가액이 매매사례가액·감정가액·환산취득가액·기준시가로 결정된 경우에는 필요경비개산공제액을 필요경비로 하여 양도차익을 계산한다. 또한, 미등기양도자산에 대하여는 1세대 1주택 비과세에 관한 규정을 원칙적으로 적용하지 않으며, 필요경비개산공제율을 축소하여 적용한다.

2. 토지

① 양도가액		₩50,000,000	매매사례가액
② 취득가액*		(25,000,000)	$₩50,000,000 \times \dfrac{₩30,000,000}{₩60,000,000}$
③ 기타필요경비*		(900,000)	₩30,000,000(기준시가) × 3%
④ 양도차익		₩24,100,000	

* Max[①, ②] = ₩25,900,000

① 환산취득가액 + 필요경비개산공제 : ₩25,000,000 + ₩900,000 = ₩25,900,000

② 자본적지출액 + 양도비용 : ₩3,000,000

Key point!

필요경비개산공제
(미등기자산은 기준시가의 0.3%)

정답 ⑤

291 다음 자료에 의하여 거주자 최대한 씨의 토지 양도차익을 산정하면 얼마인가?

(2003. 세무사)

(1) 해당 토지의 양도당시(양도일 : 2026. 4. 4)의 실지거래가액은 5억원이며, 양도당시의 개별공시지가는 3억원이다.

(2) 해당 토지의 취득당시(취득일 : 2016. 2. 5)의 실지거래가액은 불분명하며, 감정가액은 2억 5천만원, 매매사례가액은 2억원, 개별공시지가는 1억원이다.

(3) 토지의 취득 및 소유권이전등기를 함에 있어서 취득세 및 소개료로 6백만원을 지출하였으며, 양도시에 소개료로 4백만원을 지출하였다.

① ₩297,000,000
② ₩290,000,000
③ ₩197,000,000
④ ₩240,000,000
⑤ ₩247,000,000

① 실지양도가액	₩500,000,000		
② 매매사례가액	(200,000,000)[*1]		
③ 필요경비개산공제	(3,000,000)[*2]	₩100,000,000(기준시가) × 3%	
④ 양도차익	₩297,000,000		

[*1]. 취득가액 : 실지거래가액 → 매매사례가액 → 감정가액 → 환산취득가액

2. 필요경비개산공제 : 취득가액이 실지거래가액 이외의 가액으로 적용된 경우 기준시가를 기준으로 계산한 필요경비개산공제액을 필요경비로 하여 양도차익을 계산한다.

292 거주자인 갑은 2026년에 토지A(등기된 토지로서 비사업용 토지가 아님)를 양도하였다. 다음의 자료를 이용하여 갑의 토지양도와 관련한 양도차익을 계산한 것으로 옳은 것은? (2013. CPA)

(1) 갑은 2018년 10월 15일에 부친으로부터 시가 ₩400,000,000인 토지A를 ₩200,000,000에 양수하였다. 갑은 토지A의 저가양수와 관련하여 상속세 및 증여세법의 규정에 따라 증여세를 과세받았으며, 증여재산가액은 ₩80,000,000이다.

(2) 갑은 2026년 8월 10일에 특수관계인이 아닌 을(개인)에게 부친으로부터 양수한 토지A를 ₩500,000,000(시가 ₩600,000,000)에 양도하였다.

(3) 토지A에 대한 자본적 지출액과 토지A를 양도하기 위하여 직접 지출한 비용으로서 증명서류에 의하여 확인되는 금액은 ₩10,000,000이다.

① ₩130,000,000
② ₩290,000,000
③ ₩90,000,000
④ ₩310,000,000
⑤ ₩210,000,000

---

① 양도가액	₩500,000,000	특수관계인× + 저가양도 → 실지거래가액으로 함
② 취득가액	(280,000,000)	₩200,000,000 + ₩80,000,000*
③ 필요경비	(10,000,000)	
④ 양도차익	₩210,000,000	

* 거주자가 특수관계법인외의 자로부터 자산을 저가매입한 경우로서 상속세 및 증여세법상 증여재산가액으로 하는 금액이 있는 경우 그 매입가액에 증여재산가액을 더한 금액을 취득가액으로 한다.

293 다음 자료를 이용하여 거주자 甲이 양도한 A토지의 양도소득세 과세표준을 계산하면 얼마인가? (단, 주어진 자료 이외에는 고려하지 않음) (2016. 세무사)

(1) 양도자산의 자료

양도자산	A토지(甲소유로 등기된 토지임)
비사업용 토지 여부	비사업용 토지에 해당함
면 적	90㎡
양도일자	2026. 4. 25.
취득일자	1996. 5. 20.

(2) A토지의 양도 당시 실거래가액은 ₩100,000,000이며, 취득 당시 실거래가액은 ₩60,000,000이다. 매매사례가액 및 감정가액은 없다.

(3) 개별공시지가에 대한 자료는 다음과 같다.

고시일	1995. 5. 30.	1996. 5. 30.	2025. 5. 30.	2026. 5. 29.
㎡당 개별공시지가	₩500,000	₩600,000	₩950,000	₩1,000,000

(4) A토지를 취득한 후 쟁송에서 A토지의 소유권을 확보하기 위하여 직접 소요된 소송비용(그 지출한 연도의 각 소득금액의 계산에 있어서 필요경비에 산입하지 않았음)으로 ₩10,000,000을 지출하였으며, A토지 양도를 위해 직접 지출한 소개비 ₩2,000,000이 있다. 이상의 경비는 모두 법정증빙을 수취하였다.

(5) 2026년에 A토지 이외에 다른 양도는 없다.

① ₩17,100,000
② ₩21,300,000
③ ₩25,500,000
④ ₩27,600,000
⑤ ₩31,555,000

구 분	금 액
1. 양도가액	₩100,000,000
2. 취득가액	(60,000,000)
3. 기타 필요경비	(12,000,000)[*1]
4. 양도차익	₩28,000,000
5. 장기보유특별공제	(8,400,000)[*2]
6. 양도소득금액	₩19,600,000
7. 양도소득기본공제	(2,500,000)
8. 양도소득과세표준	₩17,100,000

*1. 소송비용은 취득에 관한 쟁송인 경우 취득가액에 포함하나, 취득한 후 쟁송이 있는 경우에는 자본적지출 등으로 보아 기타 필요경비에 산입된다. 또한, 양도를 위해 직접 지출한 소개비는 양도비용에 해당한다.

2. ₩28,000,000 × 30%(15년 이상) = ₩8,400,000

294 다음은 개인사업자인 거주자 甲이 사업에 사용하던 상가건물을 2026.7.1.에 특수관계자인 乙에게 양도한 내역이다. 양도소득과세표준은 얼마인가? (단, 주어진 자료 이외에는 고려하지 않음)

(2018. 세무사)

양도소득세 과세표준
중요도 ★★★☆☆
난이도 ★★★☆☆
Memo

(1) 건물과 관련된 정보
　① 양도가액은 6억원, 취득가액은 4억원이며, 모두 실지거래가액이다.
　② 양도 당시 건물의 감가상각누계액은 ₩15,000,000이며, 감가상각비는 사업소득금액 계산 시 필요경비에 반영되었다.
　③ 건물에 대한 취득세로 납부한 금액은 ₩13,000,000이며, 취득 시 국민주택채권을 ₩8,000,000에 매입하여 즉시 사채업자에게 ₩3,000,000에 매각한 것이 확인되었다. 이를 동일한 날 금융회사에 매각한다면 ₩2,000,000의 매각 차손이 발생한다.
　④ 양도 당시 건물의 시가는 ₩620,000,000이고, 건물의 보유기간은 5년 2개월이며 등기되었다.
(2) 양도 시 중개수수료 ₩9,000,000을 부담하였고, 지출한 양도비의 적격 증명서류를 수취하였다.
(3) 보유 중 납부한 재산세 합계액은 ₩8,000,000이다.
(4) 당해 건물은 비사업용이 아니며, 장기보유특별공제율은 3년 이상 4년 미만 보유 시 6%, 4년 이상 5년 미만 보유 시 8%, 5년 이상 6년 미만 보유 시 10%를 적용한다.
(5) 양도소득 기본공제를 적용하며, 동 건물 외에 다른 양도소득세 과세대상은 없다.

① ₩169,400,000
② ₩162,350,000
③ ₩162,850,000
④ ₩188,500,000
⑤ ₩171,900,000

구 분	금 액
1. 양도가액	₩600,000,000[*1]
2. 취득가액	(398,000,000)[*2]
3. 기타 필요경비	(11,000,000)[*3]
4. 양도차익	₩191,000,000
5. 장기보유특별공제	(19,100,000)[*4]
6. 양도소득금액	₩171,900,000
7. 양도소득기본공제	(2,500,000)
8. 양도소득과세표준	₩169,400,000

*1. ₩20,000,000(= ₩620,000,000 − ₩600,000,000) < Min[₩620,000,000 × 5%, 3억원] = ₩31,000,000
현저한 이익분여요건을 충족하지 못하였으므로 실지거래가액을 양도가액으로 한다.
2. ₩400,000,000 − ₩15,000,000(감가상각비) + ₩13,000,000(취득세) = ₩398,000,000
3. Min[₩5,000,000, ₩2,000,000](매각차손) + ₩9,000,000(양도시 중개수수료) = ₩11,000,000
건물 보유 중 납부한 재산세는 양도차익 계산시 필요경비로 인정되지 않으며, 토지·건물을 취득함에 있어서 법령에 따라 매입한 국민주택채권 및 토지개발채권을 만기전에 양도함으로써 발생하는 매각차손은 필요경비로 하되 금융기관 외의 자에게 양도한 경우에는 동일한 날에 금융기관에 양도하였을 경우 발생하는 매각차손을 한도로 한다.
4. ₩191,000,000 × 10%(5년 이상 6년 미만) = ₩19,100,000

295 거주자 甲이 부동산임대업을 영위하기 위해 장기할부조건으로 취득한 후 (주)A 에 양도한 국내소재 건물(주택이 아님)과 관련한 자료가 다음과 같은 경우, 甲의 2026년 과세기간의 양도소득과세표준은 얼마인가? (2012. 세무사)

---

(1) 甲은 2021. 5. 9에 해당 건물을 시가인 10억원에 취득하면서 현재가치할인차금 1억원을 제외한 9억원을 취득가액으로 계상하였다.

(2) 甲은 해당 건물의 보유기간 중에 부동산임대업에 대한 소득금액 계산시 6천만원의 현재가치할인차금 상각액과 9천만원의 건물 감가상각비를 필요경비에 산입하였다. 또한, 동 기간 중에 甲은 해당 건물에 대한 자본적 지출액으로 1억 5천만원을 계상하였다.

(3) 甲은 2026. 4. 8에 해당 건물을 시가인 15억원에 양도하였다.

(4) 해당 건물은 미등기자산이 아니다.

(5) 2026년 과세기간에 해당 건물 외에 다른 양도자산은 없다.

---

① ₩305,500,000
② ₩384,700,000
③ ₩457,500,000
④ ₩440,000,000
⑤ ₩472,700,000

구 분	금 액
1. 양도가액	₩1,500,000,000
2. 취득가액	(850,000,000)[*1]
3. 기타 필요경비	(150,000,000)
4. 양도차익	₩500,000,000
5. 장기보유특별공제	(40,000,000)[*2]
6. 양도소득금액	₩460,000,000
7. 양도소득기본공제	(2,500,000)
8. 양도소득과세표준	₩457,500,000

*1. ₩1,000,000,000 − ₩60,000,000(현재가치할인차금 상각액) − ₩90,000,000(감가상각비) = ₩850,000,000

2. ₩500,000,000 × 8%(4년 이상 5년 미만) = ₩40,000,000

296 다음 자료를 기초로 거주자 乙의 토지 양도에 따른 양도소득금액을 계산한 것으로 옳은 것은? (2025. 세무사)

이월과세
중요도 ★★★☆☆
난이도 ★★★★☆

Memo

(1) 거주자 甲은 2015.6.5. 토지를 ₩400,000,000(시가 ₩600,000,000)에 특수관계에 있는 (주)A로부터 취득하여 등기를 완료하였다. 동 토지의 취득에 대하여는 법인세법상 부당행위계산의 부인규정에 따라 甲에게 소득처분이 이루어졌다.

(2) 2022.7.10. 乙은 부친인 甲의 사망으로 인하여 위의 토지를 상속받았으며, 상속개시당시 시가평가액은 ₩1,200,000,000이다. 乙은 위 토지를 상속받을 때 상속세 및 증여세법에 따라 가업상속공제를 적용받았으며, 가업상속공제율은 60%라고 가정한다.

(3) 2026.1.15. 乙은 상속받은 위의 등기된 토지를 특수관계가 없는 丙에게 ₩1,600,000,000에 양도하였다.

(4) 양도자산과 관련하여 지출한 양도비용은 ₩24,000,000으로 적격증명서류를 수취하여 보관하고 있다.

(5) 보유기간 3년 이상 4년 미만에 적용되는 장기보유특별공제율은 6%, 10년 이상 11년 미만에 적용되는 장기보유특별공제율은 20%이다.

① ₩588,800,000 ② ₩609,856,000 ③ ₩684,800,000

④ ₩705,856,000 ⑤ ₩940,800,000

구 분	이월과세○(60%)	이월과세×(40%)	합 계
① 양도가액	₩960,000,000	₩640,000,000	₩1,600,000,000
② 취득가액	(360,000,000)[*1]	(480,000,000)[*2]	(840,000,000)
③ 필요경비	(14,400,000)	(9,600,000)	(24,000,000)
④ 양도차익	585,600,000	150,400,000	736,000,000
⑤ 장기보유특별공제	(117,120,000)[*3]	(9,024,000)[*4]	(126,144,000)
⑥ 양도소득금액	₩468,480,000	₩141,376,000	₩609,856,000

*1. ₩600,000,000(甲의 취득가액) × 60% = ₩360,000,000

2. ₩1,200,000,000(상속개시당시 시가평가액) × 40% = ₩480,000,000

3. ₩585,600,000 × 20%(10년 이상 11년 미만) = ₩117,120,000

4. ₩150,400,000 × 6%(3년 이상 4년 미만) = ₩9,024,000

Key point!
피상속인의 취득가액 × 가업상속공제율

정답 ②

297 거주자 갑이 양도한 주택 관련 자료이다. 갑의 양도소득금액으로 옳은 것은?

(2021. CPA)

(1) 거래 증명서류로 확인되는 취득 및 양도에 관한 자료

구 분	계약금(계약일자)	잔금(잔금일자)	취득 및 양도가액
취 득	₩50,000,000 (2019.2.2.)	₩450,000,000 (2019.5.5.)	₩500,000,000
양 도	₩100,000,000 (2026.3.3.)	₩1,400,000,000 (2026.4.4.)	₩1,500,000,000

(2) 거래 증명서류로 확인되는 추가 지출 자료

내 역	금 액
취득시 부동산중개수수료	₩2,000,000
취득세	5,000,000
보유 중 납부한 재산세	1,000,000
양도시 부동산중개수수료	3,000,000

(3) 갑은 2021년 6월 6일부터 양도 시까지 양도한 주택에서 거주하였다.

(4) 갑과 세대원은 양도한 주택의 취득 시부터 양도 시까지 다른 주택을 보유하지 않았으며, 1세대 1주택 비과세 요건을 충족한다.

(5) 1세대 1주택의 장기보유특별공제율은 3년 이상 보유한 주택의 보유기간에 대하여 연간 4%(40% 한도)와 2년 이상 거주한 주택의 거주기간에 대하여 연간 4%(40% 한도)이다.

① ₩125,480,000   ② ₩119,340,000   ③ ₩118,800,000

④ ₩129,520,000   ⑤ ₩119,820,000

Key point!
12억원 초과분만 과세

(1) 고가주택의 양도차익 : $\text{₩}990,000,000 \times \dfrac{\text{₩}1,500,000,000 - \text{₩}1,200,000,000}{\text{₩}1,500,000,000} = \text{₩}198,000,000$

· 일반적인 양도차익

양도가액	₩1,500,000,000
취득가액	(507,000,000)[*1]
기타 필요경비	(3,000,000)[*2]
양도차익	₩990,000,000

*1. ₩500,000,000 + ₩2,000,000(취득시 부동산중개수수료) + ₩5,000,000(취득세) = ₩507,000,000
2. 양도시 부동산중개수수료는 양도비용에 해당한다.
3. 보유 중 납부한 재산세는 취득가액 및 양도비용에 포함되지 아니한다.

(2) 양도소득금액

양도차익	₩198,000,000
장기보유특별공제	(79,200,000)[*]
양도소득금액	₩118,800,000

* ₩198,000,000 × 40%[**] = ₩79,200,000
** 24%(보유기간 6년 이상)[***] + 16%(거주기간 4년 이상) = 40%
*** 일반매매이므로 취득·양도시기는 대금청산일로 하며, 2019. 5. 5.부터 2026. 4. 4.까지는 6년 이상 7년 미만에 해당한다.

298 2026년 6월 1일 거주자 甲은 국내소재 주택(1세대 1주택으로 등기자산임)을 20억원에 양도하였다. 양도시점에 양도비용은 ₩10,000,000이 발생하였다. 해당 주택의 취득당시 기준시가는 2억원이며 양도당시 기준시가는 5억원이다. 취득당시 실지거래가액, 매매사례가액과 감정가액은 확인되지 않는다. 甲이 해당 주택의 취득당시 소유권 확보를 위하여 직접 소요된 소송비용 등은 ₩20,000,000이고 자본적 지출액은 ₩10,000,000이며, 모두 소득세법령이 정한 필요경비의 요건을 충족한다. 甲의 해당 주택의 보유 및 거주기간은 모두 11년 1개월인 경우 해당 주택의 양도소득금액은? (단, 장기보유 특별공제액의 적용요건을 충족하고, 양도소득의 필요경비 계산 특례 및 부당행위계산의 대상이 아니며, 주어진 자료 외의 사항은 고려하지 않음)

(2020. 세무사)

① ₩95,520,000 　② ₩20,790,000 　③ ₩54,648,000
④ ₩100,850,000 　⑤ ₩118,800,000

고가주택
중요도 ★★★☆☆
난이도 ★★★☆☆

Memo

---

(1) 고가주택의 양도차익 : ₩1,194,000,000 × $\dfrac{20억원 - 12억원}{20억원}$ = ₩477,600,000

• 일반적인 양도차익

양도가액	₩2,000,000,000
취득가액	(800,000,000)[*1]
기타 필요경비	(6,000,000)[*2]
양도차익	₩1,194,000,000

*1. 환산취득가액 : ₩2,000,000,000 × $\dfrac{2억원}{5억원}$ = ₩800,000,000

2. 필요경비개산공제 : 2억원(기준시가) × 3% = ₩6,000,000

3. 세부담 최소화를 위해 Max[①, ②]을 필요경비로 한다.
   ① 환산취득가액(₩800,000,000) + 필요경비개산공제(₩6,000,000) = ₩806,000,000
   ② 자본적지출액 등(₩10,000,000)[**] + 양도비용(₩10,000,000) = ₩20,000,000
   ** 취득당시 소유권 확보를 위하여 직접 소요된 소송비용은 실제 취득가액에 가산하나 해당 문제에서는 환산취득가액을 적용하는 문제이므로 고려하지 않는다.

(2) 양도소득금액

양도차익	₩477,600,000
장기보유특별공제	(382,080,000)[*]
양도소득금액	₩95,520,000

* ₩477,600,000 × 80%[**] = ₩382,080,000
** 40%(보유기간 10년 이상) + 40%(거주기간 10년 이상) = 80%

Key point!
① 12억원 초과분만 과세
② 장기보유특별공제율

정답 ①

299 거주자 갑은 2023년 6월 5일에 국내 토지를 시가 ₩800,000,000에 취득하고 즉시 등기를 하였다. 이후 갑은 A은행에서 해당 토지를 담보로 ₩300,000,000을 차입하였다. 2026년 9월 8일에 거주자 을(갑과 특수관계 없음)은 A은행 차입금 ₩300,000,000을 인수하는 조건으로 갑으로부터 해당 토지를 증여받았다. 다음의 추가적인 자료를 바탕으로 갑의 2026년 양도소득금액을 계산한 것으로 옳은 것은? (2018. CPA)

(1) 갑의 증여당시 토지의 시가 : ₩1,500,000,000

(2) 토지와 관련한 자본적지출액 : ₩24,000,000(적격 증명서류 수취·보관함)

(3) 장기보유특별공제율 : 6%

(4) 2026년 갑의 양도소득 과세거래는 상기 토지 외에는 없었다.

(5) 을의 차입금 인수사실은 객관적으로 입증되고 을이 차입금 및 이자를 상환할 능력이 있다고 가정한다.

① ₩42,500,000   ② ₩114,500,000

③ ₩135,200,000   ④ ₩119,180,000

⑤ ₩127,088,000

① 양도가액	₩300,000,000	
② 취득가액	(160,000,000)	$₩800,000,000 \times \dfrac{₩300,000,000}{₩1,500,000,000}$
③ 기타필요경비	(4,800,000)	$₩24,000,000 \times \dfrac{₩300,000,000}{₩1,500,000,000}$
④ 양도차익	₩135,200,000	
⑤ 장기보유특별공제	(8,112,000)	₩135,200,000 × 6%
⑥ 양도소득금액	₩127,088,000	

300 거주자 갑의 2026년 양도소득에 관한 자료이다. 양도소득세 확정신고시 토지X의 양도소득금액으로 옳은 것은?

(2025. CPA)

부담부증여
중요도 ★★★☆☆
난이도 ★★★★☆

Memo

(1) 갑은 2016년 2월 토지X를 취득하여 등기를 마치고 이를 담보로 은행으로부터 ₩200,000,000을 차입하였다. 취득시 실거래가는 ₩400,000,000이고, 개별공시지가는 ₩300,000,000이다.

(2) 2026년 12월 갑은 토지X를 동생 을에게 증여하였으며, 을은 토지X를 증여받고 상기 차입금 ₩200,000,000을 인수*하였다. 증여시 토지X의 상속세 및 증여세법에 의한 시가는 확인되지 않았으며, 개별공시지가는 ₩500,000,000이다.

   * 을의 차입금 인수사실은 객관적으로 입증되었고, 을은 차입금 및 이자를 상환할 능력이 있음

(3) 토지X의 실제 자본적지출은 ₩10,000,000이며, 필요경비개산공제율은 3%이고, 장기보유특별공제율은 20%이다. 갑은 토지X 외 부동산거래를 하지 않았다.

① ₩36,400,000   ② ₩58,620,000   ③ ₩61,120,000

④ ₩89,180,000   ⑤ ₩91,680,000

---

① 양도가액	₩200,000,000	$₩500,000,000 \times \dfrac{₩200,000,000}{₩500,000,000}$
② 취득가액	(120,000,000)	$₩300,000,000 \times \dfrac{₩200,000,000}{₩500,000,000}$
③ 기타필요경비	(3,600,000)	$₩120,000,000 \times 3\%$
④ 양도차익	₩76,400,000	
⑤ 장기보유특별공제	(15,280,000)	$₩76,400,000 \times 20\%$
⑥ 양도소득금액	₩61,120,000	

▸ Key point!

양도가액(기준시가)
→ 취득가액(기준시가)
→ 필요경비개산공제

정답 ③

부록
주관식 문제

+01 과세사업을 영위하고 있는 ㈜갑의 2026년 제1기 부가가치세 관련 자료이다. ㈜갑은 사업자단위과세 사업자와 주사업장 총괄납부 사업자가 아니다. 제시된 금액은 부가가치세를 포함하지 않은 금액이다.

(2022. CPA 2차 수정)

1. 국내사업장이 없는 비거주자에게 국내에서 2026년 4월 8일에 직접 제품을 인도하고 대가 ₩400,000을 원화로 수령하였다.

2. 2026년 4월 5일 거래처에 제품A를 운송비 ₩50,000을 포함하여 ₩3,000,000에 판매하고, 판매장려금 ₩200,000과 하자보증금 ₩150,000을 차감한 ₩2,650,000을 수령하였다.

3. 2026년 7월 출시예정인 신제품K(판매가 ₩1,000,000)의 사전예약으로 2026년 6월 23일 환불이 불가능한 모바일교환권을 ₩950,000(5% 할인된 금액)에 현금판매하였다.

4. 2026년 5월 7일 영동직매장에 판매목적으로 제품B를 반출하였다. 제품B는 개별소비세 과세대상으로 개별소비세의 과세표준은 ₩45,000,000, 개별소비세는 ₩3,000,000, 교육세는 ₩300,000, 장부가액은 ₩43,000,000, 시가는 ₩50,000,000이다. 제품B의 매입세액은 불공제되었다.

5. 2026년 2월 8일 해외로 제품 $50,000의 수출계약을 체결하고 2026년 6월 7일 제품을 인도하였다. 판매대금 $10,000는 2026년 4월 10일에 선수령하여 ₩11,800,000으로 환가하고, 제품인도일에 $40,000를 수령하여 2026년 6월 30일에 ₩47,700,000으로 환가하였다. 각 일자별 기준환율은 다음과 같다.

구 분	계약일	선수금	잔금
일 자	2026. 2. 8.	2026. 4. 10.	2026. 6. 7.
수령액($)	–	10,000	40,000
기준환율(W/$)	1,100	1,180	1,200

6. 2026년 4월 3일에 제품 판매계약을 체결하였으나 2026년 4월 10일에 거래처의 자금사정 악화로 계약조건을 다음과 같이 변경하였다. 변경 후 조건에 따라 대금회수가 이루어졌으며, 제품은 잔금지급약정일에 인도하기로 하였다.

구 분	기존일자	변경일자	금 액
계약금	2026. 4. 3.	2026. 4. 3.	₩5,000,000
중도금	2026. 6.15.	2026. 6.30.	15,000,000
잔 금	2026. 8. 7.	2026.12.30.	30,000,000

📋 물음

㈜갑이 2026년 제1기 부가가치세 확정신고 시 신고해야 할 과세표준을 답안 양식에 따라 제시하시오.

자료번호	과세표준	
	과 세	영세율
1		
2		
3		
4		
5		
6		

자료번호	과세표준	
	과세	영세율
1^{〈주1〉}	₩400,000	−
2^{〈주2〉}	3,000,000*1	−
3^{〈주3〉}	−	−
4^{〈주4〉}	48,300,000*2	−
5^{〈주5〉}	−	₩59,800,000*3
6^{〈주6〉}	20,000,000*4	−

*1. ₩2,650,000 + ₩200,000(판매장려금) + ₩150,000(하자보증금) = ₩3,000,000

2. ₩45,000,000 + ₩3,000,000(개별소비세) + ₩300,000(교육세) = ₩48,300,000

3. ₩11,800,000 + $40,000 × ₩1,200 = ₩59,800,000

　　　　　　　　　　2026. 6. 7.

4. ₩5,000,000(계약금) + ₩15,000,000(중도금) = ₩20,000,000

　2026. 4. 10.(변경계약일)　2026. 6. 30.(받기로 한 때)

〈주1〉 국내사업장이 없는 외국법인 또는 비거주자에게 국내에서 공급하는 재화는 다음의 요건을 모두 충족해야 영세율을 적용한다.
　① 지정사업자 & 과세사업 요건 : 비거주자 등이 지정하는 국내사업자에게 재화를 공급하고, 그 국내사업자가 그 재화를 과세사업에 사용할 것.
　② 대금결제요건 : 비거주자 등으로부터 외국환은행에서 원화로 수령할 것.

〈주2〉 ① 대가의 일부로 받는 운송비는 과세표준에 포함한다. → 운송비 ₩50,000이 판매대금 ₩3,000,000에 이미 포함되어 있으므로 별도의 조정은 없다.
　② 판매장려금과 하자보증금은 과세표준에서 공제하지 않는다.

〈주3〉 특정상품을 교환할 수 있는 모바일쿠폰을 발행하여 판매한 후 당해 모바일쿠폰을 가진 자에 대하여 특정상품을 제공하는 경우, 당해 모바일쿠폰은 상품권에 해당되며 부가가치세 과세대상에 해당하지 않는다.[부가, 부가가치세과−1392 , 2010.10.19.]

〈주4〉 ① 사업자단위과세사업자와 주사업장 총괄납부 사업자가 아니므로 재화를 판매목적으로 타사업장에 반출한 경우 매입세액공제여부와 관계없이 공급으로 의제된다.
　② 개별소비세, 주세 및 교통·에너지·환경세가 부과되는 재화에 대해서는 개별소비세, 주세 및 교통·에너지·환경세의 과세표준에 해당 개별소비세, 주세, 교육세, 농어촌특별세 및 교통·에너지·환경세 상당액을 합계한 금액을 공급가액으로 한다.

〈주5〉 ① 수출하는 재화의 공급시기는 수출재화의 선적일이나, 해당 문제에서 선적일이 제시되지 않았으므로 출제의도상 제품의 인도일을 선적일로 볼 수 있다.
　② 외화대가 수령시 과세표준은 다음의 금액의 합계액으로 한다.
　　a. 공급시기 전 환가한 금액
　　b. 위 a. 외의 금액을 공급시기의 환율로 환산한 금액

〈주6〉 당초 재화의 공급계약이 중간지급조건부에 해당하지 아니하였으나, 당사자간에 계약조건을 변경하여 중간지급조건부계약으로 변경된 경우 계약변경 이전에 지급한 계약금은 변경계약일을, 변경계약일 이후에는 변경된 계약에 의하여 대가의 각 부분을 받기로 한 때를 각각 공급시기로 본다.[부가법 집행기준 15−28−5 ④]

+02 다음은 기계장비제조업을 영위하는 일반과세자인 (주)대한의 2026년 제2기 부가가치세 과세기간 최종 3개월(2026.10.1. ~ 2026.12.31.)의 거래자료이다. (단, 제시된 자료는 별도의 언급이 없는 한 부가가치세가 포함되지 아니한 금액이며, 세금계산서는 공급시기에 적법하게 발급된 것으로 가정한다.)

(2022. 세무사 2차 수정)

1. 2026.10.1.에 특수관계인인 (주)민국에게 제품A를 ₩10,000,000에 판매하였다. 동 제품의 시가는 ₩7,000,000이다.

2. 2026.12.30.에 거래처에 제품E(판매가액: ₩80,000,000)를 6개월 이내 대금결제조건으로 외상판매하고 동 제품을 인도하였다. 거래처가 2027.1.6.에 약정기일보다 조기에 외상대금을 변제하였으므로 ₩3,000,000을 할인하고 ₩77,000,000을 수령하였다.

3. (주)대한은 2026년 중 생산한 제품F를 수입자 검수조건부로 다음과 같이 직수출하였다. 총공급가액은 $40,000이며, 계약금 $20,000은 계약일에 지급받아 당일 ₩24,000,000으로 환전하였고, 잔금 $20,000은 수입자검수일에 지급받았다. 제품F의 수출선적일은 2026.12.20.이다.

구분	2026.12.1. (계약일)	2026.12.20. (선적일)	2027.1.5. (수입자검수일)
대금수령	$20,000	–	$20,000
기준환율(W/$)	1,210	1,300	1,380

4. 2026.12.1.에 거래처에 제품G를 생산하여 판매하는 계약을 체결하였다. 계약상 대금수령조건은 다음과 같으며, 제품G는 2027.6.20.에 인도하는 것으로 약정되어 있다.

구분	계약일(2026.12.1.)	중도금(2027.3.1.)	잔금(2027.7.1.)
대금수령	₩20,000,000	₩20,000,000	₩20,000,000

5. 2026.6.1.에 (주)대한은 다음과 같이 대금을 수령하는 조건으로 제품H를 생산하여 판매하는 계약을 거래처와 체결한 바 있다. 계약상 제품H는 잔금수령과 동시에 인도하는 조건이며, 대금은 약정일에 모두 수령하였다. 그러나 (주)대한은 2026.12.30.에 매수인인 거래처와 협의하여 당일 제품H를 조기 인도하였다.

구분	계약금(2026.6.1.)	중도금(2026.10.1.)	잔금(2027.1.20.)
대금수령	₩15,000,000	₩15,000,000	₩15,000,000

6. 2026.11.20.에 거래처에 제품I를 판매하는 계약을 체결하고 동 제품을 인도하였다. 대금 ₩36,000,000은 2026.12.1.부터 매달 초일에 ₩3,000,000씩 총 12회에 걸쳐 수령하기로 약정하였다.

📋 물음

자료를 이용하여 (주)대한의 2026년 제2기 부가가치세 과세기간 최종 3개월(2026.10.1. ~ 2026.12.31.)의 부가가치세 과세표준과 매출세액을 다음의 양식에 따라 제시하시오.(단, 해당란의 금액이 없는 경우 ₩0으로 표기하시오.)

항목번호	과세표준	매출세액
1		
2		
3		
4		
5		
6		

항목번호	과세표준	매출세액
1^(주1)	₩10,000,000	₩1,000,000
2^(주2)	80,000,000	8,000,000
3^(주3)	50,000,000*1	0
4^(주4)	0	0
5^(주5)	30,000,000*2	3,000,000
6^(주6)	36,000,000	3,600,000

*1. ₩24,000,000 + $20,000 × ₩1,300 = ₩50,000,000(0% 세율 적용분)
2026.12.20.

2. ₩15,000,000(중도금) + ₩15,000,000(잔금) = ₩30,000,000
공급시기 : 2026.10.1. 공급시기 : 2026.12.30.

〈주1〉 특수관계인에게 시가보다 고가로 판매하였으므로 이익을 보는 거래에 해당한다. 부당행위계산부인 규정 적용대상이 아니므로 거래가를 과세표준으로 한다.

〈주2〉 공급일과 다른 과세기간에 매출할인의 사유가 발생한 경우 매출할인이 발생한 과세기간(2027년 제1기)의 과세표준에서 해당 금액을 차감한다.

〈주3〉 검수조건부로 수출하더라도 공급시기는 선적일이다.

〈주4〉 계약금을 받기로 한 날의 다음날부터 재화를 인도하는 날 또는 재화를 이용하게 되는 날까지의 기간 이내에 중도금만을 1회 받기로 하여 계약금 외의 대가를 분할하여 받는 경우에 해당하지 않으므로 중간지급조건부에 해당하지 않는다. 그러므로 공급시기는 인도일인 2027.6.20.이며, 2027년 제1기 과세표준에 해당한다.

〈주5〉 중간지급조건부로 재화를 공급하기로 하였으나 지급기간 중에 거래상대방에게 재화를 인도하는 경우 나머지 대금의 공급시기는 해당 재화를 인도한 때로 한다.(부기통 15-28-4)

당초 계약	계약 변경
중간지급조건부○	중간지급조건부×*

* 변경된 계약에 따르면 계약금을 받기로 한 날의 다음날부터 재화를 인도하는 날 또는 재화를 이용하게 되는 날까지의 기간 이내에 중도금만을 1회 받기로 하여 계약금 외의 대가를 분할하여 받는 경우에 해당하지 않으므로 중간지급조건부에 해당하지 않는다. 다만, 당초 계약은 중간지급조건부였으므로 인도 전 받기로 한 부분의 공급시기는 당초 계약에 따라 대가의 각 부분을 받기로 한 때로 한다.

〈주6〉 인도일의 다음날부터 최종 할부금 지급기일까지의 기간(2026.11.21. ~ 2027.11.1.)이 1년 이상이 아니므로 단기할부판매에 해당한다. 그러므로 공급시기는 인도일(2026.11.20.)이며, 해당 과세기간의 과세표준에 인도한 재화의 총 가액이 포함된다.

+03 상호 독립적인 각 과세사업자의 2026년 제1기 예정신고기간(2026년 1월 1일~2026년 3월 31일) 부가가치세 관련 자료이다. 별도의 언급이 없는 한 제시된 금액은 부가가치세가 포함되지 않은 금액이며, 세금계산서는 적법하게 발급되었다.

(2023. CPA 2차)

1. ㈜A는 2026년 2월 1일 ㈜대한과 도급공사 계약을 체결하였으며, 그 내역은 다음과 같다.

도급금액	₩300,000,000
2026.3.31. 현재 작업진행률	25%
대금지급조건*	계약 시 10% 25% 완성 시 30% 50% 완성 시 30% 100% 완성 시 30%

* ㈜A는 대금수령 시 수령한 대가의 5%를 ㈜대한에 하자보증금으로 예치하고 있음

2. ㈜B는 2025년 2월 15일 은행으로부터 ₩100,000,000을 차입하고 상가 건물을 담보로 제공하였으나, 차입금을 상환하지 못하여 2026년 3월 10일 민사집행법에 따라 강제 경매처분되었다. 경매 시 건물 관련 금액은 다음과 같다.

장부가액	₩115,000,000
시 가	100,000,000
낙찰가	90,000,000

3. ㈜C는 2026년 2월 21일 장기할부조건부(2026년 2월부터 매월 말일에 ₩3,000,000씩 총 15회 수령 조건)로 상품을 인도하면서 대가의 수령 없이 공급가액이 ₩45,000,000인 세금계산서를 발급하였다.

4. ㈜D는 2026년 2월 23일 특수관계 없는 고객에게 상품(시가 ₩3,000,000)을 판매하면서 현금 ₩2,500,000을 수령하였고, 나머지 ₩500,000은 신용카드사마일리지로 결제(신용카드사로부터 별도의 대가를 받지 않음)받았다.

5. ㈜E는 2026년 3월 10일 내국신용장에 의하여 영세율로 공급받은 상품(매입가액 ₩1,000,000, 시가 ₩2,000,000)을 직장연예와 관련하여 종업원에게 제공하였다.

🔲 **물음**

각 과세사업자가 2026년 제1기 부가가치세 예정신고시 신고해야 할 과세표준을 답안양식에 따라 제시하시오. 단, 해당 금액이 없는 경우 ₩0(영)으로 표시하시오.

구 분	과세표준
㈜A	
㈜B	
㈜C	
㈜D	
㈜E	

구 분	과세표준
㈜A[주1]	₩120,000,000*
㈜B[주2]	0
㈜C[주3]	45,000,000
㈜D[주4]	3,000,000
㈜E[주5]	0

* 완성도기준지급조건부 : ₩300,000,000 × (10% + 30%) = ₩120,000,000

〈주1〉 하자보증금은 과세표준에서 공제하지 않는다.

〈주2〉 민사집행법에 따른 경매는 재화의 공급으로 보지 않는다.

〈주3〉 장기할부판매의 원칙적인 공급시기는 대가의 각 부분을 받기로 한 때이나 공급시기 전에 세금계산서를 발급한 경우 대가수령여부와 무관하게 선발급특례에 따라 세금계산서 발급일을 공급시기로 본다.

〈주4〉 제3자 적립 마일리지등으로 결제받은 부분에 대해 보전받지 아니하고 '자기생산·취득재화'를 공급하는 경우 공급한 재화 또는 용역의 시가를 공급가액으로 한다.

〈주5〉 직장연예 및 직장문화와 관련된 재화를 사용인에게 대가를 받지 아니하고 제공하는 경우 재화의 공급으로 보지 아니한다.

+04 과세사업과 면세사업을 겸업하는 일반과세자인 ㈜한국(이하 "회사"라 함)이 2026. 1. 18. 현재 사업에 사용하던 자산의 내역은 다음과 같다. 회사는 주사업장 총괄납부사업자, 사업자단위과세사업자 및 중소기업이 아니다. (2016. 세무사 2차 수정)

구분	장부가액
유가증권 (1)	₩200,000,000
원재료 (2)	30,000,000
차량운반구 (3)	10,000,000
비품 (4)	50,000,000

(1) 유가증권은 단기시세차익 목적으로 보유하고 있다. 2026. 1. 18. 현재 유가증권의 시가는 ₩300,000,000이다.

(2) 원재료는 전액 과세사업용이다. 2026. 1. 18. 현재 원재료의 시가는 ₩40,000,000이다.

(3) 차량운반구는 비영업용승용자동차로서 과세·면세사업 겸용자산이고, 2025. 1. 15.에 ₩20,000,000에 취득하였다.

(4) 과세·면세사업 겸용자산인 비품의 내역은 다음과 같다.

구분	취득가액	취득일자
소프트웨어 프로그램	₩10,000,000	2024. 10. 2.
그림(1998년 창작품)	40,000,000	2025. 7. 3.

(5) 각 과세기간별 과세공급가액과 면세공급가액 비율은 다음과 같다.

과세기간	과세공급가액	면세공급가액
2025년 제2기	20%	80%
2026년 제1기	30%	70%

📖 **물음**

2026. 1. 18. 사업을 폐지하는 경우 2026년 제1기의 폐업시 잔존재화 관련 과세표준을 각 재화별로 다음의 답안 양식에 따라 계산하시오.

구 분	과세표준
유가증권	
원재료	
차량운반구	
비품	

구 분	과세표준	
유가증권	–	재화에 해당하지 않음
원재료	₩40,000,000	시 가
차량운반구	–	매입세액불공제분
비품	500,000*	그림^(주2) → 면세

* ₩10,000,000 × (1 − 25% × 3) × 20%(직전과세기간의 과세공급가액비율)^(주1) = ₩500,000

〈주1〉 과세사업과 면세사업을 겸영하는 일반사업자가 사업을 폐지하는 때에 잔존하는 감가상각자산에 대한 자가공급의 부가가치세 과세표준은 간주시가를 산정한 후 해당 금액을 과세사업과 면세사업등에 공통으로 사용된 재화의 공급가액 계산규정에 의해 안분 계산한 가액으로 한다(서면부가 – 21635, 2015.2.17.).

〈주2〉 비품 중 그림(1998년 창작품)은 제작후 100년을 초과하지 않는 창작품이므로 면세된다. cf) 모조품은 부가가치세 과세대상이며, 제작후 100년을 초과하는 창작품은 골동품으로 과세된다.

+05 다음은 일반과세자인 (주)대한의 2026년 제2기 부가가치세 관련 자료이다. (단, 제시된 금액은 별도의 언급이 없는 한 부가가치세가 포함되지 아니한 금액이며, 세금계산서는 공급시기에 적법하게 발급 및 수취된 것으로 가정한다.) (2019. 세무사 2차 수정)

1. 국내사업장이 없는 외국법인이 지정하는 국내사업자 (주)부산에게 ₩50,000,000의 제품을 인도하고 대금은 외국환은행에서 원화로 수령하였다. (주)부산은 인도된 제품 중 70%는 과세사업에 30%는 면세사업에 사용하였다.

2. 제조업을 영위하는 (주)대구(수출업자 (주)인천에게 내국신용장으로 재화를 공급하고 있음)에게 직접도급계약에 의하여 ₩7,000,000의 수출재화 임가공용역을 제공하였다.

3. 국내에서 대한적십자사에 ₩30,000,000의 재화를 공급하고 원화로 수령하였다. 대한적십자사는 공급받은 재화의 80%를 해외구급봉사에 무상으로 반출하고 20%는 국내에서 사용하였다.

4. 2026.11.1. 고객에게 공기청정기(시가 ₩800,000 원가 ₩600,000)를 판매하고 대금은 S신용카드사가 제공한 마일리지로 전액 결제되었으나, S신용카드사로부터 보전 받지 못하였다.

5. 2026.10.27.에 과세사업에 사용하던 토지, 건물, 구축물에 대하여 (주)울산과 일괄양도계약을 체결하였으며, 대금청산일(소유권이전등기일)은 2026.12.27.이다. 양도와 관련된 자료는 다음과 같으며, 매매계약서상 토지, 건물, 구축물의 공급가액을 구분하여 기재하였다. 장부가액과 기준시가는 계약일 현재 가액이며, 감정가액은 2026.6.30.기준으로 평가한 가액이다.

구분	취득가액	장부가액	기준시가	감정가액	매매계약서상 공급가액
토지	₩140,000,000	₩140,000,000	₩160,000,000	₩180,000,000	₩350,000,000
건물	160,000,000	120,000,000	100,000,000	150,000,000	140,000,000
구축물	100,000,000	50,000,000	–	70,000,000	50,000,000
합계	₩400,000,000	₩310,000,000	₩260,000,000	₩400,000,000	₩540,000,000

🗂 **물음**

위의 자료를 이용하여 (주)대한의 2026년 제2기 과세기간 최종 3개월(2026.10.1.~2026.12.31.)의 부가가치세 과세표준 및 매출세액을 다음 양식에 따라 기입하시오.

자료번호	과세표준	세 율	매출세액
1			
2			
3			
4			
5			

자료번호	과세표준	세율	매출세액
1^{〈주1〉}	₩35,000,000*1	0%	–
	15,000,000*1	10%	₩1,500,000
2^{〈주2〉}	7,000,000	10%	700,000
3^{〈주3〉}	24,000,000*2	0%	–
	6,000,000*2	10%	600,000
4^{〈주4〉}	800,000	10%	80,000
5^{〈주5〉}	297,000,000*3	10%	29,700,000

*1. ① 과세사업분(0% 적용분) : ₩50,000,000 × 70% = ₩35,000,000
　　② 면세사업분(10% 적용분) : ₩50,000,000 × 30% = ₩15,000,000
　2. ① 해외무상반출분(0% 적용분) : ₩30,000,000 × 80% = ₩24,000,000
　　② 국내사용분(10% 적용분) : ₩30,000,000 × 20% = ₩6,000,000

$$3.\ ₩540,000,000 \times \frac{₩150,000,000 + ₩70,000,000}{₩400,000,000} = ₩297,000,000$$

〈주1〉 외국법인이 지정한 국내사업자가 과세사업에 사용한 부분(70%)은 영세율이 적용되며, 면세사업에 사용한 부분(30%)은 10%로 과세된다.

〈주2〉 수출업자에게 내국신용장으로 재화를 공급하는 납품업자(㈜대구)와 직접도급계약에 의하여 수출재화 임가공용역을 제공하는 것은 10%로 과세된다.

〈주3〉 한국국제협력단·한국국제보건의료재단·대한적십자사에 공급하는 재화는 한국국제협력단 등이 사업을 위하여 외국에 무상으로 반출하는 재화에 한하여 영세율을 적용한다. 그러므로 무상반출한 80%는 영세율을 적용하고 국내에서 사용한 20%는 10%세율이 적용된다.

〈주4〉 제3자 적립 마일리지등으로 결제받은 부분에 대해 보전받지 아니하고 '자기생산·취득재화'를 공급하는 경우 시가를 과세표준으로 한다.

〈주5〉 사업자가 실지거래가액으로 구분한 토지와 건물 또는 구축물 등의 가액이 법정기준에 따라 안분계산한 금액과 30% 이상 차이가 있는 경우에는 법정기준에 따라 공급가액을 안분계산한다.

구 분	실지거래가액(A)*	법정기준(B)	차이(C)	$\dfrac{C}{B}$
토지	₩350,000,000	₩243,000,000	₩107,000,000	44%
건물	140,000,000	202,500,000	62,500,000	31%
구축물	50,000,000	94,500,000	44,500,000	47%

* 매매계약서상 공급가액

+06 다음은 수산물도매업과 통조림제조업을 겸영하고 있는 ㈜대한(중소기업 아님)의 부가가치세 관련 자료이다. 단, 별도의 언급이 없는 한 제시된 금액은 부가가치세를 포함하지 않은 금액이며, 세금계산서 및 계산서는 적법하게 수취한 것으로 가정한다. (2021. CPA 2차)

1. 예정신고기간 중 면세수산물 매입액은 없었고, 2026년 제1기 중에 면세수산물의 매입 및 사용내역은 다음과 같다.

(단위: 원)

구분	금액	당기 사용내역		
		과세	면세	과세 + 면세
기초	₩8,000,000	₩1,850,000	₩6,150,000	–
매입	63,400,000	14,400,000	5,000,000	₩40,000,000
기말	₩4,000,000			

2. ㈜대한은 2026년 4월 15일에 수산물도매업과 통조림제조업에 공통으로 사용하기 위하여 트럭 2대(취득가액 합계 ₩100,000,000)를 구입하였다. 이 중 트럭 1대(취득가액 ₩40,000,000)를 2026년 6월 30일에 처분하였다.

3. 각 과세기간별 과세공급가액과 면세공급가액은 다음과 같다.

구 분	수산물도매업	통조림제조업
2025년 제2기	₩90,000,000	₩110,000,000
2026년 제1기	80,000,000	120,000,000
2026년 제2기	90,000,000	90,000,000

4. ㈜대한의 의제매입세액 공제율은 2/102이다.

📝 **물음**

1. 2026년 제1기 부가가치세 확정신고 시 트럭의 공통매입세액 중 매입세액공제액 및 2026년 제2기 부가가치세 확정신고 시 공통매입세액 재계산액을 다음의 답안 양식에 따라 제시하시오. 단, 재계산액이 납부세액을 증가시키면 (+), 감소시키면 (−) 부호를 금액과 함께 기재하시오.

매입세액공제액	
재계산으로 가산 또는 공제되는 세액	

2. ㈜대한의 2026년 제1기 부가가치세 확정신고 시 다음 금액을 답안 양식에 따라 제시하시오.

의제매입세액 공제액(추징액 차감 전)	
전기 의제매입세액 공제분 중 추징액	

[물음 1]

매입세액공제액	₩5,800,000
재계산으로 가산 또는 공제되는 세액	(+)450,000

1. 2026년 제1기 부가가치세 확정신고시 매입세액공제액 : ① + ② = ₩5,800,000

   ① ₩6,000,000 × 60%* = ₩3,600,000

   * 해당과세기간의 과세공급가액비율 : $\dfrac{₩120,000,000}{₩80,000,000 + ₩120,000,000}$ = 60%

   ② ₩4,000,000 × 55%* = ₩2,200,000

   * 직전과세기간의 과세공급가액비율 : $\dfrac{₩110,000,000}{₩90,000,000 + ₩110,000,000}$ = 55%

2. 2026년 제2기 부가가치세 확정신고시 재계산액

   ① 면세공급가액비율

2026년 제1기	2026년 제2기
40%	50%

   ② 재계산액 : ₩6,000,000 × (1 − 25% × 1) × (50% − 40%) = ₩450,000(면세비율 증가 → 납부세액 증가)

[물음 2]

의제매입세액 공제액(추징액 차감 전)	₩800,000
전기 의제매입세액 공제분 중 추징액	50,000

1. 의제매입세액 공제액(추징액 차감 전) : Min[①, ②] = ₩800,000

   ① [₩14,400,000(과세사업분) + (₩40,000,000 + ₩4,000,000) × 60%(당기과세비율)[주1]] × $\dfrac{2}{102}$ = ₩800,000

   ② 한도[주2] : ₩120,000,000 × 50% × $\dfrac{2}{102}$ = ₩1,176,470

2. 전기 의제매입세액 공제분 중 추징액 : (₩8,000,000 × 55%(직전과세비율)[주3] − ₩1,850,000) × $\dfrac{2}{102}$ = ₩50,000

〈주1〉 당기 매입액 중 과세사업과 면세사업 공통사용분과 기말재고분은 해당과세기간의 과세공급가액비율로 안분계산한다.

〈주2〉 전기재고분 추징액 반영 후 금액과 한도를 비교해야 하는지, 아니면 전기재고분 추징액 반영 전 금액과 한도를 비교해야 하는지에 대한 명확한 법규정은 없으므로 다음과 같이 두가지 견해가 있을 수 있다.

   ① 견해1. 전기재고분 추징액 반영 후 금액과 한도를 비교해야 한다는 견해
   ② 견해2. 전기재고분 추징액 반영 전 금액과 한도를 비교해야 한다는 견해

   해당 문제는 의제매입세액공제액과 전기 의제매입세액 공제분 추징액을 각각 작성하도록 요구하였으므로 출제의도 상 견해2로 답안을 작성하라는 것으로 판단되므로 견해2로 해설을 작성하였다.

〈주3〉 기초재고액에 직전과세기간의 과세공급가액비율을 적용한 금액과 기초재고액 중 과세사업 사용분의 차이를 추징한다.

+07 다음은 과세사업과 면세사업을 겸영하고 있는 ㈜대한의 부가가치세 관련 자료이다. 단, 별도의 언급이 없는 한 제시된 금액은 부가가치세가 포함되지 않은 금액이며, 세금계산서 및 계산서는 적법하게 수취된 것으로 가정한다.

(2019. CPA 2차)

1. 2026년 제2기 과세기간 공급가액은 다음과 같다.

구 분	7.1.~9.30.	10.1.~12.31.	합 계
과세사업	6억원	7억원	13억원
면세사업	4억원	3억원	7억원

2. 각 과세기간별 과세공급가액과 면세공급가액 비율은 다음과 같다.

과세기간	과세공급가액	면세공급가액
2025년 제2기	72%	28%
2026년 제1기	69%	31%

3. 2026년 제2기 과세기간의 세금계산서상 매입세액 내역은 다음과 같다.

구 분	7.1.~9.30.	10.1.~12.31.	합 계
과세사업	₩25,000,000[*1]	₩25,000,000	₩50,000,000
면세사업	15,000,000	–	15,000,000
공통매입	5,000,000	9,000,000[*2]	14,000,000
합 계	₩45,000,000	₩34,000,000	₩79,000,000

*1 기업업무추진비 지출 관련 매입세액 ₩1,000,000 포함
*2 과세사업과 면세사업에 함께 사용하다가 2026년 10월 5일에 매각한 기계장치(매각대금: ₩30,000,000)의 매입세액 ₩4,000,000을 포함. 상기 자료 1.의 과세기간별 공급가액에는 기계장치 매각대금이 포함되어 있지 않음

4. ㈜대한은 면세사업에만 사용하던 차량(트럭)을 2026년 7월 20일부터 과세사업과 면세사업에 함께 사용하기 시작하였다. ㈜대한은 동 차량을 2025년 9월 20일 ₩40,000,000에 취득하였다.

5. ㈜대한은 2025년 제2기에 공급자가 대손세액공제를 받음에 따라 대손처분 받은 세액 ₩700,000을 매입세액에서 차감한 바 있다. ㈜대한은 2026년 12월 20일에 대손처분 받은 세액 ₩700,000을 포함한 매입채무 ₩7,700,000을 모두 변제하였다.

물음

㈜대한의 2026년 제2기 부가가치세 예정신고시 매입세액공제액과 확정신고시 매입세액공제액을 다음의 답안 양식에 따라 제시하시오.

구분	예정신고시	확정신고시
(1) 세금계산서 수취분 매입세액		
(2) 그 밖의 공제매입세액		
(3) 공제받지 못할 매입세액		
차가감 계 : (1) + (2) − (3)		

구분	예정신고시	확정신고시
(1) 세금계산서 수취분 매입세액	₩45,000,000	₩34,000,000
(2) 그 밖의 공제매입세액[주1]	–	2,000,000[*2]
(3) 공제받지 못할 매입세액	18,000,000[*1]	2,740,000[*3]
차가감 계 : (1) + (2) − (3)	₩27,000,000	₩33,260,000

*1. ① + ② + ③ = ₩18,000,000

　① 면세사업 매입세액 : ₩15,000,000

　② 기업업무추진비 지출 관련 매입세액 : ₩1,000,000

　③ 공통매입세액 중 면세사업분 : $₩5,000,000 \times \dfrac{4억원}{10억원} = ₩2,000,000$

2. ① + ② = ₩2,000,000

　① 과세전환매입세액(트럭) : $₩40,000,000 \times 10\% \times (1 - 25\% \times 2) \times \dfrac{13억원}{20억원} = ₩1,300,000$

　② 변제대손세액 : ₩700,000

3. 공통매입세액 중 면세사업분 : ① + ② = ₩2,740,000

　① ₩4,000,000 × 31%(직전과세기간 면세공급가액비율) = ₩1,240,000

　② $(₩5,000,000 + ₩5,000,000) \times \dfrac{7억원}{20억원} - ₩5,000,000 \times \dfrac{4억원}{10억원} = ₩1,500,000$

〈주1〉 과세전환매입세액과 변제대손세액은 예정신고시 공제하지 않고 확정신고시에만 공제한다.

+08 다음은 (주)A의 사업용 건물 관련 자료이다. 다음 자료를 이용하여 물음에 답하시오. (2010. CPA 1차)

(1) (주)A는 정육점을 운영하기 위해 2025년 7월 1일에 면세사업자로 사업자등록을 하고 사업용 건물(1,000㎡)의 건설공사를 시작하였다.

(2) (주)A의 사업용 건물은 2026년 4월 1일에 완공된 후 정육점에 사용되었는데, 동 건물의 신축과 관련된 매입세액은 총 1억원이다.

(3) (주)A는 사업용 건물에서 과세사업인 음식점을 겸영하기 위해 2027년 4월 1일에 사업자등록정 정신고를 하였고, 2028년 4월 1일부터 음식점을 운영하였다.

(4) 과세기간별 공급가액 및 사업용 건물의 사용면적 자료는 다음과 같다. 단, 2027년 제1기와 제2 기 과세기간의 음식점의 공급가액 및 사용면적은 예정공급가액과 예정사용면적이다.

과세기간	구분	정육점	음식점	계
2027년 제1기	공급가액	35억원	65억원	100억원
	사용면적	450㎡	550㎡	1,000㎡
2027년 제2기	공급가액	45억원	105억원	150억원
	사용면적	350㎡	650㎡	1,000㎡
2028년 제1기	공급가액	40억원	160억원	200억원
	사용면적	300㎡	700㎡	1,000㎡

📋 **물음**

(주)A가 사업용 건물과 관련하여 2027년 제1기, 2027년 제2기 및 2028년 제1기 과세기간에 공제할 수 있는 부가가치세 매입세액을 다음의 답안 양식에 따라 제시하시오.

구분	매입세액
2027년 제1기	
2027년 제2기	
2028년 제1기	

구분	매입세액
2027년 제1기	₩49,500,000
2027년 제2기	–
2028년 제1기	13,500,000

(1) 2027년 제1기 : ₩100,000,000 × (1 − 5% × 2기) × 55%(과세사업 예정사용면적비율) = ₩49,500,000
  * 건물이므로 예정사용면적비율로 안분계산한다.

(2) 2027년 제2기 : 대체비율의 변동에 대해서는 정산하지 않는다.

(3) 2028년 제1기 : ₩100,000,000 × (1 − 5% × 2기) × (70% − 55%) = ₩13,500,000
  * 확정비율로 정산시에는 기간경과는 고려하지 않는다.

+09 다음은 과세사업과 면세사업을 겸영하는 ㈜대한의 부가가치세 관련 자료이다. 별도의 언급이 없는 한 제시된 금액은 부가가치세가 포함되지 않은 금액이며, 세금계산서 및 계산서는 적법하게 발급수취되었다.

(2020. CPA 2차)

1. ㈜대한의 과세기간별 공급가액의 내역은 다음과 같다.

과세기간	과세공급가액	면세공급가액
2025년 제1기[*1]	₩500,000,000	–
2025년 제2기	600,000,000	₩200,000,000
2026년 제1기	700,000,000	300,000,000
2026년 제2기	600,000,000	400,000,000

*1 2025년 제1기 과세사업 관련 매입가액과 면세사업 관련 매입가액은 각각 ₩240,000,000(전액 매입세액공제 대상임)과 ₩60,000,000이다. 이 매입가액에는 공통매입가액은 포함되어 있지 않다.

2. ㈜대한은 2025년 4월 15일 기계장치A를 ₩40,000,000에 구입하여 과세사업과 면세사업에 공통으로 사용하였다. 구입 당시 면세사업과 과세사업의 예정공급가액 비율은 35:65이다.

3. ㈜대한은 2026년 10월 20일 기계장치A를 ₩20,000,000에 매각하였다.

물음

1. 2025년 제1기 부가가치세 납부세액을 다음의 답안 양식에 따라 제시하시오.

매출세액	
매입세액	
납부세액	

2. 2025년 제2기 확정신고시 기계장치A에 대한 공통매입세액 정산액을 다음의 답안 양식에 따라 제시하시오. 단, 정산액이 납부세액을 증가시키면 (+), 감소시키면 (−) 부호를 금액과 함께 기재하시오.

공통매입세액 정산액	

3. 2026년 제1기와 제2기의 기계장치A에 대한 납부(환급)세액 재계산액을 다음의 답안 양식에 따라 제시하시오. 단, 재계산액이 납부세액을 증가시키면 (+), 감소시키면 (−) 부호를 금액과 함께 기재하시오.

2026년 제1기	
2026년 제2기	

4. 2026년 제2기의 기계장치A 매각에 대한 부가가치세 과세표준을 다음의 답안 양식에 따라 제시하시오.

과세표준	

[물음 1]

매출세액	₩50,000,000
매입세액	27,200,000
납부세액	22,800,000

(1) 매출세액 : ₩500,000,000 × 10% = ₩50,000,000

(2) 매입세액 : ① + ② = ₩27,200,000

① 과세사업 관련 매입세액 : ₩240,000,000 × 10% = ₩24,000,000

② 공통매입세액 : ₩40,000,000 × 10% × 80%* = ₩3,200,000

* 과세매입가액의 비율[주1] : $\dfrac{₩240,000,000}{₩300,000,000}$ = 80%

(3) 납부세액 : (1) − (2) = ₩22,800,000

[물음 2]

공통매입세액 정산액	(+)₩200,000

(1) 면세비율

2025년 제1기 면세매입가액비율	2025년 제2기 면세공급가액비율
20%	25%*

* 2025년 제2기 과세기간의 면세공급가액비율 : $\dfrac{₩200,000,000}{₩800,000,000}$ = 25%

(2) 공통매입세액 정산액[주2] : ₩4,000,000 × (25% − 20%) = ₩200,000(납부세액 증가)

[물음 3]

2026년 제1기	(+)₩100,000
2026년 제2기	없음

(1) 면세비율

2025년 제2기	2026년 제1기
25%	30%

(2) 2026년 제1기 납부(환급)세액 재계산액[주3] : ₩4,000,000 × (1 − 25% × 2) × (30% − 25%)
= ₩100,000(납부세액 증가)

(3) 2026년 제2기 납부(환급)세액 재계산액[주4] : 없음

[물음 4]

과세표준	₩14,000,000

₩20,000,000 × 70%(직전 과세기간의 과세공급가액비율) = ₩14,000,000

〈주1〉 해당 과세기간 중 과세사업과 면세사업의 공급가액이 없거나 그 어느 한 사업의 공급가액이 없는 경우에는 다음의 대체비율의 순서에 따라 안분계산한다.

① 매입가액의 비율 → ② 예정공급가액의 비율 → ③ 예정사용면적의 비율

〈주2〉 대체비율과 확정비율의 정산시에는 기간경과를 고려하지 않으며, 대체비율과 확정비율의 차이가 5% 미만이어도 확정비율로 정산한다.

〈주3〉 납부(환급)세액 재계산시에는 기간경과를 고려하여야 하며, 면세비율이 5% 이상 증감된 경우에 한하여 재계산한다.

〈주4〉 2026년 제2기에는 공통사용재화를 매각하였으므로 재계산을 하지 않는다.

+10 ㈜스케치의 제26기 사업연도(2026.1.1. ~ 12.31.) 할부판매의 내역은 다음과 같다. (2014. CPA 1차 수정)

1. 모든 할부판매는 인도일이 속하는 달의 말일부터 매월 ₩1,000,000씩 할부기간에 걸쳐 대금을 회수하기로 약정하였으며, 거래별 내역은 다음과 같다.

구분	제품인도일	할부기간	총판매대금	채권의 현재가치평가액	제26기의 대금회수액
거래1	2026. 11. 1.	10개월	₩10,000,000	₩9,700,000	₩2,000,000
거래2	2026. 3. 1.	20개월	₩20,000,000	₩18,900,000	₩8,000,000

2. 원가율(판매대금 중 매출원가의 비율)은 70%라고 가정한다.

📄 물음

[상황 1] ㈜스케치가 판매손익을 인도기준으로 인식하고, 명목가치로 채권을 평가한 경우

[상황 2] ㈜스케치가 판매손익을 인도기준으로 인식하고, 현재가치로 채권을 평가한 경우. 단, 현재가치할인차금 상각액에 대한 세무조정은 생략한다.

[상황 3] ㈜스케치가 판매손익을 실제 대금 회수액을 기준으로 인식한 경우

1. ㈜스케치가 중소기업이 아닌 경우 각 할부판매와 관련하여 각 상황별로 제26기의 세무조정을 하시오.

2. ㈜스케치가 중소기업인 경우 각 할부판매와 관련하여 각 상황별로 제26기의 세무조정을 하시오. 단, 제26기의 세부담 최소화를 가정한다.

[물음 1] 중소기업이 아닌 경우

[거래 1] 단기할부^(주1)

구분		B	T	D			
상황 1	수익	₩10,000,000	₩10,000,000		–		
	비용	7,000,000	7,000,000		–		
상황 2	수익	9,700,000	10,000,000	〈익금산입〉	₩300,000	(유 보)	
	비용	7,000,000	7,000,000		–		
상황 3	수익	2,000,000	10,000,000	〈익금산입〉	8,000,000	(유 보)	
	비용	1,400,000	7,000,000	〈손금산입〉	5,600,000*	(△유보)	

* ₩8,000,000 × 70% = ₩5,600,000

[거래 2] 장기할부^(주2)

구분		B	T	D		
상황 1	수익	₩20,000,000	₩20,000,000		–	
	비용	14,000,000	14,000,000		–	
상황 2	수익	18,900,000	18,900,000		–	
	비용	14,000,000	14,000,000		–	
상황 3	수익	8,000,000	10,000,000	〈익금산입〉	₩2,000,000	(유 보)
	비용	5,600,000	7,000,000	〈손금산입〉	1,400,000*	(△유보)

* ₩2,000,000 × 70% = ₩1,400,000

[물음 2] 중소기업인 경우

[거래 1] 단기할부 → [물음 1]과 동일함^(주1)

구분		B	T	D		
상황 1	수익	₩10,000,000	₩10,000,000		–	
	비용	7,000,000	7,000,000		–	
상황 2	수익	9,700,000	10,000,000	〈익금산입〉	₩300,000	(유 보)
	비용	7,000,000	7,000,000		–	
상황 3	수익	2,000,000	10,000,000	〈익금산입〉	8,000,000	(유 보)
	비용	1,400,000	7,000,000	〈손금산입〉	5,600,000*	(△유보)

* ₩8,000,000 × 70% = ₩5,600,000

[거래 2] 장기할부^(주2)

구분		B	T	D		
상황 1	수익	₩20,000,000	₩10,000,000	〈익금불산입〉	₩10,000,000	(△유보)
	비용	14,000,000	7,000,000	〈손금불산입〉	7,000,000	(유 보)
상황 2	수익	18,900,000	10,000,000	〈익금불산입〉	8,900,000	(△유보)
	비용	14,000,000	7,000,000	〈손금불산입〉	7,000,000	(유 보)
상황 3	수익	8,000,000	10,000,000	〈익금산입〉	2,000,000	(유 보)
	비용	5,600,000	7,000,000	〈손금산입〉	1,400,000	(△유보)

〈주1〉 단기할부는 특례가 없으므로 중소기업여부를 불문하고 인도기준(명목가치평가)을 적용한다.

〈주2〉 장기할부

① 중소기업이 아닌 경우 : 결산서에 계상한 경우에 한하여 회수기일도래기준 및 현재가치평가를 특례로서 인정한다. 회사가 회수기준(현금주의)으로 회계처리한 경우 회수기일도래기준(약정주의)을 적용하려한 회사의 의도를 존중하여 회수기일도래기준과의 차이를 세무조정한다.

② 중소기업인 경우 : 결산서에 계상하지 않더라도 회수기일도래기준을 신고조정으로 적용할 수 있다. 따라서 세부담최소화가정이 주어진 경우 회수기일도래기준으로 신고조정해야 한다.

+11 다음은 제조업을 영위하는 중소기업인 ㈜내국의 제26기(2026.1.1. ~ 2026.12.31.) 토지 매각과 관련된 자료이다.(단, 법인세 부담 최소화를 가정하고 전기까지의 세무조정은 정상적으로 처리되었으며, 주어진 자료 이외의 사항은 고려하지 않는다.)

(2020. 세무사 2차)

1. ㈜내국은 2026.5.1.에 토지를 ₩50,000,000(장부가액은 양도가액의 60%임)에 매각하면서 아래의 표와 같이 대금을 수령하는 조건으로 계약을 체결하였다.

2026.5.1.(계약금)	2026.8.1.(1차 중도금)	2027.9.1.(2차 중도금)	2028.9.1.(잔금)
₩5,000,000	₩5,000,000	₩10,000,000	₩30,000,000

   (1) 토지의 사용수익일은 2026.8.1.이고, 토지의 소유권이전등기일은 잔금 수령일이다.

   (2) ㈜내국은 2026.5.1.에 계약금 ₩2,000,000을 수령하고, 2026.8.1.에 ₩8,000,000을 수령하였다. 그리고 나머지 금액은 2028.9.1.에 수령하기로 하였다.

   (3) ㈜내국은 토지 매각과 관련하여 인도기준(사용수익일기준)으로 제26기에 수익과 비용을 계상하였다.

   (4) ㈜내국은 2027.8.1.에 폐업하였다.

2. 세무조정이 2개 이상 있는 경우 상계하지 말고 모두 표시하시오.

📄 **물음**

1. 위의 자료를 이용하여 제26기와 제27기 사업연도의 세무조정을 다음의 양식에 따라 하시오.

사업연도	조정유형	과목	금액	소득처분
제26기				
제27기				

2. 위의 자료를 이용하되 ㈜내국이 폐업하지 않았다고 가정하고, 제26기와 제27기 사업연도의 세무조정을 다음의 양식에 따라 하시오.

사업연도	조정유형	과목	금액	소득처분
제26기				
제27기				

[물음 1] 제27기에 폐업한 경우

사업연도	조정유형	과목	금액	소득처분
제26기	손금산입	미수금	₩40,000,000	△유보
	익금산입	토지	24,000,000	유보
제27기	익금산입	미수금	40,000,000	유보
	손금산입	토지	24,000,000	△유보

[단위 : 백만원]

구분	제26기 사업연도^(주1)				제27기 사업연도^(주2)			
B	현 금	10	토지	30				
	미수금	40	토지처분이익	20	–		–	
T	현 금	10	토지	6	미수금	40	토지	24
			토지처분이익	4			토지처분이익	16
D	〈손금산입〉 미수금 40 (△유보)				〈익금산입〉 미수금 40 (유보)			
	〈익금산입〉 토지 24 (유보)				〈손금산입〉 토지 24 (△유보)			

[물음 2] 제27기에 폐업하지 않은 경우

사업연도	조정유형	과목	금액	소득처분
제26기	익금불산입	미수금	₩40,000,000	△유보
	손금불산입	토지	24,000,000	유보
제27기	익금산입	미수금	10,000,000	유보
	손금산입	토지	6,000,000	△유보

[단위 : 백만원]

구분	제26기 사업연도^(주1)				제27기 사업연도^(주1)			
B	현 금	10	토지	30				
	미수금	40	토지처분이익	20	–		–	
T	현 금	10	토지	6	미수금	10	토지	6
			토지처분이익	4			토지처분이익	4
D	〈익금불산입〉 미수금 40 (△유보)				〈익금산입〉 미수금 10 (유보)			
	〈손금불산입〉 토지 24 (유보)				〈손금산입〉 토지 6 (△유보)			

〈주1〉 토지의 소유권이전 등기·등록일, 인도일, 사용수익일 중 빠른날(2026.8.1.)의 다음날부터 최종의 할부금의 지급기일(2028.9.1.)까지의 기간이 1년 이상이므로 장기할부판매에 해당한다. 중소기업으로서 법인세 부담 최소화를 가정하였으므로 회수기일도래기준을 적용한다.

〈주2〉 회수기간 중에 폐업한 경우에는 폐업일 이후 회수 약정액을 폐업일이 속하는 사업연도에 익금에 산입한다.

+12 다음은 ㈜한국(중소기업이 아님)의 제26기 사업연도(2026년 1월 1일 ~ 12월 31일) 법인세 신고 관련 자료이다.

(2016. CPA 2차)

1. ㈜한국이 2025년부터 수행하고 있는 A공사(공사기간 : 2025년 1월 1일 ~ 2027년 12월 31일)의 도급금액은 ₩450,000,000이며, 공사원가의 투입내역은 다음과 같다.

(단위: 원)

구 분	2025년	2026년
발생원가누적액	100,000,000	250,000,000
추가공사예정원가	300,000,000	250,000,000

2. 공사에 사용한 기계장치의 유류비 ₩9,760,000(회계처리 누락)은 발생원가누적액에 포함되지 않았으나, 추가공사예정원가에는 포함되어 있다.

3. 공사손실충당금전입액 ₩50,000,000을 발생원가누적액에 포함하지 않고 비용으로 계상하였다고 가정한다.

4. 발생원가누적액에는 일반관리직으로 근무하던 비출자임원인 갑이 현실적으로 퇴직함에 따라 지급한 퇴직급여 ₩38,000,000이 포함되어 있다. ㈜한국은 퇴직급여지급규정을 두고 있지 않으며, 퇴직급여충당금도 계상하지 않고 있다. 갑은 2026년 8월 5일에 퇴직(근속연수 : 5년 6개월 10일)하였으며, 퇴직전 1년간 총급여액은 ₩40,000,000이다.

5. ㈜한국은 공사진행률을 원가기준법에 의해 산정하고 있으며, 전기의 발생원가 및 추가공사예정원가는 전액 법인세법에서 인정되는 공사원가로 가정한다.

📋 **물음**

1. 임원 갑의 퇴직급여 한도초과액을 제시하시오.
2. A공사에 대한 제26기 누적공사진행률 및 공사수익을 다음의 답안 양식에 따라 제시하시오.
   (답안 양식)

누적공사진행률	
공사수익	

[물음 1]

• B 임원퇴직급여 : ₩38,000,000

• T 임원퇴직금 한도 : $₩40,000,000 × 10\% × 5\dfrac{6}{12}$ ^{〈주1〉} $= ₩22,000,000$

• D 임원퇴직금 한도 초과액 : ₩38,000,000 − ₩22,000,000 = ₩16,000,000

[물음 2]

누적공사진행률	48%
공사수익	₩103,500,000

1. 당기 누적공사진행률^{〈주2〉} : $\dfrac{①}{① + ②} = 48\%$

   ① 발생원가누적액 : ₩250,000,000 + ₩9,760,000 − ₩38,000,000(임원퇴직금) = ₩221,760,000

   ② 추가공사예정원가 : ₩250,000,000 − ₩9,760,000 = ₩240,240,000

2. 공사수익 : ₩450,000,000 × (48% − 25%*) = ₩103,500,000

   * 전기 누적공사진행률 : $\dfrac{₩100,000,000}{₩100,000,000 + ₩300,000,000} = 25\%$

〈주1〉 근속연수는 역년에 의하여 계산하되, 1년 미만의 기간은 월수로 계산하며 1월 미만의 기간은 포함되지 아니한다.

〈주2〉 ① 공사에 사용한 기계장치의 유류비는 발생원가누적액에 더하고, 추가공사예정원가에서 뺀다.

② 공사손실충당금 전입액은 작업진행률 계산시 총공사예정원가와 발생원가에 포함하지 않으며, 임원은 일반관리직이므로 임원퇴직금 전액을 발생원가에 포함하지 않는다.

+13 제조업을 영위하는 ㈜서울(영리내국법인)의 제26기 사업연도(2026년 1월 1일~2026년 12월 31일) 법인세 관련 자료이다. 전기까지의 세무조정은 적법하게 이루어졌다.   (2011. 세무사 2차 수정)

1. ㈜서울은 2026.10.1.에 100% 출자하여 설립한 ㈜원경에게 5년 후에 일시 상환하는 조건으로 ₩200,000,000을 무이자로 대여했는데, 대여금의 현재가치는 ₩120,000,000이다.

2. ㈜서울은 2026. 10. 1.에 기업회계기준에 따라 다음과 같이 회계처리하였다.

   (차) 장기대여금   200,000,000   (대) 현금   200,000,000
       기부금   80,000,000   현재가치할인차금   80,000,000

3. ㈜서울은 2026. 12. 31에 다음과 같이 회계처리하였다.

   (차) 현재가치할인차금   15,000,000   (대) 이자수익   15,000,000

4. ㈜서울은 설립일 이후 차입한 금액이 없고, 법인세법상 당좌대출이자율은 10%로 가정한다.

📖 **물음**

㈜서울이 해야 하는 제26기 세무조정 및 소득처분을 답안양식에 따라 제시하시오.

익금산입 및 손금불산입			손금산입 및 익금불산입		
과목	금액	소득처분	과목	금액	소득처분

익금산입 및 손금불산입			손금산입 및 익금불산입		
과목	금액	소득처분	과목	금액	소득처분
현재가치할인차금[주1]	₩80,000,000	(유보)	현재가치할인차금	₩15,000,000	(△유보)
가지급금인정이자	5,041,095*	(기타사외유출)			

* $₩200,000,000 \times 92일 \times \dfrac{1}{365} \times 10\% = ₩5,041,095$

〈주1〉 세법은 장기금전대차거래에 대해서 현재가치평가를 인정하지 않는다.

+14 제조업을 영위하는 ㈜서울(영리내국법인)의 제26기 사업연도(2026년 1월 1일~2026년 12월 31일) 법인세 관련 자료이다. 전기까지의 세무조정은 적법하게 이루어졌다. *(2023. CPA 2차 수정)*

1. ㈜서울은 전기에 비상장법인 ㈜B의 주식을 ₩20,000,000에 취득하였으며, 전기말 유보(△유보) 잔액은 없다. 당기에 ㈜B가 파산하여 주식 시가가 ₩0이 됨에 따라 다음과 같이 회계처리하였다.

   (차) 금융자산평가손실(기타포괄손익) ₩20,000,000 (대) 금융자산(B주식)   ₩20,000,000

2. ㈜서울의 외화자산·부채에 대한 평가 내역은 다음과 같다.

과 목	외화금액	평가손익 반영전 재무상태표 가액	평가손익 (영업외손익)
외화외상매출금	$30,000	₩38,800,000	₩200,000
외화선급금(제품관련)	$12,000	15,480,000	120,000
외화재고자산	$50,000	66,500,000	(−)1,500,000
외화차입금	$15,000	20,000,000	500,000

   ① ㈜서울은 관할세무서장에게 외화자산·부채를 사업연도 종료일 현재의 매매기준율로 평가하는 방법으로 신고하였다.
   ② 제26기말 현재 1$당 매매기준율은 ₩1,300이다.
   ③ 외화차입금은 전기말 잔액인 $45,000 중 2026년 9월 19일에 $30,000을 상환한 후의 잔액이다. ㈜서울은 외화차입금 상환차익을 영업외손익으로 계상하였다. 외화차입금의 전기말 △유보잔액은 ₩6,000,000이다.

📑 물음

1. 위 자료 1과 관련하여 ㈜서울이 해야 하는 제26기 세무조정 및 소득처분을 답안양식에 따라 제시하시오.

익금산입 및 손금불산입			손금산입 및 익금불산입		
과목	금액	소득처분	과목	금액	소득처분

2. 위 자료 2와 관련하여 ㈜서울이 해야 하는 제26기 세무조정 및 소득처분을 답안양식에 따라 제시하시오.

익금산입 및 손금불산입			손금산입 및 익금불산입		
과목	금액	소득처분	과목	금액	소득처분

[물음 1]

익금산입 및 손금불산입			손금산입 및 익금불산입		
과목	금액	소득처분	과목	금액	소득처분
금융자산 비망계정(주1)	₩1,000	유보	기타포괄손익	₩20,000,000	기타

[물음 2]

익금산입 및 손금불산입			손금산입 및 익금불산입		
과목	금액	소득처분	과목	금액	소득처분
외화재고자산(주2)	₩1,500,000	유보	외화선급금(주2)	₩120,000	△유보
외화차입금	6,000,000	유보			

- 제26기 세무조정(총액법, B/S계정 접근법)(주3)

(1) 기초유보추인 : ₩6,000,000 → 익금산입(유보)

(2) 기말유보발생

① B/S상 차입금 기말평가액 : ₩20,000,000 − ₩500,000(평가이익) = ₩19,500,000

② 세무상 차입금 기말평가액 : $15,000 × ₩1,300 = ₩19,500,000

③ 제26기말 유보잔액 : ₩0 → 세무조정 없음

※ 참고(I/S계정 접근법)(주4)

아래와 같이 세무조정을 하더라도 세무조정의 순액은 동일하다.

(1) 기초유보추인 : $₩6,000,000 × \dfrac{\$30,000}{\$45,000}(상환비율) = ₩4,000,000 →$ 익금산입(유보)

(2) 외화환산손실

① I/S상 평가이익 : ₩500,000

② 세무상 평가이익 : ₩22,000,000* − $15,000 × ₩1,300 = ₩2,500,000

 * 평가손익 반영전 세무상 차입금 : ₩20,000,000 + ₩2,000,000(△유보잔액) = ₩22,000,000

③ 차이 : ₩2,000,000 → 익금산입(유보)

〈주1〉 주식 발행법인이 파산한 경우는 주식 보유법인은 해당 주식을 시가로 감액할 수 있다. 다만, 주식등의 발행법인별로 보유주식총액을 시가로 평가한 가액이 1천원 이하인 경우에는 1천원으로 한다.

〈주2〉 비화폐성 외화자산·부채인 외화선급금, 외화재고자산에 대한 평가손익은 인정되지 않는다.

〈주3〉 총액법(B/S계정 접근법) 세무조정은 다음과 같다. → I/S계정 접근법과 혼동되지 않도록 주의해야 한다.

① 기초유보추인 : 자산의 처분비율 및 부채의 상환비율과 무관하게 기초유보를 전액 추인한다.

② 기말유보발생 : 기초유보를 전액 추인하여 유보잔액이 0(영)이므로 기말 B/S상 자산·부채금액과 기말 세무상 자산·부채금액의 차이인 기말유보금액을 총액으로 세무조정한다.

〈주4〉 I/S계정 접근법 세무조정은 다음과 같다.

① 기초유보추인 : 자산의 처분비율 및 부채의 상환비율만큼 기초유보를 추인한다.

② 외화환산손익 : 법인세법상 외화환산손익과 I/S상 외화환산손익의 차이만큼 세무조정한다.

+15 (주)A는 부동산임대업을 주업으로 하고 있으며, 차입금적수가 자기자본적수의 2배를 초과하는 내국 법인에 해당한다. (주)A의 제26기(2026.1.1.~12.31.) 건물 임대와 관련된 자료는 다음과 같다.

(2025. 세무사 1차)

(1) 임대내역

구분	건물임대면적	임대기간	보증금	보증금 수령일
상가1	600㎡	2025. 10. 1.~2027. 9. 30.	₩500,000,000	2025.9.10.
상가2	300㎡	2026. 8. 8.~2028. 8. 7.	₩300,000,000	2026.8.10.

(2) 임대부동산의 내역
   ① 취득일자: 2024.7.1.
   ② 건물의 연면적: 900㎡
   ③ 토지의 연면적: 1,500㎡
   ④ 취득가액: ₩600,000,000(토지의 취득가액 ₩200,000,000이 포함되어 있고, 감가상각누계액 ₩30,000,000이 계상되어 있음)

(3) 임대보증금의 운용수익으로 수입이자 ₩2,500,000, 배당금수입 ₩500,000 및 유가증권처분손실 ₩1,500,000이 있다.

(4) 기획재정부령으로 정하는 정기예금이자율은 연 3%로 가정한다.

🔖 물음

(주)A의 제26기(2026.1.1.~12.31.) 간주임대료를 다음의 답안 양식에 따라 제시하시오. (단, (주)A는 임대 관련 거래를 성실하게 기장하였다고 가정함)

구 분	금 액
간주임대료	

구 분	금 액
간주임대료	₩6,000,000

1. 건설비적수

건설비총액적수[주1]			건물 임대면적 적수[주1]			건물연면적 적수[주1]		
①건설비 총액누계	②임대 일수	③적수 (①×②)	④임대 면적누계	⑤임대 일수	⑥적수 (④×⑤)	⑦건물연 면적누계	⑧임대 일수	⑨적수 (⑦×⑧)
₩400,000,000	365	₩146,000,000,000	600㎡	219	131,400	900㎡	365	328,500
			900㎡	146	131,400			
합 계(A)		₩146,000,000,000	합 계(B)		262,800	합 계(C)		328,500

건설비적수 (A × B ÷ C)	₩116,800,000,000

	1.1.~8.7.	8.8.~12.31.
상가1 600㎡	₩58,400,000,000(40%)	₩58,400,000,000(40%)
상가2 300㎡	₩29,200,000,000(20%)	
	219일	146일

2. 간주임대료 : $((1) - (2)) \times 3\% \times \dfrac{1}{365} - (3) = ₩6,000,000$

   (1) 임대보증금의 적수 : ① + ② = ₩226,300,000,000

   　① 상가1 : ₩500,000,000 × 365일(1. 1~12. 31) = ₩182,500,000,000

   　② 상가2 : ₩300,000,000 × 146일(8. 8~12. 31) = ₩43,800,000,000

   (2) 건설비상당액의 적수 : ₩116,800,000,000

   (3) 금융수익 : ₩2,500,000(수입이자) + ₩500,000(배당금수입) = ₩3,000,000

〈주1〉 임대보증금등의 간주익금조정명세서[법인세법 시행규칙 서식18]의 작성방법은 다음과 같다.

구 분	내 용
1. 건설비총액적수	① 건설비총액누계 : 건물의 취득·건설비 총액(취득 후 발생된 자본적지출액을 포함하고 재평가차액 및 토지취득가액은 제외합니다)을 기입합니다. ② 임대일수 : 해당 사업연도 최초 임대개시일을 기산일로 하여 건설비총액의 변동일까지의 일수를 순차로 기입합니다.
2. 건물 임대면적 적수	① 임대면적누계 : 실제임대에 제공된 건물면적(공유면적을 포함합니다) 합계를 기입합니다. ② 임대일수 : 해당 사업연도 최초 임대개시일을 기산일로 하여 임대면적변동일까지의 일수를 순차로 적습니다.
3. 건물연면적 적수	① 건물연면적누계 : 건축물관리대장상의 건물연면적(지하층을 포함합니다)을 기입합니다. ② 임대일수 : 해당 사업연도 최초 임대개시일을 기산일로 하여 건물연면적 변동일까지의 일수를 순차로 적습니다.

+16 다음은 ㈜동해의 제26기 사업연도(2026년 1월 1일~12월 31일) 법인세 신고 관련 자료이다.

(2018. CPA 2차)

1. ㈜동해는 2026년 3월 6일 특수관계인이 아닌 A은행과 채무를 출자로 전환하는 내용이 포함된 경영정상화계획 이행을 위한 협약을 체결하였다.

2. ㈜동해는 2026년 4월 6일 A은행 차입금 ₩100,000,000을 출자로 전환하면서 신주 10,000주(주당 액면가액: ₩5,000, 주당 시가: ₩6,000)를 A은행에 교부하고 다음과 같이 회계처리하였다.

(차) 차 입 금	100,000,000	(대) 자본금	50,000,000
		주식발행초과금	50,000,000

3. ㈜동해의 제25기말 현재 세무상 이월결손금 잔액의 내역은 다음과 같다.
   ① 제6기 발생분: ₩10,000,000
   ② 제16기 발생분: ₩5,000,000*
      * 합병시 승계받은 결손금임
   ③ 제24기 발생분: ₩20,000,000

4. ㈜동해는 2026년 5월 6일 A은행 차입금의 출자전환으로 인해 발생한 주식발행초과금 ₩50,000,000을 재원으로 하여 무상증자를 실시하였다. 무상증자 직전의 ㈜동해 발행주식총수는 100,000주이며, 자기주식은 없다.

5. A은행은 ㈜동해가 2026년 7월 6일 주당 ₩9,000에 유상감자를 실시함에 따라 ㈜동해 주식 2,200주를 반납하고 다음과 같이 회계처리하였다.

(차) 현 금	19,800,000	(대) 단기매매금융자산	19,800,000

물음

1. 위 자료 1번~3번을 이용하여 ㈜동해의 제26기 세무조정 및 소득처분을 다음의 답안 양식에 따라 제시하시오. 단, 각사업연도소득금액의 최소화를 가정한다.
   (답안 양식)

익금산입 및 손금불산입			손금산입 및 익금불산입		
과목	금액	소득처분	과목	금액	소득처분

2. 위 자료 4번과 5번의 무상증자 및 유상감자와 관련하여 A은행이 행하여야 할 세무조정 및 소득처분을 다음의 답안 양식에 따라 제시하시오. 단, 수입배당금액 익금불산입에 대한 세무조정은 제외하시오.
   (답안 양식)

익금산입 및 손금불산입			손금산입 및 익금불산입		
과목	금액	소득처분	과목	금액	소득처분

[물음 1]

익금산입 및 손금불산입			손금산입 및 익금불산입		
과목	금액	소득처분	과목	금액	소득처분
채무면제이익	₩40,000,000	기타	이월결손금 보전에 충당한 금액	₩30,000,000	기타
			결손금 보전에 충당할 금액	10,000,000	기타

1. 주식발행초과금 중 채무면제이익 : $(₩10,000^* - ₩6,000) × 10,000주 = ₩40,000,000$

   $* \dfrac{₩100,000,000}{10,000주} = ₩10,000$

2. 이월결손금 보전에 충당한 금액(주1) : $₩10,000,000(6기) + ₩20,000,000(24기) = ₩30,000,000$

3. 결손금 보전에 충당할 금액 : $₩40,000,000(채무면제이익) - ₩30,000,000(이월결손금) = ₩10,000,000$

[물음 2]

익금산입 및 손금불산입			손금산입 및 익금불산입		
과목	금액	소득처분	과목	금액	소득처분
무상주 의제배당	₩4,000,000	유보			
감자시 의제배당	540,741	유보			

1. 무상주 의제배당 : $\underbrace{1,000주^{*1} × 80\%^{*2}}_{= 800주} × ₩5,000 = ₩4,000,000$

   *1. $₩50,000,000 ÷ ₩5,000(액면가액) × 10\%(지분율, \dfrac{10,000주}{100,000주} = 10\%) = 1,000주$

   2. $\dfrac{₩40,000,000(채무면제이익)}{₩50,000,000} = 80\%^{(주2)}$

2. 감자시 의제배당

   (1) 주식의 변동내역

일자	내역	감자전	감자	감자순서
2026. 4. 6.	유상취득(@₩10,000(주3))	10,000주	2,000주	②
2026. 5. 6.	무상증자(@₩5,000)	800주		
2026. 5. 6.	무상증자(단기소각주식)	200주	200주	①
계		11,000주	2,200주	

   (2) 감자시 의제배당 : ① - ② = ₩540,741

   ① 감자대가 : $2,200주 × ₩9,000 = ₩19,800,000$

   ② 소멸주식의 세무상 취득가액 : $200주 × ₩0 + ₩19,259,259^* = ₩19,259,259$

   $* \dfrac{10,000주 × ₩10,000 + 800주 × ₩5,000}{10,000주 + 800주} × 2,000주 = ₩19,259,259$

   (3) 익금산입액 : $₩540,741(의제배당액) - ₩0(회사의 수익계상액) = ₩540,741$

〈주1〉 충당대상 이월결손금은 세무상 결손금으로서 그 발생시점에는 제한이 없다. 다만, 합병·분할시 승계받은 결손금은 충당대상 이월결손금에서 제외된다.

〈주2〉 회사가 주식발행초과금으로 계상한 금액 ₩50,000,000 중 채무면제이익(익금항목)에 해당하는 ₩40,000,000을 재원으로 수령한 무상주는 의제배당에 해당하나, 나머지 주식발행초과금(익금불산입항목) ₩10,000,000을 재원으로 수령한 무상주는 의제배당에 해당하지 않는다.

〈주3〉 법 소정의 출자전환이므로 주식의 취득가액은 출자전환된 채권의 장부가액(₩100,000,000)으로 한다.

+17 제조업을 영위하는 ㈜금강(지주회사 아님)의 제26기 사업연도(2026년 1월 1일~2026년 12월 31일) 수입배당금 관련 자료이다. 전기까지의 세무조정은 적법하게 이루어졌다. (2023. CPA 2차 수정)

1. ㈜금강이 내국법인으로부터 수령한 현금수입배당금은 다음과 같다.

피출자법인	출자비율	장부가액	수입배당금	주식취득일
A사	30%	6억원	₩45,000,000	2025.6.21. 및 2025.11.23.
B사	40%	7억원	30,000,000	2025. 3.3.
C사	20%	10억원	10,000,000	2025. 9.1.
D사	60%	8억원	25,000,000	2024.10.9.

① A사 주식 중 출자비율 10%에 해당하는 주식(장부가액 2억원)은 2025년 6월 21일에 취득하였으며, 출자비율 20%에 해당하는 주식(장부가액 4억원)은 2025년 11월 23일에 취득하였다.

② B사 주식의 장부가액에는 2025년 3월 3일에 국가로부터 현물출자받은 B사 주식 2억원이 포함되어 있다.

③ 모든 피출자법인의 배당기준일은 2025년 12월 31일이다.

④ 모든 피출자법인은 지급배당에 대한 소득공제와 조세특례제한법상 감면 규정 및 동업기업과세특례를 적용받지 않는다.

2. ㈜금강이 외국법인으로부터 수령한 수입배당금은 다음과 같다. 수입배당금은 전부 외국자회사의 주식을 취득한 후의 이익잉여금을 재원으로 받은 것이다.

피출자법인	출자비율	수입배당금	주식취득일	배당기준일
E사(제조업)	30%	₩20,000,000	2026.2.2.	2026.6.30.
F사(해외자원개발업)	6%	10,000,000	2026.2.9.	2026.9.30.
G사(도매업)	15%	45,000,000	2026.3.1.	2026.9.30.

3. ㈜금강의 제26기 이자비용은 ₩70,000,000이고 이 중 ₩10,000,000은 업무무관자산 관련 이자비용으로서 손금불산입되었다. ㈜금강의 제26기말 재무상태표상 자산총액은 50억원이다.

📄 **물음**

1. ㈜금강이 제26기에 내국법인으로부터 수령한 수입배당금에 대한 익금불산입액을 답안양식에 따라 제시하시오.

구 분	익금불산입액
A사	
B사	
C사	
D사	

2. ㈜금강이 제26기에 외국법인으로부터 수령한 수입배당금에 대한 익금불산입액을 답안양식에 따라 제시하시오.

구 분	익금불산입액
E사	
F사	
G사	

[물음 1]

구 분	익금불산입액
A사	₩3,780,000
B사	19,200,000
C사	0
D사	15,400,000

1. A사$^{(주1)}$: $(₩45,000,000 \times \dfrac{10\%}{30\%} - ₩60,000,000^* \times \dfrac{2억원}{50억원}) \times 30\% = ₩3,780,000$

   * ₩70,000,000 − ₩10,000,000(업무무관자산 관련 이자비용) = ₩60,000,000

2. B사 : $(₩30,000,000 − ₩60,000,000 \times \dfrac{5억원^*}{50억원}) \times 80\% = ₩19,200,000$

   * 7억원 − 2억원(국가로부터 현물출자받은 주식) = 5억원

3. C사 : $(₩10,000,000 − ₩60,000,000 \times \dfrac{10억원}{50억원}) \times 80\% = \triangle ₩1,600,000 \rightarrow ₩0$

4. D사 : $(₩25,000,000 − ₩60,000,000 \times \dfrac{8억원}{50억원}) \times 100\% = ₩15,400,000$

[물음 2]

구 분$^{(주2)}$	익금불산입액
E사	₩0
F사	9,500,000
G사	42,750,000

1. E사 : ₩0
2. F사 : ₩10,000,000 × 95% = ₩9,500,000
3. G사 : ₩45,000,000 × 95% = ₩42,750,000

〈주1〉 배당금은 배당기준일 현재의 보유주식(출자비율 30%, 장부가액 6억원)에 대하여 지급되나, 이 중 배당기준일 현재 3개월 이상 계속 보유하고 있는 주식(출자비율 10%, 장부가액 2억원)의 수입배당금액에 대해서 익금불산입규정이 적용된다.
→ 출자비율(10%)이 20% 미만이므로 익금불산입률은 30%를 적용한다.

〈주2〉 외국자회사로부터 받은 수입배당금액의 95%에 해당하는 금액은 각 사업연도의 소득금액을 계산할 때 익금에 산입하지 아니한다.
① E사 : 출자비율은 10% 이상이나 내국법인이 외국법인의 지분을 배당기준일 현재 6개월 이상 계속하여 보유하고 있지 않으므로 수입배당금 익금불산입적용대상이 아니다.
② F사 : 해외자원개발업 영위 외국법인으로 출자비율이 5% 이상이며, 내국법인이 외국법인의 지분을 배당기준일 현재 6개월 이상 계속하여 보유하고 있으므로 수입배당금 익금불산입적용대상이다.
③ G사 : 출자비율이 10% 이상이며, 내국법인이 외국법인의 지분을 배당기준일 현재 6개월 이상 계속하여 보유하고 있으므로 수입배당금 익금불산입적용대상이다.
[참고] 외국자회사란 다음의 요건을 모두 갖춘 법인을 말한다.
① 지분율요건 : 내국법인이 의결권 있는 발행주식 총수 또는 출자총액이 10%(해외자원개발사업을 경영하는 외국법인의 경우는 5%) 이상을 출자하고 있는 외국법인일 것
② 보유요건 : 내국법인이 외국법인의 지분을 배당기준일 현재 6개월 이상 계속하여 보유하고 있는 외국법인일 것

+18 다음은 제조업을 영위하는 영리내국 상장법인으로서 중소기업이 아닌 ㈜한국의 제26기 사업연도 (2026.1.1. ~ 12.31.)의 세무조정을 위한 자료이다. 전기까지 세무조정은 적법하게 이루어졌다고 가정한다.

(2017. 세무사 2차)

1. ㈜한국은 2022. 1. 1.부터 신제품을 개발하기 시작하여 2026. 10. 1. 제품개발을 완료하였으며, 동일자부터 신제품의 판매를 시작하였다.

2. ㈜한국은 신제품 개발기간에 지출한 ₩1,200,000,000을 개발비(무형자산) 계정으로 처리하였으며, 이 중에는 해당 신제품 개발부서의 임원으로 근무해 오다 2026.9.30. 퇴직한 갑의 인건비 ₩235,000,000이 포함되어 있다. 동 인건비는 당해 사업연도 중 임원 갑의 9개월분(2026. 1. 1. ~ 9. 30.)의 급여와 상여금 그리고 퇴직시 지급한 퇴직금으로 구성된다.

3. 임원 갑의 퇴직 직전 1년간 지급한 급여는 ₩120,000,000(매월 ₩10,000,000 지급)이고, 퇴직 직전 1년간 별도로 상여금 ₩60,000,000(매월 ₩5,000,000 지급)을 지급하였으며, 퇴직시점 (2026. 9. 30.)에 지급한 퇴직금은 ₩100,000,000이다. 해당 임원의 입사일은 2004. 7. 1.이고, 2022. 9. 10.에 임원으로 승진되었으며, 임원으로 승진하던 시점에 퇴직금을 수령한 바 있다.

4. ㈜한국의 이사회 결의사항에 따르면, 임원의 상여금 지급한도는 급여총액의 40%이고, 퇴직급여 와 관련된 별도의 규정은 없다. 한편, ㈜한국은 퇴직급여충당금을 설정하지 않으므로 퇴직시에 지급한 퇴직금을 모두 퇴직급여(당기비용)로 회계처리하거나 필요한 경우 적절한 자산의 원가로 배분하고 있다. 그리고 임원 갑에 대해 지급한 급여총액은 주주총회에서 승인된 금액이다.

5. ㈜한국의 개발비 상각기간은 5년으로 신고하였고, ₩240,000,000을 개발비상각비 계정으로 당해 사업연도의 손익계산서상 당기비용으로 계상하였다.

📄 물음

㈜한국의 제26기 사업연도 세무조정을 다음의 양식에 따라 수행하시오.

조정유형	과목	금액	소득처분

조정유형	과목	금액	소득처분
〈손금불산입〉	임원상여금한도초과액	₩9,000,000	(상여)
〈손금불산입〉	임원퇴직금한도초과액	32,800,000	(상여)
〈손금산입〉	개발비감액	41,800,000	(△유보)
〈손금불산입〉	개발비감액분 상각비	8,360,000	(유보)
〈손금불산입〉	개발비 상각부인액	173,730,000	(유보)

(1) 임원상여금한도초과액 : ① − ② = ₩9,000,000

　　① 임원상여금 : ₩5,000,000 × 9개월 = ₩45,000,000

　　② 한도 : ₩10,000,000 × 9개월 × 40% = ₩36,000,000

(2) 임원퇴직금한도초과액 : ① − ② = ₩32,800,000

　　① 임원퇴직금 : ₩100,000,000

　　② 한도 : (₩120,000,000 + ₩60,000,000 − ₩12,000,000*) × 10% × 4년$^{(주2)}$ = ₩67,200,000

　　　* ₩60,000,000 − ₩120,000,000 × 40% = ₩12,000,000$^{(주1)}$

(3) 개발비감액분 : ₩9,000,000 + ₩32,800,000 = ₩41,800,000$^{(주3)}$ → 손금산입(△유보)

(4) 개발비감액분 상각비 : $₩41,800,000 × \dfrac{₩240,000,000}{₩1,200,000,000} = ₩8,360,000$ → 손금불산입(유보)

(5) 개발비 상각시부인

　　① 회사계상액 : ₩240,000,000 − ₩8,360,000 = ₩231,640,000

　　② 상각범위액 : $(₩1,200,000,000 − ₩41,800,000) × 0.2 × \dfrac{3}{12}^{(주4)} = ₩57,910,000$

　　③ 상각부인액 : ① − ② = ₩173,730,000

〈주1〉 당기 9월에 퇴사하였으므로 직전 1년간 총급여에는 당기분(9개월) 및 전기분(3개월) 임여상여금 한도초과액(손금불산입액)을 제외하여야 한다.

　　① 전기분 임원상여금 손금불산입액(전기 10월~12월) : ₩3,000,000

　　② 당기분 임원상여금 손금불산입액(당기 1월~9월) : ₩9,000,000

〈주2〉 해당 임원이 직원에서 임원으로 된 때에 퇴직금을 지급하지 아니한 경우에는 직원으로 근무한 기간을 근속연수에 합산할 수 있으나, 퇴직금을 지급한 경우에는 현실적 퇴직으로 보므로 임원으로 승진한 때(퇴직소득중간지급일)의 다음날부터 퇴직한 때까지를 근속연수로 한다.

　　2022. 9. 11. ~ 2026. 9. 30. : 4년 20일 → 4년(1개월 미만 절사)

〈주3〉 손금불산입항목은 자산의 원가를 구성할 수 없으므로 개발비로 계상된 임원상여금한도초과액과 임원퇴직금한도초과액을 손금산입(△유보)으로 감액한다.

〈주4〉 개발비는 관련 제품의 판매 또는 사용이 가능한 시점부터 상각하므로 신제품 판매시점(2026. 10. 1.)부터 월할상각한다. 해당 문제에서는 개발완료시점과 신제품판매시점이 동일하나 개발완료시점과 신제품판매시점이 다른 경우 반드시 신제품판매시점부터 월할상각해야 한다.

+19 다음은 ㈜서해(중소기업이 아님)의 제26기 사업연도(2026년 1월 1일~12월 31일) 법인세 신고 관련 자료이다.

(2018. CPA 2차)

1. 손익계산서상 이자비용의 내역은 다음과 같다.

구분	이자율	이자비용	차입금	차입금적수
①	8%	₩16,000,000	2억원	730억원
②	6%	8,926,027	3억원	543억원
③	4%	6,049,315	3억원	552억원

① 회사채이자로서 금융회사를 통해 채권자에 지급되었으며, 이자비용에는 사채할인발행차금 상각액 ₩4,000,000이 포함되어 있다.

(차입기간: 2024년 7월 1일~2029년 6월 30일)

② A은행 차입금으로 당기에 상환한 운영자금 차입금이다.

(차입기간: 2024년 7월 1일~2026년 6월 30일)

③ B은행 차입금으로 당기에 신규로 차입한 운영자금 차입금이며, 이자비용에는 기간경과 분 미지급이자 ₩1,000,000이 포함되어 있다.

(차입기간: 2026년 7월 1일~2028년 6월 30일)

2. ㈜서해는 2025년 10월 1일 업무에 직접 사용하지 않는 자동차를 특수관계인으로부터 ₩100,000,000(시가 ₩60,000,000)에 취득하여 보유하고 있다. 동 자동차와 관련하여 당기 중 감가상각비 ₩20,000,000(내용연수 5년, 정액법 상각)을 비용으로 계상하였다.

3. 가지급금의 내역은 다음과 같다.

구분	지급일	금 액	대여금 적수
①	2026. 3. 7.	₩100,000,000	300억원
②	2026. 6. 15.	30,000,000	60억원
③	2026. 9. 23.	36,500,000	36.5억원

① 대표이사 대여금으로 대표이사에게 업무와 무관하게 무상으로 대여한 금액이다. 한편 당기 말 현재 대표이사로부터 별도의 상환 약정 없이 차입한 차입금(가수금 적수는 154억원임)이 있다.

② 학자금 대여액으로 직원에게 자녀학자금을 무상으로 대여한 금액이다.

③ 주택자금 대여액으로 무주택직원에게 국민주택 취득자금으로 대여한 금액이다. 동 대여금과 관련하여 약정에 의한 이자수익 ₩400,000을 손익계산서에 이자수익으로 계상하였다.

4. ㈜서해는 가중평균차입이자율을 적용하여 인정이자를 계산한다.

5. ㈜서해는 A은행 및 B은행과 특수관계가 없다.

📝 **물음**

㈜서해의 제26기 세무조정 및 소득처분을 다음의 답안 양식에 따라 제시하시오. 단, 1년은 365일로 가정한다.
(답안 양식)

익금산입 및 손금불산입			손금산입 및 익금불산입		
과목	금액	소득처분	과목	금액	소득처분

익금산입 및 손금불산입			손금산입 및 익금불산입		
과목	금액	소득처분	과목	금액	소득처분
업무무관자산 감가상각비(주1)	20,000,000	유보			
지급이자 손금불산입	9,292,602	기타사외유출			
가지급금 인정이자(대표이사)	2,720,000	상여			
가지급금 인정이자(직원)	160,000	상여			

1. 업무무관자산관련 지급이자 손금불산입액 : ① $\times \dfrac{②}{③}$ = ₩9,292,602

  ① 지급이자(주2) : ₩16,000,000 + ₩8,926,027 + ₩6,049,315 = ₩30,975,342
  ② 업무무관자산 등 적수 : a + b = 547.5억원
    a. 업무무관자산적수 : ₩100,000,000(주3) × 365일 = 365억원
    b. 업무무관가지급금 적수(주4) : (300억원 − 154억원(주5)) + 36.5억원 = 182.5억원
  ③ 차입금 적수 : 730억원 + 543억원 + 552억원 = 1,825억원

2. 가지급금 인정이자
 (1) 자금대여시 가중평균차입이자율(주6)

    ① 대표이사 대여액 : $\dfrac{2억원 \times 8\% + 3억원 \times 6\%}{2억원 + 3억원}$ = 6.8%

    ② 직원에 대한 주택자금 대여액 : $\dfrac{2억원 \times 8\% + 3억원 \times 4\%}{2억원 + 3억원}$ = 5.6%

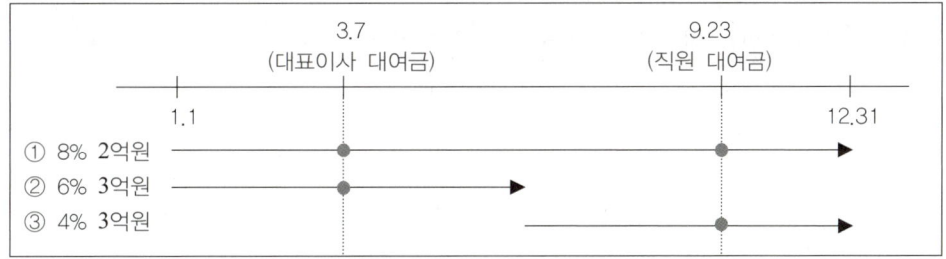

 (2) 가지급금 인정이자

    ① 대표이사 대여액 : (300억원 − 154억원) × 6.8% × $\dfrac{1}{365}$ = ₩2,720,000

    ② 직원에 대한 주택자금 대여액 : 36.5억원 × 5.6% × $\dfrac{1}{365}$ = ₩560,000

 (3) 차액
    ① 대표이사 대여액 : ₩2,720,000 − ₩0 = ₩2,720,000
    ② 직원에 대한 주택자금 대여액 : ₩560,000 − ₩400,000 = ₩160,000 ≥ ₩28,000*

      * ₩560,000 × 5% = ₩28,000

〈주1〉 업무무관자산은 감가상각대상자산에 해당하지 않으므로 회사의 감가상각비 계상액(₩20,000,000)은 전액 손금불산입한다. 전기에 특수관계인으로부터 고가매입하였으므로 고가매입관련 세무조정은 전기의 세무조정에 해당한다.
〈주2〉 ① 사채할인발행차금 상각액은 지급이자에 포함한다.
     ② 특수관계가 없는 자에 대한 차입금의 기간경과분 미지급이자를 비용으로 계상시 인정하며, 지급이자에 포함한다.
〈주3〉 업무무관자산은 부당행위계산의 부인규정에 의한 시가초과액을 포함한 금액으로 한다.
〈주4〉 직원에 대한 학자금 대여액은 업무무관가지급금으로 보지 않으나, 중소기업이 아닌 법인의 직원에 대한 주택구입 · 전세자금 대여금은 업무무관가지급금에 해당한다.
〈주5〉 동일인에 대한 가지급금과 가수금이 함께 있는 경우에는 이를 상계하는 것이 원칙이다.
〈주6〉 가중평균차입이자율은 대여시점 현재 차입금으로 가중평균한다.

+20 제조업을 영위하는 ㈜민국의 제26기 사업연도(2026년 1월 1일~2026년 12월 31일) 법인세 신고 관련 자료이다. 전기까지의 세무조정은 적법하게 이루어졌으며, ㈜민국은 조세부담을 최소화하려 한다.

(2024, CPA 2차)

1. 손익계산서상 이자비용

차입처	이자율	차입금	이자비용
사채[*1]	15%	₩30,000,000	₩2,000,000
A법인[*2]	0%	50,000,000	0
X은행	8%	150,000,000	9,600,000
Y은행	9%	90,000,000	8,100,000

[*1] 채권자의 실명과 주소가 확인되지 않으며, 2026년 12월 27일 원리금을 전액 상환하였음. 동 사채의 알선수수료 ₩300,000은 손익계산서상 지급수수료에 포함되어 있음

[*2] ㈜민국과 특수관계인임

2. 확장이전 목적으로 기존 공장 부근 토지를 2010년 8월 23일 ₩500,000,000에 매입하였으나, 당기말까지 회사의 자금사정으로 공장 건설을 개시하지 않았다. 해당 토지에 대한 재산세 ₩3,800,000을 세금과공과로 회계처리하였다.

3. 대표이사에게 2026년 7월 1일 주택구입자금 ₩100,000,000을 무이자로 대여하였다.

4. 기획재정부령으로 정하는 당좌대출이자율은 연 4.6%이다.

📖 **물음**

㈜민국의 제26기 사업연도 세무조정 및 소득처분을 답안양식에 따라 제시하시오.

익금산입 및 손금불산입			손금산입 및 익금불산입		
과목	금액	소득처분	과목	금액	소득처분

익금산입 및 손금불산입			손금산입 및 익금불산입		
과목	금액	소득처분	과목	금액	소득처분
채권자불분명사채이자(주1)	₩2,300,000	상여			
업무무관토지 관련 재산세	3,800,000	기타사외유출			
업무무관자산 등 관련 지급이자	17,700,000	기타사외유출			
인정이자	2,318,904	상여			

1. 업무무관자산 등 관련 지급이자 손금불산입액 : ① $\times \dfrac{Min[②, ③]}{③}$ = ₩17,700,000

　① 지급이자 : a + b = ₩17,700,000
　　a. X은행 차입금 이자 : ₩9,600,000
　　b. Y은행 차입금 이자 : ₩8,100,000

　② 업무무관자산 등 적수 : a + b = 2,009억원
　　a. 업무무관자산적수 : 5억원(주2) × 365일 = 1,825억원
　　b. 업무무관가지급금 적수 : 1억원(주3) × 184일 = 184억원

　③ 차입금 적수(주4) : a + b = 766.5억원
　　a. X은행 차입금적수 : ₩9,600,000 ÷ 8% × 365일 = 438억원
　　b. Y은행 차입금적수 : ₩8,100,000 ÷ 9% × 365일 = 328.5억원

2. 인정이자 익금산입액 : 184억원 × 4.6% × $\dfrac{1}{365}$ = ₩2,318,904

　* Min[①, ②] = 4.6%(주5)

　① 가중평균차입이자율 : $\dfrac{₩150,000,000 \times 8\% + ₩90,000,000 \times 9\%}{₩150,000,000 + ₩90,000,000}$ = 8.375%

　② 당좌대출이자율 : 4.6%

〈주1〉 채권자불분명사채이자에는 알선수수료·사례금 등 명목여하에 불구하고 사채를 차입하고 지급하는 모든 금품 포함한다.

〈주2〉 건축물 또는 시설물 신축용 토지의 유예기간은 취득일부터 5년이며, 유예기간이 지났으므로 지급이자 손금불산입을 해야 한다.
　[참고] 내국법인이 취득하여 보유하고 있는 부동산을 유예기간이 경과한 후에도 법인의 업무에 직접 사용하지 아니하는 경우에는 업무와 관련없는 자산으로 보아 지급이자손금불산입 규정을 적용한다.(서면인터넷방문상담2팀-1236, 2005.07.28.)

〈주3〉 임원에 대한 주택구입자금대여액은 업무무관가지급금에 해당한다.
　cf) 중소기업 직원(지배주주등인 직원은 제외)에 대한 주택자금 대여액은 업무무관가지급금으로 보지 않는다.

〈주4〉 지급이자 손금불산입 규정을 적용할 때 차입금이라 함은 지급이자 및 할인료를 부담하는 부채를 말한다.(법인세법 기본통칙 28-53…1) 그러므로 지급이자를 부담하지 않는 A법인 차입금은 제외하고 차입금적수를 계산한다.

〈주5〉 ① 가중평균차입이자율 계산시 채권자불분명사채와 특수관계인으로부터의 차입금은 제외한다. X은행 차입금의 경우 이자비용이 1년치가 아니나, 이자비용이 1년치 이자비용의 80%(9.6개월치)이므로 대여시점(7월 1일) 현재 차입금에 해당한다.
　② 조세부담 최소화가정이 주어졌으므로 가중평균차입이자율과 당좌대출이자율 중 낮은 이자율을 선택한다. cf) 금전대차거래의 시가에 대해 별도의 신고를 하지 않은 것으로 제시된 문제에서는 원칙에 따라 가중평균차입이자율을 적용한다.

+21 다음은 제조업을 영위하는 중소기업이 아닌 내국영리법인 (주)대한과 관련된 자료이며, (주)대한의 제26기(2026.1.1. ~ 2026.12.31.) 중간예납기간의 중간예납세액을 계산하기 위한 자료는 다음과 같다. 아래의 자료를 기초로 물음에 답하시오. 단, 전기까지의 세무조정은 정상적으로 처리되었으며 주어진 자료 이외의 사항은 고려하지 않는다. (2023. 세무사 2차)

1. (주)대한의 제25기(2025.1.1. ~ 2025.12.31.) 토지 등 양도소득에 대한 법인세 관련 자료는 다음과 같다.

   (1) (주)대한은 제25기에 등기되어 있는 비사업용 토지를 양도하였다.

   (2) 양도가액은 ₩1,000,000,000(실지거래가액)이며, 매입가액은 ₩550,000,000(실지거래가액)이고, 매입부대비용은 ₩30,000,000이다.

   (3) (주)대한은 2022년 1월 1일에 토지를 취득하였다.

2. (주)대한의 제25기(2025.1.1. ~ 2025.12.31.)에 대한 법인세 신고 및 납부내역은 다음과 같다.

   (1) 과세표준 : ₩450,000,000

   (2) 산출세액 : ₩65,500,000(토지 등 양도소득에 대한 법인세가 제외되어 있다.)

   (3) 원천징수세액 : ₩6,000,000

   (4) 수시부과세액 : ₩8,000,000

   (5) 중간예납세액 : ₩18,000,000

   (6) 공제·감면세액 : ₩7,000,000

   (7) 가산세 : ₩5,000,000

3. (주)대한의 제26기 중간예납기간(2026.1.1. ~ 2026.6.30.)에 대한 자료는 다음과 같다.

   (1) 손익계산서상 당기순이익 : ₩500,000,000

   (2) 익금산입 및 손금불산입 : ₩120,000,000

   (3) 손금산입 및 익금불산입 : ₩150,000,000

   (4) 원천징수세액 : ₩5,000,000

   (5) 수시부과세액 : ₩2,000,000

   (6) 연구·인력개발비에 대한 세액공제 : ₩30,000,000

   (7) 고용창출투자세액공제 : ₩10,000,000

4. 제25기 및 제26기 법인세율

과세표준	제25기	제26기
2억원 이하	9%	10%
2억원 초과 200억원 이하	19%	20%

5. (주)대한에 적용되는 최저한세율은 10%이다.

물음

1. (주)대한의 제25기 토지 등 양도소득과 토지 등 양도소득에 대한 법인세의 산출세액을 다음 양식에 따라 ① ∼ ②의 금액을 제시하시오.

구 분	금 액
토지 등 양도소득	①
토지 등 양도소득에 대한 법인세 산출세액	②

2. (주)대한의 직전 사업연도 산출세액에 의한 중간예납세액을 계산하려고 한다. 다음의 양식에 따라 ① ∼ ④의 금액을 제시하시오.

(답안 양식)

구 분	금 액
직전 사업연도 산출세액	①
공제 · 감면세액	②
기납부세액	③
중간예납세액	④

3. (주)대한의 중간예납기간의 실적기준(가결산)에 의한 중간예납세액을 계산하려고 한다. 다음의 양식에 따라 ① ∼ ③의 금액을 제시하시오.

구 분	금 액
감면후세액	①
최저한세	②
중간예납세액	③

[물음 1]

구분		금액
토지 등 양도소득	①	₩420,000,000
토지 등 양도소득에 대한 법인세 산출세액	②	42,000,000

① 토지 등 양도소득(주1) : ₩1,000,000,000(실지거래가액) − ₩580,000,000* = ₩420,000,000

　　* 세무상 장부가액 : ₩550,000,000(실지거래가액) + ₩30,000,000(매입부대비용) = ₩580,000,000

② 토지 등 양도소득에 대한 법인세 산출세액 : ₩420,000,000 × 10%(주2) = ₩42,000,000

[물음 2]

구분		금액
직전 사업연도 산출세액	①	₩70,500,000
공제 · 감면세액	②	7,000,000
기납부세액	③	14,000,000
중간예납세액	④	24,750,000

① 직전 사업연도 산출세액(주3) : ₩65,500,000 + ₩5,000,000(가산세) = ₩70,500,000

② 공제 · 감면세액 : ₩7,000,000

③ 기납부세액(주4) : ₩6,000,000(원천징수세액) + ₩8,000,000(수시부과세액) = ₩14,000,000

④ 중간예납세액 : $(₩70,500,000 − ₩7,000,000 − ₩14,000,000) × \dfrac{6}{12} = ₩24,750,000$

〈주1〉 토지등 양도소득은 토지등의 양도금액에서 양도 당시의 세무상 장부가액(매입부대비용 포함)을 뺀 금액으로 하며, 양도비용은 차감하지 않는다.

〈주2〉 등기되어 있는 비사업용 토지이므로 10% 세율을 적용한다.
[관련규정] 토지 등 양도소득에 대한 법인세 과세대상과 세율(하나의 자산이 다음 중 둘 이상에 해당할 때에는 그 중 가장 높은 세액을 적용한다.)

과세대상	세 율
① 법 소정 주택(부수토지포함), 별장(농어촌 주택 제외)	20%(미등기 40%)
② 주택을 취득하기 위한 권리(조합원입주권, 분양권)	20%
③ 비사업용 토지	10%(미등기 40%)

〈주3〉 직전실적기준으로 중간예납세액계산시 가산세는 포함하나 토지 등 양도소득에 대한 법인세와 미환류소득에 대한 법인세는 제외한다.

〈주4〉 직전실적기준으로 중간예납세액계산시 차감하는 기납부세액에는 중간예납세액을 포함하지 않는다.

[물음 3]

구분		금액
감면후세액	①	₩44,000,000
최저한세	②	47,000,000
중간예납세액	③	40,000,000

① 감면후세액 : $[₩470,000,000^{*1} \times \dfrac{12}{6} \times 세율(10\% 20\%)] \times \dfrac{6}{12} - ₩40,000,000^{*2} = ₩44,000,000$

   *1. ₩500,000,000(당기순이익) + ₩120,000,000(익금산입 및 손금불산입) − ₩150,000,000(손금산입 및 익금불산입)
   = ₩470,000,000

   2. ₩30,000,000(연구 · 인력개발비에 대한 세액공제)[주1] + ₩10,000,000(고용창출투자세액공제) = ₩40,000,000

② 최저한세 : ₩470,000,000 × 10%(최저한세율) = ₩47,000,000

③ 중간예납세액 : Max[①, ②] − ₩5,000,000*(원천징수세액) − ₩2,000,000(수시부과세액) = ₩40,000,000

〈주1〉 중소기업에 해당하지 않으므로 연구 및 인력개발비 세액공제는 최저한세 적용대상이다.

+22 비상장 중소기업인 ㈜서울의 제26기 사업연도(2026년 1월 1일~2026년 12월 31일) 각사업연도소득 금액을 계산하기 위한 자료이다. ㈜서울은 조세부담을 최소화하려 한다. (2024. CPA 2차)

1. ㈜서울은 ㈜대한의 보통주 30%를 보유한 주주이며, ㈜대한은 2026년 5월 1일 10,000주의 신주를 발행하기로 결의하고 구주주들에게 지분비율대로 균등하게 신주인수권을 배정하였다.

   ① 증자 직전 ㈜대한의 주주 내역은 다음과 같으며, 주주들은 모두 비상장 중소기업이다.

주 주	주식수	지분율
㈜A	4,000주	40%
㈜서울	3,000주	30%
㈜B	2,000주	20%
㈜C	1,000주	10%
합 계	10,000주	100%

   ② ㈜대한의 1주당 액면가액은 ₩10,000, 증자 전 1주당 평가액은 ₩20,000, 신주 1주당 인수가액은 ₩13,000이다.

   ③ ㈜대한의 주주 중 ㈜A와 ㈜B는 신주 인수를 포기하였다.

   ④ ㈜서울과 ㈜A는 「법인세법」상 특수관계인에 해당하며, 그 외에는 특수관계가 없다.

2. ㈜서울은 사업 확장을 위하여 대표이사가 보유한 토지를 취득하기로 하였다.

   ① 대표이사가 보유한 토지의 개별공시지가는 ₩5,000,000,000이며, 두 개의 감정평가법인에 의뢰하여 확인한 감정가액은 각각 ₩5,800,000,000, ₩6,000,000,000이다.

   ② 현물출자로 취득하는 방안을 고려하여 ㈜서울의 보통주 시가를 평가한 결과 1주당 ₩40,000이었다.

📑 물음

1. ㈜대한이 실권주를 다른 주주의 지분율에 비례하여 재배정하는 경우와 실권주를 재배정하지 않고 실권시키는 경우 각각에 대하여 ㈜서울이 부당행위계산부인으로 익금산입하여야 하는 금액을 답안양식에 따라 제시하시오.

구 분	금 액
재배정하는 경우	
실권시키는 경우	

2. ㈜서울은 부당행위계산부인 규정을 적용받지 않고 대표이사의 토지를 취득하려 한다. ㈜서울이 토지를 현금으로 매입하는 경우 지급할 수 있는 최대 매입가격과 현물출자로 취득하는 경우 발행할 수 있는 최대 보통주 주식수를 답안양식에 따라 제시하시오. <u>단, 매입가격은 ₩1 단위까지 계산하고, 보통주는 1주 단위로만 발행할 수 있음을 고려하시오.</u>

구 분	답 안
최대 매입가격	
최대 보통주 발행주식수	

[물음 1]

구　분	금　액
재배정하는 경우	₩10,500,000
실권시키는 경우	0

1. 재배정하는 경우[주1]

주　주	증자전	1차 배정	재배정	증자후
㈜A	4,000주	–	–	4,000주
㈜서울	3,000주	3,000주	4,500주	10,500주
㈜B	2,000주	–	–	2,000주
㈜C	1,000주	1,000주	1,500주	3,500주
계	10,000주	4,000주	6,000주	20,000주
주　가	@₩20,000	@₩13,000		@₩16,500

주당 ₩7,000 이익

주당 ₩3,500 손실

- 손실총액 = 이익총액

① 손실총액 : ₩3,500 × 20,000주 = ₩70,000,000

② 이익총액 : ₩7,000 × 10,000주 = ₩70,000,000

손실총액과 이익총액이 같으므로 아래 ① 또는 ②의 방법으로 이익분여액을 계산할 수 있다.
① 해당 법인의 손실총액 × 이익주주비율
② 해당 법인의 이익총액 × 손실주주비율

(1) ㈜A : 〈익 금 산 입〉　　부당행위계산부인　　₩10,500,000* (기타사외유출)

(2) ㈜서울 : 〈익 금 산 입〉　　투자주식　　₩10,500,000*　　(유보)

$$* \ 4,000주 \times ₩3,500 \times \frac{4,500주}{6,000주} = ₩10,500,000$$

〈주1〉 법인세법상 저가발행 & 재배정의 경우 현저한 이익분여여부를 불문하고 법인이 특수관계있는 자에게 분여한 이익은 부당행위계산부인규정을 적용하며, 특수관계에 있는 법인으로부터 분여받은 이익은 익금산입(유보)으로 세무조정한다. cf) 저가발행 & 실권의 경우에는 현저한 이익분여요건을 충족하여야 한다.

2. 실권하는 경우

(1) 분석

주 주	증자전	증자	증자후
㈜A	4,000주	–	4,000주
㈜서울	3,000주	3,000주	6,000주
㈜B	2,000주	–	2,000주
㈜C	1,000주	1,000주	2,000주
계	10,000주	4,000주	14,000주
주 가	@₩20,000	@₩13,000	@₩18,000

주당 ₩7,000 이익

주당 ₩2,000 손실

- 손실총액 = 이익총액

① 손실총액 : ₩2,000 × 14,000주 = ₩28,000,000

② 이익총액 : ₩7,000 × 4,000주 = ₩28,000,000

손실총액과 이익총액이 같으므로 아래 ① 또는 ②의 방법으로 이익분여액을 계산할 수 있다.
① 해당 법인의 손실총액 × 이익주주비율
② 해당 법인의 이익총액 × 손실주주비율

(2) 현저한 이익분여요건 성립여부 검증

① 균등증자시 1주당 평가액 : $\dfrac{10,000주 \times ₩20,000 + 10,000주 \times ₩13,000}{10,000주 + 10,000주}$ = ₩16,500

② 1주당 평가차액 : ₩16,500 − ₩13,000 = ₩3,500

③ ₩3,500 < ₩16,500 × 30% = ₩4,950 → 불충족

④ 분여이익 : 4,000주 × ₩2,000 × $\dfrac{3,000주}{4,000주}$ = ₩6,000,000 < 3억원 → 불충족

[물음 2]

구　분	답　안
최대 매입가격	₩6,194,999,999
최대 보통주 발행주식수	154,874주

(1) 기준금액[주1] : $\dfrac{₩5,800,000,000 + ₩6,000,000,000}{2} = ₩5,900,000,000$

(2) 최대 매입가격

　① 부당행위계산부인 규정을 적용받는 최소 매입가격 : Min[a, b] = ₩6,195,000,000

　　a. ₩5,900,000,000 × 105% = ₩6,195,000,000

　　b. ₩5,900,000,000 + ₩300,000,000 = ₩6,200,000,000

　② 부당행위계산부인 규정을 적용받지 않는 최대 매입가격 : ₩6,195,000,000 － ₩1 = ₩6,194,999,999

(3) 최대 보통주 발행주식수

　① 부당행위계산부인 규정을 적용받는 최소 보통주 발행주식수 : ₩6,195,000,000 ÷ ₩40,000 = 154,875주

　② 부당행위계산부인 규정을 적용받지 않는 최대 보통주 발행주식수 : 154,875주 － 1주 = 154,874주

〈주1〉 시가가 불분명한 경우 ➡ 다음의 가액을 순차로 적용한다.

　① 감정평가업자가 감정한 가액(감정한 가액이 2 이상인 경우에는 그 감정한 가액의 평균액) 단, 주식 또는 출자지분
　　및 가상자산은 감정가액을 적용하지 않는다.

　② 상속세 및 증여세법상의 보충적 평가방법

+23 다음은 비상장기업인 ㈜해인의 유상감자에 대한 자료이다. (2013. CPA 2차 수정)

1. ㈜해인의 주식 1주당 액면가액은 ₩10,000이고, 감자전 1주당 평가액은 ₩5,000이었다.

2. ㈜해인의 유상감자 내역

주주	감자전 주식수	감자 주식수	감자후 주식수
갑법인	500주	250주	250주
을법인	200주	–	200주
병법인	200주	100주	100주
정법인	100주	50주	50주
합계	1,000주	400주	600주

3. 갑법인과 을법인은 법인세법상 특수관계인에 해당되며, 그 외의 특수관계인은 없다.

📄 **물음**

1. ㈜해인이 감자대가로 1주당 ₩2,000을 지급한 경우 각각의 주주에 대한 세무조정 및 소득처분을 하시오.
   단, 세무조정이 없는 주주의 경우 "세무조정 없음"으로 표시할 것.
2. ㈜해인이 감자대가로 1주당 ₩6,000을 지급한 경우 각각의 주주에 대한 세무조정 및 소득처분을 하시오.
   단, 세무조정이 없는 주주의 경우 "세무조정 없음"으로 표시할 것.

[물음 1]

갑법인 : 〈익 금 산 입〉 부당행위계산부인 ₩250,000 (기타사외유출)
을법인 : 〈익 금 산 입〉 투자주식 250,000 (유보)

(1) 분석

주 주	감자전	감 자	감자후
갑법인	500주	(250주)	250주
을법인	200주	–	200주
병법인	200주	(100주)	100주
정법인	100주	(50주)	50주
계	1,000주	(400주)	600주
주 가	@₩5,000	@₩2,000	@₩7,000

주당 ₩3,000 손실
주당 ₩2,000 이익

- 손실총액 = 이익총액
① 손실총액 : ₩3,000 × 400주 = ₩1,200,000
② 이익총액 : ₩2,000 × 600주 = ₩1,200,000

손실총액과 이익총액이 같으므로 아래 ① 또는 ②의 방법으로 이익분여액을 계산할 수 있다.
① 해당 법인의 손실총액 × 이익주주비율
② 해당 법인의 이익총액 × 손실주주비율

(2) 현저한 이익분여요건 충족여부

$$₩3,000(₩5,000 - ₩2,000) \geq ₩1,500(= ₩5,000 × 30\%) → 충족함$$

(3) 이익분여액(갑법인 → 을법인) : $(250주 × ₩3,000) × \dfrac{200주}{600주} = ₩250,000$

   갑법인 손실총액 　 이익주주비율

   또는 $200주 × ₩2,000 × \dfrac{250주}{400주} = ₩250,000$

   을법인 이익총액 　 손실주주비율

※ 법정산식[주1] : $(₩5,000 - ₩2,000) × \cancel{400주} × \dfrac{200주}{600주} × \dfrac{250주}{\cancel{400주}} = ₩250,000$

[물음 2]

갑법인 : 세무조정 없음
을법인 : 세무조정 없음
· 현저한 이익분여요건 충족여부 : ₩1,000(= ₩6,000 - ₩5,000) < ₩1,500(= ₩5,000 × 30%) → 충족×

〈주1〉 법인의 감자에 있어서 주주등의 소유주식등의 비율에 의하지 아니하고 일부 주주등의 주식등을 소각하여 특수관계인에게 이익을 분여한 경우 익금에 산입할 금액의 계산에 관하여는 상속세 및 증여세법 규정을 준용한다.
주식등을 시가보다 낮은 대가로 소각한 경우의 법정산식은 아래와 같으며, 아래 산식의 총감자 주식수를 약분하여 정리하면 해설 본문상의 산식과 동일하게 된다.

$$\left(\begin{array}{c}\text{감자한 주식의} \\ \text{1주당 평가액}\end{array} - \begin{array}{c}\text{감자시 지급한} \\ \text{1주당 금액}\end{array}\right) × \cancel{총감자 주식수} × \begin{array}{c}\text{이익을 분여받은} \\ \text{특수관계인의 감자후} \\ \text{지분율}\end{array} × \dfrac{\text{이익을 분여한 특수관계인의 감자 주식수}}{\cancel{총감자 주식수}}$$

+24 다음은 중소기업인 ㈜동해(상시근로자 수 30명)의 제26기 사업연도(2026.1.1. ~ 12.31.) 법인세 과세표준 및 세액신고에 대한 관할세무서장의 경정내역이다. (2007. CPA 2차 수정)

1. 회사는 제26기 사업연도에 대한 법인세 과세표준과 세액을 2027. 3. 28.(신고기한은 2027. 3. 31.)에 신고·납부하였으며, 그 내역은 다음과 같다.

(1) 각사업연도소득금액	₩250,000,000
(2) 이월결손금	(50,000,000)
(3) 과세표준	₩200,000,000
(4) 산출세액	20,000,000
(5) 기납부세액	(5,000,000)
(6) 법인세납부세액	₩15,000,000

2. 법인세 신고조정 후 발견사항은 다음과 같으며 모두 국내소득과 관련된 것이다.

   (1) 이중장부의 작성을 통한 매출누락액 ₩20,000,000과 매출원가누락액 ₩10,000,000

   (2) 허위증빙의 수령(허위임을 알고 수령함)에 의한 손금과다계상액 ₩30,000,000

   (3) 세무조정 착오로 인한 가지급금 인정이자 미계상액 ₩15,000,000

   (4) 세무조정 착오로 인한 수입배당금 익금불산입 누락액 ₩5,000,000

물음

㈜동해는 제26기 사업연도(2026. 1. 1. ~ 12. 31.)에 대한 법인세 신고내역을 재검토한 결과 위 오류를 발견하였다. 자료를 이용하여 ㈜동해가 2027. 4. 30.에 제26기 법인세를 수정신고하기로 한 경우 ① 추가납부세액(가산세 제외), ② 과소신고가산세, ③ 납부지연가산세를 각각 계산하여 다음 양식에 제시하시오. 단, 최저한세는 고려하지 말 것

① 추가납부세액	
② 과소신고가산세	
③ 납부지연가산세	

① 추가납부세액	₩10,000,000
② 과소신고가산세	340,000
③ 납부지연가산세	66,000

1. 과소신고납부세액

    (1) 과소신고과세표준의 구분

구 분	일반과소신고과세표준	부정과소신고과세표준
매 출 누 락	–	₩20,000,000
매출원가누락	–	(10,000,000)
손금과다계상	–	30,000,000
가지급금인정이자	₩15,000,000	–
수입배당금 익금불산입	(5,000,000)	–
계	₩10,000,000 +	₩40,000,000 = ₩50,000,000

    (2) 경정시 과세표준 : ₩200,000,000(신고시 과세표준) + ₩50,000,000(과소신고 과세표준) = ₩250,000,000

    (3) 경정시 산출세액 : ₩250,000,000 × 법인세율(10%, 20%) = ₩30,000,000

    (4) 경정시 차감납부세액 : ₩30,000,000 − ₩5,000,000(기납부세액) = ₩25,000,000

    (5) 과소신고납부세액 : ₩25,000,000 − ₩15,000,000(신고시 차감납부세액) = ₩10,000,000

2. 과소신고가산세

    (1) 과소신고납부세액의 구분

    ① 부정과소신고납부세액 : $₩10,000,000 \times \dfrac{₩40,000,000}{₩50,000,000} = ₩8,000,000$

    ② 일반과소신고납부세액 : ₩10,000,000 − ₩8,000,000 = ₩2,000,000

    (2) 과소신고가산세 계산 : (① + ②) × (1 − 90%[주1]) = ₩340,000

    ① 부정과소신고가산세 : Max[a, b] = ₩3,200,000

        a. ₩8,000,000 × 40% = ₩3,200,000

        b. $₩20,000,000 \times \dfrac{14}{10,000} = ₩28,000$

    ② 일반과소신고가산세 : ₩2,000,000 × 10% = ₩200,000

3. 납부지연가산세 : $₩10,000,000 \times 30일(4. 1. \sim 4. 30.) \times \dfrac{2.2}{10,000} = ₩66,000$

〈주1〉 법정신고기한 경과 후 1개월 이내에 수정신고한 경우 부과할 과소신고가산세의 90%를 감면한다.

+25 ㈜A는 ㈜B를 연결지배하고 있으며, 제26기 사업연도(2026.1.1~2026.12.31)부터 연결납세를 적용하기 위하여 연결납세방식적용신청서를 적절하게 제출하여 승인을 받았다. (2012. CPA 1차)

> (1) 수입금액 및 기업업무추진비 지출액
>
> | 구 분 | ㈜A | ㈜B |
> |---|---|---|
> | 손익계산서상 매출액 | ₩3,000,000,000 | ₩1,500,000,000 |
> | 손익계산서상 매출액 중 특수관계인(㈜B가 아님) 매출액 | 50,000,000 | – |
> | 손익계산서상 기업업무추진비 | 30,000,000 | 18,000,000 |
>
> (2) ㈜A의 손익계산서상 기업업무추진비에는 건당 3만원 초과 적격증빙서류 미수취 기업업무추진비 ₩3,000,000과 ㈜B에게 지출한 기업업무추진비 ₩5,000,000이 포함되어 있으며, 위에서 언급한 내용 이외의 기업업무추진비는 모두 적격증빙을 구비하였고, 전기에 세무조정은 적정하게 이루어졌다.
>
> (3) ㈜A와 ㈜B는 제조업을 영위하는 내국법인이며, 중소기업이 아니다.
>
> (4) 위 자료 이외의 추가적인 세무조정은 없다.
>
> (5) 수입금액에 관한 적용률은 다음과 같다.
>
> | 수입금액 | 적용률 |
> |---|---|
> | 100억원 이하 | 1만분의 30 |
> | 100억원 초과 500억원 이하 | 3천만원 + 100억원을 초과하는 금액의 1만분의 20 |
> | 500억원 초과 | 1억1천만원 + 500억원을 초과하는 금액의 1만분의 3 |

📝 **물음**

각 연결법인별 기업업무추진비 손금불산입액 배분액을 다음의 답안 양식에 따라 제시하시오.

구 분	금 액
㈜A	
㈜B	

구 분	금 액
㈜A	₩11,049,250
㈜B	₩6,585,750

(1) 기업업무추진비 한도시부인

	B	T	D
㈜A	₩22,000,000[*1]	−	₩8,049,250[*3]
㈜B	18,000,000	−	6,585,750[*3]
합 계	₩40,000,000	₩25,365,000[*2]	₩14,635,000

*1. ₩30,000,000 − ₩3,000,000 − ₩5,000,000 = ₩22,000,000

2. 한도 : ① + ② = ₩25,365,000

① $₩12,000,000 \times \dfrac{12}{12} = ₩12,000,000$

② $₩4,450,000,000 \times \dfrac{3}{1,000} + ₩50,000,000 \times \dfrac{3}{1,000} \times 10\% = ₩13,365,000$

3. 한도초과액의 배분

①㈜A : $₩14,635,000 \times \dfrac{₩22,000,000}{₩40,000,000} = ₩8,049,250$

②㈜B : $₩14,635,000 \times \dfrac{₩18,000,000}{₩40,000,000} = ₩6,585,750$

(2) 연결법인별 기업업무추진비 손금불산입액 배분액

① ㈜A : ₩3,000,000* + ₩8,049,250 = ₩11,049,250

   * 증빙미수취로 인한 손금불산입액은 ㈜A에 직접 배분한다.

② ㈜B : ₩6,585,750

+26 다음은 거주자 양금융 씨의 배당소득 자료이다. 단, 각 피투자회사 주식의 1주당 액면가액은 ₩5,000이며, 양금융 씨는 자료에 제시한 배당소득 이외의 금융소득은 없는 것으로 가정한다.

주권상장법인인 A사로부터 무상주 10,000주를 수령(잉여금 자본전입 결의일 : 2026. 2. 20, 무상주 수령일 2026. 2. 25)하였다. 무상주의 재원은 다음과 같으며, 무상주 중 2,500주는 A사가 보유하고 있는 자기주식에 대한 배정포기분을 추가로 배정받은 것이다.

무상주 재원	자본전입 구성비율
① 자기주식처분이익	45%
② 토지재평가적립금(1% 재평가세 적용분)	30%
③ 건물재평가적립금(3% 재평가세 적용분)	25%
계	100%

📋 **물음**

자료를 이용하여 거주자 양금융 씨의 2026년도의 종합소득에 합산될 배당소득금액을 다음의 양식에 따라 계산하시오.

구 분	금 액
배당소득 총수입금액	
배당가산액	
배당소득금액	

구 분	금 액
배당소득 총수입금액	₩40,625,000
배당가산액	2,062,500
배당소득금액	42,687,500

1. G-up 대상 : 10,000주 × 45% × ₩5,000 = ₩22,500,000(A)

2. G-up 제외 : ① + ② = ₩18,125,000

   ① 10,000주 × 30% × ₩5,000 = ₩15,000,000(B)

   ② 2,500주 × 25% × ₩5,000 = ₩3,125,000(C)

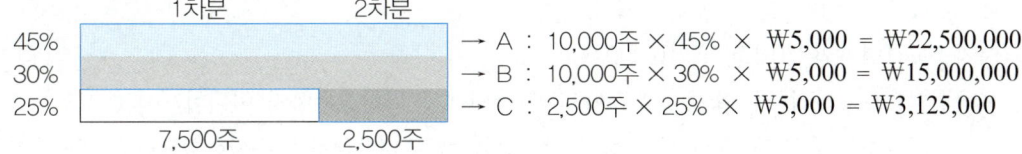

3. 금융소득금액 : ₩40,625,000 + Min[₩22,500,000, ₩20,625,000] × 10% = ₩42,687,500

+27 다음은 거주자 갑의 2026년 귀속 종합소득 신고를 위한 자료이다. 단, 제시된 금액은 원천징수하기 전의 금액이며, 원천징수는 적법하게 이루어졌다. 다음 자료를 이용하여 [물음]에 답하시오. (2015. CPA 2차)

1. ㈜A의 2025년 사업연도(결산확정일 : 2026년 2월 25일)에 대한 법인세 신고시 법인세법에 따라 배당으로 처분된 금액 : ₩1,000,000

2. 채권의 환매조건부 매매차익 : ₩7,000,000

3. 2024년 3월 1일 발행된 장기채권(만기 12년)으로부터 발생한 2026년 귀속 이자소득 : ₩4,000,000

4. ㈜B의 잉여금처분결의에 따른 현금배당 : ₩5,000,000(비상장법인인 ㈜B는 12월말 결산법인으로 잉여금처분결의일은 2026년 3월 20일임)

5. 출자공동사업자의 분배금 : ₩10,000,000

6. 외국법인으로부터의 배당소득 : ₩3,000,000(국내에서 원천징수하지 아니함)

7. 보유 중인 ㈜C 주식 1,000주의 유상감자로 현금 ₩12,000,000을 수령하였으며, 해당 주식의 취득내역은 다음과 같다.
   ① 2024년 5월 2,000주를 ₩25,000,000에 취득
   ② 2025년 5월 이익준비금의 자본전입으로 인한 무상주 500주 수령(1주당 액면가 ₩10,000, 시가 ₩15,000)
   ③ 2026년 1월 주식발행초과금의 자본전입으로 인한 무상주 500주 수령(1주당 액면가 ₩10,000, 시가 ₩12,000)

8. 집합투자기구로부터의 이익 : ₩7,000,000(이자 ₩1,500,000, 배당 ₩4,000,000, 상장주식처분이익 ₩1,500,000으로 구성됨)

🔖 **물음**

위의 자료를 이용하여 갑의 2026년도 종합과세대상 금융소득금액을 답안 양식에 따라 제시하시오. 단, 분리과세 선택이 가능한 경우 분리과세를 선택하였다고 가정한다.

(답안 양식)

이자소득 총수입금액	
배당소득 총수입금액	
귀속법인세액(Gross-up금액)	
종합과세대상 금융소득금액	

이자소득 총수입금액	₩11,000,000
배당소득 총수입금액	26,500,000
귀속법인세액(Gross-up금액)	600,000
종합과세대상 금융소득금액	38,100,000

1. 금융소득의 구분

구 분	이자소득	배당소득	비 고
인정배당[주1]	–	₩1,000,000[*1]	
환매조건부채권의 매매차익	₩7,000,000	–	
장기채권이자[주2]	4,000,000	–	
㈜B 현금배당[주3]	–	5,000,000[*1]	
외국법인 배당	–	3,000,000	무조건 종합과세
감자시 의제배당[*2]	–	2,000,000	
집합투자기구이익[*3]	–	5,500,000	
합 계	₩11,000,000	+ ₩16,500,000	= ₩27,500,000(2천만원 초과)

*1. Gross-up 가능 배당소득

2. 감자시 의제배당[주4] : ₩12,000,000 − 1,000주 × ₩10,000[*] = ₩2,000,000 → Gross-up 불가 배당소득

$$* \frac{₩25,000,000 + (500주 × ₩10,000) + ₩0}{2,000주 + 500주 + 500주} = ₩10,000$$

3. 집합투자기구로부터의 이익 : ₩7,000,000 − ₩1,500,000(상장주식처분이익)[주5] = ₩5,500,000

2. 이자소득 총수입금액 : ₩11,000,000

3. 배당소득 총수입금액 : ₩16,500,000 + ₩10,000,000(출자공동사업자 배당) = ₩26,500,000

4. 귀속법인세액(Gross-up금액) : Min[①, ②] × 10% = ₩600,000

① Gross-up 대상 배당소득 : ₩6,000,000

② 금융소득 총수입금액(출자공동사업자 배당 제외) − 2,000만원 = ₩7,500,000

〈주1〉 인정배당의 수입시기는 결산확정일이며, Gross-up 가능 배당소득이다.

〈주2〉 2018. 1. 1. 이후에 발행된 장기채권에 대한 이자는 분리과세를 신청할 수 없다.

〈주3〉 잉여금처분결의에 따른 현금배당의 수입시기는 잉여금처분결의일이며, Gross-up 가능 배당소득이다.

〈주4〉 소득세법상 주식발행초과금으로 인한 무상주는 단기소각주식의 특례를 적용하지 않는다.(법인세법과의 차이점)

〈주5〉 집합투자기구로부터 이익은 재산권에서 발생하는 소득의 내용과는 무관하게 배당소득으로 과세되며, 상장주식처분이익은 제외된다.

+28 병(40세, 남성)의 2026년 종합소득 관련 자료이다. 제시된 금액은 원천징수하기 전의 금액이다.

(2024. CPA 2차 수정)

1. 병의 기타소득 관련 내역은 다음과 같다.
   ① 상표권을 대여하고 받은 금액: ₩6,000,000(실제 확인된 필요경비는 ₩4,800,000임)
   ② 제작된 이후 200년이 경과된 골동품 1점을 양도하고 받은 금액: ₩80,000,000(실제 확인된 필요경비는 ₩71,000,000이며 보유기간은 11년임)
   ③ 주식매수선택권을 퇴직 이후 행사하여 얻은 이익: ₩10,000,000
   ④ 알선수재에 의하여 받은 금품: ₩7,000,000
   ⑤ 지방자치단체로부터 받은 상금: ₩2,000,000

2. 병(간편장부대상자)의 기타소득 이외의 종합소득내역은 다음과 같다.

구 분	금 액
근로소득금액	₩33,000,000
사업소득금액	50,000,000

   ① 근로소득 총급여액은 ㈜A에서 받은 ₩45,000,000이며, 병은 2026년 6월 30일에 퇴직하였다.
   ② 사업소득(부동산매매업)은 전액 분양권(보유기간 4년) 양도에 의한 매매차익(양도가액: ₩110,000,000, 취득가액: ₩60,000,000)이다.
   ③ 사업소득은 복식부기에 의하여 장부를 기장하고「소득세법」에 따라 장부 및 증명서류를 관리하고 있으며, 신고해야 할 소득금액을 비치·기록한 장부에 의하여 모두 신고하였다.

3. 병과 생계를 같이하는 부양가족은 배우자(39세), 딸(7세)이 있으며 모두 기본공제대상이다.

4. 병은 본인의 질병치료를 위한 입원비로 ₩6,500,000, 배우자의 난임시술비로 ₩8,000,000, 딸의 상처치료를 위한 수술비로 ₩1,850,000을 지출하였다.

5. 병의 연금저축계좌 납입액은 ₩53,000,000이고 퇴직연금계좌 납입액은 ₩5,000,000이다. 연금저축계좌 납입액 중 ₩50,000,000은 개인종합자산관리계좌(조세특례제한법상 요건을 모두 갖춤)의 계약만료된 계좌잔액 전부를 계약만료일 다음 날 연금계좌로 납입된 금액이다.

6. 종합소득세 기본세율

과 세 표 준		세 율
1,400만원 초과	5,000만원 이하	84만원 + 1,400만원 초과분의 15%
5,000만원 초과	8,800만원 이하	624만원 + 5,000만원 초과분의 24%
8,800만원 초과	1억5,000만원 이하	1,536만원 + 8,800만원 초과분의 35%

물음

1. 병의 종합소득에 합산되는 기타소득금액을 답안양식에 따라 제시하시오.

기타소득금액	

2. 병의 종합소득과세표준이 ₩100,000,000이라고 가정할 경우, 병의 종합소득산출세액을 구하기 위한 일반산출세액 및 비교산출세액을 답안양식에 따라 제시하시오.

구 분	금 액
일반산출세액	
비교산출세액	

3. 병의 종합소득에 합산되는 기타소득금액은 ₩17,000,000이며, 종합소득산출세액은 ₩33,000,000으로 가정한다. 이 경우 병의 의료비세액공제액 및 기장세액공제액, 연금계좌세액공제액을 답안양식에 따라 제시하시오.

구 분	금 액
의료비세액공제액	
기장세액공제액	
연금계좌세액공제액	

[물음 1]

기타소득금액	₩18,200,000

(1) 조건부 기타소득금액

상표권 대여	₩1,200,000*	
골동품 양도	–	무조건 분리과세
주식매수선택권 퇴직 이후 행사이익[주1]	10,000,000	
지방자치단체 상금	–	비과세
합계	₩11,200,000	300만원 초과 → 종합과세

  * ₩6,000,000 − Max[₩4,800,000, ₩6,000,000 × 60%] = ₩1,200,000

(2) 종합소득에 합산되는 기타소득금액 : ₩11,200,000 + ₩7,000,000(알선수재 금품)[주2] = ₩18,200,000

[물음 2]

구 분	금 액
일반산출세액	₩19,560,000
비교산출세액	34,740,000

1. 일반[주3] : ₩100,000,000(가정치) × 기본세율 = ₩19,560,000

2. 비교[주3] : (₩100,000,000 − ₩50,000,000[*1]) × 기본세율 + ₩47,500,000[*2] × 60%(양도소득세율)

   = ₩34,740,000

   *1. 분양권 양도에 의한 매매차익으로 종합소득금액에 포함된 금액 : ₩110,000,000 − ₩60,000,000 = ₩50,000,000
   *2. ₩110,000,000 − ₩60,000,000 − ₩2,500,000(양도소득기본공제) = ₩47,500,000

〈주1〉 벤처기업 등으로부터 부여받았다는 언급이 없으므로 벤처기업 등이 아닌 기업으로부터 부여받은 주식매수선택권으로 보아 과세되는 것으로 풀이하였다.

〈주2〉 뇌물, 알선수재·배임수재에 의하여 받는 금품도 무조건 종합과세되나, 조건부 기타소득금액의 300만원 초과 여부 판정시에는 제외한다.

〈주3〉 **[관련규정]**
부동산매매업자의 종합소득금액에 ① 비사업용토지, ② 미등기자산, ③ 분양권, ④ 조정대상지역의 1세대 2주택(조합원입주권, 분양권의 수 포함) 이상에 해당하는 주택에 대한 매매차익이 있는 경우 세액계산 특례를 적용하여 종합소득산출세액을 계산하도록 규정하고 있다.

> 종합소득산출세액 : Max[①, ②]
> ① 과세표준 × 기본세율
> ② (과세표준 − 토지 등 매매로 인한 사업소득금액) × 기본세율 + 토지 등 매매차익* × 양도소득세율

* 토지 등 매매차익

구 분	계 산
(1) 비사업용토지	매매가액 − 필요경비 − 장기보유특별공제 − 양도소득기본공제
(2) 미등기자산	매매가액 − 필요경비 → 양도소득기본공제×, 장기보유특별공제×
(3) 분양권/주택	매매가액 − 필요경비 − 양도소득기본공제 → 장기보유특별공제× 단, 보유기간 3년 이상인 조정대상지역 내 주택을 2026. 5. 9. 까지 양도하는 경우 그 해당 주택은 장기보유특별공제를 적용한다.

여기서 필요경비는 취득가액·자본적 지출·양도비용을 말한다.

[물음 3]

구 분	금 액
의료비세액공제액	₩3,450,000
기장세액공제액	1,000,000
연금계좌세액공제액	1,440,000

1. 의료비세액공제액 : ① × 30% + (② + ③) × 15% = ₩3,450,000[주2]

　① 난임시술비 : ₩8,000,000

　② 특정의료비 : ₩6,500,000(본인)

　② 일반의료비 : ₩1,850,000(딸)[주1] − ₩45,000,000(총급여액) × 3% = ₩500,000(700만원 한도 내)

2. 기장세액공제액 : Min[①, ②] = ₩1,000,000

　① ₩33,000,000(가정치) × $\dfrac{₩50,000,000}{₩100,000,000^*}$ × 20% = ₩3,300,000

　② 한도 : ₩1,000,000

　* 종합소득금액 : ₩33,000,000(근로) + ₩50,000,000(사업) + ₩17,000,000(기타) = ₩100,000,000

3. 연금계좌세액공제액
　(1) 공제대상금액
　　1) 일반 공제대상금액 : Min[①, ②] = ₩9,000,000
　　　① 연금계좌납입액 : Min[₩53,000,000, ₩6,000,000] + ₩5,000,000 = ₩11,000,000
　　　② 한도 : ₩9,000,000
　　2) 전환금액이 있는 경우 공제대상금액[주3] : Min[①, ②] = ₩12,000,000
　　　① ₩53,000,000(연금저축계좌 납입액) + ₩5,000,000(퇴직연금계좌 납입액) = ₩58,000,000
　　　② a + b = ₩12,000,000
　　　　a. ₩9,000,000(일반 공제대상금액)
　　　　b. Min[₩50,000,000 × 10%, ₩3,000,000] = ₩3,000,000
　(2) 연금계좌세액공제액 : ₩12,000,000 × 12%[주4] = ₩1,440,000

〈주1〉 딸은 과세기간개시일 현재 6세 이하가 아니므로 딸의 상처치료를 위한 수술비는 일반의료비에 해당한다.

〈주2〉 의료비세액공제액은 근로소득산출세액 이내의 금액이다.

　· 근로소득산출세액 : ₩33,000,000(가정치) × $\dfrac{₩33,000,000}{₩100,000,000}$ = ₩10,890,000

〈주3〉

연금계좌세액공제 : $\underset{ⓐ}{\underline{\text{Min}[①, ②]}}$ × 12%(15%)

① Min[연금저축계좌 납입액, 연 600만원] + 퇴직연금계좌 납입액

② 연 900만원

개인종합자산관리계좌의 계약기간이 만료되고 해당 계좌의 일부 또는 전부를 60일 이내에 연금계좌로 납입한 경우 그 납입한 금액(전환금액)을 납입한 날이 속하는 과세기간의 연금계좌 납입액에 포함한다. 이러한 연금계좌 전환금액이 있는 경우 연금계좌세액공제는 다음과 같이 계산한다.

Min[①, ②] × 12%(15%)
① 연금저축계좌 납입액 + 퇴직연금계좌 납입액
② ⓐ + Min[전환금액 × 10%, 연 300만원*]
* 직전 과세기간과 해당 과세기간에 걸쳐 납입한 경우에는 300만원에서 직전 과세기간에 적용된 금액을 차감한 금액으로 한다.

〈주4〉 종합소득금액이 4,500만원을 초과하므로 12% 공제율을 적용한다.

+29 다음은 소득세법과 조세특례제한법에 의한 성실사업자인 거주자 신태산(남성)의 2026년도 귀속 소득에 관한 자료이다.

(2015. 세무사 2차)

1. 신태산(42세)은 부양가족으로 67세인 어머니와 41세인 부인, 12세와 10세의 자녀와 해당 과세기간에 출산한 쌍둥이 자녀를 두고 있다. 부인의 종합소득금액은 ₩6,000,000이며, 부인 이외의 부양가족의 소득은 없다. 또한 부양가족 중 장애인은 없다.

2. 신태산은 제조업의 영위하고 있으며, 사업소득 총수입금액은 2억원이며, 필요경비는 8천만원이다.

3. 신태산은 소기업·소상공인 공제부금에 가입하여 2026년에 ₩5,000,000을 공제부금에 납입하였다.

4. 어머니 의료비 ₩2,000,000, 본인 의료비 ₩800,000, 배우자의 난임시술비 ₩5,000,000을 지출하였다.

5. 일반보장성보험료 ₩1,200,000과 연금저축계좌 납입액 ₩7,000,000을 납부하였다.

6. 첫째와 둘째 자녀의 초등학교 교육비 ₩3,000,000과 영어학원 수강료 ₩4,000,000, 신태산 본인의 직업능력개발훈련비 ₩2,400,000을 지출하였다.

7. 무주택자인 신태산과 가족이 현재 거주하고 있는 주택(국민주택 규모)에 대한 월세액으로 연간 ₩12,000,000을 지급하였다.

소득세 기본세율의 일부분

종합소득과세표준	세 율
1,400만원 이하	6%
1,400만원 초과 5,000만원 이하	84만원 + 1,400만원을 초과하는 금액의 15%
5,000만원 초과 8,800만원 이하	624만원 + 5,000만원을 초과하는 금액의 24%
8,800만원 초과 1억 5,000만원 이하	1,536만원 + 8,800만원을 초과하는 금액의 35%

물음

자료를 이용하여 신태산의 종합소득 결정세액을 다음 양식에 의하여 계산하시오. 신태산은 연말정산 대상 사업자가 아니고, 최저한세는 고려하지 않는다. 또한 소득세 부담 최소화를 가정한다.

구 분	금 액
1. 사업소득금액	
2. 소득공제	
3. 과세표준	
4. 산출세액	
5. 세액공제	
1)	
2)	
.	
.	
6. 결정세액	

구 분	금 액
1. 사업소득금액	₩120,000,000
2. 소득공제	(11,000,000)
3. 과세표준	₩109,000,000
4. 산출세액	22,710,000
5. 세액공제	
1) 자녀세액공제	(1,950,000)
2) 연금계좌세액공제	(720,000)
3) 의료비세액공제	(1,260,000)
4) 교육비세액공제	(450,000)
5) 월세세액공제	–
6. 결정세액	₩18,330,000

1. 소득공제 : (1) + (2) = ₩11,000,000
　(1) 인적공제[주1] : ₩1,500,000 × 6명(배우자 제외) = ₩9,000,000
　(2) 소기업·소상공인 공제부금공제 : Min[₩5,000,000, ₩2,000,000[주2]] = ₩2,000,000

2. 산출세액 : ₩15,360,000 + (₩109,000,000 − ₩88,000,000) × 35% = ₩22,710,000

3. 세액공제
　(1) 자녀세액공제 : ① + ② = ₩1,950,000
　　① 기본공제 : ₩250,000 + ₩300,000 = ₩550,000(8세 이상 2명)
　　② 추가공제 : ₩700,000(셋째) + ₩700,000(넷째) = ₩1,400,000
　(2) 연금계좌세액공제 : Min[₩7,000,000, ₩6,000,000] × 12%[주3] = ₩720,000
　(3) 의료비세액공제[주4] : (₩5,000,000 − ₩800,000) × 30% = ₩1,260,000
　　① 난임시술비 : ₩5,000,000
　　② 특정의료비 : ₩800,000(본인) + ₩2,000,000(65세 이상자) − ₩120,000,000* × 3% = △₩800,000
　　* 사업소득금액 : ₩200,000,000 − ₩80,000,000 = ₩120,000,000
　(4) 교육비세액공제[주4] : ₩3,000,000[주5] × 15% = ₩450,000
　(5) 월세세액공제 : 없음[주6]

〈주1〉　① 본인 : 남성이며, 배우자가 있으므로 부녀자공제 및 한부모공제대상이 아니다. 또한 경로우대자공제 및 장애인공제대상도 아니다.
　　② 어머니 : 60세 이상으로 소득이 없으므로 기본공제대상자에 해당한다.
　　③ 배우자 : 소득금액이 100만원을 초과하므로 기본공제대상자에 해당하지 않는다.
　　④ 자녀(4명) : 모두 20세 이하로 소득이 없으므로 기본공제대상자에 해당한다.
〈주2〉　사업소득금액이 1억원을 초과하므로 소기업·소상공인 공제부금의 한도액은 200만원으로 한다.
〈주3〉　종합소득금액이 4,500만원을 초과하므로 12% 공제율을 적용한다.
〈주4〉　조특법에 따른 성실사업자는 ① 의료비·교육비 세액공제와 ② 표준세액공제(연 12만원) 중 선택할 수 있으므로 세부담최소화를 위해 ①을 선택한다. 또한 보험료세액공제는 근로소득자만 적용받을 수 있으므로 성실사업자는 적용받을 수 없다.
〈주5〉　① 직업능력개발훈련비는 성실사업자의 경우 교육비세액공제대상이 아니다.
　　② 학원수강료는 교육비세액공제대상이 아니다.
〈주6〉　종합소득금액이 7천만원을 초과하므로 월세세액공제를 적용받을 수 없다.

+30 거주자 을(56세, 독신 남성)의 2026년 연금소득 및 기타소득과 관련된 내역이 〈자료〉와 같을 때 아래 물음에 답하시오.

1. 을 씨의 연금계좌는 2013.3.1. 이후에 가입한 것으로 2025년부터 연금을 수령하고 있으며, 2025년을 기산연차로 가정한다. 을 씨가 2025년에 수령한 연금은 ₩2,000,000이다.

   ① 2026.1.1. 현재 연금계좌 평가액: ₩450,000,000

   ② 연금계좌에 불입 시 연금계좌세액공제를 받지 못한 금액의 합계: ₩10,000,000

   ③ 연금계좌에 포함된 이연퇴직소득: ₩30,000,000

2. 을 씨는 2026년도에 위 연금계좌에서 ₩63,000,000을 수령하였다. 을 씨의 이연퇴직소득에 대하여 이연 당시에 산출한 퇴직소득세는 ₩400,000 이다.

3. 연금소득공제와 관련된 자료는 다음과 같다.

총연금액		연금소득공제액	
	350만원 이하		총연금액
350만원 초과	700만원 이하	350만원 +	(총연금액 − 350만원) × 40%
700만원 초과	1,400만원 이하	490만원 +	(총연금액 − 700만원) × 20%
1,400만원 초과		630만원 +	(총연금액 − 1,400만원) × 10%

4. 기본세율표 중 일부는 다음과 같다.

과 세 표 준		세 율	
	1,400만원 이하		6%
1,400만원 초과	5,000만원 이하	84만원 +	1,400만원 초과분의 15%
5,000만원 초과	8,800만원 이하	624만원 +	5,000만원 초과분의 24%
8,800만원 초과	1억 5천만원 이하	1,536만원 +	8,800만원 초과분의 35%

5. 위의 소득 이외에 일시적·우발적으로 발생한 소득은 다음과 같다.

   ① 영업권을 기계장치와 함께 양도함에 따라 받은 금액 중 영업권의 대가 : ₩5,000,000

   ② 공익사업을 위한 토지 등의 취득 및 보상에 관한 법률 제4조에 따른 공익사업과 관련하여 지상권을 설정함으로써 발생하는 소득: ₩3,000,000

   ③ 주택매수자가 계약을 해약함에 따라 계약금이 위약금으로 대체된 금액: ₩1,400,000

   ④ 상표권을 대여하고 받은 금액 : ₩3,000,000(적격증명서류로 확인된 필요경비 ₩2,500,000 있음)

   ⑤ 소기업·소상공인 공제부금 해지일시금(기타소득에 해당함) : ₩400,000

   ⑥ 법령·조례에 따른 위원회 등의 보수를 받지 아니하는 위원이 받는 수당 : ₩500,000

   ⑦ 국민 제안 규정 또는 공무원 제안 규정에 따라 채택된 제안의 제안자가 받는 부상 : ₩4,000,000

   ⑧ 복권당첨금품(복권구입비는 ₩1,000임) : ₩2,000,000

   ⑨ 2022년에 ₩40,000,000에 취득하여 소장하고 있던 서화의 양도금액 : ₩50,000,000

물음

1. 자료를 이용하여 을의 총연금액(분리과세 포함) 및 사적연금소득 원천징수세액(분리과세 포함)을 다음의 답안 양식에 따라 제시하시오.

   (답안 양식)

총연금액(연금계좌)	
사적연금소득 원천징수세액	

2. 자료를 이용하여 거주자 을의 종합소득과세표준에 포함될 ① 기타소득금액 및 ② 기타소득에 대한 소득세 원천징수세액(분리과세금액 포함)을 답안 양식에 따라 제시하시오. 단, 분리과세신청이 가능한 경우 분리과세를 선택하는 것으로 가정한다.

   (답안 양식)

구　분	금　액
① 종합소득과세표준에 포함될 기타소득금액	
② 기타소득에 대한 소득세 원천징수세액(분리과세금액 포함)	

3. 자료를 이용하여 분리과세연금소득 외의 연금소득이 있는 경우 세부담 최소화 가정하에 거주자 을의 2026년도 종합소득세 확정신고 시 종합소득 결정세액, 기납부세액 및 자진 납부할 세액(환급받을 세액)을 제시하시오. 단, 종합소득공제액은 ₩4,000,000이라고 가정한다.

   (답안 양식)

결정세액	
기납부세액	
납부할 세액(환급받을 세액)	

[물음 1]

총연금액(연금계좌)	₩52,000,000
사적연금소득 원천징수세액	1,380,000

1. 총연금액(연금계좌)

① 연금계좌의 구성 및 평가액

구 분	평가액	연금수령	연금외수령
A 세액공제×	₩8,000,000*1	₩8,000,000	–
B 이연퇴직소득	30,000,000	30,000,000	–
C 세액공제○ + 운용수익	412,000,000	22,000,000	₩3,000,000
합 계	₩450,000,000	₩60,000,000*2	₩3,000,000*3

*1. ₩10,000,000 − ₩2,000,000(2025년 인출액) = ₩8,000,000

2. 연금수령한도 : $\dfrac{₩450,000,000}{11-2} \times 120\% = ₩60,000,000$

3. ₩63,000,000 − ₩60,000,000 = ₩3,000,000

② 소득구분

구 분	연금수령	소득구분	연금외수령	소득구분
A	₩8,000,000	과세×	–	
B	30,000,000	연금소득(분리과세)	–	
C	22,000,000	연금소득(종합과세)	₩3,000,000	기타소득(분리과세)
합 계	₩60,000,000		₩3,000,000	

③ 총연금액 : ₩30,000,000 + ₩22,000,000 = ₩52,000,000

2. 사적연금소득 원천징수세액 : ① + ② = = ₩1,380,000

① 이연퇴직소득 : ₩400,000 × 70% = ₩280,000

② 연금수령한 연금소득 : ₩22,000,000 × 5% = ₩1,100,000

[물음 2]

구 분	금 액
① 종합소득과세표준에 포함될 기타소득금액	₩5,500,000
② 기타소득에 대한 소득세 원천징수세액(분리과세금액 포함)	1,250,000

1. 기타소득금액

① 영업권 대가[주1]	₩2,000,000	₩5,000,000 × (1 − 60%)
② 공익사업관련 지상권 설정	1,200,000	₩3,000,000 × (1 − 60%)
③ 계약금이 위약금으로 대체된 금액	1,400,000	원천징수×
④ 상표권 대여소득	500,000	₩3,000,000 − ₩2,500,000
⑤ 소기업·소상공인 해지일시금	400,000	15%
⑥ 위원수당[주2]	−	비과세
⑦ 제안자가 받는 부상[주3]	−	비과세
⑧ 복권당첨금품	−	건별 200만원 이하 → 과세최저한
⑨ 서화 양도소득	−	건별 6천만원 미만 → 과세×
⑩ 연금외수령 기타소득	−	분리과세
기타소득금액	₩5,500,000	300만원 초과 → 종합과세

2. 기타소득(분리과세대상 포함)에 대한 소득세 원천징수세액 : (1) + (2) = ₩1,250,000
   (1) 분리과세 : ₩3,000,000(연금외수령 기타소득) × 15% = ₩450,000
   (2) 종합과세 : (₩5,500,000 − ₩1,400,000 − ₩400,000) × 20% + ₩400,000 × 15% = ₩800,000

[물음 3]

결정세액	₩1,130,000
기납부세액	1,900,000
납부할 세액(환급받을 세액)	△770,000

1. 연금소득금액 : ① − ② = ₩14,900,000
   ① 총연금액 : ₩22,000,000
   ② 연금소득공제 : ₩6,300,000 + (₩22,000,000 − ₩14,000,000) × 10% = ₩7,100,000
2. 기타소득금액 : ₩5,500,000
3. 종합소득금액 : ₩14,900,000 + ₩5,500,000 = ₩20,400,000
4. 과세표준 : ₩20,400,000 − ₩4,000,000 = ₩16,400,000
5. 결정세액 : Min[①, ②] = ₩1,130,000
   ① ₩16,400,000 × 기본세율 − ₩70,000(표준세액공제) = ₩1,130,000
   ② ₩22,000,000 × 15% + (₩5,500,000 − ₩4,000,000) × 기본세율 − ₩70,000(표준세액공제)
      = ₩3,320,000
6. 기납부세액 : ₩1,100,000(연금소득 원천징수세액) + ₩800,000(기타소득 원천징수세액) = ₩1,900,000
7. 납부할 세액(환급받을 세액) : ₩1,130,000 − ₩1,900,000 = △₩770,000

〈주1〉 부동산 및 그에 관한 권리 외의 사업용 자산인 시설물 등 일체와 함께 영업권을 양도하였다면 그 영업권의 대가를 기타소득으로 과세할 수 있다.(소득, 수원지방법원−2016−구합−886, 2017.06.18.)
   ① 기계장치 양도부분 → 비열거소득(단, 복식부기의무자인 경우 사업소득)
   ② 영업권 양도부분 → 기타소득
〈주2〉 법령·조례에 따른 위원회 등의 보수를 받지 아니하는 위원(학술원 및 예술원의 회원 포함) 등이 받는 수당은 비과세 기타소득에 해당한다.
〈주3〉 국민 제안 규정 또는 공무원 제안 규정에 따라 채택된 제안의 제안자가 받는 부상은 비과세 기타소득에 해당한다.

2026 세법 계산문제 300⁺

초판 발행 2025년 9월 20일
2쇄 발행 2026년 1월 20일

편 저 자　양소영
발 행 인　유용규
발 행 처　스케치스
신 고 번 호　2017-000101호
제 작·유 통　(주)가치산책컴퍼니
도서공급 문의　031-694-0905
F 　 A 　 X　02-6499-3533

ISBN 979-11-89985-67-7 13360
가격 28,000원

동영상강의 및 자료 : 스마트경영아카데미 www.smartcpa.kr
우리경영아카데미 www.uricpa.com